D1742835

Bilden und Binden

GRUNDFRAGEN DER PÄDAGOGIK

Studien – Texte – Entwürfe

Herausgegeben von Jürgen Rekus

Band 13

PETER LANG

Frankfurt am Main · Berlin · Bern · Bruxelles · New York · Oxford · Wien

Thomas Mikhail

Bilden und Binden

Zur religiösen Grundstruktur
pädagogischen Handelns

PETER LANG
Internationaler Verlag der Wissenschaften

Bibliografische Information der Deutschen Nationalbibliothek
Die Deutsche Nationalbibliothek verzeichnet diese Publikation
in der Deutschen Nationalbibliografie; detaillierte bibliografische
Daten sind im Internet über <http://www.d-nb.de> abrufbar.

Zugl.: Karlsruhe, Univ., Diss., 2009

Gedruckt auf alterungsbeständigem,
säurefreiem Papier.

D 90
ISSN 1619-246X
ISBN 978-3-631-59763-7
© Peter Lang GmbH
Internationaler Verlag der Wissenschaften
Frankfurt am Main 2009
Alle Rechte vorbehalten.

Das Werk einschließlich aller seiner Teile ist urheberrechtlich
geschützt. Jede Verwertung außerhalb der engen Grenzen des
Urheberrechtsgesetzes ist ohne Zustimmung des Verlages
unzulässig und strafbar. Das gilt insbesondere für
Vervielfältigungen, Übersetzungen, Mikroverfilmungen und die
Einspeicherung und Verarbeitung in elektronischen Systemen.

www.peterlang.de

Vorwort

Dass Bildung und Religion Hand in Hand gehen, lässt sich leicht anhand der pädagogischen Disziplingeschichte dokumentieren. Dass es sich dabei allerdings nicht um einen losen, bloß geschichtlich gewachsenen Zusammenhang handelt, ist das Thema dieser Arbeit. Alles pädagogische Handeln trägt einen religiösen Grundzug. Unterricht und Erziehung kommen nicht ohne Bindung aus, sei es an die Richtigkeit einer Sache, sei es an die Güte einer Handlung. Es gibt keine Bildung ohne Bindung!

Diese religiöse Grundstruktur pädagogischen Handelns will die vorliegende Arbeit darlegen. Es ist das Ziel, einen Beitrag zur Besinnung auf die dem pädagogischen Handeln eigenen Grundvoraussetzungen zu leisten. Denn wer diese ihre Grundstruktur einsieht, der wird anders unterrichten und erziehen als vorher.

Ohne die vielfältige Unterstützung zahlreicher Personen wäre diese Arbeit kaum zustande gekommen. Allen namentlich zu danken, würde den Rahmen sprengen. Stellvertretend gilt mein ausdrücklicher Dank daher meinem akademischen Lehrer, Prof. Dr. Jürgen Rekus, für den der Begriff „Doktorvater" nicht bloß akademisches Schmuckwerk oder leere Worthülse ist.

Karlsruhe, im Juni 2009
Thomas Mikhail

INHALT

Welche Religion ich bekenne?
Keine von allen, die du mir nennst. –
Und warum keine? – Aus Religion.
Friedrich Schiller

Einleitung

Es vergeht kaum ein Tag, an dem nicht irgendwelche pädagogischen und bildungs-
politischen Forderungen proklamiert werden. Sie betreffen Kindergarten wie
Schule, Hochschule wie sonstige gesellschaftliche Einrichtungen. Kein pädagogisches Handlungsfeld, das nicht von Reformvorschlägen und -versuchen überhäuft
wird.

Hier verspricht man sich von einer ganztägigen Betreuung, dem gegenwärtigen
familiären Defizit kompensatorisch entgegenwirken zu können; durch ein struktu-
riertes Curriculum und eine frühkindliche Sprachförderung sollen die Weichen für
den Schulbesuch gestellt werden; zu dem Spielen soll auch das Lernen treten, um
frühstmöglich die natürliche Wissbegierde der Kinder zu stillen und diesen Quell
nicht vorschnell versiegen zu lassen.

Dort soll eine adäquate Betreuung sowohl dem Potenzial der Hochbegabten als
auch den schulischen Mängeln von Schülern mit Migrationshintergrund und Lern-
störungen gerecht werden; das Unterrichtsgeschäft soll sich auf Standards und
Kompetenzen konzentrieren, deren Erwerb unverzichtbar erscheint, um auf dem
modernen Arbeitsmarkt bestehen zu können; durch die Vermittlung von demokra-
tischen Werten versucht man, das Erziehungsdefizit zu beheben.

Wieder andernorts erwartet man von pädagogischen Dienstleistungszentren, die
Mittel an die Hand zu bekommen, um im internationalen Wettbewerb konkurrenz-
fähig zu bleiben; durch das Eintrainieren von „soft skills" erhofft man sich einen
modernen Schlüssel für das Tor zum globalen Markt; der Transfer von For-
schungsergebnissen und die Förderung von Lernprozessen sollen im Sinne des
lebenslangen Lernens verstanden werden.

Andere glauben auch, dass man nur das Gehirn richtig stimulieren müsse, damit
einer rosigen Zukunft nichts mehr im Wege steht. Die Liste solcher Beispiele lässt
sich beliebig verlängern.

Bei all dem weiß aber niemand, wohin das letztlich führen soll. Die Befähigung
für den globalen Wettbewerb, internationale Chancengleichheit und Nachhaltigkeit

werden zwar als Ziele ausgewiesen, aber was nach diesen Zielen kommt, worauf sie hingeordnet sind, woraus sie überhaupt ihre Rechtfertigung beziehen, all das bleibt unklar. Dass sich die Bildungspolitik scheinbar immer schneller im Kreise dreht, darf daher nicht verwundern. Der Sinn aller pädagogischen Bemühungen ist bei aller globalen Umsicht aus dem Blick geraten.

Überschaut man die angeführten Beispiele, so stellen sich zunächst mindestens zwei Fragen: Erstens wird man fragen müssen, was denn überhaupt der Sinn pädagogischer Bemühungen ist? Und zweitens – wenn diese Sinnperspektive zureichend geklärt werden kann –, welche Maßgaben lassen sich aus der Sinnperspektive für das pädagogische Handeln gewinnen?

Die vorliegende Arbeit geht von der These aus, dass pädagogisches Handeln immer schon in einer Sinnperspektive gebunden ist, ob die beteiligten Akteure darum wissen oder nicht. Diese Gebundenheit rechtfertigt es überhaupt, Handlungen als pädagogische auszuweisen und sie als solche zu verstehen. Für diese Gebundenheit wird hier der Ausdruck „Religion" in den wissenschaftlich-pädagogischen Diskurs eingeführt. Was genauer damit gemeint ist, wird im Gang der Untersuchung dargelegt.

Es wird davon ausgegangen, dass pädagogisches Handeln seinen Zweck nicht in sich selbst trägt. Niemand unterrichtet und erzieht um des Unterrichtens und Erziehens willen. Zugleich, so lautet die These, gehen die Absichten pädagogischer Tätigkeit über die bloße Zweckmäßigkeit hinaus, wie sie in den Beispielen angedeutet wurde. Sie erschöpfen sich nicht in der Bewältigung aktueller gesellschaftlicher, politischer oder ökonomischer Probleme. Während es gestern jene waren, sind es heute diese – und morgen möglicherweise wieder ganz andere. Dagegen wird davon ausgegangen, dass alles pädagogische Handeln – ob in der Vergangenheit, Gegenwart oder Zukunft – in eben nur einer Sinnperspektive gebunden ist, dass ohne diese Sinnperspektive alle pädagogischen Bemühungen sinnlos wären. Hier entsteht die Frage nach dem Verhältnis von Bildung und Religion. Zu ihrer Beantwortung muss dieses Verhältnis näher untersucht werden. Dies wird in der vorliegenden Arbeit unter verschiedenen Rücksichten vorgenommen:

1. Es muss gefragt werden, *ob* überhaupt ein Verhältnis von Bildung und Religion besteht. Finden sich Gemeinsamkeiten bzw. „Schnittmengen" von Bildung und Religion, so dass sich rechtmäßig von einem Verhältnis sprechen lässt?

2. Wenn Bildung und Religion in ein Verhältnis gesetzt werden können, dann muss außerdem gefragt werden, *wie* sich dieses darstellt. Wie muss Religion als Sinnperspektive der Bildung verstanden werden?

3. Und falls Religion als Sinnperspektive der Bildung ausgewiesen werden kann, dann muss letztlich gefragt werden, *was* daraus für die Bildung bzw. für pädagogisches Handeln folgt. Welche Maßgaben gibt Religion als Sinnperspektive dem pädagogischen Handeln auf?

Im gesamten Gang der Untersuchung wird konsequent von der Pädagogik als Wissenschaft her gefragt[1]. Verhältnisbestimmung und Grundlegungscharakter dürfen hier nicht als duale Fragestellung missverstanden werden. Gefragt wird ausschließlich, welche Bedeutung Religion für Bildung hat, nicht umgekehrt. Damit wird nicht ausgeschlossen, dass Bildung nicht auch für Religion bedeutsam ist bzw. sein kann. Doch zumindest erhält der Gang der Untersuchung durch diese Einschränkung schärfere Konturen.

Die drei Frageaspekte lassen sich in einen entsprechenden systematischen Stufengang überführen, in welchem hintereinander (quasi alternierend) Verhältnisbestimmung, Sinnperspektivität und Art der Sinnperspektivität dargelegt werden sollen. Diese Schritte können beschrieben werden als

1. die Korrelation von Bildung und Religion,
2. die Dependenz von Bildung und Religion, und letztlich
3. die Einheit von Bildung und Religion.

In einem ersten Schritt wird eine Analyse der Begriffe „Bildung" und „Religion" vorgenommen, um ihre „Schnittmengen" besser zu überschauen und somit in ein Verhältnis setzen zu können. Um ein Verhältnis bestimmen zu können, muss dieses auch bestimmbar sein, oder eine Verhältnisbestimmung ist nicht möglich. Die Bestimmbarkeit gilt es, in den den beiden Begriffen eigenen und auszeichnenden Merkmalen zu kennzeichnen.

---

[1] Aus diesem Grund werden ‚theologische Autoren' nur dann zur Zitation herangezogen, wenn die Aussagen auf den pädagogischen Bereich verweisen bzw. explizit in einem pädagogischen Kontext stehen. Es würde sicherlich den Rahmen dieser Arbeit sprengen und die Fragestellung verwischen, wenn auch theologische oder religionsphilosophische Autoren rezipiert würden. Die schier unüberschaubare Anzahl an theologischen und religionsphilosophischen Veröffentlichungen aus ca. 2500 Jahren Menschheitsgeschichte verlangt geradezu nach einer thematischen Abgrenzung. Dass eine solche Abgrenzung bzw. Auswahl notwendig defizitär bleiben *muss*, wird zugunsten einer scharfen Konturierung der Bearbeitung der Sache in Kauf genommen.

Daran schließt ein problemgeschichtlicher Durchgang an, in dem drei Lösungsansätze der Pädagogen Paul NATORP, Richard HÖNIGSWALD und Alfred PETZELT im Hinblick auf die analysierten „Schnittmengen" herangezogen werden. Hier soll nicht einfach naiv den ‚Großen der Zunft' das Wort geredet, sondern kritisch deren Ansätze dargestellt und überprüft werden. Naiv und wissenschaftlich suspekt wäre es allerdings, wenn man versuchen wollte, bei einer Fragestellung, die seit den zeitlichen Anfängen der Pädagogik „die größten Köpfe, wenn auch nebenher, beschäftigt hat, den Narren auf eigene Faust zu spielen" (KOCH 1991, 1). In diesem Teil soll die Möglichkeit der Sinnperspektive der Religion für die Bildung deutlich werden. Die vorher bestimmten Merkmale werden in drei pädagogische Bereiche differenziert und kategorisiert, wobei die Sinnperspektivität für die je einzelnen Teilbereiche zu prüfen sein wird. Somit wird es vermieden, Religion nur für einen (logischen) Ausschnitt der Bildung als Sinnperspektive heranzuziehen. Entweder der Bildungsprozess lässt sich umfassend durch Religion grundlegen oder überhaupt nicht.

In einem dritten und letzten Schritt sollen die gewonnenen Einsichten konstruktiv gewendet und in dieser Absicht für eine Grundlegung pädagogischen Handelns fruchtbar gemacht werden. Die Sinnfunktion der Religion für Bildung wird sich daran erweisen müssen, ob sich die religiösen Maßgaben gegen solche durchsetzen, die explizit als nicht-religiöse, gar anti-religiöse Prinzipien ins Feld geführt werden.

Ein solches Vorhaben wird pädagogischen Historiographen seltsam vorkommen. Ihre Forschungsergebnisse weisen schließlich nicht erst seit heute nach, dass Bildung bzw. pädagogisches Handeln immer schon religiös motiviert war. Als das „verdrängte Erbe" lässt sich Religion trotz aller Beteuerungen und Bemühungen um Säkularisierung seitens der Pädagogik nicht aus ihrem Geschäft verbannen (vgl. OELKERS/OSTERWALDER/TENORTH 2003). Seit jeher fungieren religiöse Implikationen als *movens* aller pädagogischen Anstrengungen und Intentionen. Bereits die Bildungslehre PLATONs ist geprägt von metaphysisch-religiösen Einflüssen[2], ganz

---

[2] So lässt PLATON seinen SOKRATES immer wieder in den Dialogen auf religiöse Mythen zurückgreifen, wenn er um die Rechtfertigung seiner Letztbehauptungen bemüht ist. Wenn es bspw. im „Menon" darum geht, dass alles Lernen *anamnesis*, Wiedererinnerung sei, dann verweist er auf „Priester und Priesterinnen", die ihm erzählt haben, „die Seele des Menschen sei unsterblich, so daß sie jetzt zwar ende, was man sterben nennt, und jetzt wieder werde, untergehe aber niemals" (81a f). Das gleiche Motiv der Unsterblichkeit der Seele findet sich auch im „Phaidon", wo SOKRATES mit seinem Schüler KEBES darüber diskutiert, ob „die Seelen der Menschen nach ihrem Lebensende im Hades sind oder nicht" (70a f). Was man gemeinhin als Lernen bezeichne, sei „nur Erinnerung", d.h. Erinnerung an das pränatal Geschaute. Alle Erkenntnis wird von ihm vorgestellt als gebunden an eine höchste Idee bzw. in einer „Bezieh-

zu schweigen von den pädagogischen Überlegungen der Denker der Aufklärungs-
zeit (vgl. HEITGER/WENGER 1994) und der Reformpädagogen (vgl. BAADER
2005). Diese Spuren lassen sich noch in der Gegenwart nachweisen, weshalb Wolfgang FISCHER zu der Feststellung kommt, dass Bildung immer schon eine „Meta-
physikfunktion" innehat oder erfüllt, die sich nicht abstreifen lässt (vgl. 1989, 156).
Ein Rückblick auf die pädagogische Ideen- und Wirkungsgeschichte bestätigt dies.

Dennoch lässt sich mit einer historischen Betrachtung hinsichtlich der spezifischen Fragestellung nach dem Verhältnis von Bildung und Religion nichts
erreichen. Zwar könnte nachgewiesen werden, wie sich das Verhältnis in der Vergangenheit darstellte und möglicherweise auch, weshalb es sich heute so verhält,
wie es sich verhält. Die Gebundenheit pädagogischen Handelns in eine durch Religion grundgelegte Sinnperspektive lässt sich allerdings dadurch nicht *begründen.* Aus
den historischen Gegebenheiten lässt sich eine Sinnperspektive pädagogischen
Handelns nicht ableiten. Denn eine solche Zusammenhangsbestimmtheit von Bildung und Religion kann sich nicht der Kontingenz des Faktischen verdanken. Der
Sinn pädagogischen Handelns gründet schließlich nicht darin, dass seit Menschen
Gedenken unterrichtet und erzogen wird. Tradition gibt noch keine Rechtfertigung
für Tatsachen, weil sie selbst Tatsache ist. Andernfalls ließe sich mit dieser (Schein-)
Logik z.B. problemlos der Antisemitismus in Europa rechtfertigen, der nunmehr
auf eine gut 1800 Jahre alte Tradition zurückblicken kann. Legitimieren lässt er sich
aufgrund dieser Tatsache dennoch nicht. Wer Tatsachen mit Tatsachen rechtfertigen will, der dreht sich im Kreis. Er unterliegt dem naturalistischen Fehlschluss,
indem er vom Sein auf das Sollen schließt.

Wenn nach der Sinnperspektive pädagogischen Handelns, mithin nach dem
Verhältnis von Bildung und Religion gefragt ist, dann stellt sich eben diese Frage
nach Rechtfertigung, nicht nach (historischer) Darstellung. Nur weil sich das Verhältnis von Bildung und Religion geschichtlich darstellen lässt, dürfen daraus noch
keine Rückschlüsse gezogen werden, ob es sich nicht auch hätte anders ereignen
können. Pädagogische Tatsachen unterliegen der Kontingenz der geschichtlichen
Wirklichkeit. Es bedarf daher vielmehr der Rechtfertigung, damit rechtmäßig von
Sinnperspektive bzw. Grundlegung gesprochen werden kann. Schon KANT merkte
in seinen „*Prolegomena*", den Kontext einer solchen Frage betreffend, an: „Es gibt
Gelehrte, denen die Geschichte der Philosophie selbst ihre Philosophie ist [...]. Sie
müssen warten, bis diejenigen, die aus den Quellen der Vernunft selbst zu schöpfen

---

ung des Grundes" zu dieser Idee stehend (Menon, 98a). Erst in der Gebundenheit einer Vorstellung an eine höchste Idee kann man von Erkenntnis, von Wissen sprechen.
Zu den metaphysischen Implikationen in PLATONs Bildungstheorie, vgl. FINK (1970, 43ff).

bemüht sind, ihre Sache werden ausgemacht haben, und als dann wird an ihnen die Reihe sein, von dem Geschehen der Welt Nachricht zu geben" (Pro, A 3f).

Auch in dieser Untersuchung soll der Versuch unternommen werden, Pädagogik aus den Quellen der Vernunft selbst zu schöpfen, weil nur so Legitimation möglich erscheint. Diese Absicht fordert folglich eine Methode, die nicht der Kontingenz der Wirklichkeit erliegt, sondern sich vielmehr in einem logischen Revier bewegt. Im Gegensatz zur Hermeneutik, die Geschehen nur verstehen will und kann und damit „Kontingenz als Norm" setzt (LADENTHIN 2003, 2), kann sich eine Verhältnisbestimmung von Bildung und Religion als Frage nach der Sinnperspektive pädagogischen Handelns nicht auf Tatsachen beziehen. Aus dieser Frageperspektive sind nur kontingente Antworten zu erwarten. Vielmehr muss sich die Untersuchung an logischen Kriterien ausrichten. Indem sie sich eben nicht am Faktischen orientiert, können sichere Antworten auf die Frage nach der Sinnperspektive pädagogischen Handelns erwartet werden. In Abgrenzung zu einer empirischen Herangehensweise ist ein am Logischen orientierter Duktus „*systematisch*" zu nennen.

In KANTs „*Methodenlehre*" erfährt man, was unter „systematisch" zu verstehen ist, wenn er über die „*Architektonik der reinen Vernunft*" schreibt: „Ich verstehe unter einer Architektonik die Kunst der Systeme. Weil die systematische Einheit dasjenige ist, was gemeine Erkenntnis allererst zur Wissenschaft, d.i. aus einem bloßen Aggregat derselben ein System macht, so ist Architektonik die Lehre des Szientifischen in unserer Erkenntnis überhaupt [...] Unter der Regierung der Vernunft dürfen unsere Erkenntnisse überhaupt keine Rhapsodie, sondern sie müssen ein System ausmachen, in welchem sie allein die wesentlichen Zwecke derselben unterstützen und befördern können. Ich verstehe aber unter einem Systeme die Einheit der mannigfaltigen Erkenntnisse unter einer Idee. Diese ist der Vernunftbegriff von der Form eines Ganzen, so fern durch denselben der Umfang des Mannigfaltigen so wohl, als die Stelle der Teile untereinander, a priori bestimmt wird. [...] Das Ganze ist also gegliedert (articulatio) und nicht gehäuft (coacervatio); es kann zwar innerlich (per intus susceptionem), aber nicht äußerlich (per appositionem) wachsen, wie ein tierischer Körper, dessen Wachstum kein Glied hinzusetzt, sondern, ohne Veränderung der Proportion, ein jedes zu seinen Zwecken stärker und tüchtiger macht" (KrV, B 860f).

Insofern hier von einem „System" die Rede ist, muss eine Pädagogik, welche sich dieser Auffassung von Wissenschaft verpflichtet fühlt, „systematisch" genannt werden. Insofern innerhalb dieses Systems alles apriori bestimmt sein muss, ist sie zugleich „transzendentalkritisch" zu nennen. Systematische Pädagogik ist transzendentalkritische Pädagogik und transzendentalkritische Pädagogik verfährt immer systematisch. Der methodische Duktus folgt also einem transzendentalkritischen Einsatz in der Pädagogik. Präziser: einem transzendentalkritischen im Allgemeinen und einem prinzipienwissenschaftlichen im Besonderen (vgl. HEITGER 1989). Da diese Methode wissenschaftlicher Pädagogik gegenwärtig nicht mehr „en vogue" ist, bedarf es diesbezüglich noch der Erläuterung.

Transzendentalkritische Pädagogik rekurriert auf die (beinahe) gleichnamige Philosophie Immanuel KANTs (vgl. u.a. WINKELMANN-JAHN 1977, 368ff) sowie die Philosophie und Pädagogik des sogenannten Neukantianismus (vgl. BLANKERTZ 1959)[3]. Gemäß der bekannten Stelle in der „*Kritik der reinen Vernunft*" soll „transzendental" solche Erkenntnis genannt werden, „die sich nicht sowohl mit Gegenständen, sondern mit unserer Erkenntnisart von Gegenständen, sofern diese a priori möglich ist, überhaupt beschäftigt" (KANT KrV, A 11f). Gemäß dieser Definition versteht sich die Philosophie als das Fragen nach den *Bedingungen der Möglichkeit* unserer (wissenschaftlichen) Erkenntnis überhaupt. Analog dazu ist auch die Aufgabe der Pädagogik bestimmt durch das Fragen nach den Bedingungen der Möglichkeit von Bildung, oder auch, wie Johannes SCHURR berichtigend ergänzt, als das Fragen nach den Bedingungen der Möglichkeit pädagogischer Erkenntnis überhaupt (vgl. SCHURR 1982, 55ff)[4]. Nach Bedingungen fragen bedeutet, dass sich das pädagogische Denken bzw. das Denken über Pädagogik selbst zum Gegenstand des pädagogischen Denkens macht. Dies ist keine Aporie, wie man zunächst zu vermuten geneigt ist, sondern das Eigentümliche der Vernunft, die sich selbst zum Gegenstand und Prüfstein ihres Denkens machen kann. Sie kann sich zum Gegenstand machen, indem sie sich ihrer eigenen Gesetzmäßigkeiten und Voraussetzungen vergewissert. Und sie muss sich zum „letzten Probierstein"[5] machen, um nicht Ausdruck von weltanschaulichem Dogmatismus oder vorurteilshafter Behauptung zu sein (vgl. HEITGER 1989, 162). Im Unterschied zu sogenannten

---

[3]   Hier wären Namen zu nennen wie Hermann COHEN, Paul NATORP als die ‚Häupter' der sogenannten „Marburger Schule" sowie die beiden Hauptvertreter der sogenannten „Südwestdeutschen Schule", Wilhelm WINDELBAND und Heinrich RICKERT. Des Weiteren seien in pädagogischer Hinsicht Alois RIEHL, Richard HÖNIGSWALD, Bruno BAUCH, Jonas COHN und Ernst CASSIRER genannt.

[4]   Die „*Transzendentale Theorie der Bildung*" von Johannes SCHURR (1982), die er in Anlehnung an KANT und v.a. FICHTE entwickelt, zählt wohl zu den stringentesten Systematiken wissenschaftlicher Pädagogik, auch wenn sie bis heute kaum rezipiert, geschweige denn weiter entfaltet wurde.

[5]   So fordert auch KANT: „Streitet der Vernunft nicht das, was sie zum höchsten Gut auf Erden macht, nämlich das Vorrecht ab, der letzte Probierstein der Wahrheit zu sein" (Denken, A 329).

„methodischen Ansätzen" geht es der transzendentalkritischen Pädagogik nicht um die (Erziehungs-)Wirklichkeit, sondern um deren Rechtfertigung. Sie fragt nicht nach der pädagogischen Praxis, sondern nach der pädagogischen Praktikabilität. In Versuchen der Rechtfertigung muss sie auf Prinzipien, auf die von KANT angesprochenen Gesetzmäßigkeiten rekurrieren, die pädagogische Praxis als solche erst konstituieren, d.h. zu denken ermöglichen. Transzendentalkritische prinzipienwissenschaftliche Pädagogik „unternimmt den Versuch, »pädagogische Tatsachen« in ihrer »Pädagogizität« begreifbar zu machen. Sie ist nicht erfahrungsfeindlich, sondern nimmt diese zum Anlaß, um nach deren Bedingungen zu fragen" (ebd., 163). In dieser Absicht versteht sie sich auch „als Prüfstand für Theoreme, die sich zwar als pädagogische ausgeben, sich selbst aber darauf nicht befragen" (LÖWISCH 1971, 39).

Die Frage nach der Rechtfertigung des Pädagogischen wird zur Frage der wissenschaftlichen Pädagogik überhaupt. Ihr fällt die notwendige Aufgabe zu, „alle Täuschung, wo immer und in welchem Gewande sie auch auftritt, als solche zu entlarven, und zwar schon bevor die Lüge in einem geschichtlichen Prozeß sich selbst widerlegt hat, damit die dadurch vermeidbare Verwirrung und vieles Unheil von den Menschen ferngehalten wird" (SCHURR 1969, 87).

In den Prinzipien sieht systematische Pädagogik jene Gesetzmäßigkeiten, denen sie selbst unterliegt, um sich als pädagogisches Denken ausweisen zu können. Sie dienen als Maß, an dem Wirklichkeit gemessen werden kann. Ihr ganzes Bemühen geht auf das immer wieder neu ansetzende Fragen nach diesen Prinzipien, um pädagogische Praxis rechtfertigen zu können. In dieser Absicht ist sie keineswegs normativ, wie dies gerne behauptet wird (vgl. LASSAHN 2000, 95ff), sondern dem Prinzip der Normativität verpflichtet, sofern darunter die Bedingung des unterscheidenden Urteilens verstanden wird. Prinzipienwissenschaftliche Pädagogik eröffnet geradezu das Fragen nach der Rechtfertigung von pädagogischen Normen, ohne selbst solche zu setzen. Zwar erhält pädagogische Praxis dadurch eine Orientierung, jedoch eine solche, die den pädagogisch Handelnwollenden nicht zeitlich-vorauseilend festlegt, sondern gerade gegenteilig, seine Selbstbestimmung in Freiheit und Verantwortung herausfordert; sie kann deshalb nicht als normierende Rezeptologie verstanden werden. Systematische bzw. transzendentalkritische Pädagogik setzt in all ihren Anstrengungen die Einmaligkeit pädagogischer Handlungssituationen sowie die Einzigartigkeit des Menschen voraus, um gerade nicht zu normieren oder zu affirmieren, sondern kritisch sein zu können.

Wenn im Folgenden nach dem Verhältnis von Bildung und Religion sowie nach der Sinnperspektive pädagogischen Handelns gefragt wird, dann lässt sich keine

Methode außer der systematischen ansetzen. Historische oder hermeneutische, empirische oder sogenannte kritische Methoden der Pädagogik müssen dort versagen, wo es nicht um die Kontingenz des Faktischen, sondern um Rechtfertigung und Grundlegung geht[6]. In dieser Absicht formulieren SCHMIED-KOWARZIK und BENNER die Notwendigkeit transzendentalkritischer Analyse der Pädagogik wie folgt: „Die Pädagogik als Wissenschaft bedarf der erziehungsphilosophischen Grundlegung, da sie nur von den transzendentalen Voraussetzungen her Klarheit darüber gewinnt, was von ihr geleistet werden kann und muß. Versuchte sie nämlich ohne jede philosophische Selbstbesinnung auszukommen, sie wäre ständig der Gefahr ausgesetzt, sich entweder als sogenannte »empirische Pädagogik«, wider ihre Bestimmung auf ein Kennen der bloßen Faktizitäten vergangener Erziehung zu beschränken oder aber unkritisch gesellschaftlichen, kirchlichen, staatlichen etc. Wertvorstellungen einfach anzuschließen" (1969, 251).

Freilich wird die Fragestellung dieser Arbeit heute, in einem sich selbst als „postmodern", „pluralistisch", „säkularisiert" und „nachmetaphysisch" etikettierenden Zeitalter, (zurecht) arge Bedenken hervorrufen. Man befürchtet die Repristination in einen vormodernen, unkritischen Zustand. Der dogmatische Charakter der Religion steht in Kontrast zum vorherrschenden Paradigma des Pluralismus. Religion selbst fällt in den Bereich des Privaten und wird gerade dort, wo sie mit dem Begriff der Bildung in Beziehung gesetzt und damit wieder in das Soziale geholt wird, als ernsthafte Bedrohung empfunden. Die Diskrepanz und Überbrückung von pädagogischer Sozialität und religiöser Subjektivität wird – so viel lässt sich vorwegnehmen – als bestimmendes Moment der zu analysierenden Verhältnisbestimmung von Bildung und Religion angesehen werden müssen, wenn diese als Sinnperspektive für jene angesehen werden soll.

Der Gefahr des nicht mehr aufrechtzuerhaltenden Dogmatismus und seiner Unvereinbarkeit mit pädagogischer Wissenschaft gilt es dadurch Rechnung zu tragen, dass der Religionsbegriff seines dogmatischen Gewandes entkleidet und in seinen rational zugänglichen Aspekten dargelegt wird. Aus welchen systematischen Gründen dies gerechtfertigt werden kann und muss, wird zu klären sein.

Stimmt man Alfred PETZELT zu, dann ist bereits die Frage nach dem Verhältnis von Bildung „und" Religion irreführend. „Das »und« ist falsch. Die Frage ist überhaupt unmöglich" (1986, 148). Falls sich im Durchgang der Arbeit diese These als richtig erweisen lässt, wäre damit zwar PETZELTs These bestätigt, doch das Fragen nach der Verhältnisbestimmung nicht seiner Notwendigkeit enthoben. Wenn es um

---

[6]   Zur Kritik der Empirischen Erziehungswissenschaft, Geisteswissenschaftlichen und Kritischen Pädagogik bezüglich der Normfrage, vgl. RUHLOFF (1980).

den Sinn pädagogischen Handelns geht, dann ist dies eine Fragestellung, die nie an ein zeitliches Ende kommen kann, ohne das Fragen nach dem Sinn selbst schon *ad acta* zu legen. Pädagogik als Wissenschaft, so die Ausgangsthese, ist dann sinnvoll, wenn sie nicht nachlässt, nach ihrer Sinnperspektive bzw. Sinnhaftigkeit zu fragen. Das Faktum, dass immer schon und überall pädagogisch gehandelt wird, macht dieses Fragen weder obsolet noch kann es bereits die Sinnhaftigkeit erweisen. Vielmehr ist die Faktizität pädagogischen Handelns permanenter Anlass, sich immer erneut um die Frage nach seinem Sinn unter den je gegenwärtig gegebenen (gesellschaftlichen, politischen und/oder institutionellen usf.) Bedingtheiten zu bemühen.

1 Bildung und Religion als korrelative Prozesse

1.1 Bildung

Die „Rede vom Ende der Bildung" (SCHURR 1982, 9ff) scheint heute zu verstummen. Keiner redet mehr vom Ende der Bildung, weil heute beinahe überhaupt keiner mehr von der Bildung spricht. Dies mag daran liegen, dass der Begriff überholt, seines metaphysischen Backgrounds entlarvt und daher – im säkularisierten, pluralistischen und nachmetaphysischen Zeitalter – als nicht mehr tragbar beurteilt wird. So hat man denn den Bildungsbegriff begraben. Und dennoch muss die Pädagogik danach fragen, weil sich ihr Begriff darin erschöpft. „Denn es könnte ja sein, daß sie [die Leichenbestatter der Bildung – T.M.] etwas zu Grabe getragen haben, das sie nur fälschlicherweise für Bildung hielten, so wie jene [die Leichenbestatter Gottes – T.M.] vielleicht etwas für »Gott« angesehen haben, das nie und nimmer Göttliches an sich trägt, sondern bloß die eigenen, zu Götzen emporstilisierten Grimassen einer bereits entgöttlichten, aus sich selbst verstellten und so entstellten Welt" (ebd., 12). Während der Religionsbegriff erst im Anschluss einer Erläuterung bedarf, soll diese, aller Unkenrufe vom Ende oder gar Tode der Bildung zum Trotz, nun in ihren kennzeichnenden Merkmalen und Momenten dargelegt und entfaltet werden.

Eine Explikation des Bildungsbegriffs bedarf heute wohl kaum mehr dem Hinweis, dass sich dieser Begriff in keine andere Sprache adäquat übersetzen lässt, weder in eine alte noch in eine neuere. Als ein Theologumenon tritt es allererst bei den deutschen Mystikern des 14. Jahrhunderts, v.a. bei den Dominikanern Meister ECKHART, Johann TAULER und Heinrich SEUSE auf. Die christliche imago-dei-Vorstellung, die Gottesebenbildlichkeit des Menschen, sollte in pädagogischer Intention in deutscher Sprache zum Ausdruck kommen, so dass es unbedingtes Ziel des Menschen sei, sich zu bilden, um Bild bzw. Gebilde des Urbildes zu werden. Wie bei vielen Verbsubstantivierungen im Deutschen, die durch Derivation des Verbstamms und dem Suffix „ung" gebildet werden, kommt damit ein kontinuatives Moment zum Ausdruck, das einen zeitlichen Prozess anzeigt. Dies berechtigt, den Bildungsbegriff in ein Verhältnis zum Religionsbegriff zu setzen, der im Folgenden ebenfalls als Prozess verstanden werden soll.

Neben dem zeitlichen Prozess des Sich-bildens hat der Terminus vornehmlich in der Alltags- und Umgangssprache die Funktion des Statischen, indem das Gebildet-sein eines Menschen ausgedrückt wird. Bildung wird somit zugleich Ziel und Zweck pädagogischer Maßnahmen. Sich-bilden und Gebildet-sein, *genesis* und *stasis*, scheinen jedoch nicht recht zueinander zu passen. Wer sich bildet, scheint noch nicht gebildet zu sein, und wer gebildet ist, braucht sich nicht mehr zu bilden. Zeitlicher Verlauf und statischer Zustand schließen sich aus; wenn das eine statthat, fehlt das andere *et vice versa*. Das Eigentümliche am Bildungsbegriff zeigt sich darin, dass beide Momente aufgehoben werden, so dass es heißt: wer gebildet ist, der bildet sich. Zwar bedarf es eines zeitlich früheren, um einen Zustand zu erreichen, der das Sich-bilden weiter befördert, doch an einen zeitlichen Endpunkt, d.h. an einen Zustand vollkommenen Gebildet-seins wird niemand kommen. Dieses Eigentümliche soll im Verlauf dieser Arbeit näher dargestellt und begründet werden. Doch bereits hier kann die Differenz von Bildung und *Aus*-Bildung festgehalten werden. Bildung vollzieht sich zwar in der Zeit, doch ohne an einen zeitlichen Endpunkt zu gelangen, an dem sie zu Ende gedacht werden könnte. Auch der Einwand, dass mit dem Ableben des Einzelnen der Prozess des Sich-bildens beendet, d.h. zu Ende sei, bedeutet nicht, dass zu diesem Zeitpunkt ein Status des vollkommenen Gebildetseins statthätte. Bildung als Prozess ist zu keinem Zeitpunkt abschließbar, so dass eine Transformation der Genese in einen Status des Ausgebildet-seins resultierte.

Eine weitere Vorbemerkung verdient Erwähnung. Bildung als formaler Begriff – und hierin zeigt sich die Notwendigkeit theoretischer Formalität – kommt jedem Menschen denknotwendig zu. Er bleibt nicht diesem oder jenem Zeitalter, diesem oder jenem Volk, dieser oder jener Konfession, und welche empirischen Bedingtheiten außerdem Separationen und Klassifikationen zulassen, vorbehalten. Der Begriff der Bildung hat einen „*kosmopolitischen* Grundzug", welcher „seiner ganzen Tendenz nach die Enge eines ständischen, schichtspezifischen, nationalen oder gar nationalistisch-chauvinistischen Denkens zu überschreiten sucht" (KOCH 1993, 86). Er ist mit der Intention verbunden, jedem Ich, d.h. allen Menschen, ohne Rücksicht auf Geschlecht, Rasse, Nationalität, physischer und psychischer Bedingtheit zuzukommen, „einzig und allein insofern sie *Menschen* sind" (ebd.). Dies gilt es v.a. deshalb zu beachten, weil hier die Frage nach dem Verhältnis von Bildung und Religion gestellt ist. Bliebe der Bildungsbegriff bspw. nur seinen (Wort-),Schöpfern' vorbehalten, den deutschen Dominikanern bzw. Katholiken, oder weiter gefasst, dem Christentum, dann handelte es sich um eine Exquisität und Exklusivität. Exklusivität bedeutet aber Separation. Der dem Bildungsgedanken immanente Gedanke der Allgemeinheit wäre nicht mehr länger aufrechtzuerhalten, die Menschheit zerfiele in Wertigkeiten des Menschseins; in jene, denen Bildung zugesprochen würde und in jene, denen sie verwehrt bliebe. Der Bildungsbegriff kennt jedoch keine Komposita, er lässt sich nicht beschränken auf eine katholische, eine christliche, eine islamische oder wie auch immer verzweckte oder beschränkte Exklusivbildung. Bildung meint einen Ichverhalt, ungeachtet aller empirischen Determination und Ungleichheit. Das Ich ist ihr Bezugspunkt. Es lässt sich keine Bildung denken, die vom Ich losgelöst werden könnte. Die Betrachtung des Ich kennt keine empirische Determination, sondern den Menschen in seiner Eigentümlichkeit des „Zu-sich-ich-sagen-Könnens" (HÖNIGSWALD). Um Missverständnisse jeglicher Exklusion und Exklusivität zu vermeiden, soll daher im Folgenden vom Ich und der Bildung, sowie vom Ich und der Religion die Rede sein, um das Eigentümliche des Menschseins gegenüber der bloß biologischen Klassifizierung zu verdeutlichen[7].

1.1.1 Bildsamkeit

Mit der Frage nach dem Begriff der Bildsamkeit[8] ist zugleich die Frage nach der Möglichkeit von Bildung überhaupt aufgeworfen. „Keine pädagogische Frage kann ohne die Frage nach der Bildsamkeit beantwortet werden" (HEITGER 1987, 84). Obgleich der Begriff auf eine lange Tradition zurückblicken kann, steht er unter divergenten, teils sich widersprechenden Konnotationen. Dieser Umstand mag Wolfgang BREZINKA zu der Einschätzung bewogen haben, dass dem Begriff der Bildsamkeit ein „Mangel" anzulasten sei, der sich darin zeige, dass seine Bedeutung „unzureichend bestimmt" ist und er sich somit einer gewissen „Vagheit" nicht ent-

---

[7] Es kann bereits an dieser Stelle angemerkt werden, dass die Begriffe „Lehrer", „Schüler", „Erzieher" und „Zögling" im Sinne fachspezifischer Termini verwendet werden und daher stets geschlechtsneutral gemeint sind, auch wenn sie in grammatischer Hinsicht im Maskulinum stehen; in Anlehnung an den römischen Rechtssatz gilt: „Verbum hoc ‚si quis' tam masculos quam feminas complectitur".

[8] Überlicherweise meint man HERBART als ihren Wortschöpfer anführen zu dürfen. Johannes SCHURR hat allerdings darauf aufmerksam gemacht, dass sich der Terminus bereits „vierzig Jahre zuvor im fichteschen Naturrecht" findet, wo er als die „Übersetzung der »perfectibilité« Rousseaus" verwendet wurde (SCHURR 1974, 369). „Die Natur hat alle ihre Werke vollendet, nur von dem Menschen zog sie die Hand ab, und übergab ihn gerade dadurch an sich selbst. *Bildsamkeit*, als solche, ist der Charakter der Menschheit. Durch die Unmöglichkeit, einer Menschengestalt irgend einen anderen Begriff unterzulegen, als den seiner selbst, wird jeder Mensch innerlich genöthigt, jeden anderen für seines Gleichen zu halten" (FICHTE 1971, 80 – Hervorh. T.M.). Kurz zuvor verwendet FICHTE ebenfalls den Begriff der Bildsamkeit, wenn er aussagt, dass der Mensch im Empirischen auf keinen „*bestimmten Umkreis*" eingeschränkt werden könne wie bspw. die Tiere, „sondern lediglich eine Bestimmbarkeit ins Unendliche" angenommen werden müsse. Aus diesem Grund wäre dies „keine Bildung desselben, sondern nur Bildsamkeit" (ebd., 79). Mit dem Begriff der Bildsamkeit verbindet er die – in der Erfahrung – unbestimmbare, unendliche Möglichkeit der Menschwerdung, d.h. bildender Genese, die nicht wie bei Tieren durch die Natur vollständig determiniert und daher bereits „vollendet und fertig" ist. Im Gegensatz dazu ist der Mensch „nur angedeutet und entworfen" (ebd.)

ziehen kann (1975, 23). Auch Clemens MENZE hält die Bildsamkeit zwar für einen „immer wieder hervorgekehrten, wenngleich vielfach ungeklärten Begriff" (1970, 172).

In der Gegenwart ist es Dietrich BENNER, der den Begriff der Bildsamkeit – zumindest vehementer als seine Kollegen – durch seine problemgeschichtlichen Analysen wieder im wissenschaftlich-pädagogischen Diskurs rehabilitiert. Grund genug, sich bei der Erläuterung der Bildsamkeit vornehmlich an seine Ausführungen zu halten. BENNER verwendet den Begriff „zur Bezeichnung der Erziehbarkeit und Selbstbestimmungsfähigkeit des Menschen", auch wenn er konstatiert, dass es auf die Frage nach der Bedeutung der Bildsamkeit „in angemessener Weise nur problematische Antworten, nicht aber eine überhistorisch-allgemeinverbindliche oder innerhistorisch-relativistische Antworten gibt oder geben kann" (BENNER/ BRÜGGEN 2004, Sp. 174).

Bildung vollzieht sich in der Interaktion von Ich und Du, von Lehrer und Schüler bzw. von Erzieher und Zögling. Dieses Ich-Du-Verhältnis ist fundamental für pädagogisches Handeln: grundlegend, bestimmend und begründend. Im Aspekt der Führung ist das Proprium und Distinktum der pädagogischen Interaktion zu sehen. Wenn dem Lernen das Lehren fehlt, dann kann rechtmäßig nicht mehr von einer pädagogischen Handlung gesprochen werden. Dies schließt allerdings nicht aus, dass man auch und sogar vornehmlich aus eigenen Erfahrungen lernt, ohne hierbei von einem anderen geführt zu werden. Ausgeschlossen bleiben solche Fälle jedoch aus dem Bereich des Pädagogischen[9].

Führung als Proprium des Pädagogischen soll jedoch nicht als monokausale Wirkung eines Menschen auf einen anderen missverstanden werden. Der Führungsaspekt setzt immer schon das voraus, was Führung erst möglich macht, nämlich das Sich-führen-Lassen. Führung ohne Sich-führen-Lassen ist keine Führung. Wenn mit dem Terminus Interaktion ernst gemacht werden soll, dann tritt zur Aktivität der Führung notwendig die Aktivität des Sich-führen-Lassens. Jenes gewinnt seinen Begriff durch dieses und umgekehrt. Die Bildsamkeit ist jene Voraussetzung, die beiden Momenten pädagogischer Interaktion Rechnung trägt, ohne dem einen den Vorrang vor dem anderen einzuräumen. Pädagogische Führung ist

---

9   Hierin zeigt sich auch der Unterschied von „Erkennen" und „Lernen", den Thomas von AQUIN für die zwei Fälle des Erwerbs von Wissen folgendermaßen festhält: „Die erste [Weise der Wissensaneignung – T.M.] besteht darin, daß die Vernunft als Naturanlage aus eigener Kraft zur Erkenntnis des Unbekannten gelangt; das nennen wir »Erfindung«. Die zweite Weise besteht darin, daß jemand von außen der als Natur wirkenden Vernunft zu Hilfe kommt; das ist der Fall beim »Lernen«" (AQUIN 1988, 19). Mit dem AQUINaten kann man demnach das Lernen als einen Sonderfall des Erkennens resp. Erfindens (inventio) charakterisieren.

somit keine Einwirkung, der sich Schüler bzw. Zögling gedankenlos zu beugen hätten, und Sich-führen-Lassen ist kein Geschehen, das sich schon irgendwie ‚richtig' entwickeln werde. Der Begriff der Bildsamkeit als Voraussetzung pädagogischer Interaktion nimmt beide Aspekte auf, um sie in einem Prinzip zum Ausdruck zu bringen.

In allen Situationen, in denen Menschen in pädagogischer Intention tätig werden, ist Bildsamkeit immer schon vorausgesetzt, ob die beteiligten Akteure darum wissen oder nicht. Derjenige, der einem anderen den Begriff der Bildsamkeit zu erläutern versucht, setzt immer schon voraus, dass dieser andere das Gesagte verstehen, einsehen, reflektieren, befragen, ggf. auch ablehnen kann. Einem Hund z.B. wird man dagegen schlechterdings nicht den Begriff der Bildsamkeit erläutern, zumindest nicht unter der Voraussetzung, dass dieser das Gesagte ebenso verstehen, einsehen usf. kann. Sowohl Ich als auch Du sind an die Voraussetzung gebunden, dass pädagogische Interaktion möglich ist. Weil es notwendig eine duale Voraussetzung ist, die immer nur ein Ich-Du-Verhältnis betrifft, muss Bildsamkeit näherhin als „Relationsprinzip" charakterisiert werden (BENNER 2001, 72).

Als Prinzip entspringt die Bildsamkeit der anthropologischen Einsicht, dass der Mensch bei seiner Geburt nicht der ist, der er sein soll, sich jedoch vermöge pädagogischer Maßnahmen – ohne Rücksicht auf anlagen- und umweltbedingte Einflussfaktoren – zu jenem Bild bilden kann, das der Mensch selbst bestimmt. Die Geschichte des Bildsamkeitsbegriffs verweist stets „auf die anthropologische Grundtatsache menschlicher Lernfähigkeit und menschlichen Lernens" (BENNER/ BRÜGGEN 2004, Sp. 174). Allen Formulierungen der Bildsamkeit ist gemeinsam, „daß sie den Menschen als Wesen fassen, welches gleichermaßen bildungsbedürftig und bildsam ist und seine Bestimmung erst *vermittelt über seine Mitwirkung* erfährt" (BENNER 1995, 21). Unter „Mitwirkung" kann die duale Gebundenheit an die Voraussetzung der Bildsamkeit verstanden werden. Nicht bloß der Lehrende bzw. Erziehende setzt voraus, dass der andere bildsam ist, sondern der Schüler bzw. Zögling selbst setzt voraus, dass pädagogisches Handeln zur eigenen Bildung beitragen kann. Führen und Sich-führen-Lassen stehen im Prinzip der Bildsamkeit in unaufhebbarer Korrelation. Das Beispiel mit der Belehrung des Hundes zählt daher nicht zu einer Relation, in der das Prinzip der Bildsamkeit vorausgesetzt bzw. vorauszusetzen ist. Als Relationsprinzip ist die Interaktion, d.h. die duale Mitwirkung an pädagogischen Maßnahmen, wesentliches Kennzeichen. Diese doppelte Voraussetzung verbürgt geradezu aus pädagogischer Perspektive Interaktion als doppelte Mitwirkung.

Die duale Ausrichtung verhindert gleichsam jedwede Allmachtsphantasie und manipulative Tendenz pädagogischen Handelns. Mitwirkung meint gerade nicht, naturgegebene Affinität für Bildungseinflüsse, wie sie für die Gegebenheit erblicher Anlagen oder gesellschaftlicher Umwelteinflüsse angenommen werden. Bildsamkeit als Voraussetzung kann gerade nicht im Sinne möglicher Herstellbarkeit von Bildung verstanden werden, sondern vielmehr als eine Bedingung, die vorausgesetzt werden muss, wenn der Mensch als zu-sich-selbst-ich-sagen-könnendes Wesen verstanden werden soll. Gemeint ist keine mono-kausale Wirkungslinearität, sondern eine duale Interaktionsdynamik als zeitlicher Prozess. Als Relationsprinzip wendet sich Bildsamkeit entschieden gegen eine einseitige Wirkungsvorstellung, indem sie sich „auf die pädagogische Praxis als eine individuelle, intersubjektive und intergenerationelle Praxis bezieht und jede Reduktion pädagogischen Handelns zum Erfüllungsgehilfen der Vorsehung im Sinne anlagenbedingter oder umweltbedingter Determinanten negiert" (BENNER 2001, 72). Unter Voraussetzung der Bildsamkeit wird der Schüler bzw. Zögling explizit als zur Mitwirkung fähig gedachtes Ich anerkannt. Bildungsprozesse unter dieser Perspektive dürfen nicht als Herstellungsprozesse missverstanden werden, sondern sie sind als solche Maßnahmen zu verstehen, die dem Ich helfen, sich zum „Werk seiner selbst" (PESTALOZZI) zu machen.

Bildsamkeit ist nicht in der Zeit beobachtbar oder messbar, sondern liegt jedem pädagogischen Handeln immer schon logisch, d.h. denknotwendig voraus. Es handelt sich demnach nicht um eine anthropologische Bedingtheit, die das empirische Ich in seiner je und je individuellen Disponiertheit auf mögliche zukünftige Zwecke hin prüft und anhand derer darüber urteilt, ob pädagogische Interaktion möglich oder gar effizient ist. Als Möglichkeitsbedingung ist Bildsamkeit kein Parameter der Effizienz pädagogischer Maßnahmen. Sie ist „weder eine Eigenschaft der Zu-Erziehenden noch eine solche seiner Bezugspersonen" (BENNER 2001, 79). Vielmehr wird darunter eine Bedingung verstanden, die pädagogische Interaktion in der Anschauung erst möglich macht (vgl. SCHURR 1982, 69ff). Es handelt sich um eine apriorische Bedingung, die jeder Interaktion immer schon zugrunde bzw. logisch voraus liegt. Bildsamkeit „ist" nicht, sondern liegt überall – ob bewusst oder unbewusst – im Denken voraus, wo pädagogisch gehandelt wird. Dabei liegt die Betonung auf pädagogischem Handeln. Dass Menschen auch im Rahmen anderer koexistentieller Handlungspraxen kommunizieren und interagieren, dass sie in ethischen, ökonomischen, politischen, ästhetischen und religiösen Kontexten aufeinandertreffen und handeln, ist für das Prinzip der Bildsamkeit unerheblich. Es ist einzig und allein für den Bereich des Pädagogischen maßgebend wie es diesen gleichzeitig konstituiert. Bildsamkeit ist *das* pädagogische Prinzip, ist *die* Möglichkeitsbedingung pädagogischer Praxis und somit auf andere Bereiche weder verwiesen noch verweisend. Das Prinzip der Bildsamkeit hat an jenem logischen Ort statt, wo es um das Lehren und Lernen, um das Erziehen und Sich-Erziehen, kurzum: um Bildung geht. Es beansprucht keine Geltung, wo es um das Gut-Leben und Gut-Leben-Lassen, wo es um das Verhandeln und Arbeiten, wo es um das Debattieren und Entscheiden, um das Gestalten und Genießen, noch wo es um das Beten und Predigen geht.

Mit dem Prinzip der Bildsamkeit ist jedoch keinesfalls die Frage beantwortet, *dass*, und noch weniger, *wozu* und mit welchem Ziel pädagogisch gehandelt werden *soll*. „Über die Weisung hinaus, die Heranwachsenden als fähig zur Mitwirkung an ihren Lernprozessen anzusehen, ist die Kategorie der Bildsamkeit noch völlig leer" (BENNER 2001, 75). Dass Bildsamkeit in jeder pädagogischen Handlungssituation denknotwendig vorausgesetzt werden muss, besagt (noch) nicht, dass pädagogische Interaktion sein soll. Mit ihrer Voraussetzung wird somit zwar ein Begründungsmoment des Pädagogischen thematisiert, jedoch noch keine Sinnperspektive für pädagogisches Handeln eröffnet.

An dieser Stelle der Argumentation hinkt auch BENNERs Bildsamkeitsbegriff. Er geht in Anlehnung an die „neuzeitliche Bildungstheorie" davon aus, dass diese selbst „nicht nur im Prinzip der Bildsamkeit begründet [ist], demzufolge jeder an seiner Bestimmung so arbeiten *soll* und *muß*, daß die einzelnen sich gegenseitig als in ihrer Bestimmung unbestimmte und zur individuellen und gemeinsamen Selbstbestimmung freigesetzte Wesen anerkennen können" (BENNER 1995, 155 – Hervorh. T.M.). Dass aber aus der Möglichkeit von Bildung bereits eine Bestimmung, und sei diese auch unbestimmt und nicht-affirmativ, hervorgeht, ist nicht denknotwendig. Aus pädagogischer Perspektive findet sich kein Sollen im Prinzip der Bildsamkeit, zumindest keines, das aus dem Prinzip der Bildsamkeit selbst logisch entspringt.

Mit dem Prinzip der Bildsamkeit kann keine „Eigengesetzlichkeit menschlicher Entfaltung" bestimmt sein (REGENBRECHT 1961, 34), ohne die Bildsamkeit unter einen Sollensanspruch zu stellen, der ihr – zumindest von Seiten der Pädagogik – nicht zukommt, ohne die Möglichkeit dieser Möglichkeitsbedingung zu hypostasieren. Es gilt zwar: Wenn pädagogisch gehandelt wird, muss Bildsamkeit denknotwendig vorausgesetzt werden. Aber es gilt freilich nicht: Weil Bildsamkeit vorausgesetzt werden muss, soll auch pädagogisch gehandelt werden. Bildsamkeit bezeichnet die Möglichkeitsbedingung von Bildung, jedoch nicht ihre Sinnperspektive.

Was dem Prinzip der Bildsamkeit zukommt, ist seine prinzipielle Unbestimmtheit. Als Relationsprinzip gilt Bildsamkeit schlichtweg für alle Menschen als Möglichkeitsbedingung an der Mitwirkung ihrer eigenen Bildung. Sie muss für jedes Ich vorausgesetzt werden. „Jemandem die Möglichkeit der Bildsamkeit abzusprechen, hieße ihm sein Recht auf Mitwirkung an der menschlichen Gesamtpraxis, seiner Menschlichkeit aberkennen" (BENNER 2001, 79). Sie kann als egalitäres Moment pädagogischer Handlungen angesehen werden, das gegen jegliche ideologischen Behauptungen der Höher- oder Minderwertigkeit protestiert. Indem weder dem Moment der Führung noch dem des Sich-führen-Lassens der Vorrang eingeräumt, sondern die Möglichkeit bildender bzw. pädagogischer Interaktion eröffnet wird, wird mit der Bildsamkeit aus pädagogischer Perspektive die Dignität des Ich verbürgt. Auch wenn mit ihr nicht das Sollen pädagogischer Tätigkeiten zum Ausdruck gebracht werden kann, so doch ein handlungsbezogenes Sollen, welches den Vollzug pädagogischer Handlungen betrifft. Bildsamkeit besagt, dass wir allen „der Erziehung Bedürftigen in einer Weise begegnen sollen, dass wir ihnen weder bestimmte Anlagen zu- noch absprechen und auf sie nicht in der Art und Weise einwirken, in der wir durch Umwelteinwirkungen Wachstums- und Reifeprozesse bei Pflanzen und Tieren beeinflussen" (BENNER 2001, 72).

Bildsamkeit in dieser unbestimmten Bestimmung kann nicht, wie FLITNER meint, „an dem geschichtlichen Menschen gewonnen [werden], wie wir ihn heute finden, wie er durch seine bestimmte Geschichte geworden ist und sich in einem bestimmten Geist versteht" (1997, 91). Als Voraussetzung kommt sie jedem Menschen zu jeder Zeit zu. Bildsamkeit ist kein historisches Datum, das sich erst in der Geschichte gewinnen oder verlieren lässt. Vielmehr ist sie die Bedingung dafür, dass der Mensch unter pädagogischer Perspektive in der Geschichte überhaupt angeschaut werden kann. Sie lässt sich ebenso wenig aus der Geschichte ableiten wie sie in die Geschichte hineingebracht werden kann. Bildsamkeit liegt Geschichtlichem logisch voraus, so dass erst unter ihrer Voraussetzung von einer Geschichte der Pädagogik gesprochen werden kann.

Die empirische Tatsache, dass das Relationsprinzip der Bildsamkeit in der Geschichte erst artikuliert oder zugunsten anderer Verhältnisbestimmungen von Ich und Du ignoriert wurde, hebt sie in ihrem Begründungscharakter für pädagogische Tätigkeiten keineswegs auf. Sie gilt als Prinzip „selbst dann, wenn in vorausgegangenen parapädagogischen Interaktionen gegen das Prinzip der Bildsamkeit verstoßen wurde" (BENNER 2001, 78). Die Denknotwendigkeit ihrer Voraussetzung gilt unabhängig von der Zeit, weil Bildsamkeit für Zeitpunkte vorausgesetzt werden muss, damit man rechtmäßig von pädagogischen Handlungen sprechen kann. Bedingungen und Bedingtheiten müssen unterschieden werden, wenn jene für diese gelten sollen. Bildsamkeit muss vorausgesetzt werden, wenn die Möglichkeit von Bildung nicht negiert werden soll.

Hinsichtlich dieser Apriorizität des Bildsamkeitsbegriffs Bildsamkeitsbegriff muss HERBART widersprochen werden. Dieser proklamiert, dass „[k]ein leisester Wind von transzendentaler Freiheit" in das Gebiet des Erzieher hineinblasen dürfe (1986, 60). Bereits BENNER hat auf die Unhaltbarkeit der Kritik an der Transzendentalphilosophie KANTs an dieser Stelle der HERBARTschen Systematik hingewiesen (vgl. 1997, 146ff)[10].

Bildsamkeit als Voraussetzung gilt unabhängig von der Zeit (und vom Raum). Sie muss jederzeit und überall vorausgesetzt werden, wo pädagogisch gehandelt wird. Als Relationsprinzip muss sie dem Säugling wie dem Greis zugesprochen werden, weil sie unabhängig von jeder Bedingtheit Geltung beansprucht. Sofern sie pädagogisches Handeln im Hinblick auf selbsttätige Mitwirkung bestimmt, kann kein Zeitpunkt aus der Gebundenheit an Bildsamkeit herausfallen. Wer einem Menschen die Bildsamkeit aberkennt, wer ihn aus dem Kreis der Bildsamen ausschließen will, der erkennt ihm damit in pädagogischer Hinsicht sein Menschsein ab, der schließt ihn zugleich aus dem Kreise der Menschheit aus.

Bildsamkeit als Relationsprinzip kommt dem Menschen zu jedem Zeitpunkt seiner Endlichkeit zu. Wollte man einen Zeitpunkt oder eine Zeitstrecke bestimmen, an dem bzw. an der Bildsamkeit nicht logisch vorausgesetzt werden müsste, dann müssten dies Zeitpunkte bzw. Zeitstrecken sein, die die Endlichkeit in Phasen des Menschseins und Phasen des Noch-nicht- bzw. Nicht-mehr-Menschseins teilten. Bildsamkeit gilt demnach nicht bloß universell, sondern entgegen der Bestimmung BENNERs auch prinzipiell unendlich (vgl. BENNER 1995, 156 und 2001, 79f). Unter der Voraussetzung der Bildsamkeit ist pädagogische Praxis von der Geburt bis zum Tod möglich. Obgleich es das eigentümliche Bestreben pädagogischer Praxis ist und sein muss, sich selbst überflüssig zu machen, kann kein Zeitpunkt bestimmt werden, an dem Bildsamkeit dem Menschen nicht zugesprochen werden müsste und keinen, an dem der Mensch pädagogischer Praxis nicht mehr bedürfte. Nur wer *aus*gebildet ist, d.h. in seiner Bildung fertig, vollkommen,

---

[10] Zur „*Realistischen Metaphysik*" in HERBARTs Werk, vgl. MAIGNÉ (2008, 9ff). Carole MAIGNÉ legt dar, dass sich die HERBARTsche Pädagogik und mit ihre die Bildsamkeit „klar und unbestreitbar im Rahmen der Abweisung eines transzendentalen Subjektes" entwickelt (ebd., 20). Ein solcher Realismus fordert geradezu neben der Pädagogik auch andere Disziplinen wie die Psychologie, wohingegen die (Bildungs-)Philosophie „ihren Status als Königin der Wissenschaft" verliert, so dass die Pädagogik „notwendigerweise eine Ontologie" annimmt, „und sei es nur zur Definition ihrer Objektivität (ebd., 22).

der könnte auf den Zuspruch der Bildsamkeit, mithin auf pädagogische Praxis verzichten.

Auch wenn interaktive Mitwirkung sowohl an der menschlichen Gesamtpraxis als auch am eigenen Bildungsprozess nicht empirisch festgestellt werden kann, bleibt das Prinzip der Bildsamkeit vorauszusetzende Möglichkeitsbedingung pädagogischer Maßnahmen. Sie bleibt gerade angesichts des Faktums der nie abschließbaren Bildung deren Möglichkeit und gilt daher universell. Bildsamkeit begründet pädagogische Führung und pädagogisches Sich-führen-Lassen in einem überzeitlichen Anspruch wechselseitiger Mitwirkung an Lehr- und Erziehungsprozessen. In ihrem Anspruch auf gleichberechtigte Interaktion gegenüber anlagen- und umweltbedingender Einflüsse ist die Bildsamkeit, wie es HERBART in seinem Alterswerk formulierte: „*Der* Grundbegriff der Pädagogik" (1835, 69 – Hervorh. T.M.).

Die Analyse des pädagogisch-konstitutiven[11] Charakters der Bildsamkeit verweist auf einen weiteren, ihr komplementären Aspekt pädagogischen Handelns. Implizit ist er in der Erläuterung des Bildsamkeitsprinzips bereits angedeutet.

---

[11] BENNER schreibt zur Differenzierung seiner vier Prinzipien in konstitutive und regulative, dass er sich „an Kants Unterscheidung zwischen konstitutiven und regulativen Prinzipien an[lehne], ohne jedoch dieser Unterscheidung, die zudem bei Kant nicht immer dieselbe ist, streng zu folgen. Die Bezeichnung »konstitutive« Prinzipien verwende ich in dem Sinne, in dem Humboldt die Sprache als ein historisches Apriori verstanden hat. Die regulativen Prinzipien verweisen dagegen auf das, was Kant in seiner Lehre vom höchsten Gut behandelt" (BENNER 2001, 61).
Es ist nicht ersichtlich, weshalb BENNER seine konstitutiven Prinzipien im Sinne einer historischen Apriorität ausweist bzw. versteht. Er selbst konstatiert, dass er damit einen „Letztbegründungsfundamentalismus" (2001, 59) vermeiden will. Vielleicht liegt es daran, dass er die Prinzipien allein in der Entstehung ihres historisch-gesellschaftlichen Kontextes im Übergang von einer ständischen in eine bürgerliche Gesellschaft begründet sieht. Durch diese Historisierung ist allerdings fraglich, wie Bildung bzw. pädagogisches Handeln vor diesem historischen Übergang heute bzw. aus zeitlich späterer Perspektive als solches identifiziert werden kann? Wenn wir heute sagen können, dass Bildsamkeit als die Bedingung der Möglichkeit pädagogischer Handlungen gedacht werden muss und wir anhand dieses ‚Kriteriums' pädagogische Handlungen als solche erst prädizieren und kennzeichnen, wie sollen dann pädagogische Handlungen vor der Zeit der Aufklärung identifiziert werden? Welches Kriterium wird für die Zeit davor zur Identifikation als pädagogisches Handeln herangezogen? Bei Humboldt gilt die Sprache im Sinne eines historischen Apriori – wobei dieser Terminus erstmals in FOUCAULTs „*Archäologie des Wissens*" auftaucht – nicht überzeitlich bzw. ewig, weil es für den Menschen als endliches Wesen nichts Überzeitliches geben kann. Allein mit dem Prinzip der Bildsamkeit hat man es nicht mit Faktischem wie mit der Sprache zu tun, sondern mit einer Bedingung, die man denknotwendig voraussetzen muss, damit sich das Faktische in Begriffe fassen, somit anschauen und denken lässt. Wenn BENNER andeutet, dass die Geltung der Prinzipien „ganz im Sinne des Verweisungszusammenhangs von Prinzip und Prinzipiiertem eine *historische und überhistorische zugleich*" ist (BENNER 2001, 60 – Hervorh. T.M.), dann ist damit die Aporie angesprochen, die mit der Bezeichnung eines „historischen Aprioris" zum

Pädagogisches Sich-führen-Lassen als Komplement pädagogischer Führung muss unter Voraussetzung der Bildsamkeit ebenso als Aktivität pädagogischer Interaktion angesehen werden. Wenn pädagogisches Handeln auf die Mitwirkung an Bildungsprozessen sowie auf die Mitwirkung an der menschlichen Gesamtpraxis gerichtet ist und diese immer schon voraussetzt, dann ist im Begriff der Bildsamkeit bereits die Selbsttätigkeit des Schülers bzw. Zöglings immanent. Während das Prinzip der Bildsamkeit das pädagogische Handeln primär aus der Perspektive pädagogischer Führung bestimmt, so wird das pädagogische Sich-führen-Lassen im Sinne der Mitwirkung durch das Prinzip der Selbsttätigkeit konstituiert.

Sich-führen-Lassen unter dem Aspekt der Mitwirkung meint kein passives Geschehen, Erleiden oder Erdulden, wie der Bildungsprozess unter anlagen- oder umweltbedingten Einflussfaktoren verstanden wird. In entgegengesetzter Intention lassen sich FICHTEs transzendentale Reflexionen über das endliche, vernünftige Wesen verstehen: *„Soll ein Vernunftwesen sich als solches setzen, so muss es sich eine Thätigkeit zuschreiben, deren letzter Grund schlechthin in ihm selbst liege. […] In sich selbst zurückgehende Thätigkeit überhaupt* (Ichheit, Subjectivität) *ist Charakter des Vernunftwesens"* (1971, 17). In transzendentaler Reflexion erweist sich das Vernunftwesen als ein tätiges im Denken und Wollen. Das Kennzeichnende des Ich, d.h. sein „Zu-sich-selbst-ich-sagen-Können", setzt bereits die Selbsttätigkeit als Vermögen voraus. Damit ist nicht das Denken als Gegenstand gemeint, sondern das Denken, das sich selbst zum Gegenstand macht. Hier geht es um das „Bedenken des Denkens, um seine Reflexivität" (HEITGER 2001, 82). Erst im reflexiven Selbstbewusstsein findet sich die logische Ursache, weshalb der Mensch nur durch sich selbst, d.h. in eigener Aktivität, zum Menschen werden kann. Bejaht man die reine bzw. ursprüngliche Apperzeption, wonach „das: ich denke" alle menschlichen Vorstellungen begleiten können muss (KANT KrV, B 132), dann muss Vernunfttätigkeit als unwiderrufliches Anthropinon des Menschen vorausgesetzt werden. FICHTE spricht in diesem Zusammenhang von dem *„Bestimmtseyn des Subjects zur Selbstbestimmung"* (1971, 23).

Ausdruck kommt. BENNER bindet seine konstitutiven Prinzipien an die anthropologische Faktizität der Bildungsbedürftigkeit einerseits sowie Lernfähigkeit andererseits, so dass er ihren prinzipiellen, d.h. apriorischen Charakter ohne alle Historizität ausweisen könnte. Dies führt an einigen Stellen des systematischen Zusammenhangs zu Widersprüchen. Hiervon betroffen ist bspw. die Determinierung der Bildsamkeit auf bestimmte Zeitstrecken der menschlichen Endlichkeit, wie es im Text angedeutet wurde. Unter systematischer Perspektive gilt es immer zu beachten, dass Bedingtes nur unter der Voraussetzung von Bedingungen gilt, da sich Tatsachen nicht durch Tatsachen begründen lassen, ohne dass sich pädagogische Theorie im Kreis dreht.

Wenn Mitwirkung sowohl Voraussetzung als auch Ziel, d.h. wenn der Begriff der Interaktion ernst genommen werden soll, dann können pädagogische Maßnahmen nicht bewusstlos, d.h. ohne die begleitende Reflexivität des Schülers bzw. Zöglings als möglich vorgestellt bzw. gedacht werden. Das Denken über diese Unmöglichkeit selbst setzt den Selbsttätigkeitsbegriff voraus.

Das Sich-führen-Lassen pädagogischer Akte verläuft nicht bewusstlos, sondern setzt allemal das Bewusstsein, mithin die Tätigkeit des Geführten logisch voraus. Wenn pädagogische Vollzüge von Akten der Manipulation und Indoktrination unterschieden werden sollen, dann ist die Selbsttätigkeit des Schülers bzw. Zöglings unbedingte Voraussetzung pädagogischen Handelns. Wer diese leugnen und zugunsten einer Theorie latenter psychodynamischer Prozesse aufgeben will, wer „dem Ich nachweisen will, daß es nicht einmal Herr ist im eigenen Hause" (FREUD 1966, 295), der macht pädagogisches Handeln ohnehin obsolet. Er ebnet damit jedoch der Manipulation und Indoktrination Tür und Tor. Letztlich gerät er in die missliche Lage, erklären zu müssen, wer der Sender dieser „kärglichen Nachrichten" (ebd.) ist, welche die reflexive Selbsttätigkeit leugnen. Ohne Selbsttätigkeit des Schülers bzw. Zöglings sind pädagogische Maßnahmen unmöglich, wenn das Ich nicht zum Objekt unter Objekten, sondern zugleich als die Bedingung der Möglichkeit, von Objekten zu sprechen, verstanden werden soll. In jeder Objektivierung des Menschen auf eine bloße Wirkungsgröße „ist das die Menschlichkeit Auszeichnende noch gar nicht beachtet, ja geradezu ausgeschlossen: eine Selbständigkeit im Denken" (BALLAUFF, 1992, 5).

In der Umkehrung bedeutet dies, dass nichts in das Denken hineingelegt werden kann, was nicht selbst vom Denken gesetzt bzw. gedacht wird; dass nichts in das Wollen eingegeben werden kann, was nicht selbst gewollt wird.

Wenn Selbsttätigkeit nicht negiert werden kann, weil die Negation bereits Selbsttätigkeit voraussetzt, dann verlangt diese unter dem Aspekt der pädagogischen Führung ein Äquivalent, das der Selbsttätigkeit insofern Rechnung trägt, als es sie zumindest nicht verhindert. Interaktion im Sinne dualer Mitwirkung am Bildungsprozess fordert von der Seite des Führens ein Moment, das Selbsttätigkeit ausdrücklich fordert, damit pädagogisches Handeln als solches statthaben kann. BENNER formuliert hierfür, in Anlehnung an FICHTE und dessen Schüler, das Moment der „Aufforderung". Pädagogische Maßnahmen verstehen sich daher als eine bestimmte Art der „Einwirkung". Diese wird „begriffen, als eine Aufforderung des Subjects zu einer freien Wirksamkeit [...] Die Aufforderung ist die Materie des Wirkens, und eine freie Wirksamkeit des Vernunftwesens, an welche sie ergeht, sein Endzweck. Das letztere soll durch die Aufforderung keineswegs bestimmt, necessitirt werden, wie es im Begriffe der Causalität das Bewirkte durch die Ursache wird, zu handeln; sondern es soll nur zufolge derselben sich selbst dazu bestimmen" (FICHTE 1971, 36).

Allein im Charakter der Aufforderung sieht FICHTE die Selbsttätigkeit des Ich insofern gewahrt, als hier nichts bewirkt wird, wie dies bspw. von behavioristischen Konzeptionen vertreten wird, sondern der Mensch in seiner Selbsttätigkeit affiziert bzw. provoziert wird, ohne in der Freiheit der Selbsttätigkeit, d.h. des Selber-Denkens und Selber-Wollens beschnitten zu werden. Aufforderung zur Selbsttätigkeit ist demnach als Möglichkeitsbedingung aller pädagogischen Bemühungen zu verstehen. Führen und Sich-führen-Lassen gewinnen unter dieser Voraussetzung deutlichere Konturen. Pädagogische Führung wird verstanden als Aufforderung zur Selbsttätigkeit, Sich-führen lassen meint Selbsttätigkeit aus Anlass der Aufforderung. Anlass und Ursache, Möglichkeit und Notwendigkeit bleiben hier unterschieden.

Niemand ist genötigt, Lateinvokabeln zu lernen, auch wenn er noch so eindringlich dazu aufgefordert wird. Notwendigkeit bezeichnet u.a. einen Sachverhalt, dessen Gegenteil selbst unmöglich ist. Nun *muss* der Aufgeforderte aber trotz aller Aufforderung und Einwirkung nicht Lateinvokabeln lernen, stattdessen kann er auch die Oden Homers aus dem Griechischen übersetzen oder den toten Fremdsprachen gänzlich fern bleiben. Notwendig ist ihm allerdings, dass er sich – wie auch immer er sich entscheidet – zu der Aufforderung verhalten muss. Selbst das Ignorieren der Aufforderung ist als Ausdruck der Selbsttätigkeit und im Rahmen der Möglichkeit zu verstehen. Genau dies ist aber zugleich die Intention pädagogischer Bemühungen unter Voraussetzung der Bildsamkeit und Aufforderung zur Selbsttätigkeit: sich selbst im Hinblick auf den eigenen Bildungsprozess und die Mitwirkung an der menschlichen Gesamtpraxis zu bestimmen. „Dass sich die Freiheit menschlicher Praxis gleichermaßen von bloßer Wahl- und beliebiger Willkürfreiheit unterscheidet, gilt auch für pädagogische Aufforderung zur Selbsttätigkeit" (BENNER 2001a, 88). Die Frage, wie freiheitliche Selbstbestimmung erfolgt, kann unter der Voraussetzung der beiden konstitutiven Prinzipien pädagogischen Handelns nicht beantwortet bzw. vorgegeben werden. Sie bestimmen allein die vorausgesetzte Möglichkeit, Akten rechtmäßig das Prädikat des Pädagogischen zukommen zu lassen.

Das Prinzip der Aufforderung zur Selbsttätigkeit bezeichnet die Möglichkeit pädagogischer Maßnahmen unter dem Aspekt des Übergangs von einer Fremd- zur Selbstbestimmung. Führung und Sich-führen-Lassen erfahren unter dieser Voraussetzung ihre pädagogische Charakterisierung, aus ihr „öffnet sich der Blick für die

Diskussion und pädagogische Kritik von Lerntheorien" (BENNER 1995, 21). Die Vorstellung behavioristischer Lerntheorien z.B., die oftmals in Metaphoriken des „Nürnberger Trichters" (HARSDÖRFFER) auftreten (beibringen, bewusstmachen, etc.), sind demnach aus pädagogischer Perspektive nicht aufrechtzuerhalten. Vielmehr erhärten sie das „pädagogische Paradoxon" (LUHMANN/SCHORR 1988), wonach der Schüler bzw. Zögling etwas tun soll, was er noch nicht kann, dieses aber nur erlernen kann, indem er es tut.

Allein in der Aufforderung wird der pädagogisch Handelnde der Bildsamkeit insofern gerecht, als das Du als zur Mitwirkung an seinem eigenen Bildungsprozess fähig gedacht wird. Fremdführung ist Anlass zur Selbstführung wie zugleich deren Voraussetzung. Aufforderung zielt auf das Selber-Denken und Selber-Wollen, ohne diese Selbsttätigkeiten dem Zufall oder der Beliebigkeit des Schülers bzw. Zöglings anheim zu stellen. In der Aufforderung kann somit die Voraussetzung für das Übergehen der Möglichkeit zur Wirklichkeit gesehen werden. Soll der Mensch durch einen äußeren, fremdbestimmten Antrieb geführt werden, so muss dieser Antrieb „als ein materiales, gehaltreiches Streben, jene Tendenz zur Tätigkeit zu erheben, gedacht werden. Der Inhalt dieses Antriebs [...] muß also wieder durch eine eigne Tätigkeit so bestimmt und angelegt sein, daß das unbestimmte Vernunftwesen, auf welches er sich bezieht, vermittels seiner zur Tätigkeit erhoben werden kann. Die mit ihm verbundene Tendenz ist also nicht nur eine Tätigkeit auf das Vernunftwesen, sondern diese setzt zu ihrer möglichen Klärung eine Tätigkeit in ihr und auf sich selbst voraus. [...] Und daraus ergibt sich der Satz: das unbestimmte Vernunftwesen kann mit sich selbst in keinen bestimmten Wechsel treten, wenn es nicht durch ein anderes, bestimmtes Vernunftwesen dazu ausdrücklich bestimmt wird" (JOHANNSEN zit. in BENNER 2001a, 96). Den Modus der Fremdbestimmung, der als Möglichkeitsbedingung des Übergangs zur Selbstbestimmung aus pädagogischer Perspektive anzusehen ist, wird im Anschluss an die FICHTEaner als „Aufforderung" bezeichnet und charakterisiert. In der Aufforderung zur Selbsttätigkeit sieht die wissenschaftliche Pädagogik jenes Moment, das einem „Vernunftwesen" bzw. Menschen angemessen ist, ohne das menschliche Anthropinon der Selbstreflexivität zu usurpieren.

Der Modus der Aufforderung transponiert Heteronomie in Selbstbestimmung, ist als fremdbestimmter Anlass zu autonomer Bildungsarbeit zu verstehen.Unter Voraussetzung dieses Prinzips gilt, dass der Schüler bzw. Zögling alles „gänzlich aus sich selbst herausbringe" (KANT Idee, A 391)[12], d.h. alles aus sich selbst

---

[12] „Die Natur hat gewollt: daß der Mensch alles, was über die mechanische Anordnung seines tierischen Daseins geht, gänzlich aus sich selbst herausbringe, und keiner anderen Glückselig-

herausbringen kann. Die Möglichkeit der Wirksamkeit pädagogischer Maßnahmen ist allem Handeln ebenso vorausgesetzt wie die Selbsttätigkeit der Fremdbestimmung. Ich und Du sind logisch „auf einen Zustand gerichtet, der noch nicht »ist«, sondern erst sein soll" (REKUS 2006, 112). Vor dem Sollen ist jedoch logisch (und nicht chronologisch) die Möglichkeit dieser Interaktion vorausgesetzt.

Bildsamkeit und Aufforderung zur Selbsttätigkeit gehen nicht zeitlich auseinander hervor. Nur weil Bildsamkeit als Möglichkeitsbedingung immer schon vorausgesetzt werden muss, wo pädagogisch gehandelt wird, folgt nicht, dass pädagogische Führung stets die Selbsttätigkeit des Schülers bzw. Zöglings voraussetzt, wonach sich dieser nur selbst zum „Werk seiner Selbst" machen kann. Vielmehr verweisen Bildsamkeit und Aufforderung zur Selbsttätigkeit logisch aufeinander. So „wie die Bildsamkeit im Sinne der Bestimmtheit des Menschen zur Freiheit sich nur entfalten kann, sofern der Heranwachsende zur Selbsttätigkeit aufgefordert wird, so kann umgekehrt nur eine solche Aufforderung zur Selbsttätigkeit auffordern, welche an die Bildsamkeit des Heranwachsenden, an dessen Möglichkeiten zur Mitwirkung, anknüpft" (BENNER 1995, 22). Das Prinzip der Aufforderung zur Selbsttätigkeit verweist insofern auf das Prinzip der Bildsamkeit, als mit der Aufforderung immer schon vorausgesetzt ist, dass pädagogische Interaktion auf die Mitwirkung des Schülers bzw. Zöglings gründet. Zugleich ist das Prinzip der Bildsamkeit auf die Aufforderung zur Selbsttätigkeit verwiesen, insofern sich Bildungsprozesse nicht *per se* einstellen, sondern eines Anlasses bedürfen, damit die Möglichkeit Wirklichkeit werden kann. Bildsamkeit und Aufforderung zur Selbsttätigkeit stehen in einem interdependenten Zusammenhang, in dem beide Prinzipien konstitutive Bedeutung für eine Theorie der Bildung tragen. In ihnen gründet die Möglichkeit von pädagogischem Handeln.

Bildsamkeit und die Aufforderung zur Selbsttätigkeit stellen die beiden Prinzipien dar, die logisch allem Handeln vorausliegen, wenn dies pädagogisch zu sein beansprucht. Als konstitutive Bedingungen sind sie als die Möglichkeitsbedingungen von Bildungsprozessen zu verstehen. Aufgrund ihrer Charakterbestimmung haben sie zunächst eine negative Funktion: „Sie schließen bestimmte Maßnahmen aus, wenn diese gegen prinzipielle [pädagogische] Ansprüche verstoßen" (REKUS et al. 1998, 284). Durch Inversion dieser Aussage lässt sich ihre positive Funktion bestimmen. In diesem Sinne sagen die Prinzipien der Bildsamkeit und Selbsttätigkeit aus, dass die Anerkennung beider Voraussetzungen pädagogisches Handeln in seinem Anspruch verbürgen. Damit ist ein Aspekt der Bildung angesprochen, dem

---

keit, oder Vollkommenheit, teilhaftig werde, als die er sich selbst, frei von Instinkt, durch eigene Vernunft, verschafft hat" (KANT Idee, A 391).

es nicht mehr nur um die Frage nach den Möglichkeitsbedingungen des Bildungs-prozesses geht, sondern um dessen konkreten Vollzug. Wenn wissenschaftliche Pädagogik nicht bloß die Möglichkeitsbedingungen pädagogischer Praxis, sondern zugleich die zeitlichen Prozesse analysieren will, dann rückt die Analyse von Unter-richts- und Erziehungsprozessen in den Fokus der Betrachtung.

1.1.2 Unterricht

Das Ziel aller Bildung im pädagogischen Verständnis kann allein im *„recte vivere"* ge-sehen werden. Der Maßgabe einer selbstbestimmten und eigenverantwortlichen Lebensführung kann niemand ausweichen, jeder ist ihr – ob er darum weiß oder nicht – immer schon unterworfen. Diese Aufgabe kann niemandem abgenommen werden, auch pädagogisches Handeln vermag sie für niemanden zu lösen. Pädago-gisches Handeln kann nur helfen, dass der Mensch diese Aufgabe wahrnimmt, anerkennt, und zwar im Sinne des Erkennens und Handelns. Es geht also darum, den Menschen auf seinem Weg zu selbstbestimmtem, eigenverantwortlichem und freiheitlichem Handelns zu führen, ihn zu begleiten, ihm beizustehen. Wenn Bil-dung „prinzipiell gerade das meint, was nicht verloren gehen darf, wenn Mensch-sein seinen humanen Charakter bewahren soll", nämlich „die aller Planung und Machbarkeit entzogene Selbstbestimmung der Person" (BÖHM 2005, Sp. 91), dann ist es geradezu die vornehmste Aufgabe pädagogischen Handelns, das Ich hierzu zu befähigen. Die Notwendigkeit pädagogischer Maßnahmen erwächst geradezu aus der Einsicht, dass der Mensch nicht von Geburt an dazu in der Lage ist, selbstbe-stimmt, eigenverantwortlich und freiheitlich zu handeln. Dieses Handeln-Können muss er selbsttätig erwerben bzw. lernen[13]. Dazu ist Wissen nötig.

Erst Wissen ermöglicht dem Menschen freiheitlich zu handeln, erst Wissen gibt der Existenz Essenz, da der Mensch nicht mehr den unklaren Einflüssen der Natur

---

[13] Wenn im Folgenden vom Lernen oder vielmehr von der Aneignung von Wissen die Rede ist, dann muss vorausgesetzt werden, dass es sich dabei um einen pädagogischen Begriff des Ler-nens handelt. „Es ist sicherlich richtig und wichtig, die Aussagen und Befunde anderer Diszi-plinen über das Lernen kennen zu lernen, doch das enthebt die Pädagogik nicht der Aufgabe, einen pädagogisch orientierten Begriff des Lernens zu formulieren. Wir können uns nicht darauf verlassen und begnügen, dass die empirische Lernpsychologie oder die Management-experten, die Evolutionsbiologen oder die Konstrukteure artifizieller »Denkzeuge« uns mit-teilen, was sie in ihren experimentellen und sozialtechnischen Arrangements über das Lernen herausgefunden haben, und wir dann wie abhängige Beschäftigte daran gehen, nach den Wei-sungen und unter der Evaluationsaufsicht anderer Disziplinen deren Ergebnisse umzusetzen" (PRANGE 2005, 63f).

ausgeliefert ist. Handlungen verdienen erst ihre Bezeichnung, wenn ihr Bestimmungsgrund nicht eine gegebene Naturgesetzlichkeit ist, sondern sie in dem Bewusstsein vollzogen werden, dass alles auch ganz anders sein könnte. Wissen ist somit nie bloß Kenntnisnahme von der Natur, sondern bereits ihre Interpretation und Gestaltung. Wenn sich das Ich zu selbstbestimmtem, eigenverantwortlichem und freiheitlichem Handeln bilden soll, es aber von Natur aus nicht schon dazu in der Lage ist, dann kann nur eine fremde Hilfe die ‚Not wenden'. Pädagogische Bemühungen sind notwendig, damit sich das Ich Wissen aneignen kann. Den Prozess der Aneignung von Wissen durch den Schüler, der zugleich die Aufforderung zur Aneignung durch den Lehrer ist, nennt man Unterricht. Lernen heißt daher, die eigenen Naturanlagen und Begabungen zu entfalten, die eigene Natur zu kultivieren. Lehren heißt dann, den Schüler zur Entfaltung und Kultivierung der eigenen Naturanlagen aufzufordern. Beiden gemeinsam ist die Fokussierung auf Wissen; auf der einen Seite als Wissenserwerb, auf der anderen als Wissensvermittlung.

Doch was ist Wissen seinem Wesen nach, wenn es als Bestimmungsgrund für das Handeln dienen soll? In einem allgemeinen Verständnis könnten bspw. die Kenntnisse gemeint sein, dass die Zugspitze der höchste Berg Europas ist, dass in allen ebenen rechtwinkligen Dreiecken die Summe der Flächeninhalte der Kathetenquadrate gleich dem Flächeninhalt des Hypotenusenquadrates ist, dass die Hauptstadt von Ägypten Kairo heißt, usf. Zweifellos können diese Beispiele als Wissen bezeichnet werden. „Allein man bedenke, daß es hier nicht mehr um einzelne Wissensinhalte geht, die neben anderen suchbar und auffindbar sind [...] Nicht Fälle des Gewußten können gemeint sein, vielmehr ist gefragt, welche Besonderung dem Ichhaften zukommt, das wir Wissen nennen müßten" (PETZELT 1955, 14). Dass man sich auf dünnes Eis begibt, wenn man etwas über das Wissen wissen will, zeigt sich schon deutlich in PLATONs Dialog „*Theaitetos*"[14].

Ungeachtet aller Komplikationen, die einer präzisen Analyse des Wissensbegriffs im Wege stehen mögen, kann festgehalten werden, dass das Wissen im Revier des Denkens (somit des Logischen) statthat. Das bedeutet ganz allgemein: das Wissen ist eine Setzung des Denkens. Damit ist der Wissensbegriff zwar nicht einmal ansatzweise bestimmt, aber zunächst in seinen systematischen Grenzen abgegrenzt. Ohne den Ausführungen vorzugreifen, kann der Unterricht für die Dimension des Logischen, die Erziehung für diejenige des Ethischen bestimmt werden. Diese Dif-

---

[14] PLATON schildert hier ausgezeichnet die Schwierigkeit dieser Problemstellung, indem er zeigt, wie SOKRATES den jungen Titelhelden mit der Frage, was das Wissen sei, zur Verzweiflung bringt.

ferenzierung rechtfertigt erst die analytische Unterscheidung von Unterricht und Erziehung, die im Weiteren beibehalten wird.

Wenn das Wissen als eine Setzung des Denkens bestimmt wird, dann folgt daraus, dass es aus pädagogischer Perspektive immer einen Ichverhalt ausdrückt, sofern mit „Denken" und „Selbstbewusstsein", d.h. Zu-sich-selbst-ich-sagen-Können, dasselbe gemeint ist. Als Setzung des Denkens ist Selbstbewusstsein bereits vorausgesetzt. Wissen bezeichnet in diesem Sinne eine „Eigenschaft" eines Menschen, wie Thomas von AQUIN anmerkt (vgl. 1988, 7_6). U.a. geht er aufgrund dieser Definition davon aus, dass kein Mensch einen anderen etwas lehren kann, da sich eine Eigenschaft nicht einfach übertragen lässt, so dass schlechterdings nicht von einer „Wissensübertragung vom Lehrer zum Schüler" (ebd.) ausgegangen werden kann. Wissen aus pädagogischer Perspektive setzt voraus, dass *jemand* etwas weiß. Wenn sich pädagogisches Handeln in der Interaktion von Ich und Du vollzieht, dann kann Wissen nichts sein, was außerhalb dieses Verhältnisses bestünde, d.h. was nicht von einem der beiden bereits gewusst würde.

Wissen als Ichverhalt impliziert eine weitere Voraussetzung, ohne die nicht von Wissen gesprochen werden kann. Dem Begriff „Wissen" ist zugleich sein Gegenstandsbezug immanent. Wissen setzt nicht nur voraus, dass *jemand* etwas *weiß*, sondern immer schon und zugleich, dass jemand *etwas weiß*. Die pädagogische Beziehung von Ich und Du kann nie gegenstandlos bzw. inhaltsleer sein. Dies hat sie mit jedem anderen interpersonalen Verhältnis gemeinsam. Wie man sich nicht über nichts unterhalten kann, ohne dieses Nichts zum Inhalt der Kommunikation zu machen, ebenso wenig kann im Unterricht nichts gelehrt und gelernt werden. Andernfalls ließe sich nicht von Unterricht sprechen.

So selbstverständlich und banal diese beiden Voraussetzungen zunächst erscheinen mögen, so bedeutsam sind sie zur Charakterisierung des Wissens. Es lässt sich näherhin als Ichverhalt und Sachverhalt definieren, d.h. das Wissen zeigt „gegenstandsbestimmte Gewalt ebenso wie ichbestimmende Notwendigkeit", wie PETZELT formuliert (1955, 22).

PETZELT ist es auch, der den Begriff des Wissens im Sinne der „Eigenschaft" bei Thomas von AQUIN als in einem „Possessivverhältnis" zum Denken stehend bezeichnet (vgl. 1955, passim). Wissen ist nach PETZELT, was einem Menschen eigen ist, worüber dieser eignet. Damit charakterisiert er das Wissen als geistigen Besitz des Ich. Dieser kann weder abgegeben noch beigebracht, weder gefunden noch gekauft werden. Behält man die Metapher des Possessivums bei, wird einsichtig, weshalb sie für die Analyse des Unterrichtsprozesses bedeutsam ist. Zunächst verweist ein Besitz immer sowohl auf einen Besitzer, welcher besitzt, als auch auf ein Besitzgut, das besessen wird. Der Besitzer ist nur Besitzer, wenn er etwas *besitzt*. Ohne Besitz kann schlechterdings nicht von einem Besitzer gesprochen werden. Besitz und Besitzer bedingen sich gegen- und wechselseitig. Zugleich kennzeichnet den Besitzer, dass er *etwas* besitzt. Ichverhalt wie Sachverhalt sind metaphorisch im Begriff des Possessivverhältnisses enthalten. Zudem gilt: Was ich besitze, das kann ich nicht abgeben, ohne es danach immer noch zu besitzen. Auch der pädagogisch missliche Umstand des Vergessens ist damit angesprochen. Was ich vergessen habe, das weiß ich nicht mehr, es ‚zählt' nicht mehr zu meinem Wissen. Ebenso ist deutlich, dass ein Besitzer um seinen Besitz wissen können muss. Wenn ich nicht weiß, dass ich etwas besitze, dann kann ich dies im eigentlichen Sinne nicht als meinen Besitz bezeichnen. Wer einen Lottoschein mit sechs Richtigen mit sich führt, aber nicht darum weiß, dass darauf sechs Richtige angekreuzt sind, der besitzt bloß ein Stück Papier. Und noch ein weiterer Aspekt steckt in der PETZELT-schen Metapher. Als Besitz wird die Einheit aller Besitzgüter bezeichnet. Besitz und Besitzgüter stehen in unaufhebbarer Relation. Besitzgüter sind additiv zählbar, sie zeichnen sich durch *Quantität* aus. Besitz als Einheit aller Besitzgüter meint dagegen keine Differenzierung oder Hierarchisierung einzelner Güter mehr, sondern ihr Verhältnis zu- und untereinander, er zeichnet sich durch *Qualität* aus.

Überträgt man dieses Bild auf den Begriff des Wissens, mithin des Unterrichts, zeigen sich Analogien. Als Wissen kann man die Einheit von „Wissensbrocken" (PESTALOZZI) bezeichnen. Der Relation „Besitz – Besitzgüter" korrespondiert diejenige von „Wissen – Wissensinhalte". Wenn ich als Lehrender Wissen demnach abgeben oder beibringen könnte, dann hätte ich es nach dem Unterrichtsprozess nicht mehr in meinem Besitz. So kann festgehalten werden, dass der Lehrer nichts beibringen kann, was ja nahe legt, dass sein Wissen in den Besitz des Schülers übergehen könnte. Vielmehr hilft er dem Schüler, dass dieser sich selbst Wissen-(sinhalte) aneignet. Wenn es zudem im Unterricht nicht bloß um die Aneignung singulärer Wissensinhalte gehen soll, wenn es weniger darauf ankommt, aus dem Schüler eine Enzyklopädie und den Lehrer somit „zum Lastesel des Parnasses" (KANT Päd, A 79) zu machen, dann zielt Unterricht nicht bloß auf die Auseinandersetzung mit einzelnen Wissensinhalten, sondern zugleich immer auf deren Beziehung zu- und untereinander. Für den Unterrichtsprozess bedeutet dies, „die zu erwerbenden Kenntnisse werden nicht als fertige »Brocken« übernommen, sondern in Auseinandersetzung gegliedert, in Reihen geordnet, in Zusammenhängen überschaut, werden einsichtig, bald lückenhaft, bald halb verstanden, bald unverdaut. Jedenfalls gestaltet sich etwas, was später als Besitz einen Besitzer ausmachen soll" (PETZELT 1964, 19). Denkt man das PETZELTsche Bild des Wissens als geistigen Besitz sowie die daraus hervorgehenden Analogien zum Unterrichtsprozess in ihrer Konsequenz, lässt sich sagen: Ich und Wissen sind dasselbe bzw. das Selbst. Wenn die Begriffe „Besitz" und „Besitzer" immer schon wechselseitig aufeinander verweisen, sofern ein Besitzer dadurch gekennzeichnet ist, dass er etwas besitzt, und sofern der Begriff des Besitzes voraussetzt, dass ihn jemand besitzt, dann wird die Wechselseitigkeit als Identität offenkundig. Das Ich ist sein Wissen und das Wissen gehört immer einem Ich, welches darum weiß.

In Anlehnung an PETZELT ließe sich diese Identität von Ich und Wissen graphisch folgendermaßen veranschaulichen (vgl. 1964, 61):

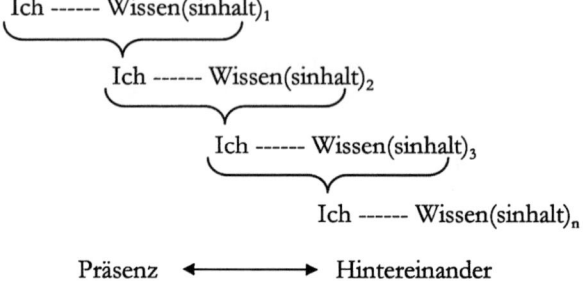

Während die Besitzgüter im zeitlichen Hintereinander angeeignet werden, so bleibt der Besitzer der eine über die Zeit. Doch indem er in der Präsenz der eine Besitzer bleibt, steht er den wechselnden Besitzgütern als dieser immer gegenüber. Die Identität von Besitzer und Besitz, von Ich und seinem Wissen, kann nicht so verstanden werden, als könnten beide in einer Einheit aufgehoben werden. Vielmehr ergibt sich die Eigentümlichkeit des Verhältnisses aus der Differenz von Präsenz und Hintereinander. Was bleibt ist die wechselseitige Bedingtheit, das Verwiesensein aufeinander. In jeder Aneignung von Wissensinhalten ‚macht' sich das Ich neu. Man kann auch sagen, nach jedem Lernakt hat sich der Schüler in seiner Eigenschaft verändert – mag ihm das bewusst sein oder nicht. Im zeitlichen Hintereinander der Akte eignet sich der Schüler Wissen(sinhalte) an.

In dieser graphischen Darstellung – so ungenügsam sie heutigen Anforderungen an eine moderne Graphik entspricht – wird implizit auf den Unterrichtsprozess auf Seiten des Lernenden verwiesen. Es wird näherhin deutlich, dass Wissen nicht beigebracht werden kann. Vermittlung in Berücksichtigung dieser Graphik kann dann nicht mehr eine Vermittlung von Wissen in dem Sinne meinen, als könnte der Lehrer dem Schüler von seinem Wissen etwas (oder auch etwas mehr) abgeben. Lernen heißt Mitwirkung an der pädagogischen Interaktion, es bedeutet nicht erdulden, geschweigedenn passiv hin- bzw. entgegennehmen. Lehren heißt nicht „etwas beibringen". Der Lehrer ist „kein Stoffhändler" oder „Stoffpräparator" (BALLAUFF 2004, 124f), er hat keine Tücher oder sonst etwas zu verkaufen. Solche „Verkehrungen" führen laut BALLAUFF dazu, dass die eigentliche Aufgabe des Lehrens verdeckt wird, nämlich den Schüler zu einer „*Selbständigkeit im Denken* freizugeben" (ebd., 113), ihn zum Selber-Denken aufzufordern.

KANT definiert Wissen als ein „Fürwahrhalten aus einem Erkenntnisgrunde, der sowohl objektiv als subjektiv zureichend ist" (Logik, A 107). Auch er sieht das Wissen in diesem Verständnis als einen Ichverhalt und Sachverhalt. Mit dem „Für*wahr*halten" rückt jedoch ein weiterer Aspekt zur Konkretisierung des Wissensbegriffs in die Betrachtung, der mit der Possessiv-Metapher noch nicht berücksichtigt wurde. Neben dem Proprium der Reflexivität des Denkens, wonach ich immer wissen können muss, dass ich weiß, deutet KANT auf eine weitere Besonderheit des Denkens hin, die für den Wissensbegriff bedeutsam ist. Das Denken tritt, wo es in der Interaktion (sprachlich) geäußert wird, immer mit Geltungsanspruch auf. Es lässt sich kein Denken denken, das vorsätzlich nicht gelten wollte, da es im Sinne des Nicht-gelten-Wollens gleichsam Geltung beanspruchte[15]. Wissen in diesem Sinn ist immer bezogen auf Wahrheit. Gemeint ist immer schon richtiges bzw. wahres Wissen. Nur deshalb kann KANT sagen, dass es sowohl objektiv als auch subjektiv zureichend ist und sich insofern vom bloßen Meinen und Glauben unterscheidet. Allein in dem Bezogensein auf Wahrheit kommt dem Wissen Objektivität, resp. objektives Zureichen zu. Damit ist eine Voraussetzung des Wissens angesprochen, die „niemandes Eigentum ist und dem darum grundsätzlich alle müssten folgen können" (RUHLOFF 2002, 445). In dieser Objektivität ist zugleich das Prinzip allen Lehrens und Lernens zu sehen (vgl. KOCH 1991).

Wenn KANT das Wissen als Fürwahrhalten zur Wahrheit hin abgrenzt, dann ist damit kein Mangel angesprochen, sondern in anderer Dimension diejenige Relati-

---

[15] Dass das Denken einen Geltungsanspruch erhebt, d.h. wahr sein will, widerspricht nicht dem Umstand, dass es sich irren kann. Irrtum ist ebenso wie Schein und Wahrheit „nicht im Gegenstand, so fern er angeschaut wird, sondern im Urteile über denselben, sofern er gedacht wird" (KANT KrV, B 350)[15]. Die Möglichkeit des Irrtums widerlegt nicht die Gesetze des Denkens, die in der Übereinstimmung desselben mit dem Gegenstand bestehen. Der unbedingte Geltungsanspruch des Denkens, seine Gesetzmäßigkeit, wahr sein zu wollen, ist nur möglich, weil die Gegenstände keine Wahrheit besitzen, sondern das Denken selbst „Gesetzgebung vor die Natur" ist; diese können „als solche, nicht außer uns stattfinden, sondern existieren nur in unserer Sinnlichkeit" (KANT KrV, A 126f).

on, die mit derjenigen von Wissen und Wissensinhalt angedeutet wurde. Für-wahrhalten zu Wahrheit verhält sich wie Wissen zu Wissbarem. KANT verweist damit auf die Zeitpunkthaftigkeit des (Wissens-)Besitzes, auf seine Überholbarkeit, Revidierbarkeit, Stückwerkhaftigkeit – wenn man so will: auf seine Fragilität. Wenn das Wissen am Ich hängt, wenn es als dessen „Eigenschaft", als „Besitz" vorgestellt wird, dann muss es den gleichen raum-zeitlichen Bedingtheiten unterliegen wie der Mensch selbst. Die Qualität des Wissens ist durch die Charakterisierung als „Für-wahrhalten" nicht gemindert, sondern als menschlicher Ichverhalt verdeutlicht und distinguiert. Als subjektives Fürwahrhalten ist Wissen als Ichverhalt gekennzeich-net, als objektives Fürwahrhalten zugleich möglicher Gegenstand der (pädago-gischen) Interaktion.

Aus den genannten Aspekten lassen sich in Anlehnung an LADENTHIN drei Kennzeichen des (schulischen) Unterrichts herausstellen: Wissenschaft, Personalität und Kommunikation (vgl. 2008). Unter der Voraussetzung der Wissenschaftlichkeit kann nur als Wissen bezeichnet werden, „was unter Kontrolle des eigenen Verstan-des erkannt wurde oder prinzipiell unter dessen Kontrolle erkannt werden kann". Wissen als Fürwahrhalten ist demnach „Erkenntnis, die jederzeit durch neue Er-kenntnis bestätigt, ergänzt, korrigiert oder überholt werden kann" (ebd., 54). Wis-sen ist somit stets methodisches Wissen, d.h. auf methodische Art gewonnene Erkenntnis. Mit der Voraussetzung der Personalität ist der dem Wissensbegriff an-haftende Ichverhalt angesprochen, gemäß dem Wissen immer nur an eine Person gebunden bzw. von dieser fürwahrgehalten werden kann. „Denken kann man im-mer nur selbst und da alle Inhalte gedacht werden müssen, um gelernt werden zu können, ist Lernen eine Selbsttätigkeit" (ebd., 56). Im Lehren ist dieser Vorausset-zung insofern Rechnung zu tragen, als sich Wissen eben nicht beibringen, sondern in der Aufforderung zum Selber Denken ‚lediglich' vermitteln lässt. Letztlich ist mit der Voraussetzung der Kommunikation das objektive Zureichen des Wissens, sein objektiver Geltungsgehalt angesprochen. „Wissen wird in kommunikativen Akten durch Anregung von anderen erworben. Wissen muss daher artikulierbar, mitteilbar und vermittelbar sein, um überhaupt lernbar zu sein" (ebd., 57). Kommunikation bzw. sprachliche Interaktion als die Mitwirkung von Lehrendem und Lernendem ist „transzendentale und faktische Voraussetzung" aller unterrichtlichen Bemühun-gen.

Unterricht kann demnach als die Aneignung und Differenzierung von Wissen unter dem Aspekt der Führung verstanden werden. Subjektivität, Objektivität und Intersubjektivität sind seine Charakteristika. In der Aufforderung zum Selber-Denken nimmt Unterricht seinen logischen wie zeitlichen Anfang. Dies setzt sowohl die Freiheit des Lehrers als auch die des Schülers voraus, sich selbst im Denken zu bestimmen, selbst fürwahrzuhalten, um sich selbst bestimmen zu können. „Zu dieser Freiheit gehört denn auch die, seine Gedanken, seine Zweifel, die man sich nicht selbst auflösen kann, öffentlich zur Beurteilung auszustellen [...] Dies liegt schon in dem ursprünglichen Rechte der menschlichen Vernunft, welche keinen anderen Richter erkennt, als selbst wiederum die allgemeine Menschenvernunft, worin ein jeder seine Stimme hat; und, da von dieser alle Besserung, deren unser Zustand fähig ist, herkommen muß, so ist ein solches Recht heilig, und darf nicht geschmälert werden" (KANT KrV, B 780f).

Ähnlich wie Thomas von AQUIN so konstatiert auch KANT: „Das Fürwahrhalten lässt sich nicht mitteilen" (KrV, A 820)[16]. Das Wissen und mit ihm seine Vermittlung von Lehrendem und Lernendem sind an Subjektivität gebunden, die selbst nicht vermittelt werden kann, ebenso wenig wie sich Eigenschaften von einem zum anderen übertragen lassen. Denken und Wissen können dem Ich nicht abgenommen werden. Lernen muss man selbst. Wie man schlechterdings nicht für einen anderen essen kann, um ihn satt zu machen, ebenso wenig kann man für den anderen lernen, um ihn wissend zu machen. Auch wenn das Lehren im Sinne der Aufforderung des Fürwahrhaltens pädagogische Voraussetzung von Unterrichtsprozessen ist, so muss das Lernen bzw. das Fürwahrhalten dennoch in Selbsttätigkeit erfolgen. Es stellt sich demnach die Frage, welchen konkreten Modus der unterrichtliche Vollzug erfüllen muss, damit rechtmäßig von pädagogischem Handeln die Rede sein kann.

Allen genannten Aspekten: der Wissenschaftlichkeit, der Personalität und der Kommunikation, wird im Prozess des Dialogs entsprochen (vgl. HEITGER 2008, 139ff). Im Dialog herrscht das Argumentieren, d.h. der unwillkürliche und zwanglose Austausch von Argumenten. Indem sich das Denken des Du an das Denken des Ich richtet, es auffordert, wird jeglicher determinierende Charakter der Beeinflussung aufgehoben, weil der Lernende zu kritischer Denkaktivität provoziert wird. „Der Dialog [...] richtet sich nicht auf eine erst im gemeinsamen beratschlagenden Gespräch hervorzubringende und zu intersubjektiver Anerkennung zu erhebende Ordnung, sondern ist seinerseits fokussiert auf den Aufweis und die Überzeugungskraft einer vorgegebenen und für alle verbindlichen, also objektiven

---

[16] Vgl. dazu auch den gleichnamigen und explizit auf das KANTzitat Bezug nehmenden Aufsatz Alfred PETZELTs (1963). Dort wird das Eigentümliche des Pädagogischen, das sich zwischen Nicht-Mitteilbarkeit und Mitteilenmüssen bewegt, in seinen Voraussetzungen analysiert und für eine theoretische Grundlegung des pädagogischen Dialogs fruchtbar gemacht. Der Aufsatz PETZELTs verdient auch im vorliegenden Zusammenhang bezüglich der Frage nach dem Verhältnis von Bildung und Religion Beachtung (vgl. v.a. 52ff).

Ordnung" (BÖHM 2002, 459). Fragen sollen gestellt und argumentiert werden, so dass sie zu allgemeinverbindlichen Antworten führen. Argumente sind stets *argumenti ad vertitatem*: sachgerichtet, methodisch gewonnen und objektiv nachprüfbar. In der Argumentation bzw. im Dialog verbieten sich daher Despotismus und Dogmatismus, Indienstnahme und Willkür. Entweder der einzelne Dialogpartner bindet sich an die vorausgesetzte objektive Ordnung „und wird darin dienend zum nie fertigen Herrn über das bestimmte Unbestimmte und über sich selbst, oder er lässt sich bestimmen vom Standort eines anderen, wird zu dessen Affen und herrscht nur vermeintlich" (FISCHER 1963, 79). Die Vereinseitigung akroamtischen Monologisierens zwingt den Lernenden unter die Herrschaft des Lehrenden, es gleicht der Dressur, weil Mitwirkung unmöglich wird. Dies schließt freilich nicht die Belehrung aus, sofern diese stets die Aufforderung zum Nach-Denken, d.h. ihr die Aufforderung zum selbsttätigen Nachvollziehen des Geäußerten inne ist. „Dialogische Führung heißt argumentative Auseinandersetzung. Es geht in ihr nicht um das äußere Annehmen und Aufnehmen von Wissensinhalten, [...] sondern um eigene Überzeugung im Erkennen" (HEITGER 1972, 75). Das Wichtigste muss das Ich dennoch selbst vollziehen: das Fürwahrhalten. „Weil jemand einen Anspruch erhebt, dass das, was er sagt, gelten soll, muss er sich darum bemühen, dass andere diesen Anspruch anerkennen" (LADENTHIN 2003a, 258). Erst dieser Vollzug kann als Unterricht bezeichnet werden.

In der Handlungspraxis kann der Dialog verschiedene Formen annehmen. Im erotematischen, durch Frage und Antwort sich bestimmenden Dialog, wird die Aufforderung zum Selber-Denken in freiheitlicher Selbstbestimmung, durch selbsttätige Prüfung durch den Lernenden, was man auch als Prozess der „Ingeltungsetzung" (LADENTHIN) bezeichnen kann, besonders deutlich. Aber auch im „Zeigen" findet sich das Prinzip des Dialogischen. Die von Klaus PRANGE konstatierten moralischen „Maßgaben der Verständlichkeit, Zumutbarkeit und Anschlussfähigkeit" tragen der Dialogizität unterrichtlicher Prozesse insofern Rechnung, als damit die „Eitelkeit, eine eigene unauslotbare Tiefe zu suggerieren und gewissermaßen Propheten- und Guruautorität in Anspruch zu nehmen" dem „Gebot der Rationalität" weicht (2005, 146). Das Denken bleibt Richter über wahr und falsch.

Wie auch immer Unterricht konkret gestaltet wird, seine Bezeichnung kommt ihm nur dann zu, wenn es um die gleichberechtigte, argumentative Auseinandersetzung mit Gegenständlichem unter der Kontrolle des Denkens geht. Unterrichtliche Führung hat nichts gemein mit einer autoritären Rattenfänger-von-Hameln-Strategie. Lehren bedeutet nicht, dass die Lernenden blindlings Folge zu leisten, noch dem Lehrenden etwas ungeprüft zu glauben hätten. Im Unterricht kann es nicht um spekulatives Meinen gehen, sondern Gültigkeit der Erkenntnis ist gefordert. Unterrichtliche Führung zielt auf reflektiertes Denken mit dem Ergebnis eines subjektiv wie objektiv zureichenden Fürwahrhaltens.

Zugleich ist unterrichtliche, d.h. dialogische Führung auf den gesamten Wissensbesitz des Ich gerichtet. Im Dialog kann es nicht nur um einzelne Gegenstände gehen, sondern immer auch um die Beziehung des Einzelnen auf das Ganze. Damit Wissen vom Schüler in Besitz genommen werden kann, damit dieser lernt, sein Wissen zu ordnen, nie bloß als Brocken zu speichern, muss der Unterrichtsprozess neben der Thematisierung singulärer Inhalte zugleich deren Beziehung zu dem bereits Gelernten, d.h. zum bisherigen Besitz berücksichtigen. Dies ist kein Aspekt des Unterrichts, welcher der Beschäftigung mit Einzelinhalten zeitlich folgt, sondern eine prinzipielle Aufgabe aller unterrichtlichen Akte.

Daran knüpft auch letztlich die Frage an, ob die einzelnen pädagogischen Besitzgüter von pädagogischer Relevanz sind oder nicht. Ist es sekundär oder gar gleichgültig, was Gegenstand des Unterrichts, d.h. was vom Schüler in Besitz genommen wird? Es ist klar, dass der Mensch als endliches Wesen faktisch nicht alles lernen wird. Sein Wissen bleibt gegenüber dem Wissbaren ein (quantitativ) begrenztes. Gemäß der Unterscheidung von Besitz und Besitzgütern kann man zugleich „einerseits die Anzahl oder Menge unserer Kenntnisse, andererseits deren Umfang" unterscheiden. KOCH differenziert daher „zwischen dem Besitz vieler besonderer Kenntnisse von geringem Umfang und spärlichen Anwendungsmöglichkeiten und einem Besitz zwar weniger Kenntnisse, die jedoch von großem Umfange sind. In Anwendung auf das Lernen kann man zwischen einem Lernen des Vielen (*multa*) und einem Lernen des Vielbedeutenden (*multum*) unterscheiden" (1991, 121). Er rät daher nach der „Schulmaxime" zu verfahren: „*Non multa sed multum*".

Fest steht, die Pädagogik kann die konkreten Wissensinhalte nicht dergestalt vorgeben, als ob sie um die Lebensgestaltung des Schülers wüsste. Wenn das Ziel pädagogischer Maßnahmen in der Befähigung des Schülers zu einer selbstbestimmten, eigenverantwortlichen und freiheitlichen Lebensgestaltung gesehen wird, dann widerstreitet sie diesem mit der Kanonisierung des Wissens. Von sich aus kann pädagogische Theorie immer nur auf Inhalte gerichtet sein, die als Grundlage der Ermöglichung dem Ziel einer selbstbestimmten, eigenverantwortlichen und freiheitlichen Lebensführung nicht widerstreiten. Diese Inhalte „bekommen ihre Geltung nicht dadurch, dass sie sich aus dem Leben ergeben, denn oft widerspricht die Lebenserfahrung den zu lernenden Inhalten" (LADENTHIN 2008, 55). Pädagogische Inhalte haben allein deshalb Bedeutung, weil sie als Wissen den Kriterien des Ichverhalts, des Sachverhalts und damit zugleich der Intersubjektivität genügen.

Es ist daher genauer zu verstehen, weshalb bspw. HERBART den Unterricht als „Ergänzung von Erfahrung und Umgang" definiert (1806, 46ff)[17]. Dies gilt freilich nicht nur für schulischen Unterricht, wenn auch in besonderem Maße. Unterricht thematisiert jene Inhalte, die nicht durch Erfahrung und Umgang gelernt werden. Gerade deshalb versteht sich unterrichtliche Führung als Aufforderung zum Selber-Denken bestimmter Gegenstände, weil diese ohne die Aufforderung unbedacht und ungewusst (möglicherweise auch unbewusst) blieben. Den Satz des Thales werden viele Menschen nicht durch ihre Erfahrungen oder den Umgang mit anderen lernen. Im Sinne der Bildung eines „vielseitigen Interesses" plädiert HERBART dafür, „tiefer in die Werkstätte der Gesinnungen" einzudringen (ebd., 49) und sich an den Wissenschaften zu orientieren, womit wieder das Kriterium der Wissenschaftlichkeit eingeholt ist. Prinzipiell sind demnach dem zu vermittelnden Wissen von Seiten der Pädagogik keine Grenzen gesteckt, sofern diese Wissensbestände der Kontrolle des Denkens unterworfen bleiben. Es ist keinGegenstand menschlicher Erkenntnis denkbar, der nicht zum Gegenstand unterrichtlicher Auseinandersetzung dienen könnte. Lehr- und Lernbarkeit sind Prinzipien des Gegenstandes.

Wissen allein ist zwar notwendiges Moment einer selbstbestimmten, eigenverantwortlichen und freiheitlichen Lebensführung, jedoch kein hinreichendes. Bildung ist nicht allein durch Vielwisserei charakterisiert. Bedeutsam ist ebenso, wie sich das Ich zu seinem Wissen stellt. Wie geht der Besitzer mit seinem Besitz um? Damit ist der Prozess der Erziehung angesprochen.

1.1.3 Erziehung

Um den eigenen Lebensvollzug selbstbestimmt, eigenverantwortlich und freiheitlich gestalten, d.h. ein gelingendes Leben führen zu können, ist Wissen als Handlungsgrundlage und damit Unterricht als planmäßige Führung zum Wissenserwerb unabdingbar. Wissen ist eine notwendige Bedingung des „*recte vivere*", doch noch keine hinreichende. So ist die Kenntnis von und Einsicht in chemische Zusammenhänge heute zweifellos wichtig. Wenn diese allerdings zum Bau eines Molotowcocktails verwendet werden, um unter dessen Einsatz andere Menschen zu schädigen, dann wird man dies wohl kaum irgendeinem Grad des Gebildet-Seins

---

[17] „Von Natur kommt der Mensch zur Erkenntnis durch Erfahrung und zur Teilnahme durch Umgang. Die Erfahrung, wiewohl unsre Lehrerin durchs ganze Leben, giebt dennoch nur ein äußerst kleines Bruchstück eines großen Ganzen; unendliche Zeiten und Räume verhüllen und eine unendlich größere mögliche Erfahrung" (HERBART 1806, 46).

zuordnen. Kenntnisse um ökonomische Strukturen und Zusammenhänge sind heute ebenfalls von großer lebenspraktischer Bedeutsamkeit. Wenn man diese jedoch dazu missbraucht, um andere Menschen auf spitzfindige Weise um ihr Geld zu bringen, dann hat auch dies nichts mit Bildung gemein.

Im Begriff „*recte*" ist bereits angesprochen, was bisher noch nicht erläutert bzw. übergangen wurde: das Rechte, d.h. das Gute. Der Mensch *will* prinzipiell nicht nur leben, nicht nur sein Dasein fristen und sich bis zu seinem Ableben den Launen der Natur und angeborenen Trieben aussetzen. Nein, er *will* sein Leben nach Maßgaben gestalten, die als recht bzw. gut bezeichnet, beurteilt und empfunden werden können. Für das Leben trifft die gleiche Gesetzmäßigkeit zu wie in analoger Weise für das Denken. Das Ich kann gar nicht schlecht leben wollen, weil auch das Schlecht-leben-Wollen aus subjektiver Perspektive gleichfalls als erstrebenswert, d.h. als gut angesehen werden müsste. Hinter die Forderung des „*recte*" kann der Mensch nicht zurück, er kann sich in seinem Handeln nie dagegen entscheiden. Die moralische, d.h. handlungsleitende Maßgabe des „*recte*" kann weder abgeschüttelt noch geleugnet werden.

Dabei darf nicht missverstanden werden, dass diese Maßgabe des Rechten und Guten von anderen Menschen auch als recht bzw. gut bezeichnet werden oder für diese recht bzw. gut sein muss. Es sind vielmehr subjektive Beurteilungskriterien für und bezogen auf das *eigene* Handeln gemeint. Wissen als notwendige Bedingung für das Handeln-Können ist auf diese Beurteilungskriterien angewiesen, weil das „Wie?", d.h. die Art und Weise des Umgangs mit Wissen erst das „*recte vivere*" hinreichend ermöglicht. Alfred PETZELT macht darauf aufmerksam, welcher Unterschied zum Wissen aus pädagogischer Perspektive hier angesprochen ist: „Den Unterrichteten kennzeichnen Tiefe, Zusammenhangsbestimmtheit und Verwendungsfähigkeit des Gelernten. Den Erzogenen nicht. [...] Etwas anderes ist gemeint. Man achtet auf die Art, *wie* das Ich sich zu solchem Wissen oder Tun stellt, [...] in welcher Art er mit seinem Wissen, besser mit seinen Erkenntnissen umgeht" (PETZELT 1964, 17 – Hervorh. T.M.). Während der Unterricht auf die Führung des Denkens gerichtet ist, so geht es der Erziehung um die Führung des Wollens. Wenn es nicht mehr nur darum geht, etwas zu wissen, sondern dieses Wissen auf das eigene Handeln zu ‚übertragen', dann stellt sich der Mensch die Frage: „Was *will* ich (damit) tun?"

Mit dem Wissen ist die Frage nach dem Handeln nicht beantwortet. Dass ich weiß, dieses oder jenes verhält sich so und so, gibt keine Antwort darauf, wie ich mich dazu verhalten soll. Jeder Versuch, aus dem Wissen um und über Gegenstände auf ihren Gebrauch zu schließen, muss in der Ontologie münden. Denken und

Wollen müssen differenziert werden, wenn Theorie und Praxis, Sachlichkeit und Sittlichkeit nicht ineins gesetzt, sondern unterschieden bleiben wollen. Die Fertigkeit im Umgang mit einem Holzbeil lässt noch keine zwangsläufige Folgerung zu, ob ich die Klinge auf Baumstämme oder menschliche Körperglieder fallen lassen *soll*. Das Denken fragt „Was *ist* das?", das Wollen fragt „Was *soll* ich tun?" Hier dürfen sich keine Vermengungen einschleichen. Es geht um subjektive Beurteilungskriterien, nach denen der Mensch sein Handeln im Modus des Wollens ausrichtet.

KANT nennt diese subjektiven Beurteilungskriterien „Maximen"[18], heute nennt man sie „Werte" (vgl. BREINBAUER 1993, 8). Insofern sie für das „*recte vivere*" in jeder Handlung leitend sind, müssen sie moralisch genannt werden (vgl. HÖFFE 2002, Sp. 233ff). Werte sind subjektive Bezugspunkte des Handelns. „Indem ein Mensch handelt, bevorzugt er etwas: er tut etwas und, da Handeln in der Zeit geschieht, also als Nacheinander, er tut etwas anderes nicht. [...] Wer handelt, bewertet etwas: er erachtet etwas für behandelnswert, er erachtet eine Handlung als handlungswürdig. [...] Eben dieses Bevorzugen oder Geringschätzen kann man »Bewerten« nennen" (LADENTHIN 1991, 29) oder auch „Werten". Werte sind demnach subjektiver Ausdruck des Wollens, die im Handeln zur leitenden Regel exponiert werden und sich als *Haltung* zeigen. Setzungen des Wollens sind Werte, und Werte sind immer vom Wollen gesetzt. Wer etwas will, der bewertet dieses als wertvoll. Wer etwas nicht will, der bewertet es als wertlos. Das, was als wertvoll bewertet wird, heißt Wert. Das je individuelle Wertesystem eines Menschen, d.h. seine Wertdisposition, kann als Haltung ausgewiesen werden. Erziehung hat es demnach mit dem Werten zu tun, „ansonsten wäre sie im wahrsten Sinne des Wortes wertlos" (HEITGER 2003, 100). Pädagogische Bemühungen wollen nun das Wollen führen.

Es stellt sich die Frage, wie sich Werte bzw. das Werten weiterhin charakterisieren und spezifizieren lassen. Welchen Stellenwert nehmen Werte und Wertungen für erzieherische Führungspraxis ein, wenn sich diese im Sinne aller pädagogischen Handlungspraxis als Führung zu Selbstbestimmung, Eigenverantwortung und freiheitlichem Handeln verstehen lässt. Grundsätzlich lässt sich festhalten, dass es keinen Nullpunkt des Wertens gibt. Ebenso wie das „ich denke" alle Vorstellungen begleiten können muss, so muss gleichsam vorausgesetzt werden, dass das „ich will" alle Handlungen begleiten können muss. Fehlt einem Akt das Wollen, dann muss im Gegensatz zum Handeln vom Verhalten gesprochen werden. Verhalten ist

---

[18] „Die Regel des Handelnden, die er sich selbst aus subjektiven Gründen zum Prinzip macht, heißt seine Maxime; daher bei einerlei Gesetzen doch die Maximen der Handelnden sehr verschieden sein können" (MS AB 25).

triebhaft, Handeln dagegen ist regelhaft. Nach KANT ist das Wollen bzw. der Wille das Vermögen, sich durch eine Regel bzw. ein Gesetz leiten zu lassen. Nur unter dieser Voraussetzung lässt sich überhaupt von Autonomie sprechen. Der Mensch kann sich im Handeln selbst die Regel bzw. das Gesetz seiner Handlung geben. Er handelt dann autonom. Im Wollen zeigt sich der Mensch als die Möglichkeit eines autonomen Wesens. Dem Handeln ist das Wollen bzw. das Werten eigen. In jedem Akt ist das Werten gefordert. Das Ich muss werten, sich selbst bestimmen – ob der Mensch explizit darum weiß oder nicht.

Ob man die Wohnung putzt oder auf dem Sofa lümmelt, setzt eine Wertentscheidung voraus. Die eine misst der Sauberkeit einen höheren Wert bei, die andere der Gemütlichkeit. Beiden gemeinsam ist der Charakter des handlungsleitenden Bestimmungsgrunds. Entscheidet man sich für das eine, muss man sich gegen das andere entscheiden. Das Wesen des Wertes ist demnach prinzipiell zeitpunkthaft, das Werten vollzieht sich im Nacheinander, wie es bei LADENTHIN heißt. Eine Wertung ist in jedem Akt des Lebensvollzugs gefordert, das Ich muss sich in jedem Moment der Zeit, im Nacheinander seiner Handlungen selbst bestimmen, seine Werte hierarchisieren, im Hinblick auf die Situation bewerten. Im Bewerten der eigenen Werte wird über die Bedeutsamkeit der Werte für das Handeln entschieden. Obgleich mir Sauberkeit und Gemütlichkeit wertvoll sind, so muss ich mich im Fall für das eine und d.h. gegen das andere durch Bewertung entscheiden. Doch ganz gleich, welcher Wert in der Handlungssituation präferiert wird: das Ich *muss* werten. Hinter die Notwendigkeit zu werten, kann der Mensch (logisch) nicht zurück. Er ist *durch das Werten bestimmt*.

Zugleich kann dem Ich alles zum Wert werden. Sportwagen können dem Menschen wertvoll sein ebenso wie Pünktlichkeit, Geld ebenso wie die juristische Verfassung. Wert kann alles sein, was gewollt werden kann. Dem Durstigen kann Wasser ein schier unschätzbarer Wert sein, dem Pfarrer bspw. die Diskretion im Umgang mit seinen Gemeindemitgliedern. Was für den einen ein Wert ist, kann dem anderen wertlos erscheinen. Bei aller interindividuellen Differenz kann es dennoch keinen Nullpunkt des Wertens geben. Jede Handlung ist immer schon Ausdruck einer Wertung, d.h. das Ich *bestimmt sich im Werten*.

Werte haben keinen Wert an sich, sondern sind allemal situations- und kontextgebunden, d.h. zeitpunkthaft. Der von Kirche und Staat so hoch gepriesene Wert der Solidarität z.B., erscheint bei der Komplizenschaft eines Banküberfalls weniger erstrebenswert als bei der ehrenamtlichen Helferschaft in einer Suppenküche. Der Wert der Solidarität kann gut sein, er ist es jedoch nicht in jedem Fall. Die pädagogische Aufgabe kann also nicht darin bestehen, die vermeintlich richtigen Werte zu vermitteln (vgl. REKUS 2008, 6ff). Da Werte nicht *per se* wertvoll, sondern situations- und kontextabhängig als gut oder schlecht zu bewerten sind, können sie nicht im Sinne von Vorschriften gelehrt und gelernt werden[19]. Gerade angesichts einer Handlungssituation ist das Werten im Hinblick auf das *„recte vivere"* immer wieder aufs Neue zu bewerten. Werte fordern das Bewerten, damit Handlungen als selbstbestimmte ausgewiesen werden können.

Es kann festgehalten werden, dass ein Wert sowohl einen Ichverhalt als auch einen Situationsverhalt darstellt. Werte sind immer Werte eines Menschen und sie betreffen immer eine Handlungssituation, die eine Bewertung der individuellen Werte erfordert. Da kein Handeln vorgestellt werden kann, das nicht gewollt wird, lässt sich sagen: *Werte sind ichbestimmt sowie ichbestimmend.* Handlungen fordern Werte und Handlungen sind immer schon Ausdruck des Wertens. Ohne das wertende Ich gibt es aus pädagogischer Perspektive keine Werte, weil nur der je Einzelne werten kann, um sich im Handeln selbst zu bestimmen. Wie ebenso wenig jemand für einen anderen essen kann, damit dieser satt wird, so kann niemand für einen anderen werten, so dass rechtmäßig von einem (selbstbestimmten) Handeln gesprochen werden kann.

Das Wollen bzw. Werten ist kein naturgesetzlicher Trieb, sondern ein freiheitlicher und bewusster Akt. Wäre das Werten an Kausalität gebunden, dann könnte man nicht mehr von einem Wollen sprechen. Nach KANT wirkt nur die Natur nach kausalen Gesetzmäßigkeiten. „Nur ein vernünftiges Wesen hat das Vermögen, nach der Vorstellung der Gesetze, d. i. nach Prinzipien, zu handeln, oder einen Willen" (GMS, BA 37). Zwar ist das Wollen bzw. Werten nicht an Naturgesetze gebunden, aber dennoch an Regeln, andernfalls wüsste das Wollen nicht, was es will. Das Werten und das Bewerten der gewerteten Werte sind an Kriterien gebunden, die sich das Wollen selbst zum Gesetz macht – in diesem Sinne ist es frei, autonom, selbstbestimmt.

Der Ausdruck „Wertegemeinschaft" ist in pädagogischen Kontexten irreführend. Er suggeriert einen Sachverhalt des überindividuellen Wertekonsenses. Damit wird die Vorstellung verbunden, gewisse Werte würden in Übereinkunft von mehreren Individuen gleichsam allgemein anerkannt. Wenn Werte jedoch am Ich hängen, weil sie immer Ausdruck der je individuellen Haltung sind, wenn sie situations- und kontextgebunden sind, weil jede Handlung eine je neue Bewertung der individuellen Werte fordert, dann wird das mit dem Terminus „Wertegemein-

---

[19] In diesem Kontext steht die bekannte Passage in PLATONs *„Menon"*, in der es um die Frage nach der Lehrbarkeit der Tugend geht. In der hier verwendeten Terminologie lautete die Frage „Ist Haltung lehrbar?"

schaft" zusammenhängende Missverständnis deutlich. Werte sind aus pädagogischer Perspektive nie Werte einer Gemeinschaft. In ihrer individuellen Ordnung machen sie als Haltung gerade das aus, was man die „Einzigartigkeit des Subjekts" nennen kann. In diesem Sinne bietet es sich an, die Bestimmung des Wissens als „Eigenschaft" durch Thomas von AQUIN auch auf die Werte zu übertragen. Werte sind dem Ich eigen, sie gehören zum ihm, als Haltung sind sie vielmehr das Ich.

Um eine Abgrenzung zu jenen überindividuellen handlungsleitenden Bestimmungsgründen vorzunehmen, die fälschlicherweise mit dem Ausdruck „Wertegemeinschaft" hervorgerufen wird, unterscheidet man „Werte" von „Normen". Was im alltagssprachlichen Gebrauch oftmals in einem Atemzug artikuliert wird, bedarf der begrifflichen Differenzierung. Werte sind Ichverhalte, Normen sind Gemeinschaftsverhalte; jene sind subjektiv verbindlich, diese objektiv verbindlich. Normen unterscheiden sich insofern von Werten, als sie nicht Ausdruck des subjektiv-handlungsleitenden Wollens, sondern eines objektiv-allgemeinverbindlichen Müssens sind, damit ein konfliktfreies Zusammenleben gelingen kann. Ohne dieses Müssen wäre kaum soziales bzw. gesellschaftliches Zusammenleben möglich. Verkehrsregel z.B. setzen ein Müssen voraus, ohne welches die Verkehrslandschaft eher einer Achterbahn gleich käme. Dagegen ist ihre Einhaltung ein Wollen, das vom Ich im Handeln als wertvoll gegenüber ihrer Übertretung bewertet werden muss. Normen setzen Werte immer schon voraus. Die Vorschrift von Normen verlangt (von jedermann) anerkannt zu werden. Verkehrsregeln erfüllen nur ihren Zweck, wenn sie von allen Verkehrsteilnehmern eingehalten, d.h. gewollt werden. Die Norm der Straßenverkehrsordnung setzt die Bewertung des Werts der Straßenverkehrsordnung jedes Verkehrsteilnehmers voraus. Ohne die wertende Anerkennung der Straßenverkehrsordnung machte ihre Norm keinen Sinn.

Indem das Wollen in seinen Setzungen nicht hinter das „*recte vivere*" zurückgehen kann, kann man Werte korrespondierend zum Fürwahrhalten des Wissens als Fürguthalten bezeichnen. Wertungen bringen das situations- und kontextabhängige Fürgutgehaltene zum Ausdruck. Auch Werte bzw. vielmehr Wertungen treten im Handeln immer mit einem Geltungsanspruch auf. „Haltung des Gutseins begründet sich darin, daß die Maxime des Handelns für alle müsste gelten können" (HEITGER 2003, 102). Dort wo der Mensch handelt, beansprucht er für sein Handeln Geltung. Selbst für die Gleichgültigkeit der Haltung beansprucht der Mensch Geltung. Ebenso wie das Denken, kann das Wollen logisch nicht hinter seinen Geltungsanspruch zurück. In diesem Sinne ist das Werten immer schon auf gutes Handeln bezogen, auch wenn es vorgibt, vorsätzlich schlecht handeln zu wollen. In der Absicht schlecht handeln zu wollen, will das Wollen ungeachtet aller schlechten

Absichten gut sein. Indem sich das Werten jederzeit bewerten muss, muss es gültig sein wollen. Die Reflexivität des Wollens verbürgt den Anspruch, sowohl subjektiv als auch objektiv gut sein zu wollen. Allein in dem Bezogensein auf das gute Handeln kommt dem Werten Objektivität zu. Es ist Mitteilbar, es muss sich vor dem Du rechtfertigen lassen. „Wer die Frage nach den Motiven seines Tuns nicht angeht, handelt aus Motiven, über die er nicht selbst bestimmt hat. Er bliebe fremdbestimmt. Er ließe zu, dass andere über sein Leben bestimmen" (LADENTHIN 2008a, 29). Aufgrund der Unhintergehbarkeit des Geltungsanspruchs im Wollen, will es nicht bloß für den Handelnden, sondern zugleich für das Du gültig sein. Auch für das Wollen ist hiermit eine Voraussetzung angesprochen, die sich nicht nur in der subjektiven Willkür und Neigung erschöpft, sondern als objektives Kriterium den Anspruch auf Gültigkeit verbürgt.

Mit der Bestimmung des Wertens als Fürguthalten ist die Zeitpunkthaftigkeit des Wollens angesprochen. Haltung als die Wertdisposition des Ich ist überholbar, unabschließbar, stückwerkhaft. Wenn Werte immer nur am Ich hängen, wenn sie eigentliche Ichverhalte sind, dann unterliegen auch sie, ebenso wie das Wissen, den gleichen Voraussetzungen wie der Mensch selbst. Mit dieser Überholbarkeit der Haltung, mit der Bestimmung, sich immer wieder im und durch das Werten zu bestimmen, ist kein Mangel gekennzeichnet. Das Werten ist zu jedem Zeitpunkt gefordert, sich selbst im Hinblick auf die Situation zu bewerten. Keine Handlungsentscheidung hängt mit Notwendigkeit an den vergangenen oder folgenden. Habe ich eben noch Unrecht getan, kann ich jetzt schon wieder das Gute tun. Mit dem Fürguthalten ist jenes Moment gekennzeichnet, das in der Wertung auf das gute Handeln bezogen bleibt, ohne mit Gewissheit immer das Gute beanspruchen zu können. Mit der Mitteilbarkeit des Fürguthaltens ist die Möglichkeit für pädagogisches Handeln eröffnet. Pädagogische Interaktion setzt die Mitteilbarkeit, d.h. die Möglichkeit des Bewertens der je eigenen Werte des Zöglings voraus.

Wenn es die Erziehung immer mit Werten zu tun hat, ohne dass sie wertlos würde, dann kann es ihr nicht darum gehen, dass der Zögling „irgendwie" wertet. Der Zögling soll lernen, gut zu werten, damit er ein gelingendes Leben führen kann; dass er wertet, wird immer schon vorausgesetzt. Am Beispiel der Straßenverkehrsordnung kann dies veranschaulicht werden. Der Mensch muss sich, sofern er immer unter gegebenen Bedingtheiten lebt, zu diesen in ein Verhältnis setzen. Er kann die Straßenverkehrsordnung anerkennen oder ablehnen, er kann sich aber nicht *nicht* dazu stellen. Folglich kann es nicht Ziel der Erziehung sein, dass sich der Zögling „irgendwie" in seinen Wertungen dazu stellt. Der Zögling soll wollen, was er soll, aber er soll gleichsam nicht wollen, was andere von ihm wollen, sondern was er immer schon soll. Soll er wollen, was andere von ihm wollen, dann kann nicht mehr von selbstbestimmtem Handeln die Rede sein. Soll er wollen, was er ohne Erziehung will, bleiben seine Handlungen der willkürlichen und beliebigen Neigung unterworfen, so dass ebenfalls nicht von selbstbestimmtem Handeln gesprochen werden kann. Der Widerspruch von Heteronomie und Autonomie schwindet erst, wenn von einem Sollen die Rede ist, indem die Vernunft „keine andere Gesetze als: die, es sich selbst gibt" anerkennt. Das Gegenteil ist die „Maxime eines gesetzlosen Gebrauchs der Vernunft", und wo dies zugunsten fremdbestimmter Zwecke aufgegeben wird, so lässt sich mit KANT sagen, muss sie „sich unter das Joch der Gesetze beugen [...]; die ihr ein anderer gibt" (Denken, A 327).

Begnügt man sich damit, dem Zögling verbindliche Normen vorzuschreiben, die dieser bedingungslos bzw. fraglos, d.h. ohne eigene Bewertung übernehmen und im Handeln zur Anwendung bringen soll, dann hat dies wenig mit Erziehung zu tun. Der Zögling soll nicht die Straßenverkehrsordnung befolgen, weil ihm dies (von der Gemeinschaft oder einem Erzieher) diktiert wird, sondern weil er ihren Wert eingesehen hat und diesen als Verkehrsteilnehmer fürguthält, für gut bewertet. Für moralische Fragen formuliert Jonas COHN, dass der Mensch „nicht nur dafür verantwortlich [ist], daß er das Gebotene tut; er muß die schwere Verantwortung übernehmen, zu entscheiden, was ihm jetzt geboten ist" (1986, 212f). Wenn Selbstbestimmung nicht nur Ziel, sondern zugleich Voraussetzung von Erziehung ist, dann kann sich diese nicht in der Vermittlung fester Lehrsätze vollziehen.

Erziehung als Interaktion von Erzieher und Zögling muss das Wollen führen, ohne bevormundend zu sein. Da Werte Ichverhalte sind, ist auch das Fürguthalten nicht mitteilbar. Werte müssen vom Zögling fürgutgehalten werden, oder von Selbstbestimmung kann keine Rede sein. Wenn sich pädagogische Maßnahmen immer nur im Modus der Aufforderung vollziehen können, damit sie das Prädikat des Pädagogischen verdienen, wenn sie immer als Interaktion unter Mitwirkung des Zöglings verstanden werden müssen, dann kann rechtmäßig nicht mehr von einer „Erziehung zu Werten" gesprochen werden, sondern von einer „Erziehung zum Werten" (LADENTHIN 2002, 24). Da sich Haltung als zeitpunkthaftes System der individuellen Werte nicht vermitteln lässt, weil sie immer nur Haltung des Ich ist, dessen Subjektivität verbürgt, sich ebenso wenig wie eine Eigenschaft vom einen zum anderen übertragen lässt, kann sie nur selbst angeeignet werden. Wertenlernen muss man selbst. Dies kann dem Zögling nicht abgenommen werden. Erziehung ist in diesem Sinne primär Selbsterziehung. Sie erschöpft sich nicht in der Einübung habitualisierter Verhaltensformen, sondern ist zu verstehen als jener Prozess, der den Zögling auffordert, wertend Stellung zu beziehen, sich selbst das Gesetz seiner Wertungen zu geben. Die Aufforderung zur Selbsttätigkeit im Prozess der Erziehung ist dann immer nur als Aufforderung zum Werten zu verstehen. Erziehung „bedeutet nicht einfach Wertevermittlung, sondern die Anleitung zur Reflexion, zum Werten (PÖPPEL 1989, 71).

E stellt sich dennoch die Frage, nach welchen Kriterien die Erziehung erziehen soll, wenn sie einerseits führen und das Werten nicht der subjektiven Willkür anheim stellen will, wenn sie jedoch andererseits keine Werte vermitteln kann, weil diese erstens subjektive Bestimmungsgründe und zweitens nicht *per se* gut sind. Jede Sicherheit geschichtlich oder gesellschaftlich ,gesicherter' Werte ist nur eine vermeintliche. Sie wird grundsätzlich dann erschüttert, wenn die Werte selbst wieder bewertet werden sollen und so *ad infinitum*. „Die Frage nach einem letzten Richtwert scheint unbeantwortbar" (HEITGER 2003, 103).

Dieser Richtwert kann nur dort gefunden werden, wo sich das Wollen selbst zum Maß seiner Setzungen macht – im Gewissen[20]. Nach Jonas COHN ist das Gewissen im Anschluss an KANTs Gewissenthematisierung die „überselbstische sittliche Einsicht" (1986, 212), welche Gehorsam des Wollens fordert. Das Gewissen wird – nach KANT – gedacht als die sich selbst richtende praktische Vernunft[21], bzw. als das sich selbst bewertende Werten, wobei das Gut-sein-Wollen als unhintergehbares Moment immer schon vorausgesetzt wird. Pädagogisches Handeln muss das Gewissen voraussetzen, weil es nicht selbst schon die Kriterien für das Wollen vorschreiben kann. Als Aufforderung zur Mitwirkung am eigenen Bildungsprozess des Zöglings muss das Gewissen mit dem Ichsein vorausgesetzt werden. Aus pädagogischer Perspektive muss man davon ausgehen, so Johannes SCHURR, „daß ich mich – als Mensch – nicht anders denken kann als ausgestattet mit einem Gewissen" (1982a, 2). So ist es jedem Menschen als Bedingung der Möglichkeit guten Handeln-Könnens prinzipiell vorausgesetzt.

Doch „es genügt nicht, daß dieser Führer existiert, man muß ihn auch erkennen und ihm folgen" (ROUSSEAU 1993, 306). In dieser Befähigung ist die erzieherische Aufforderung zum Werten konstituiert. Der Prozess des Wertenlernens setzt das Gewissen voraus, ohne die Voraussetzung des Gewissens ist keine Erziehung möglich. So ist auch näherhin zu verstehen, weshalb Erziehung aus pädagogischer Perspektive in erster Linie Selbsterziehung sein kann und muss, wenn sie nicht mit

---

[20] „Das Gewissen ist ein Bewußtsein, das für sich selbst Pflicht ist" (KANT Rel, B 286).
[21] „hier richtet die [praktische] Vernunft sich selbst, ob sie auch wirklich jene Beurteilung der Handlungen mit aller Behutsamkeit (ob sie recht oder unrecht sind) übernommen habe" (KANT Rel, B 288).

despotischem Regelgehorsam oder willkürlicher Sozialisation verwechselt werden soll. In der Voraussetzung des Gewissens findet Erziehung ihr Möglichkeitsbedingung.

Dem gewissenhaften Wertenlernen im Sinne der Selbsterziehung sowie der Aufforderung zum Werten im Sinne der Fremderziehung wird gleichsam im Prozess des Dialogs entsprochen (vgl. HEITGER 1983). Die Möglichkeit der Erziehung ergibt sich aufgrund des Anspruchs und der Forderung von bzw. nach Selbstbestimmung erst aus dem Prinzip der Dialogizität. „Der Dialog ersetzt oder behindert den Gewissensanspruch nicht, sondern definiert sich in dessen Dienst" (HEITGER 2003, 110). Wieder ist der Dialog als ein Sich-in-Beziehung-Setzen gemeint, in dem sich Ich und Du nicht gleichgültig, sondern gleichheitlich gegenübertreten und -stehen. Gerade im Erziehungsprozess besteht die Gefahr besserwisserischer Bevormundung, gewaltsamer Unterdrückung durch eitle Autorität. Soll der Prozess jedoch pädagogisch geführt werden, dann muss die gewissenhafte Selbstbestimmung des Zöglings nicht nur vorausgesetzt, sondern auch angestrebt werden. Der Zögling soll nicht wollen, was der Erzieher will, sondern was er unabhängig vom Erzieher soll. Unter dieser Absicht steht der gesamte Prozess. Auch in der Erziehung sollen Fragen gestellt werden, die zu verbindlichen Antworten auffordern. Doch im Gegensatz zum unterrichtlichen Prozess richten sich die Fragen nicht auf Gegenstände, sondern auf das wertende Ich selbst. Gefragt wird nicht mehr, *was* das ist, sondern *wie* sich der Zögling zu dem Gelernten stellt. Die Argumente des Erziehers sind damit nicht (bloß) *argumenti ad rem*, sondern *argumenti ad hominem*. Der Erzieher will, dass der Zögling wertend Stellung bezieht, dass dieser wertet, sich die Wertfrage bewusst macht. Das primäre Ziel ist nicht, *was* der Zögling wertet, sondern *dass* er wertet. Der Zögling soll lernen, sich gewissenhaft zu entscheiden. Dazu richtet sich der Erzieher in der Aufforderung nicht auf Gegenstände, sondern er muss vielmehr auffordern, dass sich der Zögling selbst zum Gegenstand macht.

Der Erzieher hat dafür Sorge zu tragen, dass sich der Zögling in der Ordnung des Guten selbst bestimmen kann. Dass der Zögling „nicht zeitlos bestimmt ist, sondern sich zeithaft bestimmen muß, muß er lernen. Weil er nicht der ist, der er sein soll, muß er lernen, was er sein kann, und wie er aus dem, was er kann, das auswählt, was er soll" (LADENTHIN 2002, 24). Erst dieser Prozess kann rechtmäßig als Wertenlernen bezeichnet werden. Erst im Dialog werden das Wollen des Zöglings sowie sein Gewissen zur letzten Instanz der Geltung. Dieser Modus ist notwendig, damit der Voraussetzung sowie dem Ziel der Selbstbestimmung nicht widersprochen wird. Weil der Mensch sich im und durch das Werten bestimmen muss, darf es keinen Zweck oder Wert vor ihm geben, der ihn bestimmt. Dies gilt sowohl für den Erzieher wie für jedes andere Du, für die Kirche wie für den Staat.

Da sich die Erziehung nicht in der Ordnung des Sachlichen, sondern in der des Sittlichen bewegt, vollzieht sie sich neben dem Dialog noch als Vorbild bzw. unter dem Prinzip der Vorbildlichkeit. „Beispielhaft zeigt der Erzieher in seinem Lebensvollzug, dass und wie er sich an das System sittlicher Werte gebunden hat" (HÜLSHOFF 1977, 316). Doch ist mit Vorbild nicht ausschließlich der modell- bzw. idolhafte Paradetyp eines guten Menschen gemeint. Der ungerecht handelnde Erzieher evoziert oft heftiger den Protest des Zöglings als der gerecht handelnde. Vorbild ist eine Haltung, die der reflektierenden Urteilskraft als Bild vorgestellt wird. Das Vorbild fordert nicht zur fraglosen Nachahmung auf, sondern fordert vom Zögling eine Bewertung. Das Vorbild will bewertet werden. In dieser Absicht kann es als Aufforderung zum Wertenlernen verstanden werden. Die fremde Handlung als Ausdruck fremder Haltung wird zum Anlass, sich mit den eigenen Wertdispositionen auseinanderzusetzen, die eigenen Werte zu bewerten und sich somit im Werten selbst zu bestimmen.

Dass erzieherische Führung nicht nur kommunikativ erfolgen kann, ist darin begründet, dass die gute Haltung des Erziehers „nur in der Konsequenz seines Tuns, nicht durch die Angabe von Gründen glaubhaft" gezeigt werden kann (HABERMAS 1981, 408). Wenn Erziehung nicht bloß im Dialog vorgaukeln will, dass es lohnt, das Gute zu tun, dann muss sie dies dem Zögling zeigen. Der Erzieher kann den Zögling nicht zur Pünktlichkeit auffordern, wenn er selbst permanent zu spät ist; man kann nicht die Ehrlichkeit loben, wenn man ständig lügt, womit bereits das Lob gelogen wäre. Indem der Erziehende seine Haltung im Handeln transparent, d.h. zum Vorbild für den Zögling macht, wird dieser zur wertenden Stellungnahme gegenüber den Handlungen herausgefordert. Das Werten wird in der Bewertung fremder Handlungen geübt. In der wertenden Auseinandersetzung bleibt der Zögling in seiner Selbstbestimmung gewahrt, er bleibt frei in der Bewertung, frei von fremder Bevormundung, frei von heteronomer Indienstnahme. Das Ich lernt, fremde Geltungsansprüche zu prüfen. Vorbild lautet „als Imperativ für den Zögling: werte und entscheide dich, ob du selbst Mühe auf dich nimmst oder abschreibst" (PETZELT 1954, 225).

Der Akt des Wertens darf dem Zögling nicht abgenommen werden, wenn er lernen soll, sich im und durch Werten selbst zu bestimmen. Daher kommt auch letztlich die Erziehung nicht ohne die Thematisierung der Wertfrage aus. Wenn Erziehung das Proprium der Selbsterziehung wahren muss, um nicht manipulativ oder indoktrinär zu sein, dann „gibt es hier im strengen Sinne nichts zu korrigieren" (REKUS 1993, 239). Soll Erziehung nicht zur Dressur entarten, dann sind die „Werturteile und Normentscheidungen" des Zöglings „nicht richtig oder falsch, sondern mehr oder weniger begründet" (ebd.). Erziehung soll helfen, dass der Zögling die Gültigkeit seiner Wertungen prüfen und begründen lernt. Nur in diesem Modus, klärt er sich über sein Wollen, über seine Motive und damit über sein Handeln auf; nur so hat Selbstbestimmung rechtmäßig statt. Dem Erzieher bleibt letztlich ‚nur' die Vorbildlichkeit, um seine Haltung als eine gute hinsichtlich einer gelungenen Lebensführung zu demonstrieren.

Für den Erzieher gilt dies im Einzelnen wie ebenso für eine Gemeinschaft im Besonderen: sie erziehen allein durch vorbildliche Haltung. Wie kann man von Heranwachsenden Toleranz erwarten, wenn von Erwachsenen hier und dort Minderheiten ausgegrenzt werden; wie kann Ehrlichkeit gefordert werden, wenn in der Politik gelogen und verheimlicht wird; wie kann Friedfertigkeit beansprucht werden, wenn die staatliche Gewalt friedliche Demonstranten attackiert? Vor aller Erziehung muss die Frage erlaubt sein, wie der Erziehende überhaupt wagen kann, den Zögling zu guter Haltung aufzufordern, wenn jener sich selbst nicht an die Ordnung des Sittlichen hält.

Vorbildlichkeit als Prinzip und Vorbild als fällige Prozessgestaltung schreiben dem Wollen weder etwas vor noch beeinflussen sie es. Das Vorbild fordert vom Zögling eine Bewertung, es fordert zur Selbsterziehung auf. Wenn Erziehung zu einer gelingenden Lebensführung dadurch befähigen soll, dass das Ich lerne, sich selbst zu bestimmen, dann vollzieht sich der Erziehungsprozess einerseits im dialogischen Wertenlernen sowie andererseits in der Vorbildhaftigkeit des Erziehers. Erstes fordert vom Zögling die Begründung seiner Werturteile, zweites fordert gewissenhaftes Bewerten. Beide Momente tragen dem pädagogischen Anspruch auf Mitwirkung an der pädagogischen Interaktion Rechnung. Es geht hier nicht um Wissen, sondern um Haltung. Der Zögling soll lernen zu wollen, was er soll. Doch dass er soll, diese Bedingung kann durch pädagogisches Handelns weder hergestellt noch eingeholt werden. Das Sollen liegt dem Bildungsprozess immer schon logisch voraus.

1.2 Religion

Für die darzulegende Verhältnisbestimmung von Bildung und Religion ist es weiterhin nötig, den Begriff der Religion näher auszuführen. In welchem Verständnis wird Religion im weiteren Zusammenhang gebraucht, bzw. wie ist der Terminus im Kontext der Fragestellung zu verstehen?

Zunächst bedarf es der Ausräumung eines fundamentalen, ja „jubelnden Missverständnisses" (ADORNO), das durch die alltagssprachliche und größtenteils auch unpräzise wissenschaftliche Verwendung des Begriffs „Religion" geprägt, die Untersuchung *ad absurdum* führen würde: Ganz gleich in welcher Konnotation der Begriff Verwendung findet, in jedem Gebrauch wird – übrigens ebenso wie beim Terminus „Bildung" – supponiert, dass jeder schon *irgendwie* wisse, was damit gemeint ist. Die tiefgreifende Missdeutung des Begriffs geschieht vornehmlich durch die Synonymisierung von „Religion" und „Konfession". Mit Religion wird in diesem Falle die ganze phänomenologisch unterscheidbare und fassbare Vielfalt und Vielzahl, d.h. Mannigfaltigkeit kultureller und ethnischer Glaubensgemeinschaften bezeichnet: das Christentum, der Islam, das Judentum, der Buddhismus usf. Man verkennt dabei die logische Voraussetzung des Begriffs, der die einzelnen Konfessionen, d.h. Bekenntnis- und Glaubensgemeinschaften in ihrem empirischen Vorkommen erst unterscheidbar macht. Der Konfession muss ein Begriff des Religiösen vorausgehen, damit sich die geschichtlich gewachsene und räumlich verbreitete Mannigfaltigkeit dieser Glaubengemeinschaften unter die Ordnung des Religiösen fassen, von- und untereinander unterscheiden lässt.

Wo immer die Frage nach dem Begriff eines Sachverhalts entsteht, da richtet sich das Fragen nicht an zeitlich Faktisches, sondern an prinzipiell Gültiges. „Die Tatsachen können niemals und nirgends den Begriff hervorbringen" (COHEN 1915, 5), weil Begriffe für Tatsachen gelten. Für die anstehende Verhältnisbestimmung von Bildung und Religion gilt es, die allen Glaubensgemeinschaften gemeinsamen Charakteristika und Merkmale herauszuarbeiten, in Anbetracht derer sie dem Begriff „Religion" zugeordnet werden können.

Wenn es bei den anstehenden Überlegungen also um das – wie auch immer geartete – Verhältnis von Bildung und Religion geht, dann greift ein Begriffsverständnis von Religion im Sinne von Konfession zu kurz. Denn es geht am Thema vorbei, insofern sich das Verhältnis auf eben jene je oder je zu untersuchende Konfessionsgemeinschaft beziehen müsste. Dies hieße einerseits, einen Antwortversuch für den Augenblick geben zu wollen, der im nächsten Moment überholt sein könnte, weil Konfessionen der Geschichtlichkeit unterliegen, und andererseits – was im Zusammenhang der gesamten Fragestellung noch schwerwiegender wäre – das Verhältnis von Bildung und Religion nur im Hinblick auf diese oder jene Konfessionsgemeinschaft zu untersuchen. Wenn nach dem grundlegenden Verhältnis von Bildung und Religion gefragt ist, dann müssen beide Begriffe in ihrer Begrifflichkeit relationiert werden. Deshalb kann nicht nur auf *eine* Konfession hin die Bestimmung vorgenommen werden. Eine Differenzierung in christliche, islamische, jüdische oder buddhistische Bildung usf., aber auch die Rede von einer Bildung im christlichen, islamischen, jüdischen oder buddhistische Sinne würde den Begriff der Bildung segmentieren und separieren, wo Einheitlichkeit gefordert ist.

Um „Religion" als Begriff genauer zu betrachten, müssen die empirischen Bedingtheiten (des Phänomens) außer Acht gelassen werden. Es soll vielmehr das allen Gemeinsame herausgeschält werden. Es wird nach dem Wesen, nach dem Eidos, der Religion gefragt, nach dem sich die Konfessionen und Glaubensgemeinschaften ausrichten und von dem her erst das Prädikat des Religiösen begründet werden kann. Es wird also nicht nach Konnotationen, sondern nach der Denotation gefragt, die in ihren Charakteristika dargelegt werden soll.

In aller Kürze stellt sich dieser Unterschied wie folgt dar: Unter Konfession soll die tatsächliche, faktische Glaubensgemeinschaft in ihrer Tradition, in ihren rituellen und kultischen Bedingtheiten bezeichnet werden; unter Religion dagegen jener Vollzug, sich im Handeln zu binden. Letztlich lässt sich von der Religion die prinzipielle Fähigkeit zur Glaubensbindung unterscheiden. Diese wird im Fortgang als „Religiosität" ausgewiesen und soll weiter entfaltet werden. Mit dieser Unterscheidung kann man sich auf KANT stützen[22]: Eine „V e r s c h i e d e n h e i t   d e r   R e l i g i o n e n" ist für ihn „ein wunderlicher Ausdruck! gerade, als ob man auch von verschiedenen M o r a l e n spräche". Für ihn kann es „wohl verschiedene G l a u b e n s a r t e n historischer, nicht in die Religion, sondern in die Geschichte der zu ihrer Beförderung gebrauchten, ins Feld der Gelehrsamkeit einschlagender Mittel und eben verschiedene Religionsbücher (Zendavesta, Vedam, Koram u.s.w.) geben, aber nur eine einzige, für alle Menschen und in allen Zeiten gültige R e l i g i o n". Die Konfessionen „können wohl nichts anders als nur das Vehikel der Religion, was zufällig ist, und nach Verschiedenheit der Zeiten und Örter verschieden sein, enthalten" (KANT Frieden, A 63f). Gerade diese Kontingenz des Faktischen, welche die Verschiedenheit der Konfessionen bedingt, verbietet sich angesichts der Fragestellung dieser Arbeit.

---

[22] Zum Verhältnis von Bildung und Religion bei KANT, vgl. KOCH (2006, 150ff) und FISCHER (1994, 43ff).

In der Religionsschrift schreibt KANT deshalb in diesem Zusammenhang: „Es ist nur eine (wahre) Religion; aber es kann vielerlei Arten des Glaubens geben [...] Es ist daher schicklicher (wie es auch wirklich mehr im Gebrauche ist), zu sagen: dieser Mensch ist von diesem oder jenem (jüdischen, muhammedanischen, christlichen, katholischen, lutherischen) Glauben, als: er ist von dieser oder jener Religion" (Rel, B 154). Doch gerade heute hat sich der Sprachgebrauch gegenüber der Zeit KANTs gewandelt und man spricht von der Religion im Plural, auch wenn Konfessionen gemeint sind. Aus diesem Grund erfolgt die Unterscheidung. Wenn Bildung und Religion in ein Verhältnis gesetzt werden können, dann kann nur auf begrifflicher Ebene operiert bzw. vielmehr analysiert werden, was ihnen gemeinsam ist. Wenn Bildung jedem Menschen unabhängig der Verschiedenheit von Zeiten und Orten zukommen soll (zumindest der Möglichkeit nach), dann muss diese Bestimmung auch für die Religion zutreffen. Die Vielfalt der Faktizität soll in der Einheit des Begriffs aufgehoben werden, wenn hier nicht nach dem empirischen Verhältnis von Bildung und Religion gefragt ist, sondern nach ihrem grundsätzlichen.

Neben dieser begrifflichen Präzisierung ergibt sich ein grundlegendes Problem bezüglich der Fragestellung, das den wissenschaftlichen Überlegungen zum Verhältnis von Bildung und Religion ein jähes Ende bereiten könnte. Dessen Klärung muss den folgenden Überlegungen vorangestellt werden, wenn der Anspruch der Wissenschaftlichkeit weiterhin erhoben werden soll: es betrifft das Problem der Transzendenz bzw. des Transzendenzanspruchs der Religion. Der hilfreiche Hinweis von LÉVINAS, dass sich eine „Beziehung der Transzendenz" „in unterschiedlichen Formulierungen in den Philosophien des Wissens" zeigt − „und sei es auch in ihrer Reinheit nur für einen Moment" − kann für den weiteren Verlauf weder Ausrede sein noch Abhilfe schaffen. Nach LÉVINAS zeigt sie sich „als das Jenseits des Seins bei Platon; sie zeigt sich in dem ‚Zur-Tür-Hereinkommen' des intellectus agens bei Aristoteles; sie zeigt sich in der Erhebung der theoretischen Vernunft in die praktische Vernunft bei Kant; sie zeigt sich in der Suche nach der Anerkennung durch den *anderen Menschen* selbst bei Hegel; [...] sie zeigt sich in der Ernüchterung der Vernunft bei Heidegger" (LÉVINAS 1985, 166). Damit legitimiert er Transzendenz als Gegenstand der Auseinandersetzung für die Theologie. Die Theologie hätte gar keinen Gegenstand, würde sie die Transzendenz nicht als Gegenstand voraussetzen.

Es besteht jedoch ein Unterschied im Anspruch auf Transzendenz. Sie kann einerseits als subjektive Setzung verstanden werden, deren ‚Existenz' als subjektiv notwendig empfunden und deshalb für subjektiv gewiss erachtet wird; andererseits kann sie als objektiver Inhalt verstanden werden, dessen ‚Existenz' den Anspruch auf allgemeine, objektive Geltung erheben kann. Im ersten Fall wäre die Transzendenz bloß für den Glaubenden existent, im zweiten Fall für jeden, der danach fragte; sie wäre ein allgemeingültiges Objekt der Setzung und nicht bloß subjektive Setzung als Gewissheit.

Nun ist es logisch nicht widersprechend, einen objektiven Inhalt aus subjektiver Gewissheit setzen zu können. Widersprechend ist allerdings eine bloß subjektive Setzung eines doch für alle objektiv gültigen Inhalts zu setzen[23]. Im ersten Fall wäre die Transzendenz objektiver Inhalt, deren ‚Existenz' jedermann unter geeigneten Bedingungen erkennen und anerkennen müsste. Allerdings würde damit ein Glaube postuliert, der nur für den an Transzendenz Glaubenden, für niemanden sonst, gültig sei. Der zweite Fall dagegen ist logisch widersprechend, weil es unmöglich ist, Objektivität der subjektiven Beliebigkeit zu überlassen. Dem an Transzendenz Glaubenden müsste zugestanden werden, dass nur er in der Lage sei, diesen objektiven Inhalt in seiner allgemeinen Gültigkeit zu erkennen, während allen Ungläubigen diese ‚Erkenntnis' – aus welchen Gründen auch immer – verweigert bliebe. Dies widerstreitet allem, was mit dem Kriterium der Objektivität gemeint ist. Im Hinblick auf eine Verhältnisbestimmung von Bildung und Religion – wenn Bildung weder der bloßen Beliebigkeit noch der theoretischen Widersprüchlichkeit anheim gestellt werden soll – steckt man in einer argumentationslogischen Zwickmühle.

Diese Aporie des Transzendenzanspruchs der Religion hat Paul NATORP aufzulösen versucht: „Kann ich das Jenseits nicht behaupten, so muß ich mein Leben darauf einrichten, daß es kein Jenseits gibt; das heißt, es gibt dann für mich keines, sondern ich habe es mit dem Diesseits so ernst zu nehmen, als ob nur es existierte. Volle Aufrichtigkeit des Wahrheitsgewissens fordert nicht bloß, nicht behaupten zu wollen, wovon man weiß, dass man es nicht behaupten kann, sondern auch, nicht auszuschauen nach etwas, wovon man begriffen hat, dass es nicht auch nur als Möglichkeit gegeben ist. Möglichkeit ist eine Kategorie, so gut wie Wirklichkeit; die Aussage über eine mögliche Existenz ist nicht weniger als die über eine wirkliche Existenz an Gesetze gebunden, deren Nichtachtung für ein hinlänglich geschärftes kritisches Gewissen Übertretung bedeutet. [...] Das ist nicht mein »Ultimatum«, [...] sondern es ist der Ernst der Sachlage, vor dem jedes individuelle Wünschen

---

[23] „Vom Übersinnlichen ist, was das spekulative Vermögen der Vernunft betrifft, kein Erkenntnis möglich (noumenorum non fatur scientia)" (KANT Fort, A 55). Man müsste hinzufügen, dass selbst das Übersinnliche als Inhalt nicht durch das Vermögen der spekulativen Vernunft erkannt werden kann.

und Belieben schweigen muß"[24] (NATORP 2007, 110f). Und er kommt zu dem Schluss: „Das Transzendente also als Gegenstand, allen Gegenstand der Logik und der Ethik überragend, muß fallen" (ebd., 104). Der subjektive Charakter, den die Religion trägt, d.h. ihre eigentümliche Präsenz in der Subjektivität des Ich, kann demnach, sie muss beinahe beibehalten und untersucht werden. Transzendenz als allgemeingültiger Inhalt, als objektivierte Setzung dagegen muss von der Untersuchung des Religionsbegriffes ausgeklammert werden, so sehr sie in der Theologie als Gegenstand der Forschung fingiert wird[25]. Um es mit KANT zu sagen, bedeutet dies, „daß es in der Tat *bloß* die Vernunft [sein kann], nicht ein vorgeblicher geheimer Wahrheitssinn, keine überschwängliche Anschauung unter dem Namen des Glaubens, worauf Tradition oder Offenbarung ohne Einstimmung der Vernunft gepfropft werden" (Denken, A 306), um im Gang der Untersuchung nicht einem konfessionellen Dogmatismus zu erliegen.

Allein aus pädagogischer Sicht kann dieser objektive ‚Status' nicht aufrechterhalten werden, wenn die Religion zur Bildung in Beziehung gesetzt und damit, frei von Bedingtheiten, jedem Menschen prinzipiell zugesprochen werden können muss. Die wissenschaftliche Betrachtung der Religion aus philosophisch-pädagogischer Perspektive fordert geradezu eine Begriffsklärung der „*Religion innerhalb der Grenzen der blossen Vernunft*", wie es KANT formuliert oder der „*Religion innerhalb der Grenzen der Humanität*", wie es NATORP[26] ausdrückt. Hier wird sie als „Religion innerhalb der Grenzen der Bildung" ausgewiesen. Dieser Forderung soll dadurch entsprochen werden, dass Religion nicht mit einem Transzendenzanspruch auftreten, sondern als Objekt des Glaubens objektiv gesetzt werden kann, wenn man von Religion und ihrem Verhältnis zur Bildung sprechen will. Der ‚Verzicht' auf Transzendenz als ein allgemeingültiger Gegenstand wissenschaftlicher Analyse darf nicht als Religionsfeindlichkeit missverstanden werden. Transzendenz wird keinesfalls

---

[24] „Wovon man nicht sprechen kann, darüber muß man schweigen" (WITTGENSTEIN 2003, 111).

[25] Zum Verhältnis von Pädagogik und Theologie, vgl. BENNER (2004, 9ff) und BÖHM (1992, 56ff). BÖHM hat dieses Verhältnis durch vier idealtypische Beziehungsmodelle bestimmt: durch ein hierarchisches, ein analogisches, ein konfliktuales und durch ein dialogisches.

[26] „Hat aber demnach die Religion doch ihren Ursprung im Menschen selbst, so muß auch ein Ausgleich des Konflikts zwischen Religion und Menschentum, es muß eine »Religion innerhalb der Grenzen der Humanität« an sich möglich sein. Sie würde darin bestehen, daß der rein sittliche Kern der Religion, nämlich der zuversichtliche Glaube an die Realität der sittlichen Aufgabe und das Bewußtsein der dadurch möglichen ideellen Gemeinschaft des ganzen Menschengeschlechts beherrschend hervorträte, das *Dogma vom Transzendenten* als solches aufgegeben würde und einer reinen, dem tiefsten Wahrheitsbedürfnis der entwickelten menschlichen Erkenntnis standhaltend Erfassung des sittlichen Endziels Platz machte" (NATORP 1985, 21f – Hervorh. T.M.).

negiert, sondern der Charakter ihrer Gegenständlichkeit, d.h. der objektiven Setzung angezweifelt. Diese Maßnahme stellt einerseits die wissenschaftliche Objektivität in Rechnung, die im Falle der Transzendenz v.a. von der sprachkritischen Philosophie gefordert wird (vgl. WITTGENSTEIN 1984), andererseits den systematischen Aspekt der Bildung, welche nicht separiert werden kann und prinzipiell jedem Menschen zugestanden werden muss. Wenn es um Bildung geht, dann ist dies ein Anspruch an jedes Subjekt, ob es Transzendenz als Inhalt anerkennen kann oder nicht. Gesetzten Falles, man könne dies nicht, dann würde dies bedeuten, diese oder jene Person müsste aus der gesamten Überlegung gestrichen werden. Dann schlösse sich die Frage an, ob diese Ausgrenzung zu Lasten der Untersuchung oder gar zu derjenigen des ausgegrenzten Menschen ginge. Daher geht diese Arbeit von einem „in diesem Sinne kritischen Verständnis des Religiösen" aus (BENNER 2005, 55), um eine Repristination des Dogmatischen im pädagogischen Diskurs zu verhindern.

Der Analyse des Religionsbegriffes kann eine etymologische Betrachtung vorangestellt werden. Diese Art des Nachfragens bietet zwar keine Lösung für das Problem, doch hilft sie möglicherweise, die originäre Bedeutung des Wortes von historisch bedingten Verengungen bzw. Nuancierungen zu reinigen oder zu befreien.

Der Begriff „Religion" lässt sich auf drei Wurzeln zurückführen: Einerseits geht er auf das Lateinische ‚relegere' zurück (1.), was herkömmlich mit „wieder aufwickeln", „wieder durchgehen" oder „wieder lesen" übersetzt werden kann. Für das Gemeinte können dabei jedoch offensichtlich keine Rückschlüsse gezogen werden. Auch der Wortstamm ‚religere' (2.), was mit „wieder" bzw. „erneut wählen" übersetzt wird, gibt keinen näheren Anhaltspunkt für den Begriff (vgl. RUMPF 1997, 23f).

Drittens ließe sich der Terminus von dem Verb ‚religare' herleiten (3.), was mit „zurück binden", oder besser „rückbinden" übersetzt werden kann. Sollte dies der Fall sein, dann muss weiter gefragt werden, wer oder was sich an wen oder was rück*bindet*, bzw. wer oder was für wen oder was *verbind*lich ist? Von diesem Wortstamm nehmen die weiteren Überlegungen zum Begriff der Religion ihren Ansatzpunkt. Religion wird also stets als Bindung (des Denkens und Wollens) verstanden, weil sich zeigen wird, dass eben dies nur gemeint sein kann.

1.2.1 Religiosität

Der Mensch befindet sich analytisch betrachtet immer in der unauflösbaren Spannung von In-sich-Geschlossenheit und Über-sich-Hinausweisen, von Sinnlichem und Übersinnlichem, d.h. von Immanenz und Transzendenz[27]. Aus dieser Spannung beziehen die drei Grundrichtungen des Bewusstseins, das Denken, Wollen und Fühlen, ihren Grund (vgl. COHEN 1915). Ausgehend von dieser fundamentalen Spannung von Immanenz und Transzendenz ergeben sich zunächst zwei ,Richtungen'[28] des Bewusstseins, die sich ,vertikal' gegenüberstehen.

In der Immanenz erfährt sich der Mensch als ,letzte' geschlossene Einheit seiner zeitpunkthaften Erfahrungen und Erkenntnisse, in ihr gelangt er nicht über diese Grenze hinaus, sondern bleibt auf sie verwiesen. Der Gebrauch der Bewusstseinsrichtungen vollzieht sich innerhalb dieser Grenzen, ist auf Erfahrung bezogen und somit zeitpunkthaft bestimmt. Die Immanenz kann in philosophiegeschichtlicher Tradition in eine Welt-, Erfahrungs-, Erkenntnis und eine Bewusstseinsimmanenz differenziert werden. Das Gemeinsame ist die In-sich-Geschlossenheit des Ich, in welcher Relation sie auch betrachtet wird. Sie erlaubt keine Ausgriffe außerhalb ihrer zeitpunkthaften Bedingtheiten. Das Ich in seiner Zeitpunkthaftigkeit bleibt sein eigener letzter Bezugspunkt.

In Spannung bzw. als Gegensatzbegriff dazu begreift sich der Mensch in der Transzendenz als über sich selbst hinausweisend, indem er der Grenze des Erkenn- und Erfahrbaren schauend, aufnehmend und empfangend gegenübersteht. Das Denken kann sich über die Erfahrung und deren Möglichkeiten hinausblickend selbst *be*-denken, sich seiner eigenen Voraussetzungen bedenkend vergewissern. In der Transzendenz nimmt das Ich die „Schranken des Erfahrbaren" (KANT) weg, um sie zu überschreiten.

Diese beiden Richtungen sind allemal zeitpunkthaft-statisch, sie vollziehen sich in der Zeit – der Mensch steht beiden gleichsam gegenüber. Beide ,vertikalen Pole' des Bewusstseins werden von einer dritten Richtung ,horizontal' geteilt. Sie ist von Immanenz und Transzendenz dadurch unterschieden, dass sie sich nicht durch ein statisches Gegebensein bewusst ist, sondern vielmehr durch ein Aufgegebensein,

---

[27] Wenn „Transzendenz" hier dennoch als (objektiver) Inhalt angegeben wird, dann nur aus dem Grund, eine ojektive Bewusstseinsrichtung für Gläubige und Ungläubige einführen und legitimieren zu können.

[28] Das Wort „Richtung" mag in diesem Kontext befremden, sind doch Denken, Wollen und Fühlen die Bedingung dafür, von Richtung zu sprechen. Sie haben demnach keine Richtung bzw. sind *nicht gerichtet*, sondern *richten sich* vielmehr auf Gegenstände bzw. Gegenständliches. In letzterer Bedeutung soll der Terminus „Richtung" im Weiteren auch verstanden werden.

ein *Werden* im „Kontinuum der Zeit" (BUBER 1986, 30). Auch diese Bewusstseins-richtung ist in jedem Falle zeitpunkthaft, d.h. „fällig", indem sich das Ich der Spannung der Pole gegenüberstellt. Diese dritte Richtung vollzieht sich somit in der Zeit, ist aber zugleich jederzeit Ziel der Zeit, Streben nach diesem Ziel in der Zeit für die Zeit – damit Unendlichkeit. Diese Bewusstseinsrichtung kennt keine Un-endlichkeit des immanenten und transzendenten Seins, sondern ‚ist' selbst Unend-lichkeit, d.h. „Unendlichkeit des Aufgegebenseins" (PRZYWARA 1927, 5). Sie kann auch als Unendlichkeit des Strebens und Sollens ausgewiesen werden. Diese dritte, die beiden anderen vermittelnde Richtung, lässt sich als Transzendentalität be-zeichnen[29].

In der Fähigkeit des Denkens und Wollens begreift der Mensch die Gegenstän-de im ‚Vorgriff' ihres Seins, d.h. in Voraus-Setzung ihres An-sich-Seins. Diese Richtung des Bewusstseins kann nur angenommen werden, weil sich das Ich nicht nur seiner Faktizität, seines Gegebenseins bewusst ist und dies hinnehmen muss, sondern weil es diese Zeitpunkthaftigkeit der Faktizität überschreitet, weil es sich auf Zukünftiges richten, auf Vergangenes beziehen, weil es die eigene faktische Er-fahrungswelt übersteigen, kurzum: weil sich das Ich seiner eigenen Voraus-setzungen vergewissern kann[30]. In diesem Kontext schreibt SCHLEIERMACHER: „Geborenwerden und Sterben sind solche Punkte, bei deren Wahrnehmung es uns nicht entgehen kann, wie unser eignes Ich überall vom Unendlichen umgeben ist" (1984, 54).

In der Transzendentalität, im Vergewissern der eigenen Voraussetzungen, er-fährt sich der Mensch als endliches Wesen angesichts der Unendlichkeit der Zeit, d.h. er ‚erfährt an sich selbst seine radikale Endlichkeit" (LADENTHIN 2006, 120). Aus dieser Endlichkeit heraus, die stets zeitpunkthaft bestimmt ist, kann er sich im Bewusstsein über die Zeit erheben, indem er sich als Bedingung für mögliche Zeit-

---

[29] Auch wenn hier nicht explizit von transzendentaler Methode, sondern vielmehr von der Transzendentalität als „Bewusstseinsrichtung" die Rede ist, seien SCHAEFFLERs Bedenken be-züglich der Transzendentalphilosophie in ihrem Verhältnis zur Religion angeführt, um mög-liche Anlässen zur Skepsis gegenüber einer transzendentalen Analyse der Religion voraus-greifend zu entkräften: „Der Versuch, mit transzendentalphilosophischen Methoden ein philosophisches Sprechen von Gott möglich zu machen [was im Folgenden auch nicht ge-schehen wird, da die Transzendenz als Gegenstand wissenschaftlicher Reflexion bezweifelt wird – T.M.], ruft die Kritik religiöser Menschen hervor. [...] Wenn der religiöse Mensch den Verdacht äußert, der transzendentalphilosophisch verstandene Gott sei ein »selbstgemachter Gott«, dann erinnert er den Philosophen daran, daß die transzendentale Reflexion in die Irre geht, wenn sie meint, die Möglichkeitsbedingungen menschlicher Transzendentalität zu *erzeu-gen*, statt sie als die vorausliegenden Bedingungen auch aller ihrer reflektiven Akte *vorzufinden*" (2002, 225).

[30] „Denken heißt überschreiten" (BLOCH 1968, 2).

punktbestimmungen begreift. Der Mensch greift im Denken und Wollen über die raum-zeitliche Fixierung hinaus, indem er diese überschaut, ordnet und bestimmt. Das Ich steht nicht am Ende von Kausalitätsketten, sondern an deren Anfang. Es ist kein Fall, der aus irgendwelchen raum-zeitlichen Umständen erfolgt, sondern Prinzip seiner Umstandsbestimmungen. Wenn das Ich Zeitpunkte und -strecken bestimmen und ordnen kann, ja wenn es diese bestimmt und ordnet, dann kann es selbst nicht mehr nur zeitpunkt- oder zeitstreckenhaft bestimmt sein. Das Ich ist die Möglichkeit, Zeitpunkte und -strecken selbst zu bestimmen, zu setzen. Damit setzt es sich in Beziehung zur Unendlichkeit, hat in seiner Endlichkeit gewissermaßen teil an der Unendlichkeit und kann somit „zu seiner Endlichkeit ein Verhältnis entwickeln" (BELLMANN 2006, 178). Der Mensch kann Prinzip und Fall der Zeit zugleich genannt werden, in ihm fällt beides zusammen – der Mensch ist ihre Ko-inzidenz[31]. Nur in dieser Koinzidenz von Prinzip und Fall ist dem Ich „*Streben*", d.h. Denken und Wollen in der Zeit als Gewissheit um die eigene Endlichkeit angesichts der Unendlichkeit der Zeit, möglich.

Wenn dieses Werden in der Zeit – Transzendentalität – ein Streben, damit ziel- und richtunggebend sein soll, so müssen das Denken und Wollen Gesetzmäßigkeiten, Regeln und Normen unterzogen werden. Dem Werden als Streben ist im Gegensatz zu einem ‚naturwüchsigen' *fieri* stets eine Zielperspektive inhärent, was man als Werden nach Maßgaben bezeichnen kann. Diese Maßgaben selbst können nicht ‚Natur', d.h. zeitlich bedingt sein, weil sie Natur als Objekt erst setzen. Es sind somit Setzungen anderer Art: *Voraussetzungen.*

Maßgaben werden in der Zeit gesetzt, insofern das Ich Fall ist, doch werden sie gleichsam mit der Zeit für die Zeit gesetzt. Als Prinzip[32] kann der Mensch Maßgaben für das Denken und Wollen voraussetzen, die für Zeit gelten sollen, d.h. mit dem Ziel der Zeit und damit mit der Unendlichkeit zusammenfallen. Ziel des Denkens und Wollens sind dann Zeit wie Unendlichkeit selbst, die es nach dieser subjektiv vorausgesetzten Maßgabe zu ordnen, zu gestalten und zu vollziehen gilt[33].

---

[31] CUSANUS schreibt über die „bewundernswerte Kraft unseres Geistes", dass der Mensch „dank der angleichenden Kraft, mit der er sich jeder Vielheit angleichen kann und ebenso durch die angleichende Kraft der Entfaltung des Jetzt oder der Gegenwart »die Kraft« [habe], sich jeder Zeit, »durch die Kraft« der Ruhe, sich jeder Bewegung [...] anzugleichen" (IM, 75₁,f).

[32] Die hier getroffene psychologische Unterscheidung des Ich als Fall und Prinzip findet sich analog bei KANT, der zwischen „empirischem" und „intelligiblem" Ich differenziert (vgl. dazu auch PETZELT 1982).

[33] „Auf diese Art kann ich vom Übersinnlichen, z.B. von Gott, zwar eigentlich kein theoretisches Erkenntnis, aber doch ein Erkenntnis nach der Analogie, und zwar die der Vernunft zu denken notwendig ist, haben" (KANT Fort, A 64, 65).

Als Prinzip können die Maßgaben für die eigene Endlichkeit vorausgesetzt, d.h. unbedingt verbindlich gemacht werden, da auch das Kontinuum der Zeit, verstanden als Unendlichkeit, unbedingt vorausgesetzt werden muss.

Aus immanenter Erfahrung ist die Setzung des Unbedingten unmöglich, weil Unbedingtheit nicht erfahrbar und Erfahrung nicht unbedingt ist. Erfahrung kann nie absolut werden, wie keine Absolutheit erfahrbar werden kann. Fielen beide, Setzung und Voraussetzung des Denkens und Wollens, zusammen, so hörte das Streben als Werden auf, erstarrte, stürbe. Sowohl in der Erfahrung ohne unbedingte Voraussetzung als auch im Zusammenfallen der Erfahrung mit der Unbedingtheit, wodurch nur noch Unbedingtheit bliebe, gäbe es kein zielgerichtetes Streben. Im ersten Falle bliebe das Ich zeitpunkthaft gefordert, ohne unbedingt verbindliche Maßgabe sich stets zeitpunkthafte Ziele setzen zu müssen, im zweiten Falle hörte das Streben ganz auf, weil Unbedingtheit, d.h. Unendlichkeit keine Zeit kennt und an Stelle des Werdens absolutes Sein träte. Die Voraussetzung einer unbedingten Maßgabe verbürgt ein Werden, das zielgerichtet ist und als Streben bezeichnet werden kann. An diese als unbedingt vorausgesetzte Maßgabe kann sich das Ich als Fall und im Fall zeitpunkthaft binden, d.h. in jedem Akt seiner Endlichkeit Rechnung tragen, sie in jedem Lebensvollzug für verbindlich erklären. Diesen bindenden Prozess in der Zeit, diesen gebundenen Vollzug der eigenen Endlichkeit an Unbedingtheit, nennt man *Religion*.

Wenn Voraussetzungen *für* das Denken und Wollen maßgebend sein sollen, dann können sie nicht dem Denken und Wollen selbst entspringen – es blieben objektive Setzungen, immanent, zeitpunkthaft, bedingt[34]. Es muss eine ‚Kraft' im Ich sein, die selbst Voraussetzungen setzen, d.h. sich der eigenen Voraussetzungen vergewissern kann. Mit SCHLEIERMACHER und NATORP kann man dieses Vermögen „*Gefühl*' – „Gefühl des Unendlichen" bzw. „Unendlichkeit des Gefühls" – nennen[35]. Dem Einwand, beim Gefühl handle es sich nicht um eine besondere Rich-

---

[34] Vgl. hierzu das Religionsverständnis SCHLEIERMACHERS, wie es von Ursula FROST interpretiert wird: „Schleiermacher versteht Religion – neben Denken und Wollen – als ein ursprüngliches, für die menschliche Natur konstitutives Vermögen [...] Denken und Wollen betreffen eine Wirklichkeit, die das Subjekt bestimmt, die ihm verfügbar ist. Religion dagegen intendiert eine unverfügbare Wirklichkeit, die Subjekt und Objekt übersteigt und durch die auch das Subjekt bestimmt ist. Diese Wirklichkeit kann nicht noch einmal durch Denken und Handeln erfaßt werden, weil darin das Subjekt seine Welt konstituiert" (FROST 1993, 11).

[35] Der KANTsche Gefühlsbegriff aus der Frühschrift „*Untersuchung über die Deutlichkeit der Grundsätze der natürlichen Theologie und der Moral*' unterscheidet sich etwas von der Intention SCHLEIERMACHERS, wobei dieser von jenem inspiriert worden zu sein scheint (vgl. dazu HÖFFDING, 1921, 227ff): „Man hat es nämlich in unsern Tagen allererst einzusehen angefangen: daß das Vermögen, das Wahre vorzustellen, die Erkenntnis, dasjenige aber, das

tung des Bewusstseins, muss entgegnet werden, dass die Bewusstseinsrichtungen Denken und Wollen nicht mit dem Gefühl konkurrieren. Ihre „Inhaltsgleichheit zeigt sich schon an dem allgemeinen Problem der Wahrheit, diesem gemeinsamen Zielpunkt aller systematischen Richtungen. [...] Das Apriori der Religion muß das Fundament auch dieser philosophischen Methodik bilden. Und durch dieses Apriori ist die Religion mit der Erkenntnis verbunden" (COHEN 1996, 18). Bewusstseinsrichtungen und Gefühl haben divergente Geltungsbereiche bei gleicher Intention, die aus systematischer Perspektive nicht vermengt oder verunreinigt werden dürfen. NATORP kennzeichnet den Unterschied so: „Nach subjektiver Seite will Religion im Gegensatz zu aller Veräußerlichung und Verendlichung in abgrenzender Gestaltung den letzten Kern der Innerlichkeit des seelischen Lebens, im Gegensatz zu allem mittelbaren Erkennen, Wollen und Phantasiegestalten [...] was wir in Kürze mit Schleiermacher dadurch ausdrücken, daß sie im »Gefühl wurzle«" (NATORP 1985, 21).

Gefühl ist im Anschluss an SCHLEIERMACHER und NATORP Kennzeichen der (intrapersonalen) Subjektivität, es will in dieser Absicht (zunächst) *für mich* gelten. Denken und Wollen beanspruchen Allgemeingültigkeit, sie stehen unter der Maßgabe der „Gegenständlichkeit" (HÖNIGSWALD), sofern sie Objektivationen vornehmen, d.h. Objekte setzen. Das Gefühl macht sich das Denken und Wollen selbst zum Gegenstand, nicht in objektiver, sondern in subjektiver Absicht. Als Subjektivität, als subjektiver Ausdruck ist es nicht auf objektive Geltung bzw. allgemeinen Zuspruch verwiesen, es geht vielmehr um gelebte Selbstbetrachtung, die nicht Übermittlung, sondern Subjektivität als Selbst-Bewusstsein fordert. „Das Gefühl wird also, durchaus richtig, nicht als ein neues Sondergebiet des Bewusstseins neben Erkenntnis, Wille und schaffender Phantasie gedacht, sondern eigentlich als die psychische Grundkraft. Es vertritt die ganze Innerlichkeit des seelischen Lebens, das eigentliche Selbstsein der Seele. Erkenntnis, Wille, ästhetische Phantasie sind im Vergleich damit nur Äußerungen; das Gefühl umfaßt sie gewißermaßen mit, oder faßt sie in sich als ihrer letzten Wurzel zusammen" (NATORP 2007, 27). Unter das Gefühl fällt alle methodische Haltung, die sich selbst vergegenständlichen, als Einheit begreifen und sich in dieser Einheit als Bedingung für objektive Geltung begreifen kann. Keine Hypostasierung des Gefühls gegenüber anderen Bewusstseinsrichtungen kann gemeint sein, sondern analytische Unterscheidung der Geltungsgebiete.

Gute zu empfinden, das Gefühl sei, und daß beide ja nicht mit einander müssen verwechselt werden" (KANT NatTheol, A 97f).

Das Gefühl darf somit nicht mit Intuition verwechselt werden, sofern nichts in das Ich ,hinein gebracht' bzw. ,eingegeben' wird, was nicht selbst vom Ich ,produziert' bzw. konstituiert wird. Es ist keine Irrationalität, sondern gegenteilig die Bedingung der Rationalität gemeint. In diesem Verständnis haftet dem Gefühl nichts außerhalb des Denkens und Wollens an, nichts, was zusätzlich zum Ich hinzukäme. Man beginge einen folgenschweren Fehler, wollte man die Verwendung bei SCHLEIERMACHER und NATORP in diesem Verständnis missverstehen. Kein „Sondergebiet" des Bewusstseins, sondern vielmehr die „letzte Wurzel" allen Selbstbewusstseins muss unter dem Gefühl verstanden werden, ohne hier transzendente Tendenzen einfließen zu lassen. Wie das Denken Bewusstseinsrichtung der Logik und wie das Wollen die der Ethik ist, so ist das Gefühl spezifisch religiöses Bewusstsein, ohne aus dem Bereich des Bewusstseins herauszufallen.

Religion ist ihrem Begriffe nach der jederzeit bindende und gebundene Vollzug der Endlichkeit nach Maßgabe subjektiv vorausgesetzter Unbedingtheit. Sie ist die unmittelbare Auseinandersetzung des Menschen mit seiner Endlichkeit. Sie „hat mit dem Verhältnis des Endlichen zum Absoluten zu tun", um es mit BENNER zu formulieren (1993, 103). Der endliche Mensch setzt Unbedingtheit mit der Zeit, in der er steht, für die Zeit selbst und damit für Unendlichkeit voraus. Religion ist endliches Streben nach unbedingt vorausgesetzter Maßgabe in der Gewissheit, diese Voraussetzung in der Endlichkeit nicht einholen zu können[36]. Uneinholbarkeit und Unerfahrbarkeit dieser Voraussetzung werden mit dem Absolutheitsanspruch derselben zugleich gewiss, da Erfahrung niemals absolut sowie Absolutheit niemals erfahrbar werden kann, ohne dass das Werden aufhörte und zu einem erstarrten Sein würde. Zeit als Kontinuum, als Unendlichkeit, verunmöglicht dies. Unendlichkeit der Zeit wie Endlichkeit des Ich sind Bedingungen von Religion, doch nur insofern der Mensch um beides wissen kann, *wissen können muss*, insofern er als Koinzidenz von Prinzip und Fall betrachtet wird, d.h. insofern er sich seiner eigenen Bedingungen vergewissern kann. SCHLEIERMACHER kann deshalb sagen: „Religion ist Sinn und Geschmack fürs Unendliche" (1984, 212), insofern sich das Ich in die Zeit gestellt erfährt und sich seiner Endlichkeit angesichts der Unendlichkeit des Zeitkontinuums vergewissern kann. Religion „will im Menschen nicht weniger als in allen andern Einzelnen und Endlichen das Unendliche sehen" (ebd.). Für den Menschen wird die Maßgabe unbedingt, zeitlos, weil sie *mit* der Zeit *für* die Zeit ge-

---

[36] Vgl. dazu auch Ursula FROST über „*Die Wahrheit des Strebens*" im Werk SCHLEIERMACHERs (1994, 227ff). Dort kommt sie zu dem Schluss, dass das „werdende Wissen und das bildende Handeln" ihre „Einheit nur im Bild antizipieren und sich selbst danach begründen" können" (ebd., 246). Bildung als die Synthese von Wissen und Haltung ist „nur im religiösen Ausgriff nach dem Einheitsgrund" (ebd.) möglich.

setzt wird. Religion meint daher jenen Vollzug der Endlichkeit, in dem diese Voraussetzung unbedingt für verbindlich erklärt wird; sie gilt unbedingt, fordert geradezu Verbindlichkeit, d.h. Bindung an Geltung.

Die Voraussetzung einer Maßgabe in der Zeit für Unendlichkeit ist notwendige Möglichkeitsbedingung für Religion, die Bindung daran hinreichende. Wenn von Religion die Rede sein soll, dann erfordert dies unbedingte Geltungsbindung des Einzelnen, Bindung der Geltung an diese unbedingte Voraussetzung. Es muss deutlich werden, dass hier nicht von einem Zwang der Bindung ausgegangen werden kann, sondern allemal von einem freien, d.h. freiheitlichen Entschluss, den es angesichts der bedingenden Endlichkeit stets zu ‚erneuern' gilt. Geltungsbindung ist Möglichkeitsbedingung des gebundenen und verbindlichen Vollzugs, die Einlösung fordert, die jedoch im Fälligwerden unbedingte Geltung beansprucht. Während die Voraussetzung eine Eine ist, so ist die Forderung nach Bindung stets prozess- und aufgabenhaft, weil sie in der Zeit für die Zeit als Unendlichkeit Verbindlichkeit fordert. Dieser Anspruch kann eingelöst oder missachtet, für verbindlich erklärt oder ignoriert werden – er bleibt Aufgabe in der Endlichkeit für Unendlichkeit.

Es besteht hier kein Widerspruch zu der Tatsache, dass die als unbedingt vorausgesetzte Maßgabe als interindividuelle Vorstellung und Ausgestaltung geschichtlich tradierbar ist. Die subjektive Voraussetzung einer für die Zeit geltenden bzw. gültigen Maßgabe ist sehr wohl als Sache der Tat, eben als Tatsache, Möglichkeit der kommunikativen, rituellen und kultischen Überlieferung. Der Mensch ist nicht nur Prinzip, sondern auch Fall. Als ihre Koinzidenz ist er stets beides, Prinzip und Fall zugleich, nie das eine ohne das andere und umgekehrt. Dogmen, Riten, Kulte und Glaubensinhalte sind Tatsachen der Erfahrung und somit tradierbar. Die als unbedingt vorausgesetzte Maßgabe lässt sich als fällige Vorstellung mitteilen, kommunizieren, in Sprache fassen: als Gott, Jahwe, Allah, etc. Andernfalls ließe sich die Maßgabe nicht einmal denken. Dieser Einwand kann jedoch nicht über die subjektive Charakteristik der Religion hinwegtäuschen. Voraussetzung und Bindung sind nur vom Ich vollziehbar, tradierte Bezeichnungen, Vorstellungen und Gepflogenheiten können allenfalls anerkannt und als eigene für die Zeit als Unendlichkeit vorausgesetzt werden. Die Bindung an unbedingte Voraussetzungen lässt sich nicht befehlen oder lehren, beibringen oder vermitteln. Bindung wird vorgelebt, sie lässt sich nicht argumentativ erläutern, sondern nur deskriptiv darlegen. Am Du wird Bindung im Fall beobachtbar, doch nicht einsehbar.

SCHLEIERMACHER kennzeichnet diese Eigentümlichkeit der Nicht-Mitteilbarkeit religiöser Bindung im Kontext und zugleich als Gegensatz zu pädagogischer Interaktion folgendermaßen: „So kann man denn freilich einen Teil des Gewächses gewaltsam verstümmeln, bilden aber nicht; denn eben aus diesem jeder Gewalt unerreichbaren Innersten seiner Organisation muß alles hervorgehen, was zum wahren Leben des Menschen gehören und ein immer reger und wirksamer Trieb in ihm sein soll. Und von dieser Art ist die Religion; in dem Gemüt, welches sie bewohnt, ist sie ununterbrochen wirksam und lebendig, macht alles zum Gegenstande für sich, und jedes Denken und Handeln zu einem Thema ihrer himmlischen Fantasie. [...] Darum ist jedem, der die Religion so ansieht, Unterricht in ihr, in dem Sinn, als ob die Frömmigkeit selbst lehrbar wäre, ein abgeschmacktes und sinnleeres Wort. Unsere Meinungen und Lehrsätze können wir andern wohl mitteilen, dazu bedürfen wir nur der Worte und sie nur der auffassenden und nachbildenden Kraft des Verstandes: aber wir wissen sehr wohl, daß das nur die Schatten unserer religiösen Erregung sind; und wenn unsere Schüler diese nicht mit uns teilen, so haben sie auch, wenn sie das Mitgeteilte als Gedanken wirklich verstehen, doch daran keinen lohnenden Besitz. Denn dieses In-sich-ergriffen-sein und darin sein-selbst-inne-werden läßt sich nicht lehren" (SCHLEIERMACHER 1984a, 47).

Die Möglichkeit des Bindens an unbedingte Voraussetzungen muss mit dem Ichsein gegeben wie aufgegeben gedacht, d.h. vorausgesetzt werden. Es handelt sich allerdings nicht um ‚natürliche Anlagen', die wider die Freiheit zum natürlichen oder naturwüchsigen Instinkt verkommen könnten, dem sich Denken und Wollen zu beugen hätten, denen das Ich ausgeliefert wäre, so dass es irgendwann schon eine unbedingte Maßgabe voraussetzte und sich daran bände. Vielmehr handelt es sich um eine anthropologische Voraussetzung, die mit dem Menschsein die prinzipielle Möglichkeit religiösen Vollzuges einräumt. Jedem Ich muss diese Fähigkeit prinzipiell zugedacht werden, wenn vom Menschen die Rede sein soll. Dieses Anthropinon kann als „Religiosität" ausgewiesen werden.

Ohne diese Voraussetzung der Religiosität ist keine Religion als Vollzug der Endlichkeit nach unbedingter Maßgabe denkbar, gar in der Erfahrung möglich. Religiosität kann als „Proprium des Religiösen" verstanden werden, d.h. als Begriff, „der von keinem Begriff substituiert werden kann" (LADENTHIN 2006, 119). Nicht einzelnen, nicht einigen wenigen muss Religiosität zugedacht und zugestanden werden, sondern allen Menschen, ohne Ausnahme, ohne Ansehung ihrer Konstitution und Bedingtheiten. Religiosität gehört zum Menschen, macht ihn zu diesem, sie kann mit SCHLEIERMACHER als „eine eigene Provinz im Gemüthe" (1984, 297) bezeichnet werden, ohne ihr den Status einer natürlichen Anlage zubilligen zu müssen. Jeder Mensch ist religiös zu nennen, sofern ihm die prinzipielle Möglichkeit des religiösen Vollzuges nicht abgesprochen werden darf, ohne ihm sein Mensch-sein abzusprechen.

Religiosität ist näherhin als *Aufgabe* für den Menschen deutlich geworden. Mit der prinzipiellen Möglichkeit zum religiösen, d.h. bindenden und gebundenen Voll-zug ist gleichsam die Möglichkeitsbedingung der Religion als Prozess bestimmt. Doch stets bleibt es Aufgabe des Ich, diesem Anspruch zu entsprechen; kein Du kann dies fordern. Die unbedingte Maßgabe ist vom Ich vorauszusetzen und nur für dieses verbindlich, weil es stets um den Vollzug der *eigenen* Endlichkeit ange-sichts dieser subjektiven Maßgabe geht. Sie gilt allein für den Einzelnen, da sie von diesem vorausgesetzt wird. Das Ich schuldet ihr Verbindlichkeit, ist zur Bindung gefordert – ein Du hat hier nicht statt.

Die eigene Endlichkeit soll im Hinblick auf die unbedingt vorausgesetzte Maß-gabe als aufgegebene Bindung vollzogen werden. Dieser Vollzug – Religion – geschieht für Unendlichkeit als endliches ‚Geschäft'. Religiosität ist diejenige Be-dingung, die dieses ‚Geschäft' erst denknotwendig ermöglicht. Religiosität in die-sem Verständnis ist prinzipielle Möglichkeit, nicht faktische Wirklichkeit, wie Bild-samkeit noch keine Bildung ist. Es gilt ihren Anspruch in freiheitlicher Selbst-bestimmung einzulösen, ihm Rechnung zu tragen. Die Möglichkeit der Religiosität fordert das Sollen, um wirklich zu werden. Religiosität fordert zum religiösen Voll-zug auf, ohne selbst schon dieser Vollzug zu sein.

Die Voraussetzung einer unbedingten Maßgabe, besser: die als unbedingt vor-ausgesetzte Maßgabe kann als (Lebens-)Sinn ausgewiesen werden. Zeit hat bzw. macht (noch) keinen Sinn, sie ist sinnindifferent (vgl. COHN 1955)[37]. In Anbetracht des Ich in der Zeit wird Sinnindifferenz zum bloßen Dasein in der Zeit, zum Ver-halten in der Endlichkeit – die eigene Endlichkeit wird sinnlos gefristet. Immanente Setzungen des Denkens und Wollens können Sinn nicht ersetzen, da der Mensch in seiner In-sich-Geschlossenheit die Zeit als Gegebenheit nicht überschauen, Zeit-strecken wie -punkte nicht setzen, bestimmen und ordnen kann. Setzungen sind allemal zeitpunkthaft. Es gilt, die Zeit als dahinfließende zu denken (vgl. NEWTON 1988, Def. VIII)[38] und stets neue Setzungen vorzunehmen, ohne Richtpunkt, ohne maßgebende Orientierung. Zeitpunkthafte Setzungen können nicht für Zeit gelten, weil sie *in* der Zeit *mit* der Zeit gesetzt werden – ihnen fehlt das unbedingt rich-tunggebende Maß, die Absolutheit einer unbedingten Maßgabe *für* die Zeit, die in jedem Moment der Endlichkeit Verbindlichkeit fordert. Setzungen fehlt ein „*über-*

---

[37] „Gleichgültig gegen Gut und Böse ist Tod, Krankheit und *Weltlauf,* gleichgültig ist das Seien-de in seinem Eigenstand gegen sein Erkanntwerden" (COHN 1955, 314 – Hervorh. T.M.).

[38] Im Original: „*tempus aequabiliter fluens*".

zeitliches Ziel der Sinngebung für das Wirkliche" (BAUCH 1925, 15 – Hervorh. T.M.). Jene zeitbedingte bzw. zeithafte Art der Denk- und Willenssetzung soll in Abgrenzung zur unbedingten Voraussetzung „Zweck" genannt werden. Zwecke haben ein zeitpunkthaftes Handlungstelos, sie intendieren eine Wirkung und können sprachlich mit „um zu" artikuliert werden. Man arbeitet, um Geld zu verdienen; man hilft dem Nachbarn beim Grillen, um der lästigen Hausarbeit im eignen Heim zu entfliehen. Zwecksetzungen haben eine Wirkung, die allemal zeitpunkthaft bestimmt ist. Bei Sinnfragen geht es jedoch nicht um die jeweilige Zweckabsicht, sondern um „die Fragen nach dem Sinn menschlicher Zwecke [überhaupt]. Als Antwort auf die Frage nach dem Sinn aller Zwecke kann nicht ein in der Endlichkeit des menschlichen Lebens aufweisbares Telos gefunden werden, weil nach dem Ziel gefragt wird, zu dem das endliche Leben führt" (LADENTHIN 2008b, 801).

Die Differenzierung von Sinn und Zweck, die gänzlich von der alltagssprachlichen Verwendung abgehoben werden muss, findet sich bereits in ähnlicher Weise bei ARISTOTELES. Er verweist auf den „Unterschied zwischen Ziel und Ziel" (1995, 5), der auf dem Unterschied der jeweiligen Ziel-Setzungen beruht, welche wiederum aus verschiedenen Arten des Handelns ableitbar sind: „das eine Mal ist es das reine Tätig-sein, das andere Mal darüber hinaus das Ergebnis des Tätig-seins: das Werk" (ebd.). ARISTOTELES meint mit dem „Werk" nichts anderes als die Endlichkeit des eigenen, individuellen Lebens als gelungener Vollzug desselben. „Wenn es nun wirklich für die verschiedenen Formen des Handelns ein Endziel gibt, das wir um seiner selbst willen erstreben, während das Übrige nur in Richtung auf dieses Endziel gewollt wird, und wir nicht jede Wahl im Hinblick auf ein weiteres Ziel treffen – das gibt nämlich ein Schreiten ins Endlose, somit ein leeres und sinnloses Streben –, dann ist offenbar dieses Endziel »das Gut« und zwar das oberste Gut" (ebd., 5f). ARISTOTELES stellt dieses eine „Endziel" heraus, unter das sich alle Zielsetzungen subsumieren lassen, weil es den logischen Ursprung wie die unbedingte (Ziel-)Maßgabe aller Einzelziele darstellt. Sinn meint dann nicht Zweck, sondern Zweck an sich selbst. Bezieht man in diese Überlegungen den Faktor Zeit mit ein, so wird deutlich, dass sich das „Endziel", wie es ARISTOTELES nennt, nicht in der Zeit finden lässt, sofern Zeit ohne Ende, d.h. endlos gedacht werden muss. Es fällt damit mit aller Zeit zusammen, d.h. es wird als unendlich, unbedingt vorausgesetzt.

Auch bei SCHLEIERMACHER findet sich die Unterscheidung von Sinn und Zweck. „Der Sinn strebt den ungeteilten Eindruck von etwas Ganzem zu fassen". Ziel der Religion ist das Erkennen des „Ganzen", während die Zwecke des Denkens „nur stückweise" die Dinge zu erkennen vermögen (1984a, 52). „Denn freilich, danach fragen oder gründlich untersuchen, ob und wie das, was sie verstehen wollen, ein Ganzes ist, das würde sie viel zu weit führen, und wenn sie dies begehrten, würden sie auch so ganz ohne Religion wohl nicht abkommen, sondern gebrauchen wollen sie nur zu was immer für trefflichen Zwecken, und zum Behuf des Gebrauchs zerstückeln und anatomisieren. Und auf diese Art gehen sie [die Religionsgegner – T.M.] sogar mit demjenigen um, was vorzüglich dazu da ist, den Sinn auf seiner höchsten Stufe zu befriedigen, mit dem, was gleichsam ihnen zum Trotz ein Ganzes ist in sich selbst" (ebd.). Die Relation von Sinn und Zweck fasst SCHLEIERMACHER als diejenige von Ganzem und Einzelnem, von Einheit und Mannigfaltigkeit. Dabei ist ihm die Summe des Einzelnen nie das Ganze selbst, sondern nur dessen Zerstückelung. Da er sich hier auf das Denken bezieht, lässt sich sagen: das Ganze ist nicht erkannt, wenn es auch in allen seinen Einzelheiten erkannt wurde; dieses bleibt jenem als seine Einheit unterworfen. Es ist uneinholbar.

Als Sinn wird die als unbedingt vorausgesetzte Maßgabe für das Handeln bezeichnet, die Letztsetzung, weil sich ‚nach' Unendlichkeit keine Zeit vorstellen lässt – Unendlichkeit und Zeit fallen zusammen. Das Handeln nach einer als unbedingt vorausgesetzten Maßgabe setzt freilich voraus, dass man nicht nur handelt, ‚um zu' handeln, sondern dass Handlungen erst im Hinblick auf einen über die eigene Endlichkeit hinausweisenden Richtpunkt als sinnvoll erachtet werden können. Alles sinnvolle Handeln muss in Ansehung der als unbedingt vorausgesetzten Maßgabe ein gebundenes, d.h. verbindliches Handeln sein, das für Zeit gültig sein will. Weil Sinn für Zeit gelten soll, wenn er mit ihr zugleich für sie vorausgesetzt wird, so vollzieht sich sinnvolles Handeln in der Endlichkeit für Unendlichkeit, für Unbedingtheit, für Zeit. Sinnvoll ist eine Handlung zu nennen, in der sich das Ich an die subjektiv vorausgesetzte Maßgabe bindet – dieser Akt soll als *Sinnstiftung* bezeichnet werden. Religion als Prozess meint demnach Sinnstiftung. Den Worten GOETHES zufolge ist Sinnstiftung ein (beinahe) unmögliches Vermögen, nämlich „dem Augenblick Dauer verleihen". „»Sinn« ist der Träger möglicher »Dauer‘" (RUHLOFF 2007, 44); nach dem Vorangegangenen müsste man die Dauer präzisieren: Sinn ist der Träger möglicher Unendlichkeit.

In Akten der Sinnstiftung gibt der Mensch eine Antwort auf *die* Frage *aller* Handlungen angesichts der eigenen Endlichkeit, sprachlich gefasst als Antwort auf das eine „Wozu?" der Endlichkeit. „Eine letzte Grundlegung und Ausrichtung erfährt die Wertordnung eines Menschen durch die Frage nach dem Sinn des Lebens. […] Sinnaussagen geben Antwort auf die Frage nach dem Wozu und Warum" (WEBER 1981, 46). Sinn ist Ich-Prinzip, sofern sich alle fälligen Handlungen im Hinblick auf die als unbedingt vorausgesetzte Maßgabe beziehen lassen können und somit das „Wozu?" zu beantworten vermögen. Sinnstiftung als Bewältigung und Vollzug der Endlichkeit ist fällig, sofern Geltungsbindung in jedem Akt von neuem gefordert bleibt. „In der Sinngebung erhebt sich der psychische Akt über jeden bloßen Zeitwert, weil er ihm Dauer in der Geltung verschafft, und zwar unabhängig von Raum und Zeit, d.h. für mögliche zu erfüllende Zeitpunkte und -strecken im gliederungsfähigen Gesamtkontinuum der Zeit" (PATZELT 1991, 46).

Sinn macht nur Sinn angesichts der Endlichkeit, angesichts der Bedingtheit des Menschen in der Zeit. Bindung an Unendlichkeit ‚macht' Sinn, sofern Unendlichkeit uneinholbarer, unbedingter Richtpunkt von Endlichkeit sein kann. In der Unendlichkeit selbst herrscht kein Streben, sondern Sein. Die Frage nach dem „Wozu?" stellt sich nicht *in* der Unendlichkeit, sondern *angesichts* der Unendlichkeit, weil im Sein keine Bewegung statthat. Stets gilt: Sein *ist* – Werden *soll* sein. So kann als anthropologische Grundkonstante konstatiert werden: Allein der Mensch in seiner Endlichkeit, als bedingtes Wesen, das sich seiner Bedingungen vergewissern kann, ist zur Sinnstiftung fähig, indem er sich an Unbedingtheit binden kann.

Die Möglichkeit der Sinnfrage ist dadurch konstituiert, „daß es keinen Menschen gibt, der sich nicht um die Fragen des Todes und des Schicksals und damit um die Fragen des Sinnes des Lebens" kümmert (PETZELT 1953, 23). Auch für Eugen FINK hängt die Frage nach dem Lebenssinn mit dem Tod des Menschen zusammen (vgl. 1978, 70ff)[39]. Es „könnte für den Menschen überhaupt keine Tagesaufgabe, keine Arbeit, keine Pflicht, keinen Genuß geben ohne den Tod" (ebd., 71). Gewissheit um die eigene Sterblichkeit fordert nach FINK geradezu, das eigene Leben als „Aufgabe" zu begreifen. „Der Tod ist die »Grenze«, die das wesenhaft formlose, ungefaßte und haltlose menschliche Dasein gleichsam auf es selbst zurückwirft und es für es zu einer »Aufgabe« macht. Der imperfekte, un-vollendete Mensch wird durch den Tod gezwungen, sich auf das Ganze seines Lebens hin zu entwerfen" (ebd., 76). Um den Bezug zur Bildung nicht vorwegzunehmen, so kann dennoch auf das Faktum der Endlichkeit und die Gewissheit des Menschen um dieses Faktum die unhintergehbare Auseinandersetzung mit der eigenen Endlichkeit hingewiesen werden. Die Gewissheit um den eigenen Tod bedeutet keineswegs, dass sich der Mensch immerzu in der Stimmung eines „*memento mori*" befindet. Auch wenn sich der Einzelne selten, vielleicht nie tatsächlich mit seinem

---

[39] FINK sieht in der Sterblichkeit des Menschen die Bedingung der Möglichkeit sowie die Notwendigkeit von Bildung gegeben. „Erziehung ist ein Geschäft der Sterblichen" (1978, 70). Obgleich sich an keiner Stelle der Terminus „Religion" findet, so ist die Thematisierung von „Tod und Lebenssinn" zwar auf Bildung bezogen, doch voll von religiösen Implikationen (ebd., 70ff).

Tod, mit seiner Endlichkeit auseinandersetzt, so muss diese Voraussetzung mit dem Menschsein vorausgesetzt werden – ganz gleich welchen Alters, Geschlechts oder welcher regionalen Herkunft derjenige ist. Andernfalls könnte man nicht mehr von einem Zu-sich-selbst-ich-sagen-Könnenden sprechen. Mit dem Ichsein muss zugleich die Möglichkeit der Gewissheit um die eigene Endlichkeit bzw. Sterblichkeit vorausgesetzt werden. Dieses Moment ist das Proprium des Religiösen. Sinnstiftung ist nicht nur einigen Menschen mögliche wie notwendige Aufgabe, sondern im Sinne einer anthropologischen Voraussetzung ist jeder Mensch davon betroffen wie genötigt.

Sinnstiftung ist Proprium der Religion als Prozess. Im Moment der Sinnstiftung tritt ihre Abgrenzung zu anderen Handlungspraxen hervor: „Innerlichkeit" bzw. Subjektivität. Sinn als Voraussetzung wie Akte der Sinnstiftung müssen als subjektive Präsenz bzw. Aktivität verstanden werden, die keiner Rechtfertigung bedürfen, weil sie auf den Vollzug der eigenen Endlichkeit gerichtet sind. Durch Sinnstiftung gibt sich das Ich ein unbedingtes Maß der Richtung, d.h. ein subjektiv vorausgesetztes, unbedingtes Ziel, das der Bewältigung der eigenen Endlichkeit durch verbindliches Handeln Sinn verleiht. Religion in diesem Verständnis ist *Selbstführung*, Stiftung von Sinn in jedem Akt der Endlichkeit, gerichtet auf Unendlichkeit als Aufgabe.

Religion gilt unter dieser Voraussetzung einerseits als Handlungspraxis neben anderen, andererseits durchdringt sie diese, indem die als unbedingt vorausgesetzte Maßgabe für jeden Akt der Endlichkeit Verbindlichkeit fordert. In jedem Akt kann der als unbedingt vorausgesetzten Maßgabe entsprochen bzw. diese für verbindlich erklärt werden. Jeder Akt kann auf diese Maßgabe hin ausgerichtet werden. Die ehrenamtliche Tätigkeit in einer Suppenküche, die Schufterei auf der Baustelle, der Gang zur Landtagswahl, das Erziehen der eigenen Kinder, der Besuch einer Brecht-Aufführung am Wochenende – alle diese Akte können ‚beseelt' sein vom gestifteten Sinn, können als Antworten auf die Frage nach dem „Wozu?" der eigenen Endlichkeit interpretiert werden. In allen Akten kann Sinn gestiftet, kann die endliche Zeit gestaltet werden, so dass man sie im Hinblick auf die eigene Lebensspanne als sinnvoll bezeichnen kann. Da sich Endlichkeit in Akten vollzieht, die allemal zeitpunkthaft bestimmt werden können, so ist Stiftung von Sinn kein Akt unter Akten, sondern begleitet jeden Akt in der Zeit für die Zeit, verleiht ihm insofern Unendlichkeit hinsichtlich der als unbedingt vorausgesetzten Maßgabe.

In Anbetracht der Zwecksetzungen ist Endlichkeit ein lineares „um zu", eine zusammenhangslose Kettung einzelner Akte, die sich monadisch ohne Zusammenhangsbestimmtheit im zeitlichen Hintereinander aneinander reihen. An das Essen, um satt zu werden, schließt sich das Arbeiten, um Geld zu verdienen, danach das Schlafen, um am nächsten Tag ausgeschlafen für die Arbeit zu sein. Erst Sinnstiftung ,macht', dass alle Akte als Antworten an dem einen „Wozu?" orientiert werden. Alles „um zu" verlangt eine einzige Antwort auf das „Wozu?"! Sinn wird damit zum Prinzip allen Handelns, d.h. aller Akte. Religion als Sinnstiftung heißt ihr Vollzug. Sinn ist dasjenige religiöse Prinzip, das für alle Handlungen Bindung an bzw. Verbindlichkeit für die subjektive Maßgabe fordert, das aus der eigenen Endlichkeit bzw. Lebensspanne die dahinfließende Zeit zu ,meinem Leben' macht.

Keine andere koexistenzielle Praxis – weder Ethik, Arbeit, Politik, Kunst noch Pädagogik – trägt zur Bewältigung der Endlichkeit als Sinnstiftung, d.h. nach unbedingt vorausgesetzter Maßgabe bei[40]. Sinnstiftung ist Prorium der Religion. Auch Wissenschaften können Religion nicht ersetzen. Logik und Ethik können darstellen, was wahr bzw. gut ist, Religion jedoch vollzieht das Wahre und Gute, sie ist ihr Vollzug. „Was der wissenschaftlichen Darstellung fehlt, muß der Glaube supplieren" (SCHLEIERMACHER 1983, 30). Wissenschaft stellt dar, Religion vollzieht. „Obzwar aber die Moral zu ihrem Behuf keiner Zweckvorstellungen bedarf, die vor der Willensbestimmung vorhergehen müßte, so kann es doch wohl sein, daß sie *auf einen solchen Zweck eine notwendige* Beziehung *habe*, nämlich, nicht als auf den Grund, sondern als auf die notwendigen Folgen der Maxime, die jenen gemäß vernommen werden", „denn es kann der Vernunft doch unmöglich gleichgültig sein, wie die Beantwortung der Frage ausfallen möge: was dann aus diesem unserm Rechthandeln herauskomme, und worauf wir […] doch als auf einen Zweck unser Tun und Lassen richten könnten, um damit wenigstens zusammen zu stimmen" (KANT Rel, BA VII). Die Frage des „Wozu?" kann Wissenschaft nicht beantworten – Religion als Sinnstiftung dagegen ist fällige, d.h. zeitpunkthafte Antwort. Ethik kann darlegen, weshalb gut gehandelt werden soll, Religion ist allemal die fällige Beantwortung durch Sinnstiftung, d.h. durch Handeln nach unbedingt vorausgesetzter Maßgabe.

Religiosität und Sinnstiftung sind Bedingung von Religion, sind Prinzipien, die Religion als Prozess konstituieren. Ebenso wie Bildsamkeit und Selbsttätigkeit stehen sie nicht in einem hierarchischen Verhältnis zueinander, sondern in einer

---

[40] Auch für Bruno BAUCH ist Religion „keineswegs wie bei Kant bloßes Anhängsel der Moral […], sondern jene Disziplin, in der alle übrigen Disziplinen zusammenkommen" (OLLIG 1987, 444; vgl. näherhin BAUCH 1925, 1ff). Dasselbe gilt in etwas modifizierter Weise für den Begriff der Religion bei Hermann COHEN: „Die Religion hat zwar, im Unterschied zur Ethik, keine methodische Selbständigkeit, wohl aber Eigenart, und sie ist nach Cohens Überzeugung notwendig für das Ganze der Philosophie, und nur der Blick auf das Ganze ermöglicht und rechtfertigt ihren systematischen Anspruch" (LÖWITH 1987, 333).

Interdependenz. Das Vermögen des bindenden Vollzugs an die als unbedingt vorausgesetzte Maßgabe muss jedem Ich prinzipiell zugestanden werden, ohne das Ich in seinem Ichsein zu amputieren. Sinnstiftung meint den bindenden und gebundenen Vollzug, d.h. Religion in ihrer Aktualität. Religiosität fordert geradezu Sinnstiftung als gültigen Vollzug der eigenen Endlichkeit, und Religiosität ohne Sinnstiftung bliebe geistiges Konstrukt, ohnmächtige Präsenz im Ich. Beide Prinzipien, Religiosität und Sinnstiftung, sind konstitutiv für Religion, d.h. ihre denknotwenigen Voraussetzungen.

1.2.2 Glaube

In SCHLEIERMACHERs Worten tauchte der Terminus „Glaube" bereits auf. Es stellt sich die Frage, wie der Glaube in An- oder Abgrenzung zum Wissen zu verstehen ist? Ist beides voneinander scharf zu unterscheiden, gar zu trennen, stehen sich beide diametral gegenüber? Oder kann hier möglicherweise von einer Korrelation ausgegangen werden?

Wissen steht in einem Possessivverhältnis zum Ich, es ist gegenstandgebunden, d.h. Wissen von etwas, „Ich weiß das und das". Doch auch vom eigenen Wissen ist Wissen möglich. „Der Mensch muß um sein Wissen wissen können" (HEITGER 1991, 96)[41]. Um die Stückwerkhaftigkeit, um die zeitliche Überholbarkeit und Unvollständigkeit des Wissens muss gewusst werden können, zugleich auch um seine Zusammenhangsbestimmtheit, Einheit und Ordnung. Während das Wissen allgemeine Gültigkeit erhebt, objektiv und mitteilbar, zugleich zeitlich bedingt, d.h. korrigier- und überholbar ist, so verhält es sich mit dem Wissen um dieses Wissen anders. Dieses kann nicht objektiv festgestellt noch mitgeteilt werden. Es ist nicht beweisbar, wohingegen Wissen stets argumentativ oder demonstrativ beweisbar ist. Niemand kann beweisen, dass ich mein Denken bedenken kann, selbst ich kann es nicht für andere beweisen. Doch mit FICHTE lässt sich entgegnen: „Wer gewisse Beweise für eine Sache läugnet, läugnet darum nicht notwendig die Sache selbst" (1971a, 267). Forderte jemand den Beweis für diese Behauptung, weder ich noch er könnten ihn liefern. Ohne dies beweisen zu können, bin ich mir dessen dennoch gewiss. Gewissheit heißt demnach, „daß ich gewiß bin, das Gegenteil könne nie bewiesen werden" (KANT Logik A 102). Dieses Wissen um mein Wissen erhebt keinen objektiven Geltungsanspruch, so dass man es mit NATORP als „Innerlich-

---

[41] „Wenn ich etwas weiß, so weiß ich auch, dass ich's weiß" (WITTGENSTEIN 1984, 122).

keit" bezeichnen kann, durch die ich mich in meinem Ichsein bestimme. Wer mir diese Gewissheit anzweifelt, nicht ‚glaubt', dem kann ich sie nicht beweisen. Ihr Geltungsgebiet ist die eigene, subjektive Gewissheit.

„Innerlichkeit" des Wissens um Wissen bedeutet Nicht-Mitteilbarkeit in objektiver bzw. allgemeingültiger Absicht, sie ist „objektiv unzureichend, aber subjektiv zureichend" (KANT Logik, A 102). Das Wissen um das eigene Wissen hat der Mensch, sofern er als Ich gedacht wird, es muss mit Notwendigkeit zum Zwecke der Subjektivität vorausgesetzt werden. Ich weiß, dass ich weiß und wissen kann, ohne dies einem Du objektiv nachprüfbar mitteilen zu können. KANT schreibt in diesem Sinne, diese Gewissheit – er nennt sie „Glauben" – „gibt daher auch wegen der bloß subjektiven Gründe keine Überzeugung, die sich mitteilen lässt und allgemeine Bestimmung gebietet, wie die Überzeugung, die aus dem Wissen kommt" (KANT Logik, A 107). Ebenso muss dieses Vermögen dem Du zugesprochen werden, sofern dieses nicht bloß als Naturgegenstand, Tatsache, Objektivation bzw. Setzung angesehen wird, sondern als die Möglichkeit, selbst Naturgegenstände etc. zu setzen. Ich und Du können sich den Besitz dieses Vermögens nicht beweisen, sondern nur glauben. Bedeutung hat das Wissen um Wissen, insofern es assertorisch, d.h. „nur als subjektiv notwendig (nur für mich geltend)" (ebd., A 99) bedeutsam ist.

Das Wissen um Wissen gilt dem Menschen unbedingt, es macht, dass er um sich selbst, um sein Ichsein, wissen können muss, wenn man nicht einer allgemeinen Schizophrenie das Wort reden will. Es ist dem Einzelnen gewiss![42] Während man sich im Wissen irren, in Setzungen des Denkens falsch liegen, es korrigieren,

---

[42]   KANT verwendet den Ausdruck „Gewissheit" in etwas anderer Konnotation. „Das gewisse Fürwahrhalten oder die Gewißheit ist mit dem Bewußtsein der Notwendigkeit verbunden" (Logik A 99). Für ihn sind sowohl das Glauben als subjektive sowie das Wissen als objektive Gewissheit lediglich Modalitäten des Fürwahrhaltens gemessen an ihrem Erkenntnisgrad. Gewissheit gilt ihm als Maßgabe der logischen Vollkommenheit der Erkenntnis, nicht als deren Voraussetzung. Der Bedingungscharakter der Gewissheit wird bei KANT nicht eigens thematisiert, diese wird vielmehr in Graduierungen differenziert, so dass gefragt werden kann, welches der logisch höchste Grad der Gewissheit ist, vermöge dessen man sich nicht mehr gewisser sein kann. Im Folgenden soll Gewissheit so verstanden werden, dass man sich einer Sache unbedingt notwendig gewiss ist.
Vgl. dazu auch die Verwendung bei WITTGENSTEIN: „Mit dem Wort »gewiß« drücken wir die völlige Überzeugung, die Abwesenheit jedes Zweifels aus, und wir suchen damit den Andern zu überzeugen. Das ist subjektive Gewißheit" (1984, 159). Wer böses im Schilde führte, würde – v.a. im hiesigen Kontext – beim Wort „Überzeugung" einhaken; heißt es doch im Lateinischen dafür „confessio". Man fühlt sich dann unweigerlich an die Unterscheidung von Religion und Konfession erinnert und könnte versucht sein, bei jedem Vorkommen im Text das eine durch das andere Wort ersetzen zu wollen.

revidieren, verbessern kann, so dass es zu neuem Wissen kommt, so ist das Wissen um Fälle des Gewussten unbedingt gewiss. Im Wissen um das fehlbare Wissen kann nicht geirrt werden. Im Wissen um mein Wissen bin ich mir gewiss, d.h. meiner selbst gewiss. „Wenn wir vom Anerkennen jener Voraussetzung reden, dann muß das Besondere dieses geistigen Aktes herausgehoben werden. Während alles gegenständliche Wissen sich seiner Beschränktheit, sich seiner Stückwerkhaftigkeit bewußt ist, während also alles gegenständliche Wissen durch Nichtwissen gleichzeitig definiert ist, muß beim Anerkennen jenes Apriori von Gewißheit gesprochen werden" (HEITGER 1991, 99f). Gewissheit zu Wissen verhält sich wie der Besitzer zu seinem Besitz. Besitz kann sich vermehren oder verringern, als Besitzer muss man darum wissen können. In der Analogie wird das Verhältnis im Kontinuum der Zeit deutlich. Besitzgüter mögen sich vermehren, verringern, ins Unermessliche zu riesigem Besitz anschwellen – ihr Besitzer bleibt dagegen immer der eine, das Ich. Indem der Mensch sich nicht bloß in den Fluss der Zeit gestellt sieht, sondern zugleich Herr über die Zeit im Setzen von Zeitpunkten, im Überschauen von Zeitstrecken ist, so bleibt er in seiner Endlichkeit der Eine. Der Besitzer bleibt ohne Ansehung der Schwankungen seiner Besitzgüter immer ihr einer Besitzer. Als Besitzer bleibt er im Verlauf der Zeit ‚identisch', mit sich selbst gleich, besser: derselbe. Obgleich immer im Werden begriffen, in keinem Moment wie im vorangegangenen, ist er dieser Besitzer, mag sein Besitz zu- oder abnehmen. Gewissheit zu Wissen verhält sich eben so. Es ist eine einige Gewissheit, die um die Fälle des Gewussten weiß. Diese ist Voraussetzung, um Fälle des Gewussten unterscheiden zu können.

Gewissheit ist damit kein Wissen, oder umgekehrt Wissen keine Gewissheit. Bei KANT heißt es: „Ich selbst kann nur von der Gültigkeit und Unveränderlichkeit meines praktischen Glaubens gewiß sein und mein Glaube an die Wahrheit eines Satzes oder die Wirklichkeit eines Dinges ist das, was, in Beziehung auf mich, nur die Stelle eines Erkenntnisses vertritt, ohne selbst ein Erkenntnis zu sein" (Logik, A 107). Diese Gewissheit ist ihm somit „kein besonderer Erkenntnisquell" (ebd., A 102). Sie stellt in Beziehung auf das Denken in subjektiver Absicht nur dar, was Erkenntnis, d.h. Wissen vertritt. „Diese Gewissheit ist im argumentativen Denken nicht zu erreichen, sie ist aber auch nicht einem meinenden Glauben zu verdanken, sondern jedenfalls einem Glauben, der sein Gemeintes für gewiss hält, halten muss, wenn das Denken argumentierende, diskutierend oder wie auch immer Geltungsansprüche stellen will" (HEITGER 2006, 127). Gewissheit kann daher auch nicht dem Zweifel unterzogen werden, weil Gewissheit keinen objektiven Geltungsanspruch stellt[43]. Sie ist vom Wissen insofern zu unterscheiden, als sie einerseits nicht objektiv mitteilbar, andererseits ‚nur' subjektive Gültigkeit beansprucht. Sie lässt sich nicht bezweifeln, weil sie nicht den Anspruch stellt, objektiv gültig zu sein. Auch ich selbst kann Gewissheit nicht bezweifeln, weil sich nicht bezweifeln lässt, was Bedingung der Möglichkeit meines Zweifelns ist[44].

Gewissheit findet sich nicht in der Welt der Tatsachen: „Es gibt keine subjektive Sicherheit, daß ich etwas weiß" (WITTGENSTEIN 1984, 168). Stets wird die Stückwerkhaftigkeit objektiver Setzungen offenkundig, Wissen muss korrigiert, überholt, neuen Einsichten angepasst werden. Das Fürwahrhalten ist zeitlich bedingt, Fürgewisshalten dagegen unbedingt. Zeit hat auf Gewissheit keinen Einfluss, weil Gewissheit selbst um deren bedingenden Einfluss, d.h. um den Fluss der Zeit muss wissen können. Gewissheit ist Möglichkeit, um die eigene Bedingtheit wissen zu können, zu müssen, sie ‚begleitet' das Denken. Gewissheit ist Unbedingtheit im Denken, sie lässt sich nicht in der Zeit fixieren, ohne selbst Zeit zu sein. Vielmehr gilt Gewissheit für Zeit, für Wissen um Zeit, letztlich für das Wissen um Endlichkeit in Unendlichkeit. Das Bild des „begleitenden Wissen" (HEITGER 1991, 96) trifft exakt, was Gewissheit meint. Es ist nicht bloß im Verständnis des KANTschen apperzeptiven „Ich denke" zu verstehen und auch nicht im PETZELTschen „Ich denke etwas" (2008, 61ff), welche alle Vorstellungen begleiten können müssen – es meint vielmehr, alles gegenständliche Wissen als Gegenstand zu begleiten. Gewissheit begleitet Fälle des Gewussten in der Zeit als ihre Bedingung. Ohne diese Begleitung wäre kein Wissen möglich.

Wissen ist selbst Gegenstand des Begleitens in der Zeit. Wissen ist das Begleitete, während Gewissheit als das Begleitende bezeichnet werden kann. Damit ist die psychische Eigentümlichkeit des Menschen angesprochen, objektive Setzungen subjektiv setzen, präziser: voraussetzen zu können. Gewissheit ist kein Akt des Erkennens unter anderen, kein Denken, kein Setzen von Objekten, sondern deren Voraussetzung. Daher kann das Glauben nicht die Stelle einer Erkenntnis einnehmen bzw. in diesem Sinne nicht für Wissen ausgegeben werden. Gewissheit ist Bedingung für Wissen, dessen Ursprung im Sinne von *arché* oder *principium*. Mit Thomas von AQUIN lässt sich sagen: „Zum Wissen ist Gewißheit der Erkenntnis erforderlich" (1988, 9₁₃). Zwar ist sie damit auch ‚irgendwie' ein Wissen, doch ein

---

[43] „Das Glauben gibt daher auch wegen der bloß subjektiven Gründe keine Überzeugung, die sich mitteilen lässt und allgemeine Bestimmung gebietet, wie die Überzeugung, die aus dem Wissen kommt" (HEITGER 2006, 127).

[44] „Glauben soll daher nicht Erkenntnis sein, weil Erkenntnis im besten Falle den Zweifel überwindet. Der Glaube aber soll über den Zweifel erhaben sein" (COHEN 1996, 104).

Wissen, das um sich selbst weiß – nicht Setzung, sondern Voraussetzung. Gewissheit ist Voraussetzung für Wissen, jene ist Bedingung *für* dieses, dieses gültig *durch* die Voraussetzung von jener. Durch Gewissheit konstituiert sich die Geltung des Wissens. Mit den Worten des CUSANERs verhält sich Gewissheit zu Wissen wie die *mensura* zur *mens*[45]. Im Begleiten des Wissens ist Fürgewisshelten jedoch nicht bloß logischer Ursprung des Fürwahrhaltens, sondern gleichsam dessen Maßgabe. Indem Gewissheit gegenständliches Wissen in der Zeit begleitet, indem sie in jedem Akt der Wissensaneignung vorausgesetzt werden muss, d.h. jederzeit für Wissen ‚da sein' muss, wird sie zur leitenden Maßgabe. Fürgewisshalten verbürgt dadurch Geltung, dass die Bindung des Denkens an seine Voraussetzung in jedem Akt des Erkennens gefordert ist. Als logischer Ursprung findet Wissen in „innerlicher" Gewissheit ihr Fundament, d.h. im Sinne der Maßgabe Orientierung für Akte des Erkennens.

Gewissheit muss sowohl als Ursprung als auch als richtunggebende Maßgabe des Denkens vorausgesetzt werden. Sie ist Bedingung für Wissen, für dessen Fehlund Korrigierbarkeit, für dessen Überhol- und Unvollständigkeit, indem auf Grundlage der Voraussetzung erst objektive Setzungen möglich werden. Der Besitzer ist Bedingung für seinen Besitz, kein Besitz ohne Besitzer. Unter Maßgabe von Gewissheit wird Wissen gültig, beansprucht es Gültigkeit. Geltung ist stets Geltungsgebundenheit, sie tritt als Bindung an Gewissheit auf. Ohne diese Voraussetzung wäre keine Geltung, d.h. kein Wissen möglich.

Da sich Gewissheit nicht in der Welt der Tatsachen findet, „[d]enn »Ich weiß…« scheint einen Tatbestand zu beschreiben, der das Gewusste als Tatsache verbürgt" (WITTGENSTEIN 1984, 121)[46], kein Wissen von etwas Tatsächlichem, sondern als „Innerlichkeit" ausgewiesen werden muss – objektiv unzureichend, doch subjektiv zureichend –, so muss sie zur Religion gehören. Wenn es nur in der

---

[45] „Philosoph: Angenommen, »mens« (Geist) ist von »mensura« (Maß) her benannt, so daß das Wesen des Messens der Grund für den Namen ist: was ist dann deiner Meinung nach der Geist? – Laie: Du weißt, daß die göttliche Einfachheit alle Dinge einfaltet. Der Geist ist dieser einfaltenden Einfachheit Bild. Wenn du daher diese göttliche Einfachheit den unendlichen Geist nennst, wird er unseres Geistes Urbild sein. Wenn du den göttlichen Geist das Gesamt der Wahrheit der Dinge nennst, wirst du den unseren das Gesamt der Angleichung der Dinge nennen, so daß er die Gesamtheit der Begriffe ist" (CUSANUS IM, n.71,ff).

[46] Vgl. dazu auch den Beginn des „*Tractatus*": „1 Die Welt ist alles, was der Fall ist. 1.1 Die Welt ist die Gesamtheit der Tatsachen, nicht der Dinge. 1.11 Die Welt ist durch die Tatsachen bestimmt und dadurch, daß es *alle* Tatsachen sind. 1.12 Denn, die Gesamtheit der Tatsachen bestimmt, was der Fall ist und auch, was alles nicht der Fall ist. 1.13 Die Tatsachen im logischen Raum sind die Welt. 1.2 Die Welt zerfällt in Tatsachen. 1.21 Eines kann der Fall sein oder nicht der Fall sein und alles übrige gleich bleiben" (WITTGENSTEIN 2003, 9).

Religion um das Verhältnis der Endlichkeit des Menschen zur Unendlichkeit der Zeit geht, dann fällt Gewissheit in diesen Geltungsbereich. Gewissheit gilt unbedingt, sie ist Bedingung für Geltung bzw. Unendlichkeit des Denkens, indem sie die Möglichkeit für die Vergewisserung der Endlichkeit darstellt. Gewissheit ist Unbedingtheit und Unbedingtheit kann nie Erfahrungstatsache sein. Man kann sie in Abgrenzung zum Fürwahrhalten ein Fürgewisshalten, d.h. unbedingte Geltungsbindung nennen – in der Sprache der Religion nennt man sie Glaube.

Glaube meint Gewissheit, unbedingt verbindliche Voraussetzung für Wissen. Gemeint ist damit „nicht »Glaube« eines »Gläubigen« an einen zu glaubenden Glauben einer bestimmten Religion und an deren »Offenbarung«, sondern jenes »Organ«, welches selbst das »Wissen« trägt und überschreitet zugleich" (SCHURR 1994, 158). Es wird ersichtlich, dass zwischen Glaube und Wissen keine Trennung bestehen kann, sondern Einheit. Auch Papst JOHANNES PAULUS hat dies in seiner Enzyklika zum Ausdruck gebracht: „Vernunft und Glaube lassen sich daher nicht voneinander trennen, ohne daß es für den Menschen unmöglich wird, sich selbst, die Welt und Gott in entsprechender Weise zu erkennen" (1998, 23). Ihre Beziehung verhält sich wie Bedingung zu Bedingtem, Voraussetzung zu Setzung, Besitzer zu Besitz. So kann CUSANUS sagen, die „Vernunfterkenntnis ist Ausfaltung des Glaubens. Die Vernunft wird also durch den Glauben geleitet, und der Glaube wird durch die Vernunfterkenntnis vermehrt. Wo also kein richtiger Glaube ist, gibt es auch kein wahres Erkennen" (DI, 244$_{10}$). Für ihn gründet im Glauben die Möglichkeit des Erkennens, in der Gewissheit die Möglichkeit des Wissens.

Im Glauben, d.h. in der Gewissheit, gründen die Fälle des Gewussten, oder „anders formuliert: das Bewußtsein faßt alle Bewußtheiten zusammen" (PETZELT 1955, 22). Im Glauben überschaut der Mensch die Wissensinhalte im Hintereinander der Zeit, er erhebt sich zum „Prinzip der Gleichzeitigkeit von Vergangenheit und Zukunft in der Gegenwart, damit Sinngebung möglich wird" (ebd.). Der Glaube hebt die Vereinzelung, d.h. die Mannigfaltigkeit der Wissensbrocken auf, um für ihre Einheit gelten bzw. Geltung beanspruchen zu können. Der Mensch kann im Fürgewisshalten als *unitas uniens* (CUSANUS) bezeichnet werden, als einende Einheit. Der Glaube stellt in dieser Hinsicht die Möglichkeit dar, die Mannigfaltigkeit des Gewussten als Einheit zu fassen. „Denn unser Geist ist gleicherachtet eine einende Einheit vor aller Vielheit, die durch den Geist erfaßbar ist, und nach jener Einheit, die alle Vielheit eint, ist die Vielheit, die Abbild der Vielheit der Dinge ist wie unser Geist Abbild des göttlichen Geistes" (CUSANUS IM, 96$_{16}$). Das Ich kann im Anschluss an CUSANUS unter religiöser Perspektive als „*unitas uniens*" bezeichnet werden, indem die Fälle des Gewussten der Bedingtheit zeitlicher Überholung entrissen und auf das Fundament unbedingter Gewissheit gestellt werden. Wenn alleine gewiss ist, dass ich um mein Wissen wissen können muss, was als Fürgewisshalten bzw. Glaube ausgewiesen wurde, wenn nichts so gewiss ist, als dass ich um diese meine Voraussetzung weiß, dann erst kann ich aufgrund dieser Gewissheit Geltung für mein Wissen beanspruchen. Geltung kann kein leerer Anspruch sein, der selbst auf zeitlich Bedingtem gründet. Ohne den Glauben als *unitas uniens*, als einende Einheit, wird jeder Fall des Gewussten zum bloßen Meinen, zur Privation des Denkens, zur Bewusstheit ohne Bewusstsein. Glaube ist die logische (nicht chronologische) Voraussetzung für Geltung. Im Prinzip der *unitas uniens* muss diejenige Bedingung gesehen werden, die Geltungsansprüche ermöglicht. Da der Glaube als Fürgewisshalten ausgewiesen wurde, da er Bedingung für Bedingtheiten genannt werden kann, so müssen Geltungsansprüche als fällige Bindungen an diese vorausgesetzte Maßgabe des Denkens vorgestellt werden. Kein Besitz ohne Besitzer.

Mit dem Begriff des *begleitenden* Wissens ist zugleich der religiöse Prozess als Streben in der Zeit für Unendlichkeit angesprochen. Religion bedeutet für das Denken, die unbedingte Voraussetzung mit der Zeit als für die Zeit, d.h. für Unendlichkeit vorauszusetzen. Religiöses Streben meint Richtungsbestimmung in der Endlichkeit für Unendlichkeit. Wenn man CUSANUS zustimmt, dass sich im Glauben die *mens* der *mensura* annähere, dann erhält das Denken durch den Glauben ein unbedingtes Maß. Das Denken strebt dann im Prozess des Fürgewisshaltens zu seinem ursprünglichen Maß, die *mens* zur *mensura*.

Auch Hermann COHEN charakterisiert den religiösen Glauben als unendlichen Progress, wenn er das Verhältnis von Religion und Logik zu bestimmen sucht (vgl. 1996). Dass es sich nicht um ein Zurückschreiten, sondern allemal um ein Fortschreiten in der Zeit handelt, muss nach seiner Ansicht nicht weiter erläutert werden; dem Streben ist dies immanent. Im Vollzug der Religion gilt es, nach Erkenntnis bzw. Wissen zu streben. Denn „wenn die Erkenntnis dem Menschen zugesprochen wird, so wird eine unendliche Aufgabe damit ihm gestellt, nicht etwa ein ruhiger Besitz und ein fertiges Geschenk" (ebd., 80). Religion in diesem Verständnis meint unendliche Aufgabe des Erkennensollens, d.h. des Wissensollens als Vollzug. Dieses Sollen als Forderung, als unendlich zu denkende Aufgabe für das Denken, kann nicht von der Logik postuliert werden, und auch die Pädagogik kann dieses Geschäft des Sollens nur unzureichend begründen. Als Streben des Denkens in der Endlichkeit für Unendlichkeit, d.h. als sinnstiftende Aufgabe für das Denken, kann es als Proprium der Religion gekennzeichnet werden. In dieser unendlichen Aufgabe des Wissensollens bewährt sich das Ich aus religiöser Perspektive erst als *unitas uniens*.

Der Aufgabe geht wiederum eine Bedingung voraus: CUSANUS nennt die Möglichkeit, alles zu denken, d.h. die Möglichkeit, sich als Einheit in der Vielheit des Hintereinander zu begreifen: *capacitas infinita*. Der Terminus meint unendliches Fassungsvermögen bzw. den Menschen als die Möglichkeit, alles zu wissen. Doch degradiert CUSANUS den Menschen damit nicht zu einem Behälter, in dem sämtliches Wissen einfach nur angehäuft werden soll. Mit dieser Bestimmung des Ich als *capacitas infinita* trägt er der Charakterisierung des Glaubens als Prozess insofern Rechnung, als der Mensch zugleich als Bedingung der Möglichkeit, alles zu wissen, verstanden wird. Wenn der Glaube als die Bedingung für Wissen verstanden wird, dann muss er für den Begriff des Wissens unbedingt gelten. Das Prinzip der *capacitas infinita* muss somit denknotwendig für alles Wissen bzw. für alle Wissensaneignung vorausgesetzt werden, wenn die Korrelation von Besitzer und Besitz aufrechterhalten bleiben soll. Da diese Bedingung unbedingt vorausgesetzt werden muss, verortet sie CUSANUS im logischen Revier des Glaubens. Für den Menschen als *capacitas infinita* gilt gleichsam das Sollen der Annäherung der *mens* zur *mensura*. Die Möglichkeit, alles zu wissen, wird damit zugleich zur Aufgabe, in den Akten des Erkennens an der Unendlichkeit teilzuhaben: „*Das Ich ist dann als capax infiniti anzusprechen*" (PETZELT 1955, 26). Während mit *capacitas infinita* die Möglichkeit des Wissensollens angesprochen ist, d.h. die Möglichkeit der Vervollkommnung bzw. des Identischwerdens des Denkens mit seinem Maß, so bestimmt PETZELT in Auslegung des CUSANERs den Sinn dieser Möglichkeitsbedingung. Religion, d.h. Glauben als Prozess fordert damit den Vollzug des Wissensollens, dessen unendliche Aufgabe wird religiöses Geschäft des Denkens. „»Alles zu lernen« bekommt hier seinen eigenen Sinn. Es ist im Sinne jener capacitas zu bestimmen, in welcher das Ich als capax infiniti erscheint" (ebd., 27). Im Glauben als prozesshafte Aufgabe richtet sich das Denken auf die Vervollkommnung des Wissens als Einheit. Jeder Akt des Erkennens gewinnt von dieser Maßgabe her Orientierung, indem nicht vieles, sondern das Ganze gewusst werden soll, sofern das Ich *unitas uniens*, einende Einheit ist. Die Bindung des Denkens an seine Voraussetzung wird damit zum Streben hin auf Unbedingtheit.

Der Unterschied von *capacitas infinita* und *capax infinit* kann mit der Differenz von Sinnmöglichkeit und Sinnfälligkeit beschrieben werden. Im Wissen um die Zusammenhangsbestimmtheit des Wissens, um seine Ordnung und Einheit, um sein einendes Prinzip, kann aus religiöser Perspektive der fällige Sinn des Wissens gesehen werden. Während mit *capacitas infinita* die verlauflose Möglichkeit bezeichnet wird, so vollzieht sich der fällige Sinn in Akten des Hintereinander. Als *capacitas* versteht sich der Mensch als Aufgabe, die er als *capax* zeitpunkthaft-fällig erfüllt und erfüllt sieht.

Diese Forderung der *capacitas infinita* kennt keine endgültige Abgeschlossenheit, keinen Zustand absoluter Erfülltheit, da vorausgesetzt werden muss, dass Unbedingtheit in der Erfahrung nicht vorkommt. Mit der Betrachtung des Ich als *capax infiniti*, als Fassungsvermögen des Unendlichen, sind Akte der Sinnstiftung im religiösen Prozess als erfüllte anzusehen. Für Religion gilt die Forderung der *capacitas infinita* unbedingt, sie gilt auch ohne Ansehung ihrer Unerfüllbarkeit, beinahe gerade deshalb. Da Religion Vollzug der Endlichkeit für Unendlichkeit bedeutet, sind Vorwürfe eines Utopismus hier fehl am Platze. Glaube als *capax infiniti* ist unendliche Aufgabe des Menschen als *capacitas infinita*, die Forderung der Uneinholbarkeit für die Endlichkeit bleiben muss, ohne ihren Aufgabencharakter zu verlieren. Wo Aufgaben erfüllt werden, gibt es kein Streben, wo Unbedingtheit erreicht wird, hört das Werden auf und es tritt an seiner Statt die tote Starrheit.

In jedem Akt des Erkennens bleibt es für den religiösen Prozess Aufgabe, sich als *unitas uniens* zu bewähren, Wissensbestände zu überschauen, zu ordnen, im Hinblick auf die als unbedingt vorausgesetzte Maßgabe hin zu orientieren, zu einen. Gewissheit als Prinzip des Ursprungs des Denkens im Sinne von *arché* ist zugleich unendliche, d.h. unabschließbare Aufgabe für das Denken. „Capax infiniti ist das Ich, wenn man im Unendlichen die veritas maxima sieht, also wenn man Zeitlosigkeit als unbedingte Gültigkeit auffaßt" (PETZELT 1955, 27).

Jeder Akt des Erkennens fordert Bindung an diese Maßgabe, damit Wissen möglich wird. Ohne selbst Wissen zu sein, begleitet Gewissheit jeden Akt des Erkennens. Von der Gewissheit erhält das Denken erst seine Valenz, mehr noch: seine Dignität, indem es durch die Richtungsbestimmtheit auf Unendlichkeit sich richtet. Kein bloßes Umherschauen ist gemeint, sondern richtungs- und zielbestimmtes Denken, das auf Zusammenhangsbestimmtheit im Wissen gerichtet ist, nicht auf Ansammlung als Haufen. Durch den Bedingungscharakter ist das Denken auf Einheit gerichtet, auf seine Vervollkommnung. Als *capacitas infinita* versucht das Ich seine logische Voraussetzung einzuholen, stets in der Gewissheit seiner Uneinholbarkeit das Gemessene dem Maß anzunähern. Die einende Bindung der Fälle des Gewussten an Gewissheit verbürgt Geltung, allgemeine Gültigkeit des Wissens. In der Gewissheit wurzelt die Gesetzmäßigkeit des Denkens, Geltung zu beanspruchen. Glaube wird Ursprung wie subjektive Maßgabe allen Denkens und Wissens.

Glaube ist im Sinne der CUSANischen *capacitas infinita* Aufgabe des Wissensollens. In jedem Akt des Erkennens ist unter religiöser Perspektive Bindung an die unbedingte Bedingung gefordert. Geltungsbindung meint nicht zufällig die Bindung des Denkens an Gewissheit. Alle Stückwerkhaftigkeit im Wissen wird zur Aufgabe des Menschen, sich als *unitas uniens* um die Einheit des Wissens, um seine Vervollkommnung angesichts der als unbedingt vorausgesetzten Maßgabe zu bemühen.

Letztlich bleibt jener Aspekt offen, auf den es vornehmlich bei der Bildung ankommt. Wenn Religion, d.h. auch der Glaube als „Innerlichkeit", als subjektives Fürgewisshalten herausgestellt werden konnte, dann bleibt die berechtigte Kritik, es handle sich hierbei um einen ‚innerlichen Solipsismus', um Vereinsamung im Denken, bei dem das Ich die eigene Voraussetzung einzuholen bestrebt bleibt, ohne auf das Du, auf allgemeine Geltung Rücksicht zu nehmen. Denn wo Gewissheit statthat, da kann man nicht mit unbedingter Zustimmung rechnen, da herrscht Nicht-Mitteilbarkeit, eigentliche Du-Ferne.

Nach allem Gesagten muss man KANT zustimmen, wenn er formuliert: „Sachen des Glaubens sind also I) keine Gegenstände des empirischen Erkenntnisses", also keine Tatsachen, „II) auch keine Objekte des Vernunfterkenntnisses (Erkenntnisse a priori), weder des theoretischen, z.B. in der Mathematik und Metaphysik; noch des praktischen in der Moral", da der Glaube sich die Setzungen selbst zum Gegenstand macht, sondern letztlich sind nur solche Gegenstände „Sachen des Glaubens, bei denen das Fürwahrhalten notwendig frei, d.h. nicht durch objektive, von der Natur und dem Interesse des Subjekts unabhängige, Gründe der Wahrheit bestimmt ist" (KANT Logik A103f). Sein Fazit lautet demnach, dass der Glaube „auch wegen der bloß subjektiven Gründe keine Überzeugung [gebe], die sich mitteilen läßt und allgemeine Beistimmung gebietet, wie die Überzeugung, die aus dem Wissen kommt" (ebd., A 107).

Könnte es demnach nicht möglich sein, dass das Fürgewisshalten von Ich und Du divergiert, dass die Voraussetzung des Ich eine andere ist als die des Du? Besteht nicht die Gefahr, dass die Mannigfaltigkeit eine Vielheit an Zielen voraussetzt, so dass der Glaube zum willkürlichen Kreuz und Quer der Denkrichtungen würde? Die Frage muss negiert werden, wenn man bedenkt, dass Gewissheit als Ursprung, Maßgabe und Ziel allen Glaubens stets der, die bzw. das Eine sein muss, in welcher Wertigkeit dies je und je als *capax infiniti* auch vollzogen werden mag. Wenn Gewissheit das Wissen um eigenes Wissen ist, wenn sie als Aufgabe der *unitas uniens* begriffen wird, dann kann sie für das Du keine andere sein als für das Ich. Wie Religiosität, d.h. Bindungsfähigkeit, jedem Menschen prinzipiell zugesprochen werden muss, sofern man ihm das Menschsein nicht absprechen mag, so ist Gewissheit für alle Menschen gleich.

Wird Gewissheit mit der Zeit für Unendlichkeit vorausgesetzt, so wird aus dem Ziel allen Wissensollens die *eine* vorausgesetzte unendliche Aufgabe für alle Menschen. Nicht-Mitteilbarkeit der als unbedingt vorausgesetzten Maßgabe ist kein Manko, kein Ergebnis subjektiver Willkür oder Beliebigkeit. Im Sinne der „Innerlichkeit" als Proprium des Religiösen ist sie geradezu als Bedingung für Mitteilbarkeit anzusehen. Mit den Worten BUBERs könnte man formulieren, dass die „Beziehung" des Menschen zu seiner als unbedingt vorausgesetzten Maßgabe sich „sprachlos, aber spracherzeugend" darstellt (1992, 10). Nach BUBER gründet unter Voraussetzung der subjektiven Unbedingtheit geradezu die Mitteilbarkeit.

Religion, wurde gesagt, ist einerseits eine Praxis neben anderen, sofern alle einen Geltungsanspruch erheben; andererseits steht sie diesen gegenüber, sofern alles Denken und Wollen in der Zeit für Unendlichkeit vollzogen werden können. Indem Religion den einenden Vollzug der Sinnstiftung auch für das Denken bedeutet, schafft sie den Übergang zur Objektivität, zwar nicht gemäß der Mitteilbarkeit, sondern vielmehr gemäß der Richtungsbestimmtheit. Im Glauben gibt sich das Denken selbst Richtung, Maß und Ziel, was für alle Menschen identisch gedacht werden muss. Gewissheit als Wissen um das eigene Wissen kann sich nicht beim Ich anders verhalten als beim Du. Dies ist der fundamentale Unterschied zum gegenständlichen Wissen, d.h. Fürwahrhalten. Unbedingtheit gibt es nicht im Plural, weshalb Gewissheit nicht im Plural vorkommen kann. Wird Gewissheit mit der Zeit für Unendlichkeit vorausgesetzt, als uneinholbares Ziel, als unendliche Aufgabe für das Denken bestimmt, so ist dies ein einendes Ziel, das, weil nicht Mitteilbarkeit, so doch gleiche Richtungsbestimmtheit des Denkens darstellt. Was die Grundlage aller Wissenschaft ist – Hypothesis, Idee, Axiom, Prämisse –, was Möglichkeit, gar Notwendigkeit allen Erkennens darstellt, von jedermann Geltungsbindung fordert, das hat im Fürgewisshalten des Glaubens, in der „Innerlichkeit" des Subjekts seine Voraussetzung. „Die Idee ist nach dem transzendentalen Idealismus gewiß unwirklich. Aber sie ist gerade darum unwirklich und muß unwirklich sein, weil sie Grund und Ziel des Wirklichen ist. […] Mag also auch die Idee nicht wirklich sein, so ist sie doch die Bedingung der Welt und alles dessen, was in ihr wirklich ist" (BAUCH 1925, 14). Mit der Gewissheit fängt alle Erkenntnis an, erhält sie Maßgabe und Richtungsbestimmtheit. Das Ziel ist unabschließbare Aufgabe, Kongruenz der *mens* mit ihrer *mensura*. Das Glauben im Sinne der *capacitas infinita* fordert Erkenntnis alles Wissbaren, die als *capax infiniti* seine fällige Erfüllung findet. Für Religion ist Unendlichkeit das Ziel der Endlichkeit. Jeder Mensch kann sich an diese unbedingte Maßgabe binden; für das Denken nennt man den gültigen Vollzug „Glaube".

1.2.3 Gewissensbindung

Für den Begriff der Religion ist der Glaube als Fürgewisshalten des Wissens um Fälle des Gewussten zentrales Moment. Er kann als maßgebende Richtungsbestimmung für das Denken definiert werden. Glaube als Prozess kann als unendliche Aufgabe des Denkens verstanden werden, die an der Einheit des *scibile* (CUSANUS) orientiert ist. Weiterhin wird dargelegt, wie es sich mit der komplementären Bewusstseinsrichtung, dem Wollen, verhält. In Anbetracht der „Innerlichkeit" der Religion ist zu vermuten, dass auch dem Wollen im religiösen Vollzug eine Besonderheit eigen ist, die nicht objektive Geltung, sondern vielmehr subjektive Gewissheit beansprucht. Wenn „Innerlichkeit" Nicht-Mitteilbarkeit bedeutet, dann kann es für das Wollen keine Ausnahme davon geben. Es soll nach der Voraussetzung gefragt werden, die als unbedingt maßgebend angesehen werden kann.

Werte wurden als subjektive Beurteilungskriterien definiert, insofern sie handlungsleitend und damit für das „*recte vivere*" maßgebend sind. Der Mensch wertet immer, permanent – auch wenn er nicht wertet, muss das als eine Wertung verstanden werden. Man kann sagen: das Ich *ist* durch das Werten *bestimmt* wie es *sich* gleichsam durch das Werten *bestimmt*; deshalb sind Werte ichbestimmt wie ichbestimmend. Weiterhin können sie als Setzungen des Wollens bezeichnet werden. Weil Werte Setzungen sind, sind sie bedingt. Werte sind wandelbar, revidierbar, fehlbar. In jeder Handlungssituation muss der Mensch seine Werte im Hinblick auf das eigene Handeln (nochmals) *be*werten. Im Krankheitsfalle eines nahestehenden Familienmitgliedes kann dem Wert der Fürsorge der Vorrang vor dem der beruflichen Professionalität eingeräumt werden, oder auch umgekehrt. Werte können sich ändern, sie müssen immer wieder zeitpunkthaft neu bewertet werden, d.h. sie unterliegen dem Faktor Zeit. Indem Religion auf Unendlichkeit gerichtet ist, kann auch für das Wollen nur eine Voraussetzung statthaben, die der Zeit nicht unterworfen, sondern für Zeit gültig, zeitlos, d.h. unbedingt ist. Diese Voraussetzung müsste demnach auch dem Bewerten der Werte Maß und Ziel vorgeben, d.h. ebenso gewiss sein wie der Glaube als begleitendes Wissen.

Wenn nach der unbedingten Maßgabe für das Werten gefragt wird, so lohnt sich eine genauere Analyse des Wollens, da dieses Werte setzt. Das Wollen geht dem Handeln – im Gegensatz zum triebhaften Verhalten – notwendig voraus. Es muss daher frei, d.h. freiheitlich von jeder empirischen Determination gedacht werden[47]. Wäre das Wollen allein durch die Erfahrung bestimmt, so könnte nur gewollt wer-

---

[47] Als „reinen Willen" bezeichnet KANT „einen solchen, der ohne alle empirische Bewegungsgründe, völlig aus Prinzipien a priori, bestimmt werde" (GMS, BA XII).

den, was bereits ist. Das Wollen will jedoch immer das, „was nicht (im empirischen Sinne) ist" (NATORP 2007, 29f), denn wenn es schon wäre, so könnte es nicht mehr gewollt werden. Ich kann nur Urlaub wollen, wenn ich mich nicht bereits im Urlaub befinde; ich kann nur den Weltfrieden wollen, wenn kein Frieden auf der Welt herrscht. Das Wollen kann nur wollen, was nicht in der Erfahrungswelt erscheint. Es setzt Objekte, d.h. Werte, die (noch) nicht wirklich, sondern zunächst möglich sind. Die Kategorie des Wollens ist Möglichkeit, nicht Wirklichkeit, sofern das, was ist, nicht gewollt werden kann. In dieser Hinsicht ist das Wollen frei von Wirklichkeit, d.h. frei von Erfahrungstatsachen zu nennen.

Mit der Freiheit von Erfahrung ist zudem Freiheit von Lust und Unlust, von Begierde und Neigung verbunden. Wollen ist Möglichkeit, ein Glas Wasser trotz brennender Hitze auszuschlagen, d.h. entgegen der Begierde zu wollen; der Weltfrieden kann gewollt sein, obgleich man als Arbeitnehmer in der Rüstungsindustrie mit Eintreten dieses Falles seine Arbeitsstelle verlöre. Nach KANT kann das Wollen als „Vermögen" bezeichnet werden, „nur dasjenige zu wählen, was die Vernunft, unabhängig von der Neigung, als praktisch notwendig, d.i. als gut erkennt" (GMS, BA 37). Neigung und Begierde, Lust und Unlust als empirische, d.h. physiologische oder gesellschaftliche Einflüsse haben primär keine Wirkung im kausalen, d.h. notwendigen Sinne, sofern das Wollen diese Einflüsse nicht zum Objekt seiner Setzung machen *muss*. Bedingtheiten der Erfahrungswelt können sich nie über Bedingungen erheben. Wo gewollt wird, dort kann man willentlich verdursten, dort kann man auch willentlich zugunsten einer anderen Zwecksetzung auf seinen Arbeitsplatz verzichten. Die Freiheit des Wollens kann nicht bewiesen werden, weil ihr Beweis bereits Freiheit voraussetzt; sie kann nicht negiert werden, weil die Negation bereits Freiheit ist.

Gleichsam ist mit dem Blick auf die Kategorie „Möglichkeit", d.h. mit Freiheit von Wirklichkeit, ein Anspruch verbunden, der das Wollen determiniert. Es kann nur gewollt werden, was auch möglich ist, wenn Wollen nicht bloße Phantasterei, sondern stets Möglichkeit von möglicher Wirklichkeit bedeutet. Das Wollen darf der Wirklichkeit – gemeint sind Erfahrungsgesetzmäßigkeiten – nicht widerstreiten. Von einem Wollen lässt sich nur sprechen, wenn das Gewollte wirklich möglich ist, d.h. wirklich werden kann. Um wirklich werden zu können, darf die Setzung des Wollens gemäß den Erfahrungsgesetzmäßigkeiten nicht unmöglich sein. Ohne technische Hilfsmittel über den Ozean fliegen zu wollen, ist dann in diesem Verständnis kein Wollen, sondern wohl eher reine Träumerei. Auch wenn die Erfahrungsgesetzmäßigkeiten keine „strenge, sondern nur angenommene und komparative Allgemeinheit (durch Induktion)" haben, d.h. solches Maß an Allgemeinheit,

„so viel wir *bisher* wahrgenommen haben" (KANT KrV, B 4 – Hervorh. T.M.), demnach zeitlich bedingt sind, so kann ihnen das Wollen vernünftigerweise doch nicht
zuwider wollen. Das Wollen ist frei, *frei von* naturhafter Notwendigkeit wie *frei für*
mögliche Wirklichkeit.

An die Bestimmung der Freiheit „von" und „für" schließt sich eine weitere Spe-
zifizierung des Wollens an. Obwohl es möglich ist, die gesamte Weltbevölkerung
mit Schusswaffen auszustatten, heißt dies noch nicht, dass es gewollt sein kann,
dies tatsächlich zu tun. Wollen ist immer Möglichkeit von Wirklichkeit, die sein
soll, weil sie noch nicht ist, wie sie sein sollte. Weder Beliebigkeit noch Eitelkeit,
weder Zufälligkeit noch Neigung bestimmen das Wollen, sondern es ist die Möglichkeit, sich unter die Maßgabe des Seinsollens zu stellen. Nach KANT wird es
daher „als ein Vermögen gedacht, der Vorstellung gewisser Gesetze gemäß sich selbst zum Handeln zu bestimmen" (GMS, BA 64). Jede objektive
Setzung des Wollens kann sich dieser Maßgabe unterstellen, sich an ihr orientieren,
von ihr leiten lassen. Jeder Wert kann im Hinblick auf diese Maßgabe gesetzt, d.h.
bewertet werden. Wenn das Wollen frei gedacht werden muss, im Sinne von „frei
von", dann bedeutet dies zugleich „frei für". Freiheit des Wollens für etwas ist stets
Freiheit für das Seinsollende, das noch nicht ist, sondern erst als seinsollend gewollt
wird. Während „Freiheit von", d.h. negative Freiheit, keine Richtungsbestimmung
vorgibt, sondern lediglich das Wollen von den Fesseln der Notwendigkeit befreit,
so wird „Freiheit für" seinsollendes Ziel des Strebens in der Zeit. Es wird Maßgabe
des Wollens, das sich freiheitlich selbst die Objekte setzt[48].

Auch für das Wollen gilt: Wenn Religion den Vollzug der Endlichkeit im Hinblick auf Unendlichkeit bedeutet, dann muss das Wollen unter eine als unbedingt
vorausgesetzte Maßgabe gestellt werden, die für die Zeit gelten soll. Diese würde,
ebenso wie Gewissheit für das Denken, zum uneinholbaren, unerreichbaren Leit-
und Zielpunkt allen Wollens. In jedem Akt wäre Bindung an diese Maßgabe gefordert, sie wäre unendliche, in endlichem Vollzug einzulösende Aufgabe für den
Menschen. Unter dieser als unbedingt vorausgesetzten Maßgabe müssten Werte
nicht für den Augenblick, sondern für Unendlichkeit, nicht für Zwecke, sondern
für Sinn gesetzt werden.

---

[48] In dieser Hinsicht kann man sich KANTs Darlegung in der „*Kritik der Urteilskraft*" (KU) anschließen, in der eben das Verhältnis von Freiheit und Kausalität als gleichzeitiges Miteinander thematisiert wird. Wenn die Religion einer als unbedingt vorausgesetzten Maßgabe
für das Wollen bedarf, dann muss diese der Antinomie von „Freiheit von" und „Freiheit für",
d.h. von Möglichkeit und Notwendigkeit Rechnung tragen, wie sie KANT im Vermögen der
Urteilskraft sieht.

Religion ist jener Vollzug der Endlichkeit, sich in Handlungsakten an die vom Wollen als unbedingt vorausgesetzte Maßgabe (im Wollen) zu binden. Unter religiösem Aspekt ist das Wollen daher gefordert, sich in jedem Akt freiheitlich an die als unbedingt vorausgesetzte Maßgabe zu binden, d.h. jede Handlung für Unendlichkeit zu vollziehen.

Unbedingtheit des Wollens muss ebenso ein Fürgewisshalten sein wie der Glaube für das Denken. Auch das Wollen muss eine Gewissheit haben, die vorausgesetzt wird und Bindung fordert – in der Religion ist es das *Gewissen*.

Zwischen Gewissheit und Gewissen besteht nicht nur ein geringer phonetischer Unterschied, in Bezug auf Religion sind sie gar analog zu verstehen, insofern Gewissheit für das Denken, Gewissen für das Wollen unbedingte Geltung beanspruchen. Ganz gleich, welche Wissenschaft sich das Gewissen zum Gegenstand ihrer Untersuchung macht – ob die Ethik, Jurisprudenz, Psychologie oder neuerdings auch die Neurophysiologie das Gewissen auf je und je verschiedene Weise nicht entbehren können, dieses irgendwie zu untersuchen trachten oder als beobachtbaren ‚Sitz' im Gehirn nachweisen wollen –, so ist das Gewissen originär und primär mit dem Begriff der Religion verbunden. In allen wissenschaftlichen Auseinandersetzngen kann das Moment der „Innerlichkeit" als Proprium der Gewissensthematik herausgestellt werden. In diesem Kontext nennt ROUSSEAU das Gewissen gar „die Stimme der Seele" (1993, 300).

Obgleich es noch keinen Beweis, jedoch auch keinen Zufall darstellt, so lässt sich die Gewissensthematik vornehmlich in religiösen Kontexten finden: so verortet bspw. ROUSSEAU den Gewissensbegriff im „*Glaubensbekenntnis des savoyischen Vikars*" seines „*Émile*", in welchem er betont, die gesamte Schrift solle zwar „nicht als Richtschnur" angesehen werden, „die für die Ansichten über Religion maßgebend sein soll", so doch „ein Beispiel für die Art" sein, „wie man mit seinem Schüler den Gegenstand [der Religion] erörtern kann" (1993, 335).

KANT stellt die Gewissensthematik sogar an das Ende seiner Religionsschrift und macht das Gewissen nicht nur wegen dieser herausgehobenen Stellung zum „Leitfaden in Glaubenssachen" (Rel, B 286ff). Damit nimmt er das Thema auf, das er bereits zwei Jahre zuvor 1791 in der Kurzschrift „*Über das Misslingen aller philosophischen Versuche in der Theodizee*" erstmals konkretisierte (A 219f)[49], auch wenn es

---

[49] „Moralisten reden von einem irrenden Gewissen. Aber ein irrendes Gewissen ist ein Unding; und, gäbe es ein solches, so könnte man niemals sicher sein, recht gehandelt zu haben, weil selbst der Richter in der letzten Instanz noch irren könnte. Ich kann zwar in dem Urteile irren, in welchem ich glaube Recht zu haben: [...]; aber in dem Bewußtsein: ob ich in der Tat glaube Recht zu haben (oder es bloß vorgebe), kann ich schlechterdings nicht irren

bereits in der „*Metaphysik der Sitten*" unter den „*Ästhetischen Vorbegriffen der Empfänglichkeit des Gemüts für Pflichtbegriffe überhaupt*" behandelt wurde (MS, A 38f und A 99ff)[50]. Letztlich verweisen die Einordnungen des Gewissens bei KANT als Vorbegriff der Empfänglichkeit auf das Gemüt, d.h. in das Gefühl einerseits und in den Begriff der Religion andererseits. Dies wird im Kontext der „*Ethischen Elementarlehre*", in KANTs wohl bekanntester und am häufigsten aufgegriffener Stelle zum Gewissen „*Von der Pflicht des Menschen gegen sich selbst, als dem angebornen Richter über sich selbst*" noch deutlicher.

Der hohe Stellenwert, der dem Gewissen in der Pädagogikschrift KANTs zukommt und seine explizite Bezugnahme auf die Religion, verdeutlichen nicht nur die enge Beziehung des Gewissens zur Religion, sondern auch die Verflechtung von Bildung und Religion in der KANTschen Theorie. Dort heißt es: „Das Gesetz in uns heißt Gewissen. Das Gewissen ist eigentlich die Applikation unserer Handlungen auf dieses Gesetz. Die Vorwürfe desselben werden ohne Effekt sein, wenn man es sich nicht als den Repräsentanten Gottes denkt, der seinen erhabenen Stuhl

---

[…] In der Sorgfalt, sich dieses Glaubens (oder Nichtglaubens) bewußt zu werden, und kein Fürwahrhalten vorzugeben, dessen man sich nicht bewußt ist: besteht nun eben die formale Gewissenhaftigkeit, welche der Grund der Wahrhaftigkeit ist" (Theo, A 219.).
Für eine detailliertere Genealogie der Gewissensthematik bei KANT, vgl. KÜRZDÖRFER (1982, 25ff).

[50] In der pädagogischen Literatur findet sich recht wenig zum Thema „Gewissen" bzw. „Gewissensbildung". Erwähnt werden sollte an dieser Stelle aus jüngerer Vergangenheit Gabriele WEIß' Werk „*Bildung des Gewissens*" (2004), in welchem sie das Gewissen als „Voraussetzung für Bildung" (2004, 198) herausstellt. Im historischen Rekurs beginnend bei PLATONs SOKRATES, über ROUSSEAU, KANT und HERBART, bis hin zur Normativität des Gewissens in den Konzeptionen von Alfred PETZELT und Johannes SCHURR, gelangt WEIß zu einer pädagogischen Theorie, die im Gewissen ein skeptisches Vermögen vermutet, das den Weg zum Denken ermöglicht wie es sich auf diesem selbst entwickelt. Der Fehler in dieser sehr detaillierten Darstellung der bekanntesten philosophisch-pädagogischen Gewissenstheorien liegt m.E. in der Annahme, das Gewissen sei lediglich skeptisches Vermögen, dass den kritischen Denken den Weg bahnen könne. Offenbar unterscheidet WEIß nicht die Bewusstseinsrichtungen Denken und Wollen, sondern trennt beide voneinander. Sie stimmt zwar mit KANT ein, für den das Handeln gemäß dem „Richterspruch" des Gewissens noch keine Pflicht sei, sondern die Kultivierung desselben. Die skeptische ‚Funktion' des Gewissens bestehe demnach darin, „durch skeptisches und irritierendes Fragen bis zur Aporie" eine „bildende Suchbewegung" zu initiieren (WEIß 2004, 198). Was WEIß' dabei verkennt, ist jedoch, dass sich bei KANT die praktische Vernunft im Gewissen selbst richtet, demnach keine höhere Instanz für die moralische Beurteilung von Handlungen im Ich statthat. Es kann jedoch gefragt werden, welche maßgebende Voraussetzung für das Handeln gelten soll, wenn das „Denken" – gemeint ist wohl die praktische Vernunft – nur Pflichten erkennen kann, jedoch stets dem Richterspruch des Gewissens im Akt der Handlung unterworfen bleibt? Wenn WEIß den Bedingungscharakter des Gewissens konstatiert, so kann sie diesen nicht aufheben, indem das Gewissen selbst wieder funktionalisiert, d.h. zur Bedingtheit degradiert wird.

über uns, aber auch in uns einen Richterstuhl aufgeschlagen hat. Wenn die Religion nicht zur moralischen Gewissenhaftigkeit hinzukommt: so ist sie ohne Wirkung, Religion, ohne moralische Gewissenhaftigkeit, ist ein abergläubischer Dienst" (Päd, A 134).

Doch reicht der problem- bzw. hier vielmehr ideengeschichtliche Zusammenhang bei ROUSSEAU und KANT nicht hin, das Gewissen als zentrales Moment für die Religion ‚beweisen' zu können. Um unter systematischer Perspektive die Zugehörigkeit des Gewissens zur Religion zu demonstrieren, müsste der Nachweis erbracht werden, dass es den Kriterien der Nicht-Mitteilbarkeit, d.h. der „Innerlichkeit" und Unbedintheit als Fürgewisshalten des Wollens genügt. Sollte dies der Fall sein, dann ist das Gewissen für die Bewusstseinsrichtung des Wollens ebenso regulatives Moment der Religion wie in analoger Weise der Glaube für das Denken.

Mit dem Gewissen verhält es sich ebenso wie mit dem Fürgewisshalten als Wissen um das eigene Wissen: es lässt sich nicht objektiv feststellbar bzw. prüfbar mitteilen. Obgleich sogenannte Gewissensbisse in gewisser Hinsicht auch einen physiologisch-empirisch-sinnlichen Niederschlag haben, Magenkrämpfe verursachen oder eine fahle Gesichtsfarbe herbeiführen mögen, so richtet sich das Gewissen doch an das Ich selbst. Ich kann nicht beweisen, dass ich ein Gewissen habe, dass ich wegen meines (sogenannten schlechten) Gewissens manchmal kaum schlafen kann, dass ich dieses Gefühl weder durch Knopfdruck abstellen noch ausschalten, weder ignorieren noch vor mir selbst leugnen kann. Dem Du muss es ebenso ergehen, dies ist Voraussetzung; auch wenn es von der gleichen Erfahrung spricht, so kann ich ihm diese nur ‚glauben', sie als mit seinem Ichsein gegeben anerkennen, wie ich mich mit meinem Gewissen als Ich erfahre. Man wird sich hüten, dem Du Gewissenlosigkeit zu unterstellen, nur weil sein beobachtbares Handeln den Anschein erweckt, als würde es nicht von diesem unbequemen Gefühl geplagt werden. Es grenzt nicht an Vermessenheit, ein Gewissen in jedem Ich zu behaupten, vielmehr muss Vermessenheit genannt werden, keines vorauszusetzen. Wie ich mich in meiner Innerlichkeit durch das Gewissen in praktischer Hinsicht betrachten kann, mir über mein eigenes Handeln Rechenschaft ablegen muss, so muss ich dies gleichsam dem Du zusprechen, ohne es nicht zum gewissenlosen, d.h. bloß trieb- und lustgesteuerten Wesen zu degradieren. Wieder ließe sich mit FICHTE argumentieren, dass die Leugnung gewisser Beweise für eine Sache nicht notwendig die Sache selbst leugnet.

Im lateinischen Wort der *conscientia* bzw. im *conscire*, im Mitwissen, im Um-sich-selber-Wissen, tritt deutlich zutage, was alleine gemeint sein kann: indem ich um mich selbst als wollendes, als Werte setzendes, d.h. als handelndes und zum Handeln genötigtes Wesen wissen können muss, kann ich für mein Handeln erst verantwortlich gemacht, zur Verantwortung gezogen werden. Man kann es so formulieren: Das Ich hat nicht nur ein Gewissen, das Ich ist auch Gewissen. Gewissen aus religiöser Perspektive ist nicht bloß Tatsache, sondern Voraussetzung, d.h. Prinzip. Wieder bietet sich das Bild des Verhältnisses vom Besitzer zu seinem Besitz an. Das Fürgewisshalten, um meine Werte wissen zu müssen, um diese im Akt bewerten zu müssen, um eine Handlungsentscheidung treffen zu können und zu müssen – mag diese je oder je gelungen oder verfehlt sein –, diese Gewissheit ist Bedingung gültigen Handelns. Wie könnte Verantwortbarkeit für das Handeln verlangt werden, wenn die Tat besinnungslos, d.h. in Abwesenheit der *conscientia*, des Mitwissens, des Selbstbewusstseins begangen würde? Im Mitwissen des Gewissens ist das Ich sein eigener Mitwisser. Das Wollen tritt zu sich in Distanz und richtet sich selbst. Das Gewissen ist die Bedingung, zum eigenen Wollen in Beziehung treten zu können. Es ist das „Geschäfte des Menschen mit sich selbst" (KANT MS, A 100), in welchem sich das Ich selbst zum Objekt der Beurteilung in praktischer Hinsicht macht. Im Gewissen bewertet der Mensch die Fälle des Gewollten auf ihr Seinsollen. Nicht das Du steht hier auf dem Prüfstand, nicht ich-fremdes Handeln wird beurteilt, sondern das eigene. Über Handlungen anderer schweigt das Gewissen, dort beansprucht es keine Gültigkeit, weil sich im Gewissen das Wollen selbst zur Beurteilung stellt. Wenn ein anderer eine Bank überfällt, dann wird sich mein Gewissen nicht ‚melden', es sei denn, ich hätte etwas an diesem Vor- bzw. Überfall verhindern oder davon profitieren können. Ich kann mich für diese Tat nicht anklagen, weil mein Handeln, was diesen Fall betrifft, nicht zur Beurteilung steht. Das Gewissen richtet über die eigenen Fälle des Gewollten nach Erfüllung des Seinsollens. Geprüft wird nicht, wie diese oder jene Tat des Du in Anbetracht der Maßgabe des Seinsollens zu bewerten ist.

So ist das Gewissen keine Setzung des Wollens, sondern die unbedingt vorausgesetzte Maßgabe der Beurteilung. Das Gewissen, indem es das Handeln leitet, ist kein Wert unter Werten, keine Setzung des Wollens, sondern jene psychische Eigentümlichkeit des Wollens, das sich selbst zum Gegenstand des Gewollten macht. Das Gewissen ist keine Setzung des Wollens, sondern dessen Voraussetzung. In diesem „Gerichtshof", wie KANT das Gewissen nennt, wird das zeitpunkthaft Gewollte selbst zum Gegenstand des Wollens, es „will keinen Leiter; es ist genug eines zu haben" (KANT Rel, B 287). Das will heißen, das Gewissen ist Führer, der keines Führers bedarf, weil es der oberste Führer ist. Wenn Selbstbestimmung keine Chimäre sein soll, dann muss das Gewissen mit dem Menschsein vorausgesetzt werden.

Inwiefern das Gewissen unbedingt maßgebend, d.h. subjektive Gewissheit ist, lässt sich anhand der Explikationen KANTs ersehen[51]: Das Gewissen stellt einen inneren Gerichtshof dar, in welchem das Ich als „zwiefache Persönlichkeit" (MS, A 101) verstanden werden muss, das sich selbst zugleich anklagt, verteidigt und beurteilt. Möglich wird diese Differenzierung eines doppelten Selbst durch die Unterscheidung des Menschen in Prinzip und Fall: „Ich der Kläger und doch auch Angeklagter, bin eben derselbe Mensch (numero idem), aber, als Subjekt der moralischen, von dem Begriffe der Freiheit ausgehenden, Gesetzgebung, wo der Mensch einem Gesetz untertan ist, das er sich selbst gibt (homo noumenon), ist er als ein anderer als der mit Vernunft begabte Sinnenmensch (specie diversus), aber nur in praktischer Rücksicht, zu betrachten [...] und diese spezifische Verschiedenheit ist die der Fakultäten des Menschen (der oberen und unteren), die ihn charakterisieren" (ebd.). Indem der Mensch eine unbedingte Maßgabe voraussetzt – für KANT kommt dafür nur das Gesetz in Form des Kategorischen Imperativs[52] infrage – kann er als Prinzip über sich als Fall richten, ob im Handeln tatsächlich eine Bindung an diese Maßgabe erfolgt oder nicht. Hier wird nicht darüber geurteilt, ob Handlungen überhaupt an die als unbedingt vorausgesetzte Maßgabe gebunden vollzogen wurden, sondern die eigenen, sofern ich mich als Fall, als raum-zeitliches Wesen in meinem Handeln betrachten und beurteilen kann. Der Urteilsspruch des Gewissens richtet demnach nicht über die Geltung von Handlungen überhaupt, sondern über die eigenen, ob man sich an eine unbedingte Voraussetzung im Wollen bindet oder nicht. Im Gewissen richtet sich das Wollen selbst, „es ist die sich selbst richtende moralische Urteilskraft" (KANT Rel, B 288). In diesem Gerichtsverfahren gelangt das Ich zu einem Urteil darüber, ob der je und je konkrete Fall des Gewollten mit dem unbedingt Seinsollenden übereinstimmt, d.h. ob die Bindung an die subjektiv vorausgesetzte Maßgabe allen Wollens vollzogen wird oder nicht[53]. Gewissheit wird nicht darüber erlangt, ob das eigene Handeln gut war, sondern ob es der als unbedingt vorausgesetzten Maßgabe widerstreitet oder nicht. Vorausgesetzt, der unbeweisbare wie unabweisbare „moralische Grundsatz" laute, so KANT: „man soll nichts auf die Gefahr hin wagen, daß es un-

---

[51] KANT unterteilt den Gewissensprozess in einen Dreischritt, der hier nicht im Detail dargelegt werden muss. Zur ausführlicheren Darstellung des KANTschen ‚Gerichtsprozesses', vgl. KÜRZENDÖRFER (1982, 29ff) sowie WEIß (2004, 113ff).

[52] „Handle so, daß die Maxime deines Willens jederzeit zugleich als Prinzip einer allgemeinen Gesetzgebung gelten könne" (KANT KpV, A 54).

[53] „Das Gewissen richtet nicht die Handlungen als Kasus, die unter dem Gesetz stehen; denn das tut die Vernunft, so fern sie subjektiv-praktisch ist [...]: sondern hier richtet die Vernunft sich selbst, ob sie auch wirklich jene Beurteilung der Handlungen mit aller Behutsamkeit (ob sie recht oder unrecht sind) übernommen habe" (KANT Rel, B 289).

recht sei", d.h. das „Bewußtsein also, daß eine Handlung, die ich unternehmen will, recht sei", so „muß ich nicht allein urteilen, und meinen, sondern auch unbedingt gewiß sein, daß sie nicht unrecht sei" (Rel, B 288f). So erlangt man im Gewissen subjektive Gewissheit, die nicht selbst bereits vorgibt, was zu tun, sondern vielmehr, was zu unterlassen sei. Hierüber kann das Gewissen nicht irren, hierin ist es unbedingt gewiss. „Die mancherlei Einteilungen des Gewissens gehe ich noch hier vorbei und bemerke nur, was aus dem eben Angeführten folgt: daß nämlich ein irrendes Gewissen ein Unding sei. Denn in dem objektiven Urteile, ob etwas Pflicht sei oder nicht, kann man sich wohl bisweilen irren; aber im subjektiven, ob ich es mit meiner praktischen (hier richtenden) Vernunft zum Behuf jenes Urteils verglichen habe, kann ich nicht irren, weil ich alsdann praktisch gar nicht geurteilt haben würde; in welchem Fall weder Irrtum noch Wahrheit statt hat" (KANT MS A 39). Nach KANT richtet das Gewissen nicht darüber, was richtig oder falsch ist, sondern ‚lediglich' über die Verbindlichkeit des eigenen Urteils. Es kann so verstanden werden, als ermahne bzw. erinnere es den Handelnwollenden daran, sein Wollen an das unbedingt Seinsollende zu binden.

KOCH interpretiert die Gewissensthematik bei KANT folgendermaßen: „Das Besondere dieser *inneren* Gerichtsbarkeit liegt darin, daß Angeklagter und Richter in ein und derselben Person auftreten, was dazu führen müßte, daß der Ankläger stets den Kürzeren zieht. Daher sieht sich der Mensch nach Kants Überzeugung durch seine Vernunft genötigt, dieses Geschäft mit sich selbst »als auf Geheiß einer anderen Person zu treiben«. Diese fiktive Person heißt Gott, und »so wird das Gewissen als subjektives Prinzip einer vor Gott seiner Taten wegen zu leistenden Verantwortung gedacht werden müssen«". Dies bedeutet, „daß wir durch diese Idee angeleitet werden, die Gewissenhaftigkeit, die nach Kant auch als *religio* bezeichnet wird, als Verantwortlichkeit vor Gott […] zu deuten" (KOCH 2003, 139) haben. Gewissenhaftigkeit ist somit – ob man nun die KANTsche Nötigung als notwendig ansieht oder nicht – Religion, d.h. Religion erfolgt nur in Gewissensbindung. Gewissenhaftigkeit meint dann unbedingte Pflicht, „jedoch nicht im Sinne einer Pflicht gegen Gott, sondern im Sinne einer Pflicht des Menschen gegen sich selbst" (ebd., 140). Als Prinzip bleibt es für jeden Menschen vorausgesetzt, wenn moralisches Handeln möglich ist.

Da der Mensch nicht nur ein Gewissen haben muss, sondern zugleich auch jederzeit selbst Gewissen zu nennen ist, d.h. selbst die Möglichkeit ist, das eigene Werten hinsichtlich der Bindung an die als unbedingt vorausgesetzte Maßgabe zu beurteilen, so begleitet das Gewissen das Hintereinander der Handlungen in der Zeit. Religion als Vollzug, der auf Unendlichkeit in der Endlichkeit gerichtet ist, kann bezogen auf das Wollen nur als Gewissenhaftigkeit verstanden werden. Indem ich mich im Gewissen darüber vergewissere, ob ich mich im Wollen an die unbedingte Maßgabe binde, so fordert dieses Verfahren in jedem Akt meine Beachtung. Religion meint jederzeit Gewissenhaftigkeit, d.h. Prüfung des Wollens gemessen am unbedingt Seinsollenden. Gewissenhaftigkeit begleitet das Werten in der Zeit für Unendlichkeit, verbürgt Verantwortung und Verantwortbarkeit im Handeln. Jedes Werten verlangt im Akt eine letzte Bewertung, die das Handeln auf die Übereinstimmung mit dem unbedingten Geltungsanspruch aller Handlungen prüft und darüber richtet. In der Gewissensbindung ist die Möglichkeit zu sehen, Setzungen des Wollens im Hinblick auf die als unbedingt vorausgesetzte Maßgabe zu bewerten.

In der Gewissheit der Uneinholbarkeit der unbedingt maßgebenden Voraussetzung des Seinsollens bleibt jede Setzung des Wollens dennoch nur Stückwerk. Gewissensbindung ist ein unabschließbarer Prozess. Sie kann nicht vollendet werden, da sich Unbedingtheit bzw. Unendlichkeit in der Bedingtheit bzw. Endlichkeit nicht erreichen lässt. Sie ist stets Aufgabe, indem sich das Wollen im religiösen Vollzug nicht mit dem Setzen von Zwecken begnügt, sondern allemal nach Unendlichkeit strebt. Für Religion als Prozess muss die Bindung an den Richterspruch des Gewissens als unendliche Aufgabe verstanden werden. Gewissensprüfung bleibt für jede Handlungssituation gefordert. Sie bleibt Voraussetzung für Setzungen des Wollens bzw. Wertens.

Gewissensbindung kann Werte nicht ersetzen, sondern ist selbst Prinzip des Wertens. In der Bindung an das Gewissen macht sich das Wollen die zur Disposition stehenden Werte selbst zum Gegenstand der Bewertung. Das Gewissen ist damit kein Wert unter Werten, sondern die Bedingung dafür, dass sich von eigenen Werten sprechen lässt. Wenn der Mensch in der konkreten Handlungssituation geradezu aufgefordert ist, wertend Stellung zu nehmen, sein Handeln nicht der Beliebigkeit, den Neigungen und Trieben anheimzustellen, sondern sich selbst durch das Werten zu bestimmen, dann ist das Gewissen jene Gewissheit, dass die Handlung nicht unrecht sei. „Gewissenlosigkeit ist nicht Mangel des Gewissens, sondern Hang, sich an dessen Urteil nicht zu kehren" (KANT MS, A 39). Religion in diesem Verständnis ist Bindung an den Richterspruch des Gewissens, d.h. ist Gewissenhaftigkeit.

Gewissen ist keine Religion, da jedes Ich nicht nur ein Gewissen haben muss, sondern gleichsam Gewissen sein können muss. Religion ist jedoch Gewissensbindung, d.h. Bindung an die als unbedingt vorausgesetzte Maßgabe. Im religiösen Prozess fordert das Gewissen Bindung, es fordert Gewissenhaftigkeit als gebundenes und verbindliches Handeln. Erst in dieser Bindung vollzieht sich Religion. Subjektives Fürgewisshalten, das im Richterspruch des Gewissens über die eigenen Werte richtet, für das eigene Handeln Geltung ermöglicht wie fordert, wird im religiösen Prozess zur Aufforderung. Ohne das Gewissen als begleitendes Werten würden Werte zu Subjektivismen, die sich nicht verantworten ließen. Erst in der Prüfung vor dem Richterstuhl des Gewissens erlangen sie Geltung, da sich kein weiterer Führer hinter diesem Führer vorstellen lässt. In der Gewissenhaftigkeit ist das Wollen gefordert, sich an der als unbedingt vorausgesetzten Maßgabe zu orientieren, sich an diese zu binden, nicht wider ihre Maßgeblichkeit zu handeln. Das Gewissen spricht zum Ich, ist subjektive Gewissheit, doch ist es damit zugleich die Bedingung dafür, dass ich mein Handeln auch vor dem Du verantworten kann. In dem Maße, in dem Gewissenhaftigkeit als Bindung an die als unbedingt vorausgesetzte Maßgabe mein Wollen als bewusstes Werten eigener Werte gründet, in dem Maße verbürgt es auch Verantwortbarkeit vor dem Du. Ohne Gewissensbindung ließe sich nicht von Geltung, d.h. jederzeit Geltungsgebundenheit des Wollens sprechen. In der Innerlichkeit des Gewissensspruchs ist die Bedingung für Geltung des Wollens zu verstehen, jede Handlung als eigene Handlung verbürgt, jeder Wert vor dem Du begründbar.

1.3 Konklusion

In der bisherigen Analyse von Bildung und Religion wurde die Korrelation beider Prozesse angedeutet. Es zeigten sich ‚Schnittmengen' bezüglich der grundlegenden Voraussetzungen. Damit ist bereits das Programm der darzulegenden Verhältnisbestimmung in seinen Grundzügen umrissen und teilweise antizipiert. Zusammenfassend zeigt sich die bisherige Ausdifferenzierung in folgenden Aspekten:

Grundlegend findet sich die Korrelation im Prozess selbst bzw. in der Wirklichkeit des Vollzuges. Sowohl Bildung als auch Religion vollziehen sich in der Zeit, beide sind konkrete Ausgestaltung menschlicher Praxis in der Zeit. Doch was dem Bildungsprozess nur denknotwendig als seine Möglichkeitsbedingungen vorausgesetzt werden muss, das ist dem religiösen Prozess wesentlich: Religion wird vollzogen nach unbedingten Maßgaben, die Bindung fordern. Der Bildung ist die Sinnperspektive nicht inhärent. Doch auch die Bildung als Prozesse kann nur unter Voraussetzung von Maßgaben vollzogen werden, wenn sie nicht sinnlos sein soll.

Nichtsdestotrotz muss pädagogischem Handeln die Möglichkeit seiner Wirklichkeit vorausgesetzt werden. Um sich bildend „zum Werk seiner selbst", oder was dasselbe ist: zum „Autor seiner eigenen Geschichte" (BÖHM 2007, 61) machen zu können, muss das Ich bildsam gedacht werden. Dabei ist Bildsamkeit keine physiologisch-biologische Disposition, die sich messen oder beobachten ließe, keine beliebige Bestimmung, die nur zeitpunkthaft statthätte. Bildsamkeit muss als interpersonale Relationsbestimmung verstanden werden, die immer dann denknotwendig als Möglichkeitsbedingung vorausgesetzt werden muss, wenn in der Interaktion von Ich und Du gelehrt und gelernt wird. Diese Voraussetzung gilt auch dann, wenn beide nicht darum wissen, sich dieser nicht bewusst sind oder je sein werden.

Auch im sinnstiftenden Vollzug der Religion muss von einer Voraussetzung ausgegangen werden, die als Bindungsfähigkeit, als Religiosität, bezeichnet werden kann. Mit der Religiosität kann keine natürliche Disposition gemeint sein, keine vererbbare Anlage, deren Weitergabe den Launen der Natur, sofern man der Natur Gemütsverfassungen zusprechen mag, überlassen bleibt. Mit Religiosität ist die Verhältnisbestimmung des Ich zu sich selbst für Unendlichkeit gemeint, die Fähigkeit, sich über die eigenen Voraussetzungen der Endlichkeit Gewissheit zu verschaffen und sich an subjektive Maßgaben binden zu können. Im Sich-binden-Können eröffnet sich die Möglichkeit, die Endlichkeit für Unendlichkeit zu vollziehen. Bildsamkeit und Religiosität als Bildungs- bzw. Bindungsfähigkeit sind denknotwendig für die Vollzüge von Bildung bzw. Religion. In ihnen konstituiert sich das Theoretisieren *über* sowie das Tätigwerden *in* der Praxis.

Analog zur Bildsamkeit und Religiosität fordern zwei weitere Voraussetzungen Anerkennung, die aus der Potentialität der Bildungs- bzw. Bindungsfähigkeit Aktualität zu erreichen vermögen. Ohne die Prinzipien der Selbsttätigkeit und Sinnstiftung blieben Bildsamkeit und Religiosität tote psychische Präsenzen. Erst in der tätlichen Anerkennung sind Bildung und Religion als tatsächliche, d.h. als konkrete Vollzügen möglich und denkbar; erst in der Aneignung von Wissen sowie im Wertenlernen, im bindenden und gebundenen Vollzug lässt sich von Bildung und Religion sprechen. Während sich die Verhältnisbestimmung im Bereich des Pädagogischen durch „Mitteilbarkeit" bzw. „Objektivität" kennzeichnen lässt, so kann sie im Bereich des Religiösen durch „Nicht-Mitteilbarkeit" bzw. „Innerlichkeit" bestimmt werden. Für den Bildungsprozess muss vorausgesetzt werden, dass sich der Schüler bzw. Zögling durch Aufforderung selbst Wissen aneignen und ein Werturteil bilden kann. Für den religiösen Prozess muss vorausgesetzt werden, dass sich der Mensch nur selbst an die eigene, als unbedingt vorausgesetzte Maßgabe binden kann. Im Hinblick auf Bildung könnte man demnach von einem interpersonalen Lehrer-Schüler- bzw. Erzieher-Zögling-Verhältnis sprechen, während die religiöse Relation des Menschen zu sich selbst als intrapersonales zu bezeichnen wäre. Bildung ist Fremdführung mit dem Ziel der Selbstführung, Religion ist selbst Selbstführung. Bildung vollzieht sich in einem *inter*personalen Verhältnis, Religion dagegen in einem *intra*personalen Verhältnis.

Dort die ‚Konstellation'

Ich → Gegenstand ← Du

hier diejenige

Ich → Ich als Gegenstand ← Ich

Auch in den Bewusstseinsrichtungen, im Denken und Wollen, treten Korrelationen von Bildung und Religion auf.

Unterricht ist Aufforderung zu selbsttätigem Wissenserwerb, d.h. zum methodisch geleiteten Denken. Da Wissen zum Handeln erforderlich ist, das Wissen jedoch erst angeeignet werden muss, so stellt der Unterricht die planmäßige Führung dieses Prozesses dar. Wissen als Besitz, als im Possessivverhältnis zum Ich gedachte psychische Präsenz, ist immer gültiges, d.h. Geltung beanspruchendes Wissen. Wissen ist niemals bloß die Kenntnis von zusammenhangslosen Daten und

Fakten, sondern Besitz als Ganzes. Unterricht zielt demnach nie nur auf die Aneignung von Wissensbrocken, sondern auf eben diesen Besitz als Ganzen. Es ist der geführte Prozess, der den Menschen darin unterstützt, sein Wissen zu ordnen, Zusammenhänge herzustellen, das Fürwahrhalten begründen zu lernen, Einsichten zu gewinnen. Wissen ist auch Wissen um die Fragilität dieses Besitzes, um seine Korrigierbarkeit, Fehlbarkeit und Unvollständigkeit. Eine Aufgabe des Unterrichts ist es deshalb, zu dieser Einsicht zu führen, d.h. zu helfen, diese Stückwerkhaftigkeit zu erkennen.

Glaube zielt nicht auf Wissen, sondern ist Gewissheit, Gewissheit um Wissen. Im Glauben, d.h. in dem das Wissen begleitende Wissen wird Fürwahrhalten möglich. In der Voraussetzung des Fürgewisshaltens wird für das je eigene Wissen Geltung möglich. Im Glauben betrachtet das Ich die Fälle des Gewussten, ordnet sie, eint sie zu seinem Besitz. Als *unitas uniens* begreift sich das Ich nicht nur als Wissendes, sondern wird selbst zum Wissen; es lässt sich dann nicht mehr nur sagen, das Ich habe Wissen, sondern das Ich ist auch Wissen. Glaube als begleitendes Fürgewisshalten, als *capacitas infinita*, wird zur unendlichen Aufgabe für das Denken, sich selbst im Wissen zur Gewissheit zu führen, sich zu vervollkommnen, die *mens* der *mensura* anzugleichen. Glaube als Bindung des Denkens an Unbedingtheit im Denken muss als Aufgabe, als unbedingtes Sollen des endlichen Denkens für Unendlichkeit verstanden werden.

Erziehung aus pädagogischer Perspektive ist nicht Erziehung zu Werten, wenn Werte nicht als Vorschriften und Regeln missverstanden werden sollen. Erziehung meint dann vielmehr Erziehung zum Wertenlernen, d.h. Führung zum Begründen-Können eines eigenen Werturteils. Sie zielt auf eine gute Haltung des Menschen, ohne die Freiheit desselben zu beschneiden. Erziehung hilft, Werte zu erkennen, sie im Hinblick auf das „*recte vivere*" zu reflektieren, zu hierarchisieren, zu ordnen und zu bewerten. In der Erziehung wird zum Fürguthalten erzogen, das sich als Bewertung vor dem Du begründen lässt, das Geltung fordert und nicht bloß zu einem Handeln aus Neigung, Lust oder Unlust. Erziehung zielt auf eine gute Haltung des Zöglings, die nicht als Oktroyierung fremder Ansprüche missverstanden werden darf. Sie intendiert ein Fürguthalten bezüglich der Fälle des Gewussten. Haltung zeigt sich dann als gute Haltung gegenüber den Gegenständen, dem anderen sowie gegenüber dem eigenen Selbst. Haltung bewährt sich in Ansehung der konkreten Situation.

Religion hat es mit Gewissensbindung zu tun. Als subjektive Geltungsprovenienz zielt diese nicht auf Gegenstände des Wertens, sondern auf die Fälle des Wertens als Gegenstände des Wollens. Im Gewissen als innerlicher Gerichtshof richtet das Wollen sich selbst, d.h. der Fall des Wertens wird in der konkreten Handlungssituation einer letzten Bewertung unterzogen. Gewissensbindung kann nicht vor dem Du begründet werden, sondern ist Bedingung, dass das eigene Handelns als solches zu objektiver Bewertung ausgesetzt werden kann. In der Gewissensbindung, d.h. in der Bewertung darüber, ob die je und je eigene aktuelle Wertung unrecht sei oder nicht, lässt sich das Handeln erst als eigenes Handeln in seiner Gültigkeit ausweisen. Im Gerichtshof des Gewissens ist das Ich selbst Ankläger wie Angeklagter, Verteidiger wie Richter. Das Ich ist im gewissenhaften Vollzug jederzeit ein doppeltes Selbst, das sich zum Selbstführer seiner Taten macht. Als Streben auf Unendlichkeit ist Gewissensbindung jederzeit Aufgabe, d.h. prinzipielle Aufgabenhaftigkeit zu nennen.

Es sollte nochmals ausdrücklich betont werden, dass hier die Voraussetzungen der Prozesse und nicht die Prozesse selbst dargelegt wurden. Es ging nicht um Vollständigkeit, sondern um Einheit, nicht um Kleinkrämerei, sondern um Grundlegendes.

Bildung, die sich durch Bildsamkeit und Selbsttätigkeit konstituiert, in Unterricht und Erziehung vollzieht bzw. vollzogen wird, kann von jedem Menschen prinzipiell vollzogen werden. Ebenso kann Religion, die durch Religiosität und Sinnstiftung ermöglicht, durch Glauben und Gewissenhaftigkeit zum religiösen Vollzug wird, von jedem Menschen als verbindlicher Vollzug der Endlichkeit für Unendlichkeit vollzogen werden. Konfession in Abgrenzung dazu, d.h. Religion verstanden als die tradierte, geschichtliche „Religion der Väter" (ROUSSEAU), kann für eine systematische Untersuchung nicht infrage kommen. Konfession separiert die Menschheit in der Analyse, wo Einheit gefordert ist. Dies ist kein wirklichkeitsfremder Formalismus, sondern analytische Notwendigkeit. Allgemeine Betrachtung ermöglicht Allgemeingültigkeit der Aussage. Die Betrachtung der Wirklichkeit verlöre sich in der Kontingenz, verkäme zur mühsamen Erbsenzählerei, die keine allgemeine Aussage zuließe.

Wenn hier der Religionsbegriff in seinen kennzeichnenden Zügen grundgelegt wird, so geschieht dies nicht mit der Absicht, der Religion ihren Offenbarungsglauben zu rauben oder streitig zu machen. Der Transzendenzanspruch der Religion kann hier deshalb nicht berücksichtigt werden, weil die prinzipielle Möglichkeit von Bildung postuliert wird. Solange Konfession auf ihrer Geschichtlichkeit als Verbindlichkeit beharrt, versperrt sie einen allgemeingültigen Anspruch.

Konfession meint ‚lediglich' die je und je konkrete Ausgestaltung der Religion, meint nicht nur Bindung des Denkens und Wollens, sondern zudem Bekenntnis, Verheißung, Offenbarung. Wenn der bekennende Atheist nicht im Kreis der zu

Bildenden ausgespart bleiben, wenn auch er als Ich anerkannt werden soll, dann muss der Religionsbegriff der ‚begrifflichen Kälte' zum Trotz formal bleiben. Auf nichts anderes kam es KANT in seiner Religionsschrift an, nichts anderes hatte auch Paul NATORP in seiner religiösen Grundlegungsschrift zur *„Sozialpädagogik"* im Sinn. Die von verschiedenen Seiten vorgebrachte Kritik gegen diese beiden Denker (vgl. HESSEN 1948)[54] verkennt die systematische Strenge ihrer Konzeptionen. Wo Gefühlskälte vorgeworfen wird, wird das Bestreben nach Einheit verkannt, wer hier Lieblosigkeit propagiert, ignoriert Humanität.

Bildung kann grundsätzlich nicht im Hinblick auf Konfessionen oder konfessionelle Pluralität untersucht werden, sie unterscheidet sich nicht in christliche, islamische, jüdische oder sonst eine Prädikats- bzw. Bindestrichbildung[55]. Bildung ist Bildung, d.h. konfessions-, geschlechts-, alters- und sonst wie indifferent. „Das gerade weist Bildung als das Gemeinsame aus, weil sie keine nationale, regionale, säkulare, religiöse, interpretatorische gedankliche Ausstattung oder Verfassung des einzelnen oder von Gruppen meint, [...] sondern eine Gemeinsamkeit, die Menschlichkeit ausmacht. Sie kann daher auch in Hindostan keine andere sein als in Berlin, keine andere am Susquehanna als in Paris; und sie muß der puren Mannigfaltigkeit widersprechen um des Gemeinsamen willen" (BALLAUFF 2004, 11). Allein

---

[54] V.a. der Religionsphilosophie NATORPs wirft HESSEN eine „fehlende Wärme, die als Gefühl doch den Kern der Religion ausmacht" (1948, 102), vor. Dennoch bieten die beiden Bände HESSENs zur *„Religionsphilosophie"* eine konzise Übersicht über die religiösen Konzeptionen des späten 19. und frühen 20. Jahrhunderts.

[55] Vgl. bspw. KAMPMANN (1960), PIRNER (2008) und LÜTH (2006, 40ff). LÜTH konzentriert seine problemgeschichtlichen Untersuchungen bei MOLLENHAUER, LASSAHN, GAMM und BENNER explizit auf die „christliche Religion" und grenzt diese somit in ihrem Verhältnis zur Pädagogik gegenüber anderen Konfessionen ab. So äußert er sich z.B. kritisch gegenüber der Position Hans-Jochen GAMMs, welcher der christlichen Religion keinen großen Stellenwert in seiner Systematik beimaß. „Allein angesichts der Tatsache, dass die verschiedenen Religionen gegenwärtig in fast allen Teilen der Welt eine zentrale Rolle spielen, halte ich die Utopie Gamms hingegen [im Gegensatz zu MOLLENHAUER – T.M.] für eine schlechte Utopie" (2006, 59). Im gleichen Sammelband, in dem die Frage nach dem Verhältnis von Pädagogik und Religion aus unterschiedlichen Theoriepositionen erläutert wird und nur ein paar Seiten weiter, macht Friedrich SCHWEITZER auf den Missstand mit explizitem Verweis auf LÜTH aufmerksam: „Unter den Voraussetzungen gesellschaftlicher, kultureller und religiöser Pluralität war und ist eine Rückkehr zu einer solchen [konfessionellen – T.M.] Grundlegung der wissenschaftlichen Pädagogik jedenfalls nicht mehr plausibel zu machen. Ein katholisches oder evangelisches Programm kann nicht mehr auf allgemeine Zustimmung hoffen (jedenfalls solange es seine allgemeine Geltung nicht auszuweisen vermag, was konfessionellen Programmen heute kaum oder gar nicht zugetraut wird)" (SCHWEITZER 2006, 91). Auch wenn die Kritik von SCHWEITZER aus Anlass der gegenwärtigen empirischen Bedingtheiten gesellschaftlicher und konfessioneller Pluralität erfolgt, ist seiner Schlussfolgerung unumwunden zuzustimmen.

in diesem Zusammenhang kann und muss auch der hier dargelegte Religionsbegriff verstanden werden. Wissenschaftlicher Pädagogik „geht es also nicht um die Frage, wie die Religion als bestimmte Offenbarung, als bestimmtes Bekenntnis oder als bestimmte Konfession als Additum dem pädagogischen Handeln hinzugefügt werden könnte, sondern um eine bestimmte Betrachtungsweise des pädagogischen Prozesses, die nach seinen eigenen Voraussetzungen als Gebundenheit fragt" (REKUS 2005, 76). Allein in dieser Absicht ist der hier eingeschlagene Weg entlang der Fragestellung zu verstehen.

Wenn pädagogisches Handeln bzw. Bildung nicht sinnlos sein sollen, wenn Bildung mehr ist als die Verwirklichung fremdbestimmter Interessen und Zwecke, wenn pädagogisches Handeln nicht der Erfüllungsgehilfe der Politik oder Wirtschaft ist, dann ist Religion beinahe gefordert. In der Voraussetzung einer uneinholbaren Maßgabe, kann der Bildungsprozess unter einen unbedingten Sollensanspruch gestellt werden. Wenn auch Bildung nicht bloß Möglichkeit, sondern unbedingte Aufgabe sein soll, in der sich das Menschentum im Menschen unabschließbar kultiviert, dann verlangt sie geradezu nach dem Proprium des Religiösen. Erst in der Zusammenhangsbestimmtheit mit der Religion wird Bildung durch die Uneinholbarkeit der Vervollkommnung als unendliche Aufgabe zu verstehen sein[56], als unabschließbarer Prozess, der sich in der Religion als spezifisches Merkmal im Streben nach Unendlichkeit zeigt.

Andererseits gewinnen Wissen und Werturteile in der Bindung an die als unbedingt vorausgesetzte Maßgabe Geltung. In der Bindung an Unbedingtheit treten die zeitpunkthaften Setzungen des Denkens und Wollens geltungsgebunden auf. Im Vollzug der eigenen Person als *capacitas infinita* bzw. im gewissenhaften Handeln sind Denken und Wollen geltungsgebunden, sie werden verbindlich, d.h. gültig. Auch hier tritt der Aspekt der unendlichen Aufgabenhaftigkeit hervor. Denken und Wollen unter bildungstheoretischem Aspekt kommen nie an ein Ende, sind nie erreichbar, fertig, ausgebildet, so dass man sagen könnte, dieser oder jener Mensch ‚sei' gebildet. Bildung hat keinen zeitlichen Endpunkt, präziser: keinen zeitlichen Endpunkt neben dem Endpunkt, der die eigene Endlichkeit begrenzt. Man müsste fragen, weshalb Bildung dennoch gefordert werden soll, obgleich ein Ende in der Endlichkeit unerreichbar gedacht werden muss.

---

[56] An dieser Stelle kann auf die historisch-systematischen Gedanken von Margret HEITMANN zur pädagogischen Theorie bei Jonas COHN hingewiesen werden. Im Schlusskapitel nimmt sie explizit auf diesen Aspekt der „Bildung als unendliche Aufgabe" Bezug, welche für die gesamte pädagogische Konzeption COHNs grundlegend ist (vgl. HEITMANN 1999, 167ff; siehe dazu auch COHN 1970).

In der Verhältnisbestimmung mit der Religion zeichnet sich eine Antwort ab. Der sinnstiftende Vollzug der Endlichkeit, d.h. der auf Unendlichkeit gerichtete Handlungsvollzug scheint dem pädagogischen Dilemma eine Lösung anbieten zu können.

In den weiteren Ausführungen wird weiterhin nach der Verhältnisbestimmung zu fragen sein. In diesem Sinne soll eine Rubrizierung vorgenommen werden, die sich in der bisher dargelegten Analyse zeigte:

Bildsamkeit und Religiosität haben für Bildung und Religion die Frage nach dem personalen (einerseits interpersonalen, andererseits intrapersonalen) Verhältnis aufgeworfen. Dieser Bereich soll im Folgenden als pädagogische *Relationalität* ausgewiesen werden. Damit ist jener logische Bereich angesprochen, in dem die Notwendigkeitsbedingung pädagogischen Handelns, d.h. das Sollen und seine Legitimation statthaben. Pädagogische Relationalität soll hier ausgewiesen werden als die Ordnung, in der das Ich-Du- bzw. Ich-Ich-Verhältnis stehen. Aufforderung zur Selbsttätigkeit und Sinnstiftung müssten derselben Maßgabe unterliegen, wenn von der Einheit bzw. Identität von Bildung und Religion ausgegangen wird. Diese Maßgabe muss den Bereich der Relationalität beherrschen.

Wenn Unterricht auf Wissen zielt, wenn Glaube Gewissheit um Fälle des Gewussten ist, dann ist weiterhin die Frage aufgeworfen, welche Bedeutung diesen Fällen des Gewussten zukommt. Bezogen auf den Bildungsprozess ist damit die Frage aufgeworfen: Welche Rolle spielen die Lehrgüter im Bildungsprozess? Inwiefern ist die Einheit der Lehrgüter, die sich im religiösen Prinzip der *unitas uniens* spiegelt, relevant? Es ist die Rechtfertigungsfrage der *Didaktik*, der Theorie der Bildungsinhalte, der es näherhin nachzugehen gilt.

Schließlich kristallisiert sich aus der Korrelation von Erziehung und Gewissenhaftigkeit, d.h. aus dem korrelativen Verhältnis von Wertenlernen und bindender Letztwertung, ein weiterer Frageaspekt für den Bildungsprozess heraus. Wie ist dieser Prozess zu gestalten und inwiefern spielt der Richterspruch des Gewissens darin eine Rolle? Gefragt ist demnach nach der *Methodik* des Bildungsprozesses.

Es ist davon auszugehen, dass sich in diesen drei Dimensionen – der pädagogischen *Relationalität*, der *Didaktik* und der *Methodik* – das Geschäft der Pädagogik zwar nicht vollständig, jedoch umfassend erschöpft. Jeder weitere, zur Pädagogik zugehörige oder zugehörig sollende wie wollende Aspekt lässt sich der pädagogischen Relationalität, Didaktik und Methodik subsumieren. Man ist beinahe versucht, von *der* Trias der Pädagogik zu sprechen. Nicht Vollständigkeit, sondern

Einheit des Pädagogischen ist gemeint; nicht Vielheit, sondern Mannigfaltigkeit erwächst aus dieser Systematik.

Es soll der Frage nachgegangen werden, inwieweit der religiöse Aspekt in dieser pädagogischen Dreieinheit impliziert ist. Welche Bedeutung kommt der Religion bezüglich Relationalität, Didaktik und Methodik in pädagogischen, d.h. bildenden Prozessen zu?

Im folgenden Kapitel wird der Stand der Analyse analog dieser Trias zu drei pädagogischen Systementwürfen eingeholt. Anhand der problemgeschichtlich-systematischen Untersuchung der pädagogischen Theorien von Paul NATORP (1846-1924), Richard HÖNIGSWALD (1875-1947) und Alfred PETZELT (1886-1967) wird der Frage der Dependenz, der Abhängigkeit von Bildung und Religion nachgegangen. Von diesem Schritt lässt sich eine weitere Klärung ihres Zusammenhangs erhoffen; ein Zusammenhang, der im Anschluss daran im Hinblick auf eine Synthetisierung ausgeweitet und für pädagogisches Handelns fruchtbar gemacht werden soll.

2 Bildung und Religion als dependente Prozesse

Die begriffliche Analyse von „Bildung" und „Religion" deutete auf eine Korrelation beider Prozesse hin. Da in der Analyse jeweils die wesentlichen Voraussetzungen von Bildung und Religion herausgearbeitet wurde, konnte der historischen Perspektive bisher keine Bedeutung zugemessen werden. Die in der Analyse hervorgetretenen Merkmale von Bildung (Bildsamkeit & Aufforderung zur Selbsttätigkeit, Unterricht und Erziehung) und Religion (Religiosität & Sinnstiftung, Glaube und Gewissenhaftigkeit) beanspruchen überzeitliche Gültigkeit für den jeweiligen Prozess, sofern diese vollziehbar sind bzw. vollzogen werden. Begriffe müssen überzeitlich sein, weil sie für Zeitliches Geltung beanspruchen. Damit ist aber nicht behauptet, wissenschaftliche Pädagogik sei nicht auf Geschichtlichkeit bzw. auf Historizität angewiesen – ganz im Gegenteil.

Geht man davon aus, dass es sich in dem darzustellenden Zusammenhang um ein Grundproblem aller wissenschaftlichen Pädagogik handelt, dann gibt es „weder einen Nullpunkt des Fragens noch einen Nullpunkt des Wissens" bezüglich dieser Problematik (REKUS 1993, 33). Handelt es sich um ein prinzipielles, d.h. überzeitliches Problem, dann muss diese Frage so alt sein, wie Pädagogik und Religion, d.h. wie die Menschheit selbst. Grundlagenfragen bzw. grundsätzliche Fragen durchziehen die gesamte Geschichte jeder einzelnen Wissenschaft. Jede Wissenschaftsdisziplin hat solche grundsätzlichen Fragen, ohne dass sie aufhörte, Wissenschaft zu sein. Hörte das Fragen auf, d.h. käme Erkenntnis an einen Endpunkt des Fragens, dann würde Wissenschaft überflüssig. Es lässt sich jedoch davon ausgehen, dass das Verhältnis von Bildung und Religion zu eben solchen Fragen gehört, die „durch lange und viele Zeit hindurch unverändert geblieben sind, so daß niemand eine Erinnerung oder Kunde davon besitzt, daß es sich je anders damit verhalten hätte als jetzt" (PLATON Nomoi, 797b). Es muss vorausgesetzt werden, dass die Frage nach dem Verhältnis von Bildung und Religion, mithin die Frage nach der Sinnperspektive pädagogischen Handelns immer schon Frage der Pädagogik war.

Für die pädagogische Wissenschaft bedeutet dies, dass sie dieses Problem, resp. diese Probleme, nicht als prinzipiell neue ausweisen kann. Handelt es sich um grundsätzliche Fragen der pädagogischen Wissenschaft, so ist „vielmehr alles Wissen des Menschen in einem Erkenntniskontinuum" stehend zu denken (REKUS 1993, 33). Der Rückblick auf geschichtliche Entwürfe wird angesichts dieses Erkenntniskontinuums nötig, denn das „einsame Denken des einzelnen käme nicht weit, wenn es in jedem Denker von vorn beginnen müsste" (HARTMANN, 1977, 27f). Auch für systematische Pädagogik ist die Historizität ein „bestimmendes

Moment" (HEITGER 1975, 58). In der Anerkennung dieser ihrer Geschichtlichkeit kommt sie nicht umhin, sich der eigenen Vergangenheit zu vergewissern, nach eigenen geschichtlichen Lösungsansätzen zu forschen. Diese geschichtliche Selbstvergewisserung, mit der Absicht, prinzipielle oder aktuelle Probleme zu untersuchen, nennt man Problemgeschichte. Sie kann als eigenständige historische Methode betrachtet werden, die eigenen Grundsätzen folgt[57].

Die Auswahl dieser geschichtlichen Selbstvergewisserung kann nicht beliebig erfolgen. In systematischer Absicht blickt man nicht auf geschichtliche Konzeptionen, um deren Geschichtlichkeit willen. Ebenso wie man hier und jetzt zu einer gültigen Aussage kommen möchte, die überzeitliche Geltung beansprucht, so verhält es sich auch mit der Wahl der geschichtlichen Quellen: sie sollen gültige Aussagen liefern. Problemgeschichte fragt nach der Wertigkeit vollzogener Akte, sie forscht nach gültigen geschichtlichen Aussagen, nicht einfach nach beliebigen. Gemäß der Forderung nach gültigen geschichtlichen Vollzügen kann es nicht verwundern, dass wir in problemgeschichtlicher Absicht immer wieder den gleichen pädagogischen Denkern begegnen. Weshalb finden sich, stets bezogen auf die je und je gestellte Problemstellung, Antwortversuche mit Rekurs auf SOKRATES, PLATON oder ARISTOTELES, weshalb stößt man immer wieder auf AUGUSTINUS, COMENIUS oder ROUSSEAU, auf die so genannten Klassiker HERBART, SCHLEIERMACHER, PESTALOZZI und HUMBOLDT, im 20. Jahrhundert NIETZSCHE, ADORNO oder FOUCAULT (vgl. z.B. LADENTHIN 2007)? Diese Auswahl kann nur mit dem Erkenntnisinteresse selbst begründet werden. Problemgeschichte zieht jene geschichtlichen Positionen heran, die als gültige Aussagen bezüglich grundlegender oder aktueller Probleme ausgewiesen werden können. Ihre Auswahl legitimiert sich durch die Wertigkeit ihrer übergeschichtlichen Gültigkeit. Gültigkeit hebt sich ab von Beliebigkeit, weil sie begründet werden, d.h. sich von Trends und Moden unabhängig halten muss[58]. Problemgeschichte fragt nach gültigen, nicht nach beliebigen Vollzügen pädagogischen Denkens in der Vergangenheit. In Anbetracht dessen kann die Auswahl problemgeschichtlicher Untersuchung nicht selbst beliebig sein.

---

[57] „Wenn man etwas Methode nennen soll, so muß es ein Verfahren nach Grundsätzen sein" (KANT KrV, B 883).

[58] Andere methodische, geschichtlich orientierte Zugangsweisen zur Pädagogik werden damit nicht überflüssig. Ihr Erkenntnisinteresse kann jedoch nicht darin bestehen, aktuelle Forschungsfragen aus der Geschichte begründend beantworten zu wollen, ohne der Geschichte bzw. der Zeit Kausalität, d.h. Notwendigkeit unterstellen zu wollen.

Diese Begrenzung vermag dennoch nicht das Dilemma zu verhindern, aufgrund dessen die Auswahl stets kritisierbar und defizitär bleibt. Sie legitimiert sich letztlich dadurch, dass sie in gültiger Weise auf die Kontinuität des aufgeworfenen Problems bezogen und ihrem Ansatz nach von einer zeithaften Beliebigkeit ausgeschlossen ist.

Problemgeschichtliche Pädagogik beinhaltet „eine bestimmte Art und Methode des Fragens" (HEITGER 1964, Sp. 586), die sich auf die Gültigkeit der geschichtlichen Aussagen bezieht. „Es wird vorausgesetzt, daß Geschichte der Pädagogik die Geschichte ihres zeitlosen Problems ist" (ebd.). Ihr geht es nicht um ideengeschichtliche Genese, nicht um wirkungs- oder sozialgeschichtliche Hintergründe und Folgen der zu untersuchenden Konzeption, sondern allein um die Kontinuität ihrer Problembearbeitung. Problemgeschichtliche Analyse erhebt einen „Anspruch darauf, daß sich in ihr eine spezifische Frage neuzeitlichen pädagogischen Denkens artikuliert" (BENNER 1986, 15), „wobei nicht die Antworten, sondern die pädagogischen Fragen einen zeitübergreifenden Charakter haben" (PÖPPEL 1983, 215). Es geht in ihr vorrangig um die zeitlosen, eben grundsätzlichen Probleme, auf die man grundsätzliche Antworten geben möchte. Daher intendiert problemgeschichtliche Analyse keine Vollständigkeit der (ideen-, wirkungs- oder sozial-)geschichtlichen Darstellung[59], so interessant dies auch im Einzelfalle sein mag. Sie übergeht vielmehr die zeitlichen Bedingtheiten sowie das historische Beiwerk zugunsten einer unterstellten gleich bleibenden systematischen Bedeutung, d.h. unter der Voraussetzung, „daß Vergangenheit, Gegenwart und Zukunft pädagogischen Fragens einer gemeinsamen Problemgeschichte angehören und auch weiterhin angehören werden" (BENNER 1986, 15).

Unter systematischer Perspektive hat Geschichte keinen Legitimations-, sondern einen Anlasscharakter; im Fokus steht die Kontinuität des pädagogischen Problems. So darf das Ausbleiben ideen-, wirkungs- oder sozialgeschichtlicher Aspekte nicht als Makel aufgefasst werden, sondern als Resultat systematischer Begrenzung. „Damit ist die bloße *Beschreibung* geschichtlicher Tatsachen und Entwicklungen abgewehrt (– aber nicht abgewertet!)" (PÖPPEL 2005, 11).

Freilich handelt sich eine solche Auffassung historischen Fragens schnell den Vorwurf ein, „blind gegen den historischen Tiefsinn und Zusammenhang" (DILTHEY 1974, 178) zu sein. In der Suche nach überzeitlichen Aussagen aus Anlass von historischen Einmaligkeiten würde eben die Geschichte ihrer Einmaligkeit beraubt. Dieser Gefahr kann sich problemgeschichtliches Fragen nicht verwehren; ihr kann

---

[59] Zur genaueren Abgrenzung von Ideen-, Sozial-, Wirkungs- und Problemgeschichte, vgl. BENNER (1986, 13ff).

man nur dadurch entgehen, dass geschichtliche Tatsachen nicht zu einer hinreichenden Begründung überzeitlicher Aussagen missbraucht werden dürfen. Die *quaestio facti* kann sich niemals über die *quaestio juris* theoretischer Sätze erheben.

Der problemgeschichtlichen Analyse geht es daher weniger um die exakte Rekonstruktion historischer Aussagen, als vielmehr um die Bewältigung grundsätzlicher Fragen – hier: nach dem Verhältnis von Bildung und Religion. Es geht also gerade nicht darum, der gesamten Systematik der ausgewählten Pädagogen bis ins Detail nachzuspüren, sondern diese nur insoweit zu erschließen, als es für die Zielsetzung der Arbeit notwendig ist.

Mit Paul NATORP, Richard HÖNIGSWALD und Alfred PETZELT fällt die Wahl auf drei ,vergessene' Pädagogen[60]. Sie alle können mehr oder weniger der philosophischen Schule des so genannten „Neukantianismus" zugerechnet werden[61], was im vorliegenden problemgeschichtlichen Zusammenhang nicht als parteiische Einseitigkeit, sondern als systematische Strenge gewertet werden muss. So sehr und so wenig diese drei Denker dem so genannten Neukantianismus zugeordnet werden können, so unzweifelhaft wird diese Zuordnung angesichts der von allen dreien im geistigen Gefolge KANTs geforderten „Suche nach der Einheit in der Vielheit" transzendentaler Methode (ORTH 1994, 14). Gerade was die Grundlegung einer pädagogischen Konzeption, die Frage nach ihrer Sinnhaftigkeit betrifft, dürfte dieser Umstand zum Vorteil der gesamten Untersuchung gereichen, denn der ,Begriff' – im KANTschen Sinne – ist ihnen alles.

So kann vorausgesetzt werden, dass sich sowohl NATORP, wie HÖNIGSWALD als auch PETZELT darum bemüht haben, Religion als überzeitlichen Begriff in ihre pädagogischen Konzeptionen einfließen zu lassen, was nicht weiter gerechtfertigt zu werden verlangt. Nicht *dass* Religion in den Konzeptionen der drei Pädagogen ei-

---

[60] Immer wieder wurde von verschiedenen Seiten auf dieses Defizit aufmerksam gemacht (vgl. u.a. HENSELER (2000) auf NATORP; SCHMIED-KOWARZIK (1995) auf HÖNIGSWALD; KAUDER (1997) sowie MIKHAIL (2008) auf PETZELT). Es muss daher gefragt werden, ob diese viel beschworene Vergessenheit eher Wunschdenken ist, um sich unbescholten auf dem jeweiligen Terrain das Vorherrschaftsrecht zu sichern, oder ob die faktische Abstinenz an Publikationen zu diesen drei Autoren tatsächlich als Mangel gewertet werden kann.

[61] In einem unveröffentlichten Typoskipt schreibt RUHLOFF, dass der Begriff des „Neukantianismus" mit Vorsicht zu genießen sei, weil er „die Geschlossenheit eines Diskurszusammenhanges suggeriert, die geschichtlich nie gegeben war" (RUHLOFF 1990, 2 zit. nach KAUDER 1997, 30). OELKERS, SCHULZ und TENORTH bspw. verwenden die Bezeichnung in ihrem Sammelband „*Neukantianismus*" dagegen unbedarfter (1989, 7ff). Zwar konstatieren auch sie, dass man sich bei der Bezeichnung des Neukantianismus „vor schematischen Deutungen vorsehen" (ebd. 10) müsse, doch bleibt diese ,Warnung' trotz einiger Strukturierungshinweise für den Band nur nebensächlich. Grundlegend für eine Gesamtdarstellung so genannter neukantianischer Pädagogik ist die Schrift von BLANKERTZ (1959).

nen je und je gearteten Stellenwert einnimmt, ist zu belegen, sondern *wie* sich Religion darin äußert, verlangt nach einer problemgeschichtlichen Analyse[62]. Ersterer Aspekt ist Angelegenheit der pädagogischen Historiographie, der Geschichtsschreibung. Letzteres ist Sache des systematischen Fragens, ohne einer der beiden Zugangsweisen einen Vorrang zuzusprechen.

Konfession spielt dabei nur eine Neben- bzw. gar untergeordnete Rolle. Gerade PETZELT gereichte die Fehldeutung konfessioneller Einflüsse auf seinen Begriff des Pädagogischen immer wieder zum Nachteil. Die Prädizierung des ‚Katholischen' (vgl. z.B. SCHWEITZER 2003, 33) führte dazu, dass die sogenannte nachmetaphysische Epoche PETZELTs Systematik unter eben diesem Vorbehalt, „katholische Pädagogik" zu sein, zurückwies, ohne sich genauer auf die Systematik seines anspruchsvollen Werkes einzulassen. PETZELT – ebenso wie NATORP und HÖNIGSWALD – begreift die Pädagogik als praktische Philosophie (vgl. BLANKERTZ 1982, 285), die allein um den Begriff des Pädagogischen bemüht sein müsse. Für den hiesigen Kontext ist diese Forderung als Voraussetzung unverzichtbar.

Der, wenn man so will, „Interkonfessionalität" bzw. „Überkonfessionalität" wurde bei der Auswahl der zu untersuchenden Pädagogen insofern Rechnung getragen, als NATORP als protestantischer, HÖNIGSWALD als jüdischer und PETZELT als katholischer Vertreter auf die Nachrangigkeit, beinahe Gleichgültigkeit des konkreten Glaubenbekenntnisses hinweisen sollen. Wenn bspw. kein Vertreter muslimischer Konfession zu Rate gezogen wurde, dann liegt das nicht an Ignoranz oder gar böswilliger Intoleranz, sondern an dem Umstand, dass sich ein (pädagogisches) Bildungsverständnis im Sinne der Führung zu Selbstbestimmung und Eigenverantwortung im Islam schlichtweg nicht findet.

Freilich hätte eine problemgeschichtliche Beschäftigung z.B. mit AVERROES zu interessanten Einsichten geführt. Auch bei ihm bildet die Frage nach dem Verhältnis von Vernunft und Glaube den Kern seiner Überlegungen. Er wollte untersuchen, ob „Philosophie und logische Wissenschaft durch das religiöse Gesetz des Koran erlaubt" sind (1999, 8). Doch auch wenn AVERROES zu einem „harmonischen Weg" der Vermittlung zu finden meint, so bleibt der letzte Bezugspunkt die

---

[62] In der Literatur stellt die problemgeschichtliche Fragestellung nach dem Verhältnis bzw. Zusammenhang von Bildung und Religion in den Systematiken NATORPs, HÖNIGSWALDs und PETZELTs ein Desiderat dar, obgleich jedem der drei Pädagogen in diesem Kontext problemlos eine eigene monographische Untersuchung zuteil werden könnte. Die überschaubare Anzahl an Einzelhin- und Querverweisen stellen kaum eine Hilfe dar. Da die Thematisierung auch im Rahmen dieser Arbeit nur auf wesentliche Akzente gerichtet ist, bleibt auch sie notgedrungen skizzenhaft und kann die wissenschaftliche Dringlichkeit einer eigenen systematischen Untersuchung nur anregen.

Offenbarungsschrift mit ihren Gesetzen. Die „letzte Vollendung des natürlichen Wissens ist durch die übernatürliche Erkenntnis anhand der koranischen Offenbarung gegeben" (ebd., VI). Die Unvereinbarkeit besteht in dem Transzendenzanspruch in AVERROES' philosophischer Systematik. Abgesehen davon, dass sich der Bildungsbegriff weder *expressis verbis* noch auch nur andeutungsweise findet, bleibt das Denken bei AVERROES dem „Übernatürlichen" verhaftet. Für ihn ist Gott keine Idee, sondern der Schöpfer, der „unbewegte Beweger". Bildung könnte – wenn man ihren Begriff gewaltsam in das System hineinpressen wollte – allenfalls darauf reduziert werden, dass sich der menschliche Verstand in der (An-)Erkenntnis der Offenbarung vervollkommnen würde (vgl. AVERROES 1999, 180). Wenn sich der Transzendenzanspruch nicht bloß angesichts der gegenwärtigen Bedingtheiten des postmodernen Paradigmas, sondern vornehmlich aufgrund systematischer Widersprüchlichkeiten nicht aufrechterhalten lässt, dann muss der Ansatz von AVERROES bei der anstehenden problemgeschichtlichen Analyse zum Verhältnis von Bildung und Religion unberücksichtigt bleiben – und mit ihm alle anderen islamischen Denkpositionen.

2.1 Paul NATORP – Pädagogik der Gemeinschaft

Dass Paul NATORPs pädagogische Konzeption eine „Sozialpädagogik" ist, wird sich angesichts der Titel seiner Werke kaum verbergen lassen[63]. Die begriffliche Auffassung von einer Sozialpädagogik unterscheidet sich jedoch gravierend vom heute üblichen Verständnis, nach welchem es um „Fürsorge oder Wohlfahrtspflege" bzw. „soziale Hilfsarbeit" für Kinder und Bedürftige geht (vgl. MÜNCHMEIER 2007, Sp. 676ff). Unter einer Sozialpädagogik verstand NATORP diejenige Pädagogik, „welche bei der Bestimmung des Ziels wie der Mittel der Erziehung die Gemeinschaft, nicht das Individuum in den Vordergrund stellt", d.h. „also die grundsätzliche Anerkennung, daß ebenso die Erziehung des Individuums in jeder wesentlichen Richtung sozial bedingt sei, wie andererseits eine menschliche Gestaltung sozialen Lebens fundamental bedingt ist durch eine ihm gemäße Erziehung der Individuen, die an ihm teilnehmen sollen" (1974, 98). Mit dieser Definition ist ein Aspekt pädagogischer Theorie angesprochen, der in der Folge NATORPs entweder stillschweigend vorausgesetzt wurde oder gar völlig unbedacht blieb.

Pädagogisches Handeln vollzieht sich immer nur in und durch Gemeinschaft[64]. Der Solipsismus kennt und braucht keine Bildung. In der Robinsonade ist das isolierte Ich im wahrsten Sinne ‚allein sich selbst' verpflichtet, ein Sollen ist ihm fremd. Freiheit, Gerechtigkeit, Pflicht usf. – alle Ethik und Moralität wäre hinfällig. Erst ein Du, ein Freitag, fordert beiderseitige Bildung als Sollen, als Aufgabe. Das Sollen selbst kann demnach nicht schon ein Gegebenes, nicht bereits mit dem Menschsein aufgegeben sein, ohne ein Du vorauszusetzen. Robinson wüsste nicht einmal um ein Sollen, bevor er nicht auf einen Freitag träfe. Das Sollen selbst ist demnach nur ein Gesolltes, d.h. Seinsollendes, im Hinblick auf ein Du. Erst in der Relation, d.h. im Verhältnis von Ich und Du, von Robinson und Freitag, kann von einem Sollen sinnvollerweise gesprochen werden.

---

[63] Vgl. u.a. „Gesammelte Abhandlungen zur Sozialpädagogik" (1907), „Sozialpädagogik. Ihre Grundidee und ihre Konsequenzen" (1908, 427ff), „Sozial-Idealismus" (1920) und das Hauptwerk „Sozialpädagogik. Theorie der Willensbildung auf der Grundlage der Gemeinschaft" (1899/1974).

[64] Es wäre verfehlt, wenn man „Gemeinschaft" mit „Gesellschaft" verwechselte. Zu dieser Differenzierung schreibt NATORP, der um diese ‚Gefahr' wusste: „In der Gesellschaft werden die Individuen als das Erste und Unabhängige gedacht, die dann zu irgend welchen zufällig gemeinsamen Zwecken untereinander in Verbindung treten, um, wenn der Zweck wegfällt, wieder auseinanderzugehen. In der Gemeinschaft (der Familie z.B.) ist vielmehr der Verein das Erste und Unabhängige, das Individuum besteht als solches (z.B. als Familienmitglied) nur durch ihn; es kommt daher überhaupt nicht in den Fall sich zu fragen, ob es der Gemeinschaft angehören wolle, ob es seinen individuellen Zwecken so entspreche oder nicht" (1974, 125)

Genau in diesem Verständnis muss NATORPs Ansatz einer Sozialpädagogik verstanden werden. Denn nicht nur *im Hinblick auf* ein Du kann Bildung als gesollt angesehen werden, sondern zugleich allein *mit Hilfe* des Du. NATORP formuliert diesen Gedanken noch radikaler: „Der Mensch wird zum Menschen allein durch menschliche Gemeinschaft" (1904, 83)[65]. Für Ihn gibt es „[i]n Wahrheit [...] kein isoliertes, menschliches Individuum, denn der Mensch ist ein Mensch nur in der menschlichen Gemeinschaft und durch Teilnahme an ihr" (NATORP 1974, 103). Mit dem Terminus „Sozialpädagogik" wird somit von NATORP „programmatisch zum Ausdruck gebracht, daß der soziale Standpunkt der Betrachtung gegenüber dem individuellen erst die vollständige Ansicht des pädagogischen Problems gibt" (RUHLOFF 2003, 35).

In offenkundiger Abwandlung des bekannten Zitats aus KANTs Pädagogikvorlesung[66] geht NATORP über KANT hinaus[67], indem er eine feinsinnige Nuance ergänzt. Während KANT das Menschsein als durch den Prozess der Erziehung bestimmt sieht und es lediglich „zu bemerken" sei, „daß der Mensch nur durch Menschen erzogen wird, durch Menschen, die ebenfalls erzogen sind" (Päd A8), setzt NATORP KANTs (Neben-)Bemerkung seiner Überlegung nicht nur zeitlich, sondern logisch voraus. Gemeinschaft ist (notwendige) Bedingung der Möglichkeit des Menschseins bzw. Menschwerdens, nicht erst die Erziehung, die als Teilnahme als hinreichender Grund hinzutreten muss. Gemeinschaft geht der Erziehung logisch voraus, da diese nur in Gemeinschaft möglich ist. „Es gibt kein Selbstbewußtsein und kann keines geben ohne Entgegensetzung und zugleich positive Beziehung zu anderem Bewußtsein" (NATORP 1904, 89). Wenn Erziehung die „Befreiung des Bewusstseins" ist, dann ist ihr die Gemeinschaft als konstituierendes Prinzip vorausgesetzt. Erst in der Gemeinschaft können sich Bildungsprozesse

---

[65] Vgl. auch den fulminanten Einstieg in „*Gesammelte Abhandlungen zur Sozialpädagogik*": „Der Mensch bildet sich zum Menschen nur in menschlicher Gemeinschaft" (1907, 1).

[66] „Der Mensch kann nur Mensch werden durch Erziehung. Er ist nichts, als was die Erziehung aus ihm macht" (KANT Päd, A 8). KANT nimmt mit dieser Bemerkung eine Korrektur von ROUSSEAU vor, der in seinen „*Schriften*" schrieb: „Er [Jean-Jacques bzw. der Mensch im Allgemeinen – T.M.] ist das, als was die Natur ihn geschaffen hat. die Erziehung hat ihn nur sehr wenig verändert" (ROUSSEAU 1978, 413).

[67] „Kant verstehen, heißt über ihn hinausgehen" (Windelband 1883, IV). Es entspricht einer ungenauen Lesart, wenn man behaupten wollte, dieser Satz „als theoretische Position" verstanden, wäre „aus der Sicht der Aufklärung inakzeptabel" (NIEMEYER 1998, 83ff). Mit der Aussage NATORPs ist vielmehr ein Aspekt in die aufklärerische – gemeint ist wohl von NIEMEYER in diesem Kontext vielmehr „in die KANTische" – Sicht ergänzend gerückt, der von KANT so noch nicht bedacht, sondern durch dessen die Ethik mitkonstituierende „Idee der Menschheit" stillschweigend vorausgesetzt wurde.

vollziehen, die letztlich zum Menschsein führen. Ohne die Gemeinschaft ist nach NATORP keine Bildung möglich.

Die Gemeinschaft wird damit zu einer quasi-anthropologischen Größe hypostasiert, die das Menschsein, oder was dasselbe ist: das Ichsein, begründet wie gleichzeitig konstituiert. Erst unter der Bedingung bzw. Bedingtheit der Gemeinschaft wird pädagogisches Handeln möglich, ihre Stiftung sowie ihr Erhalt gar notwendig.

Im Falle NATORPs ist sowohl von der Bedingung als auch Bedingtheit der Gemeinschaft zu sprechen, insofern Gemeinschaft beides ist: Prinzip und Fall. Unter Gemeinschaft kann nicht nur das faktische Zusammenleben, d.h. das Existieren mehrerer Menschen verstanden werden, sondern darüber hinaus ein ich-bestimmtes wie ich-bestimmendes Apriori, eine denknotwendige Voraussetzung, die mit dem Ichsein gleichsam vorausgesetzt werden muss. Es ist jenes Apriori, das Karl-Otto APEL in der Folgezeit – in diskursethischem Kontext – als „ideale Kommunikationsgemeinschaft" herausstellte[68]. Gemeinschaft ist zunächst „ein Abstraktum" (NATORP 1974, 103), das sich *in concreto* zu erfüllen hat, das prinzipiell, d.h. seinsollend bzw. aufgabenhaft ist. Gemeinschaft ist im NATORPschen Verständnis nicht gegeben, sondern aufgegeben. Sie ist „auf keiner gegebenen Stufe abgeschlossen", sondern vielmehr „beständig im Werden begriffen" (ebd. 1974, 165).

Gemeinschaft als Voraussetzung pädagogischen Handelns ist insofern denknotwendig, als die Notwendigkeit einer Gemeinschaft, d.h. auf unterster Ebene eines Ich und eines Du, auf oberster der gesamten Menschheit, nicht geleugnet werden kann. Pädagogisches Handeln trifft stets das Verhältnis zwischen Einzelnem und Gesamtheit, zwischen Individuum und Gemeinschaft. Jede Pädagogik, jede pädagogische Theorie ist deshalb zugleich notwendig „Sozialpädagogik"[69].

---

[68] „Selbst der faktisch einsame Denker kann seine Argumentation nur insofern explizieren und überprüfen, als er im kritischen»Gespräch der Seele mit sich selbst« (Platon) den Dialog einer potentiellen Argumentationsgemeinschaft zu internalisieren vermag" (APEL 1976, 399).

[69] Mit der Anerkennung dieser Voraussetzung wird zugleich die lästige Gegenüberstellung der Konzeption NATORPs mit derjenigen Jonas COHNs hinfällig (vgl. SCHMIED-KOWARZIK 1995, 33 sowie RITZEL 1980, 100f). Bei genauerer Untersuchung wird man feststellen, dass hier keine Diskrepanz zwischen einer Sozial- versus einer Individualpädagogik vorliegt. Für NATORP bilden Individuum und Gemeinschaft keine Gegensätzlichkeit, sondern eine Korrelation. „Gemeinschaft besteht nur im Verein der Individuen, und dieser Verein nur im Bewußtsein der Einzelglieder" (1904, 94f). Damit wird die Individualität des einzelnen weder aufgehoben noch eliminiert, sondern vielmehr erst in ihrem Eigenrecht anerkannt, insofern die Gemeinschaft „ja nur Gemeinschaft der Individuen ist" (1908, 432) wie sich umgekehrt das Individuum erst in der Gemeinschaft der Individuen als solches erfährt.
Auch Jonas COHN sieht alle Bildungsbemühungen in streng dialektischer Absicht nur in Zusammenhang mit der Gemeinschaft (vgl. 1970). Auch für ihn soll „soziale Gesinnung" eine

Keine Pädagogik kann die Gemeinschaft ausblenden, wie umgekehrt keine Gemeinschaft auf Pädagogik verzichten kann – beide Begriffe fordern sich geradezu gegenseitig. Pädagogisches Handeln richtet sich auf das Individuum im Hinblick auf die Gemeinschaft. Gemeinschaft besteht aus Individuen, die um ihrer selbst und der Gemeinschaft willen auf pädagogische Zuwendung angewiesen sind. Für NATORP gilt unabweislich die untrennbare Zusammenhangsbestimmtheit, in der das Individuum und die Gemeinschaft stehen, d.h., dass „weder eine Gemeinschaft anders als in den Individuen, noch ein Individuum anders als in der Gemeinschaft existiert" (NATORP 1909, 127). Bildung verstand NATORP als das einigende Band, das zwischen beiden, Individuum und Gemeinschaft, vermittelt. Bildung ist somit weder nur Sache der Gemeinschaft noch nur Sache des Einzelnen, sondern gerade derjenige Vollzug, der als durchgängige Aufgabe sowohl des Individuums als auch der Gemeinschaft zum Selbstzwecke beider angesehen werden kann. Der Einzelne vollzieht sie in der Teilnahme an der Gemeinschaft, weil sie die denknotwendige Voraussetzung aller pädagogischen Bemühungen ist. Die Gemeinschaft ist auf die Bildung des Einzelnen angewiesen, weil sie sich allein aus dem gebildeten Verband ihrer Individuen konstituiert.

Die Begriffe „Sozialpädagogik" und „Individualpädagogik" können wie die beiden Seiten einer Medaille verstanden werden, insofern das Soziale wie das Individuelle dem Begriff des Pädagogischen inhärent sind. Beide Momente fordern sich notwendig gegenseitig, d.h. ohne jenes gäbe es dieses nicht und umgekehrt. Im Bildungsprozess ist beides aufgehoben, in ihm stehen Soziales und Individuelles in unaufhebbarer Einheit. Keinem Moment kann der Primat zugesprochen werden, ohne den gesamten Gedankenzusammenhang zu verstümmeln.

Diese klärenden Vorüberlegungen sind nötig, um die religiösen Implikationen in der Systematik NATORPs entfalten zu können. Diese treten an jenem Punkt auf, an welchem der Übergang vom bloß Individuellen zum Sozialen, vom Subjektiven zum Objektiven statthat. Es stellt sich demnach die Frage, inwiefern Bindung bzw. Bindungsfähigkeit (Religiosität) und Sinnstiftung für das Verhältnis von Gemein-

---

„dauernde Beschaffenheit der Seele sein", d.h. „sie soll gerichtet sein auf das umfassende Ganze der Gemeinschaft, sie soll endlich so mächtig sein, daß sie diesem umfassenden Ganzen den Vorrang verschafft vor dem eigenen Vorteil, vor dem Vorteil einzelner Nebenmenschen sowie engerer Gemeinschaft" (ebd., 31).
Wenn NATORP und COHN als Gegenspieler (im Sinne eines sozialpädagogischen und individualpädagogischen Ansatzes) angesehen werden sollen, dann ist dies eher in einem ‚anatomischen' Verständnis von Agonist und Antagonist zu interpretieren. Die Gegenspielermetapher im ‚dramaturgischen' Verständnis von Protagonist und Antagonist geht über beide Konzeptionen hinweg und missversteht die verbindende Sinnintention.

schaft und Individuum bedeutsam sind. Was sagen sie über die Relation von Ich und Du im Bildungsprozess aus?

Anhand der problemgeschichtlichen Analyse von Paul NATORPs sozialpädagogischer Konzeption – von der sich nun sagen lässt, dass sie ebenso eine individual- wie zugleich eine allgemeinpädagogische Konzeption ist[70] – gilt es, dieser Frage nachzugehen. Nachfolgend wird geklärt, was der Sinn, d.h. die maßgebende Voraussetzung aller Bildung ist und an welche alle zu Bildenden zur Bindung aufgefordert sind (2.1.1). Erst wenn dieser Fixpunkt bestimmt ist, kann die Frage geklärt werden, wie das Verhältnis von Ich und Du bzw. aller Menschen zu- und untereinander im Bildungsprozess bestimmt werden kann. Unter welcher Maßgabe stehen die Iche im Bildungsprozess zueinander, wenn Bindung nur vom Einzelnen vollzogen werden kann (2.1.2)? Zum Abschluss erfolgt eine kritische Betrachtung der daraus gewonnenen Einsichten (2.1.3), die für den Nachweis einer Einheit des Bildungs- und Bindungsprozesses, resp. von Bildung und Religion fruchtbar gemacht werden sollen.

2.1.1 Die Idee der Gemeinschaft als Sinn der Bildung

In seiner Religionsschrift, die zugleich als eine der Frühschriften zu seinem sozialpädagogischen Programm zählt, umreißt NATORP seine pädagogische Intention: „Wir forschen nach derjenigen Bildung, die sich eigne als Bildung aller" (NATORP 2007, 5). Damit sind zugleich, wie er im Vorwort bemerkt, unweigerlich die Fragen verbunden, „ob Religion ein wesentlicher Bestandteil des Menschentums sei" und „ob sie zum Grunde einer die Menschheit umspannenden Gemeinschaft, folglich

---

[70] Dass NATORP auf die Bezeichnung „Sozialpädagogik" größten Wert legte, darf nicht weiter verwundern. Zum einen war es sein Hauptanliegen „eine der am meisten zentralen Fragen unsrer Zeit", nämlich die der „Wechselbeziehung zwischen Erziehung und Gemeinschaft" (Natorp 1974, 7) zu klären, welche keine andere Option offen ließ. Zum anderen wollte er sich damit von der von ihm mehrfach attackierten und in der Kaiserzeit immer noch renommierten Position HERBARTs und der HERBARTianer abgrenzen. NATORP war somit „der erste Pädagoge der Kaiserzeit, der den Begriff der Sozialpädagogik wieder aufgriff" und durch die „Beschäftigung mit der sozialen Frage der Zeit einen Bekanntheitsgrad über den akademischen Zirkel der Neukantianer hinaus in das Establishment der Pädagogik und in der interessierten Öffentlichkeit" erlangte (HENSELER 2000, 43). Die stake Affinität zu den Gedanken und Schriften PLATONs im Allgemeinen und zu dessen „Politeia" im Besonderen kann sicherlich auch als weitere Begründung angeführt werden. Die NATORPsche Terminologie der „Sozialpädagogik" wird daher im Folgenden beibehalten.

zum Inhalt einer für alle gemeinsamen Erziehung tauge" (ebd., IV)[71]. Damit ist das gesamte Problem des Verhältnisses von Bildung und Religion umrissen. Es ist offenkundig, dass eine allgemeine Bildung bzw. eine Bildung aller sowie die individuelle religiöse Bindung an eine subjektiv vorausgesetzte Maßgabe in einer (scheinbaren) Antinomie stehen. NATORP geht also der Frage nach, ob und wie Religion als das tätliche Streben nach einem unbedingten Richtpunkt, d.h. „der Ausblick auf ein ewiges, unendlich fernes, mithin nichtempirisches Ziel" (ebd., 31) unter gleichzeitiger Voraussetzung der alle Bildung bedingenden Gemeinschaft möglich und nötig ist.

Gesucht ist nach jener für alle verbindlichen, als unbedingt vorausgesetzten Maßgabe, an die sich jedes Ich binden können muss. Diesen unendlichen Richtpunkt sieht NATORP in der Gemeinschaft selbst, in der „Idee der Gemeinschaft" (NATORP 1907, 3). An die Stelle des bloß individuellen Sinns „tritt [...] die menschlich-sittliche Gemeinschaft erst in ihr volles, sittliches Recht. Der Ausblick auf ein ewiges Ziel liegt [...] darin: gerade die Menschheit als Idee, stirbt nicht; sie kann nur als ewiges Ziel gedacht werden" (NATORP 2007, 60).

In der „Idee der Gemeinschaft" ist alle Bildung bzw. die Bildung aller begründet, in ihr hat sie ihren ganzen Sinn wie ihr ganzes (logisches) Recht. Die „Idee der Gemeinschaft" hat ihren (ideen-)geschichtlichen Ursprung in der Staatslehre PLATONs sowie in der „Idee der Menschheit" bei KANT[72]. Mit ihr ist der Ursprung wie zugleich das Telos aller pädagogischen Bemühungen gemeint. Es ist „der von Platon begriffenen Wahrheit" zu verdanken, „daß die möglichste Sozialisierung des ganzen Lebens die sicherste Gewähr der inneren Einheit, Leistungsfähigkeit und festen Dauer einer menschlichen Gemeinschaft ist" (NATORP 1907, 30f). Besonders im „*Gorgias*" und in der „*Politeia*" findet sich die einheitliche und einigende

---

[71] Die Verhältnisbestimmung von Bildung bzw. Pädagogik und Religion kann daher als ein wichtiges Moment in NATORPs Konzeption betrachtet werden. Es war nicht die Absicht, das faktische Vorkommen der Religion in die pädagogische Theorie zu integrieren, sondern vielmehr das Bemühen, „die Fragen und Antworten der Religion zu denen der Philosophie [bzw. Pädagogik oder philosophischen Pädagogik – T.M.] in eine sichere Beziehung zu bringen" (RUHLOFF 1966, 83).

[72] Auch ROUSSEAU, SCHLEIERMACHER und v.a. PESTALOZZI hatten großen Einfluss auf die Konzeption der „Sozialpädagogik" NATORPs (vgl. JEGELKA 1992, 49ff). Bspw. schreibt SCHLEIERMACHER zum Verhältnis von Individuum und Gemeinschaft: „Wir müssen sagen: es gibt keine Tätigkeit des einzelnen, die nicht zugleich die Tätigkeit aller wäre, und es gibt keine Tätigkeit der Totalität, die nicht zugleich Tätigkeit der einzelnen wäre" (2000, 157). Die Ähnlichkeit zu NATORPs Konzeption ist u.a. in folgendem Zitat unverkennbar: „Der Mensch bildet sich zum Menschen nur in menschlicher Gemeinschaft. Umgekehrt besteht und entwickelt sich eine menschliche Gemeinschaft allein durch die menschliche Bildung ihrer Glieder" (1907, 7)

Vorstellung, dass sich die „Staatskunst mit der ethischen Erziehung" (NATORP 2007, 51) nicht nur zufällig, sondern notwendig verbinden müsse. In PLATONs Staatslehre findet sich bereits die Bildung als vermittelnder Vollzug der Wechselbezogenheit von Gemeinschaft und Individuum als klassischer Ausdruck sozialpädagogischer Ideenlehre. Im antiken Polisgedanken tritt dieser Aspekt in ausgezeichneter Stellung hervor, der als konstituierend für alle Bildungsbemühungen angesehen werden kann. PLATON zeigt in seiner „Politeia" den unaufhebbaren Zusammenhang von „Bildungsgemeinschaft und Gemeinschaftsbildung" (NATORP 1907, 7), d.h. die „sozialpädagogische Idee des Staats" (ebd., 26). Eine Gemeinschaftsordnung setzt Gemeinschaftsbildung bzw. soziale Bildung voraus, wie diese erst in jener ermöglicht wird. „Menschenbildung erfolgt nur in Gemeinschaft, Gemeinschaft entwickelt sich nur »durch die menschliche Bildung ihrer Glieder«" (JEGELKA 1992, 49).

Der unaufhebbare Zusammenhang von Gemeinschaft, Individuum und Bildung, der bei PLATON bereits angelegt ist, dient NATORP als Folie für seine gesamte sozialpädagogische Grundlegung. Keine Pädagogik, die nicht in der Einseitigkeit – entweder von Gemeinschaft oder der des Individuellen – stecken bleiben will, kann diese Zusammenhangsbestimmtheit außer Acht lassen. Wer die vermittelnde ‚Funktion' der Bildung zugunsten der Gemeinschaft oder des Individuums aufheben will, der missversteht die eigentliche Aufgabe pädagogischer Bemühungen, der amputiert Bildung und bereitet dem Totalitarismus das Feld. Wie sich alle Bildung in der Gemeinschaft vollzieht, wie sie zugleich auf das einzelne Individuum bezogen ist, so ist es doch erst die Bildung, die diesen Zusammenhang stiftet. Denn, so formuliert NATORP: „Man will doch Gemeinschaft; Gemeinschaft aber bedeutet weder Aufhebung der Individualität in einer starren, undifferenzierten Einheit, noch umgekehrt ein bloßes Nebeneinanderstehen Einzelner [...], sondern eine innerlich im Willen und Bewusstsein jedes Einzelnen gegründete, also die Autonomie des Individuums aufhebende Gemeinschaft" (1974, 181). Als vermittelnder Prozess kommt daher für NATORP nur die Bildung in Frage. Dies gilt „nach der großen Einsicht Platos" als gesichert, da die „allgemeinen Bildungsgesetze der Gemeinschaft [...] notwendig zuletzt identisch sind mit den Bildungsgesetzen des Individuums" (ebd., 99).

Einhergehend mit der Erkenntnis des dependenten Verhältnisses ergibt sich für das sozialpädagogische Programm die Einsicht, dass die „Idee der Gemeinschaft" zugleich ein „Moment der Gleichheit" mit sich bzw. eher in sich führen müsse[73],

---

[73] „Ihr Gesetz [der Gemeinschaft] ist die G l e i c h h e i t, jene Gleichheit, welche die G e r e c h-
    t i g k e i t bedeutet. Gemeinschaft im hier gedachten tiefen Sinn, f o r d e r t unweigerlich

d.h. der Gleichheit aller Gemeinschaftsglieder. Für NATORP ist klar, dass der Begriff der Gemeinschaft notwendig alle vernünftigen Wesen umschließen muss. Kein Ich darf von den Überlegungen ausgeschlossen werden, wenn das Programm einer „Sozialpädagogik" nicht bloß eine leere Worthülse sein soll, sondern tatsächlich „sich eigne als Bildung aller". „Alle" bedeutet „Allheit", alle sind alle Menschen, alle Menschen müssen in ihrem Ichsein, d.h. im „Zu-sich-selbst-ich-sagen-Können" als gleich (nicht gleich-artig, sondern vielmehr gleich-gesinnt) gedacht werden. Da jedoch das Moment der Gleichheit bei PLATON nur angedeutet, jedoch nicht konsequent durchdacht, d.h. nur auf den Stand der freien Polisbürger bezogen wurde, sucht NATORP bei KANT nach Korrektur bzw. um Ergänzung.

KANT ergänzt das bei PLATON nicht für alle sozialen Schichten bedachte „Moment der Gleichheit" um den Einbezug aller in dessen ethischem Grundsatz der „Idee der Menschheit". Durch diese ergänzt NATORP seine „Sozialpädagogik" zu einer „Pädagogik der Menschheit", d.h. zu einer Pädagogik für alle Menschen. Für ihn steht fest, „daß soziale Erziehung nur das, nichts anderes besagen kann: Erziehung aller im Sinne der Allheit" (NATORP 1920, 23). Die „Idee der Menschheit" verbürgt die „Würde" des Ich[74], sie fordert moralische „Achtung" vom Mitmenschen und hebt den Menschen aus der Natur der Gegenstände heraus[75].

Die Menschheit als Idee bedeutet unbedingte Gleichheit der Menschen, ohne gleichmachend zu sein. Sie ist nicht Kollektivismus, sondern sein Gegenteil: Individualität in und durch gemeinschaftliche Verbundenheit. Zugleich ist es jene Idee, die es vermag, als „Urbild der sittlichen Gesinnung in ihrer ganzen Lauterkeit uns zu erheben" (KANT Rel, B 74). Als konstituierendes Prinzip schafft sie Gleichheit, sie anerkennt die „Zu-sich-selbst-ich-sagen-Könnenden" als Zweck an sich selbst in ihrer Einheit, erhebt die Allheit der Menschen aus dem Stand der Naturgegenstände zu einem egalitären Verband der Vernunftwesen. Als regulatives Prinzip ist die Idee für NATORP unendliche Aufgabe, gerichtet auf einen „zukünftig möglich bessern Zustande des menschlichen Geschlechts" (KANT Päd, A 17). In dieser Ab-

---

Gleichheit, so wie umgekehrt zur gleichen Höhe des Menschentums die Menschheit nicht anders erhoben werden kann als in Gemeinschaft, durch Gemeinschaft" (NATORP 2007, 3).

[74] „Die Vernunft bezieht also jede Maxime des Willens als allgemein gesetzgebend auf jeden anderen Willen, und auch auf jede Handlung gegen sich selbst, und dies zwar nicht um irgendeines andern praktischen Bewegungsgrundes oder künftigen Vorteils willen, sondern aus der Idee der Würde eines vernünftigen Wesens, das keinem Gesetze gehorcht, als dem, das es zugleich selbst gibt" (KANT GMS, BA 76)

[75] „Die Menschheit in der Person des Menschen ist das Objekt der Achtung, die er von jedem anderen Menschen fordern kann" (KANT MS, A 94).

sicht ist sie bei KANT gleichsam herausragend wie sie für NATORP zum Vorbild seines sozialpädagogischen Programms wird[76]. Ihr gemäß gilt es, alle Bildung bzw. die Bildung aller zu vollziehen.

Das Moment der Gleichheit, das mit der „Idee der Gemeinschaft" vorausgesetzt, in unaufhebbarem Zusammenhang mit dieser gedacht werden muss, kann nicht genug für den Zusammenhang von Bildung und Religion, bzw. explizit für die pädagogische Relation von Ich und Du berücksichtigt werden. Unter ihrer ‚Herrschaft' kann kein Mensch vom Sollensanspruch der Bildung ausgeschlossen oder entlassen werden, ohne die „Idee der Menschheit", d.h. die „Idee der Gleichheit" bzw. die „Idee der Gemeinschaft" dadurch zugunsten einer willkürlichen Selektion aufzulösen. In Anbetracht der „Idee der Gemeinschaft" wird es noch deutlicher, weshalb sich zunächst kein Unterschied machen lässt zwischen christlicher, jüdischer, islamischer usf. Bildung. Bildsamkeit und Religiosität als prinzipielle Ansprüche des Menschen, als einzigartige Relationsbestimmungen zwischen Ich und Du, sind unter Maßgabe dieses egalitären Momentes aller Bildung zu verstehen. Durch sie wird Bildung geradezu zu einer Bildung aller, zu einer Bildung, die keine Unterschiede im Menschsein anerkennen kann, ohne elitär zu werden, d.h. in der Konsequenz, ohne den Anspruch des Pädagogischen aufzugeben. Man kann mit KANT formulieren, dass diese Idee „ihre Realität in praktischer Beziehung vollständig in sich selbst" (KANT Rel, B 76) hat, da sie nicht ‚ist', nicht ‚existiert', sondern tätliche Anerkennung bzw. Bindung fordert. „Denn sie liegt in unserer moralisch gesetzgebenden Vernunft. Wir sollen ihr gemäß sein, und wir müssen es daher auch können" (ebd.). Ihre Wirklichkeit erfordert allemal Bindung.

NATORP versteht die Menschheit aus pädagogischem Blickwinkel als allumfassende Bildungsgemeinschaft. Bildung ist keine Praxis, die zu anderen additiv hinzukäme, auch keine, die neben anderen Bestand hätte, sondern in der Bildung zur Sittlichkeit ist der ganze Zweck der Menschheit zu sehen. Landes-, Gesellschafts- oder sonst welche regionalen Grenzen, Bedingtheiten des Räumlichen – dies alles kann für wissenschaftliche Pädagogik nur Anlass der Reflexion sein, niemals ihr eigentlicher Gegenstand. Die disziplinären Felder der neueren Erziehungswissenschaft, wie Interkulturelle Pädagogik bzw. Transkulturelle Pädagogik, christliche Erziehungslehre, islamische Pädagogik und wie die Regionalpädagogiken sonst noch heißen mögen, wären für die Überlegungen NATORPs überflüssig gewesen. Er kannte keine Pädagogik, die für diese konkrete Region, Kultur oder

---

[76] „Kinder sollen nicht dem gegenwärtigen, sondern dem zukünftig möglich bessern Zustande des menschlichen Geschlechts, das ist: der Idee der Menschheit, und deren ganzer Bestimmung angemessen erzogen werden" (KANT Päd, A 17).

Konfession gegolten hätte, für andere aber nicht. Die Menschheit war für ihn gemäß der „Idee der Gemeinschaft" eine Eine, eine Einheitliche, die keine Ausnahmen von dieser Einheitlichkeit kannte. Für diese eine Menschheit kann es nur eine Pädagogik geben, die regionale, kulturelle oder konfessionelle Unterschiede nicht übergeht, sondern in einem einheitlichen Begriff des Pädagogischen aufhebt.

Von der Charakterisierung der „Idee" und derjenigen der „Idee der Gemeinschaft" lässt sich näherhin verstehen, wie NATORP Bildung und Religion in ein Verhältnis setzt. Für ihn ist die Idee „nichts andres als die bloß gedachte l e t z t e Einheit, der letzte, eigenste Blickpunkt der Erkenntnis" (NATORP 1974, 42). Es ist jene *besondere* Setzung des Denkens und Wollens, die als Voraussetzung bezeichnet werden kann. Sie ist „überzeitlich", d.h. „fundamentaler" als alle Wirklichkeit, selbst fundamentaler „als die Mathematik", insofern sie „nicht das Ziel, sondern der Ausgangspunkt, nicht das Ende, sondern der wahrste Anfang, nämlich Ursprung: das Prinzip" (ebd.) des Denkens und Wollens ist. In der Idee gründet die Wirklichkeit, wie diese nur innerhalb jener existiert, ohne von ihr abgelöst werden zu können[77]. Zugleich ist die Idee nach NATORP auch Zielpunkt alles Denkens. Da in der Überzeitlichkeit, in der Losgelöstheit von Zeit, weder von Ursprung noch von Ziel die Rede sein kann, ohne Zeit vorauszusetzen, so fällt darin beides zusammen – *arché* und *télos* koinzidieren. So schreibt er: „Deshalb hatte Plato recht, die Idee einerseits das Ende oder Ziel (τέλος), andererseits aber und im letzten Verstande den Anfang, das Prinzip (ἀρχή) zu nennen" (ebd., 55).

Ebenso muss es sich mit der Idee verhalten, wenn sie „überzeitlichen" Charakter trägt. So ist sie nicht bloß Ursprung jeder Setzung, sondern zugleich der „letztbestimmende Grund einer jeden Zwecksetzung, das Endziel, im Hinblick worauf jeder besondere Zweck sich bestimmt, [...] in der alle Zwecksetzung sich vereinige" (NATORP 1974, 52). Für NATORP bildet die Idee somit den im Unendlichen liegenden Richt- bzw. Zielpunkt alles Mannigfaltigen der Erfahrung. Sie ist keine Resultante bloßer Setzung, sondern deren vorausgesetzte Einheit, nicht Summe, sondern einigende Vereinigung aller Zwecksetzungen. „Die Idee, in ihrer Reinheit niemals in der Erfahrung darstellbar, wird erkannt als unendliche Aufgabe für Erfahrung" (ebd., 255). Indem die Idee überzeitlich gedacht werden muss, drückt sie unendliche Möglichkeit aus, ist unbedingtes Sollen, das es angesichts der empirischen Bedingtheiten zu erstreben gilt, ohne vervollkommenbar zu sein. In

---

[77] „Die Idee ist nach dem transzendentalen Idealismus gewiß unwirklich. Aber sie ist gerade darum unwirklich und muß unwirklich sein, weil sie Grund und Ziel des Wirklichen ist. [...] Mag also auch die Idee nicht wirklich sein, so ist sie doch die Bedingung der Welt und alles dessen, was in ihr wirklich ist" (BAUCH 1925, 14).

der Unvollkommenbarkeit verfolgt sie letztlich das Fragen nach dem „Warum des Zwecks" (NATORP 1974, 55). „Es mag nun der nächste Zweck wieder nur gewollt sein als Mittel zu einem ferneren, so richtet sich die Frage auf diesen, und wenn er wieder nur Mittel zu einem andern Zweck ist, auf den dritten, und so fort, und nicht eher kommt die Frage zum Stillstand, als man zu einem Zweck gelangt, der nicht mehr Mittel zu einem andern, sondern Endzweck ist" (ebd.).

Deutlich zeigt sich, dass es das Sinnganze ist, was NATORP mit der Idee meint. In der Idee verkörpert sich die Unbedingtheit des Bewusstseins, des Denkens und Wollens, jener maßgebende Richtpunkt, dem weder etwas vorausgesetzt werden noch nachfolgen kann. Die Idee ist unendliche Aufgabenbestimmtheit als Sollen, die in der Erfahrung niemals zum Abschluss gebracht werden kann, ohne aufzuhören, Idee, d.h. unbedingtes Seinsollen zu sein. Es ist „das Ziel des Strebens", welches „nicht im endlich Erreichbaren, sondern im Unendlichen liegt" (NATORP 1974, 65)[78], d.h. vielmehr im Unendlichen liegend gedacht bzw. vorausgesetzt werden muss. Dieses unendlich ferne Ziel, das zugleich Ursprung alles Seinsollens ist, wird zum Konstituens der NATORPschen Philosophie im Allgemeinen und als „Idee der Gemeinschaft" für seine Pädagogik im Besonderen.

Ausgehend von dieser allgemeinen Bestimmung der Idee wird deutlich, was es mit der „Idee der Gemeinschaft" auf sich hat. Damit kann nicht das Faktum als Mannigfaltigkeit von Menschen gemeint sein, keine zählbare Erfahrung, die den Menschen auf eine Operante reduzierte. Vielmehr ist mit der „Idee der Gemeinschaft" überhaupt nichts Empirisches gemeint[79], sondern ein Prinzip in zweifacher Bedeutung: Ursprung wie Zielpunkt alles Erfahrbaren. Im Sinne eines KANTschen

---

[78] „Streben ist Richtung; vergleichen wir sie also einer Richtung im Raume, so geht ja diese, eben als Richtung, notwendig ins Unendliche. So wird es auch mit dem Streben sein, es wird also ein Ziel nur haben in dem Sinne, daß das Ziel im Unendlichen liegt. Im endlich erreichbaren Ziel allerdings würde es ersterben. Es kann also nichts Endliches zum letzten, absoluten Ziel haben. [...] Aber wird damit das Streben nicht etwa ziellos? Im Gegenteil, es wird so erst recht zielvoll, nämlich es wird notwendig, nachdem ein (endliches) Ziel erreicht ist, sich ein neues setzen, stets es mit dem Vorbehalt wiederum, nachdem es erreicht ist, zu überschreiten, und so ins Unendliche" (NATORP 1974, 74).

[79] Da die „Idee der Gemeinschaft" an die „Idee der Menschheit" von KANT angelehnt ist, lässt sich mit KANT in diesem Kontext sagen: „Dieses Prinzip der Menschheit und jeder vernünftigen Natur überhaupt, als Zwecks an sich selbst [...], ist nicht aus der Erfahrung entlehnt, erstlich, wegen seiner Allgemeinheit, da es auf alle vernünftige Wesen überhaupt geht, worüber etwas zu bestimmen keine Erfahrung zureicht; zweitens, weil darin die Menschheit nicht als Zweck *der* Menschen (subjektiv), d.i. als Gegenstand, den man sich von selbst wirklich zum Zwecke macht, sondern als objektiver Zweck, der, wir mögen Zwecke haben, welche wir wollen, als Gesetz die oberste einschränkende Bedingung aller subjektiven Zwecke ausmachen soll, vorgestellt wird, mithin aus reiner Vernunft entspringen muß" (GMS, BA 70).

Fortschrittoptimismus' geht es auch NATORP um die Gemeinschaft als unendliche, unabschließbare sittliche Aufgabe. Bildung der Gemeinschaft wird gedacht als unendlicher Prozess, der nicht zu einem Abschluss kommen *darf*. „So wird die sittliche Ordnung des Gemeinschaftslebens zur ewigen Aufgabe, ihre Tugend zur Idee, d.h. zum bloßen Richtpunkt einer unendlichen Entwicklung" (NATORP 1974, 165). Mit der Voraussetzung der Gemeinschaft beginnt nicht nur alle Gemeinschaft, sondern unter dem leitenden Prinzip der Gemeinschaft wird Bildung zur Gemeinschaft als unendlicher Progressus des sittlichen Fortschritts gedacht. „Idee der Gemeinschaft" bedeutet demnach „Erhebung der ganzen Menschheit zur Höhe des Menschentums; [...] ihre Erhebung zur Höhe der Beurteilung alles Menschlichen aus dem Standpunkte der Idee" (NATORP 2007, 63). Die Gemeinschaft soll letztlich nach jenem Ziel streben, das in ihr selbst eben als Gemeinschaft angelegt ist, das sie jedoch niemals zu erreichen vermag, weil es das Ziel hinter jedem Ziel, das „letztletzte Ziel", mithin der Endzweck aller Zwecksetzungen ist. Der Richtpunkt der Gemeinschaft ist die Gemeinschaft selbst, sie soll zu jener werden, welche sie immer schon ist. In dieser „Richtung aber liegt Unendlichkeit, Richtung ist, als solche, unendlich" (NATORP 1920, 235). In Anlehnung an die NATORPsche Terminologie kann man dies auch als „Unendlichkeit des Strebens" bezeichnen.

Hörte man auf, so ist NATORP zu verstehen, die „Idee der Gemeinschaft" als unendliche Aufgabe, d.h. auf irgendeiner Stufe abschließbar zu denken, ihr den Charakter der Voraussetzung, der Unbedingtheit zu nehmen, so zerstörte man die Gemeinschaft, selbst in ihrem faktischen Vorkommen, so leugnete man jegliche Gemeinschaft der Menschen. Man setzte Vielheit, wo Einheit gefordert wäre. Die Idee der Vollendung der Menschheit in ihrem Menschentum, die Vollendung der Gemeinschaft gemäß ihrer Idee, ist konstituierend für jede pädagogische Theoriebildung, die davon ausgeht, dass die Wirklichkeit nicht so ist wie sie sein soll, d.h. die einsieht, dass die Wirklichkeit nicht sein soll wie sie ist. „Die Vollendung des Menschentums [...] schließt das Bewußtsein des unbegrenzt möglichen Fortschritts in jeder Richtung humaner Bildung wie in ihrer zentralen Vereinigung ein" (NATORP 1974, 211). Die „Idee der Gemeinschaft" darf nicht verwechselt werden mit einem sich selbst um des eigenen Fortbestehens bemühter Zusammenschluss von Menschen. Gemeinschaft ist nicht Zustand, sondern Aufgabe. Sie erfordert gemeinschaftliche Arbeit am sittlichen Fortschritt, der allein in der Bildungsbemühung gesehen werden kann.

Jedes Bemühen um Bildung, jeder pädagogische Prozess bleibt dennoch ‚nur' Annäherung an die Vervollkommnung der Idee. Da die „Idee der Gemeinschaft" in der Erfahrung nicht erreichbar bzw. abschließbar, nicht darstellbar ist, begründet sie das Sollen des Pädagogischen, das gemeinschaftliche Streben nach sittlichem Fortschritt, das allen Menschen, dem Ich und dem Du, als Aufgabe zugemutet werden muss, worin alle Bildung ihren Sinn erfährt wie sie diesen aus der „Idee der Gemeinschaft" erst schöpft. Dieses ‚Projekt' schließt notwendig jedes Ich in die Aufgabe mit ein. Kein Ausschluss kann hier statthaben, keine elitären Tendenzen dürfen hervorscheinen, ohne das ‚Projekt' zu gefährden.

Gemeinschaft ist für NATORP unendliche, d.h. seinsollende, erstrebenswerte und unabschließbare Aufgabe. Doch ist mit der Richtungsbestimmung der Gemeinschaft hin zur Gemeinschaft gemäß der „Idee der Gemeinschaft" noch kein konkreter Richtpunkt vorgegeben. Bei der Bestimmung der formalen Richtungsbestimmung folgt NATORP weiterhin KANTs „Idee der Menschheit" und der mit ihr verbundenen sittlichen Aufgabe. Diese findet sich ausschließlich im Sittengesetz. Damit ist für ihren „Gehalt nur eine unerläßliche, eben formale Bedingung gestellt; keine andere als die des »kategorischen Imperativs«, der Eignung zum allgemeingültigen Gesetz" (NATORP 1920, 167). Die Sozialpädagogik findet ihre Bestimmung im praktischen Imperativ: „An sich aber besteht sittliche Verpflichtung einzig gegen das sittliche Gesetz oder, will man einen mehr konkreten Ausdruck dafür, gegen die »Menschheit in der eigenen Person und in der Person jedes Andern«" (NATORP 1974, 237)[80]. Mit dieser formalen, unbestimmten Maßgabe wird die Aufgabenbestimmtheit verdeutlicht, die NATORP im tätlichen Streben nach dem Ideal der Gemeinschaft herausstellt. Das Sittengesetz kann nur in Akten verwirklicht, d.h. verbindlich gemacht werden, ohne es *in absoluto* zu erfüllen. Es bleibt Aufgabe für den Menschen, insofern in allen Akten, für alle Setzungen des Wollens Bindung bzw. Verbindlichkeit gefordert ist.

Obgleich sich das Sittengesetz an das Ich richtet, von diesem Anerkennung fordert, so muss es zugleich für die Gemeinschaft gelten, weil die Gemeinschaft in der von KANT postulierten Forderung notwendig eingeschlossen ist.

Im KANTschen Imperativ sieht NATORP *die* Versprachlichung seiner „Idee der Gemeinschaft", in ihm kommt das gemeinschaftsstiftende Moment, die Achtung vor dem anderen, die Anerkennung seiner Würde, am deutlichsten zum Ausdruck. Die Frage, „[w]arum dieser Maßstab gilt", macht für NATORP „so wenig Sinn zu fragen wie, warum der Satz des Widerspruchs gilt. Es gibt überhaupt keine Begründung, überhaupt kein Urteil mehr, wenn nicht dieser letzte Maßstab gilt; es ist widersinnig, eine Begründung zu fordern für einen Satz, der selbst die Vorausset-

---

[80] „Handle so, daß du die Menschheit, sowohl in deiner Person, als in der Person eines jeden andern, jederzeit zugleich als Zweck, niemals bloß als Mittel brauchest" (KANT GMS, BA 67).

zung jeder Begründung ist" (1974, 60). Darin sieht er die Grundlage einer Sozialpädagogik, die ihre Bezeichnung verdient. Im Sittengesetz sieht er die grundlegende Maßgabe gemeinschaftlicher Bildung, ja sozialen Lebens überhaupt, d.h. ein „nicht bloß in Zeit und Raum zugleich vorhandenes Dasein von Menschen, sondern geregeltes Zusammenwirken" (ebd., 148) gewährleistet. Indem das Sittengesetz überzeitliche Geltung beanspruche bzw. „außerhalb des ihm Unterstellten steht und diesem gegenüber selbständig ist" (ebd.), müsse darin der Richtpunkt allen Strebens, d.h. aller Bildung gesehen werden. In ihm ist die Idee als sittlicher Ausdruck verbürgt.

Die Erkenntnis des Sittengesetzes ist nur (oder bereits) durch praktische Vernunft möglich. Doch „[s]oll das sittliche Gebot mit innrer Wahrheit anerkannt und mit Freudigkeit ihm nachgehandelt werden, so setzt das den »Glauben«, d.i. nicht den vagen Gedanken, sondern die feste Zuversicht, das sichere Zutrauen voraus, daß seine Forderung auch für mich armen Menschen in bestimmtem Sinne erfüllbar ist, daß das Naturgesetz meines Wollens und Tuns zugleich dem Sittengesetz gemäß sein kann" (NATORP 2007, 46f). Die Anerkennung des Sittengesetzes fordert Bindung, sie ist in wahrstem Sinne Sinnstiftung. In der Bindung an die maßgebende Voraussetzung der „Idee der Gemeinschaft", die im Sittengesetz zum Ausdruck kommt, konstituiert sich der Sinn alles Pädagogischen; in diesem gemeinschaftlichen Akt vereinigt sich für NATORP das „Ziel des Lebens" (1907, 28)[81].

Im gemeinsamen bzw. gemeinschaftlichen Werk aller sieht NATORP den „Sinn des »Gesetzes«" (1920, 224) aufblühen. Mit der Anerkennung dieses Gesetzes, welche sich über die Einsicht in dessen Gültigkeit hinaus im bindenden und gebundenen Vollzug äußert, „ist aber auch das letzte berührt, was zum Bestand des Geistigen, also zur Menschenbildung noch gehört: R e l i g i o n" (ebd., 247).

Religion ist für NATORP „wirklich ein Leben, nicht bloß eine Lehre" (2007, 68). Es gilt, nicht bloß den Sinn der Gemeinschaft gemäß der Idee einzusehen, sondern diese Idee im Handeln für verbindlich zu erklären. Dies gilt zudem nicht vom Einzelnen, der hier nichts zu verändern vermag, obwohl es gleichsam allein beim Individuum seinen Anfang nehmen kann. Sondern die „Idee der Gemeinschaft" gilt als Forderung, als unendliches Streben, d.h. als Sinnstiftung, von der gesamten Gemeinschaft, letztlich von der Menschheit im Ganzen. Die Gemeinschaft muss sich selbst zum Sinn ihres Daseins bzw. ihres Bestehens machen – sich im Bemühen um Vervollkommnung ihres sittlichen Zusammenlebens bilden. Hierin schließt sich für NATORP die auf den ersten Seiten seiner Religionsschrift aufgeworfene

---

[81] Diesen Gedanken entlehnt er, duch Zitation kenntlich gemacht, PLATONs „*Politeia*".

Frage nach dem Verhältnis von Bildung und Religion. Nichts anderes steht in seiner Intention, als diese gegenseitige Abhängigkeit zu zeigen. In pathetischer Formel bringt er diesen bedeutsamen Aspekt in einer seiner Spätschriften auf den Punkt: „Es ist das ungeheure Wagnis des Heraustretens aus der ganzen Bindung des Orts- und Zeitzusammenhangs durch die Besinnung auf ein in der Tat Innerlichstes und Höchstes, durch den Rückgang, ich möchte sagen auf einen Nullpunkt, der nicht das Nichts, die Nichtigkeit, sondern den Quellpunkt besagt, aus dessen intensiver Unendlichkeit, Überendlichkeit der Strom des Lebens unversiegbar hervorquillt. Denn das bedeutet der Religion Gottheit: Ewigkeit des Lebens, Leben der Ewigkeit. Und zwar im Menschen, mitten in seinem zeiträumlichen Dasein, vielmehr Hiersein" (NATORP 1920, 185).

Unter der „Idee der Gemeinschaft" müssen alle Menschen zur Sinnstiftung, d.h. verbindlich machenden unendlichen Aufgabe fähig gedacht werden. Ohne die Voraussetzung der Bindungsfähigkeit bzw. Sinnstiftung, der Fähigkeit zum religiösen Vollzug, bliebe die Idee tatsächlich unwirklich, d.h. im eigentlichen Sinne nichtig. Jedes Ich ist zu diesem Vollzug gefordert, keines darf gemäß der „Idee der Gemeinschaft" davon ausgeschlossen bleiben. Religion ist für NATORP somit „eigentlich die letzte Zuspitzung [...] zur innerlichsten Einung von Seele zu Seele" (1920, 245).

Umgekehrt ist der Vollzug der Sinnstiftung allein in der Gemeinschaft möglich, sofern der Sinn eben als „Idee der Gemeinschaft" nur in gemeinschaftlicher Stiftung, in der Wechselwirkung von Bewusstsein und Bewusstsein zur Einheit gebracht werden kann. Es sei „wahrhafter Weise gar nicht möglich, sein Leben vom Leben der Gesamtheit loszulösen" (NATORP 2007, 80), weshalb sich Sinnstiftung auch nur in der Gemeinschaft vollziehen könne. Religion setzt die Gemeinschaft der Menschen „ohne weitere Bedingung" voraus, wie sie zugleich „sich allzeit gemeinschaftsbildend" erweist (NATORP 1974, 323).

Mit der Grundlegung der Sozialpädagogik durch die „Idee der Gemeinschaft" zeichnet sich die Sinnperspektive alles Pädagogischen und damit das dependente Wechselverhältnis von Bildung und Religion ab. Nach NATORP haben alle pädagogischen Bemühungen unter dieser Maßgabe in bindender bzw. verbindlicher Anerkennung zu stehen. Bildung und Religion zeigen sich als in der Vermittlung von Ich und Gemeinschaft aufeinander verwiesene und verweisende Vollzüge. Für die Verhältnisbestimmung von Ich und Du bzw. von Ich und Gemeinschaft können zwei Voraussetzungen festgehalten werden: Erstens sind Ich und Gemeinschaft im Vollzug der Bildung aufeinander verwiesen. Das Ich bildet sich nur in der Gemeinschaft, denn „das Selberwollen erstarkt am Mitwollen des Anderen und mit dem

Anderen" (NATORP 1974, 221), während die Gemeinschaft nur aus gebildeten Einzelnen bestehen kann, die den Wert der Gemeinschaft als unendliche Aufgabe einsehen. Zweitens sind Ich und Gemeinschaft auf die „Idee der Gemeinschaft" verwiesen, die nur in allseitiger Sinnstiftung, d.h. in gemeinschaftlicher Bindung den Bestand der Gemeinschaft wie ihrer Glieder, verstanden als unendlich sittlichen Progress, sichert. In diesem religiösen Vollzug „soll [...] das vertiefte Bewußtsein und die energische Betätigung der Gemeinschaft entstehen; soll ein Gemeindeleben sich gestalten" (ebd., 218).

2.1.2 Verhältnis von Ich und Gemeinschaft – Gerechtigkeit oder Liebe?

Durch die einheitstiftende „Idee der Gemeinschaft" ist das Verhältnis von Ich und Gemeinschaft grundgelegt. Den Bildungsprozess zur Anerkennung dieser Maßgabe entfaltet NATORP systematisch in einem vierschrittigen ‚Verfahren'. Zunächst gliedert er sowohl den individuellen als auch (analog dazu) den gemeinschaftlichen Gang gemäß den drei Aktivitäten des Ich: Trieb, Wille, Vernunftwille. In Anlehnung an die drei PLATONschen „Seelenteile"[82] expliziert er eine „Folge von Stufen der Aktivität" (NATORP 1974, 73), die ausgehend von dem dem Empirischen verhafteten Trieb über den Regel setzenden Willen bis hin zum konzentrierenden Vernunftwillen voranschreitet, welcher sich „zum schlechthin übergeordneten Standpunkt des unbedingt Gesetzlichen" (ebd., 82) zu erheben vermag[83].

---

[82] HENSELER irrt, wenn er die Vermutung äußert, dass sich NATORP bei der Dreiteilung der menschlichen Aktivität an eine übersteigerte trinitär-religiöse Vorgabe PESTALOZZIs anlehne (vgl. 2000, 65). NATORP schreibt sogar explizit zu seiner Vorlage: „Die Analogie dieses Gedankens mit dem, welchem Plato folgte, als er aus den drei »Seelenteilen« seiner Psychologie die drei Stände des Staats ableitete, drängt sich unmittelbar auf" (1974, 155). Beiläufig erwähnt er, dass „auch bei Plato die Ableitung im letzten Grunde nicht psychologisch, sondern objektiv" sei. „Seinen psychologischen Einteilungen liegen ethische Unterscheidungen zu Grunde" (vgl. ebd., 107 und v.a. 1907, 25ff).

[83] „Das Verhältnis der drei Stufen ist dieses: Trieb bezeichnet nur das Vorhandensein einer Tendenz überhaupt, d.h. Richtung der Aktivität auf irgend ein Ziel, ohne Bewußtsein einer streng festzuhaltenden, jede Ausweichung verbietenden Einheit der Richtung; auf der Stufe des Willens tritt dies Bewußtsein hinzu, es fehlt aber noch die Einsicht, daß, wie wir früher sagten, jede Richtung ins Unendliche weist, es fehlt die Messung des einzelnen, empirischen Wollens an dem nicht mehr empirischen Ziel des unbedingt Seinsollenden; die dritte Stufe fügt noch dies hinzu; die Beziehung aufs empirische Objekt bleibt zwar, aber das Bewußtsein des Wollenden haftet nicht mehr an diesem, sondern erhebt sich darüber zum schlechthin übergeordneten Standpunkt des unbedingt Gesetzlichen" (NATORP 1974, 82).

Jede Aktivität ist mit Ausblick auf die „Idee der Gemeinschaft", auf die unendliche Forderung des Seinsollenden, auf eine je zu erreichende Tugend gerichtet. Im „System der individuellen Tugenden" zielt der Trieb auf Reinheit bzw. Maß, der Wille auf Tapferkeit bzw. sittliche Tatkraft und die Vernunft auf Wahrheit (vgl. NATORP 108ff). Parallel dazu zielen die Aktivitäten des sozialen Lebens auf analoge Tugenden. In der Systematik NATORPs stellt sich dieser Stufengang wie folgt dar:

Individuelle Dimension der Bildung

Grundformen der Aktivität	Trieb	Wille	Vernunft
Momente der Grundformen	Arbeit	Regelung	Kritik
Zielperspektive/ Tugend	Reinheit	Tapferkeit	Wahrheit/ Wahrhaftigkeit

Soziale Dimension der Bildung

Grundformen der Aktivität	sozialer Trieb	sozialer Wille	soziale Vernunft
Momente der Grundformen	Arbeitsgemeinschaft	gemeinschaftliche Willensregelung	öffentliche Kritik
Zielperspektive/ Tugend	gleichheitliche Organisation der Arbeit	Einstehen für Gesetzlichkeit	Wahrhaftigkeit
Soziale Organisationen	das Haus	die Schule	freie Selbsterziehung im Gemeinleben

Der Stufengang schreitet fort von der Bändigung des Triebes in der Arbeit und deren gemeinschaftlicher Organisation über die Maßregelung des Willens zum Wohle der Gemeinschaft bis hin zur vernünftigen Einsicht, zur Kritik. Alle Stufen stehen dabei unter der „Idee der Gemeinschaft", um derentwillen sie durchschritten werden.

Endlich ‚kulminiert' der Bildungsprozess in der Kardinaltugend, der Gerechtigkeit, deren Wesen darin schon vollständig enthalten sei, „daß alles, was an sich sittlich gefordert ist, gleichsam noch einmal, in der Tat in neuem, erweitertem Sinne gefordert wird im Sinne der Gemeinschaft" (NATORP 1974, 130)[84]. Darin erschöpft sich nach NATORP das ganze Geschäft des Pädagogischen. Gerechtigkeit lässt sich nicht analytisch unter individueller oder gemeinschaftlicher Perspektive unterscheiden, sondern verbindet vielmehr den Übergang beider Bereiche. Sie ist als das Ziel der Bildung jener Brennpunkt, in dem sich das Individuelle und Soziale in der „Idee der Gemeinschaft" aufheben. „In der Tat kommt dieser Tugend eine eigenartige Stellung zu. Sie ist aus der Reihe der individuellen Tugenden nicht zu streichen, aber sie bezeichnet nur die der Gemeinschaft zugewandte Seite der individuellen Tugend, den Sozialcharakter des Sittlichen, sofern er eine Grundlage in der Individualität doch haben muß. Sie liegt somit gleichsam auf dem Punkte des Übergangs von der individualen zur eigentlich sozialen Tugend, der Tugend der Gemeinschaft als solcher" (ebd., 107).

Während gemeinschaftliche Arbeit, gemeinsinnige Willensregelung und öffentliche Kritik als pädagogischer Stufengang notwendige Bedingungen auf dem Weg zu einem Leben in Gemeinschaft sind, so bezeichnet die Gerechtigkeit das gemeinschaftliche Leben in der Gemeinschaft selbst. Zu ihr führen die Aktivitäten des Ich weniger hin, als sie vielmehr in der Gerechtigkeit aufgehoben sind, d.h. zu ihrer Einheit gelangen[85]. Mit der Tugend der Gerechtigkeit ist jener Punkt des Bildungsprozesses erreicht, der von der „abstrakteren zur immer konkreteren Gestaltung des Sittlichen" (NATORP 1974, 130) hinreicht.

Dabei ist Gerechtigkeit bereits der „Idee der Gemeinschaft" inhärent. Sie ist die Voraussetzung für das Moment der Gleichheit, welches die Idee in sich führt[86]. Für

---

[84] Angesichts dieser vier Tugenden, die gleichsam als pädagogische Stufenfolge verstanden werden müssen, weiß man sich nicht nur an PLATON, sondern auch an den vierstufigen „Bildungsprozeß" KANTs erinnert. Seine Folge ausgehend von der Disziplinierung des Sinnlichen, über die Kultivierung des Verstandes, die Zivilisierung der Urteilskraft, bis hin zur Moralisierung durch das höchste Vermögen der Vernunft, kann nicht zufällig parallel zu den Ausführungen NATORPs gelesen werden.

[85] „So zeigt es sich in der Tat: sofern die Regelung des Trieblebens in Arbeit und Genuß im Interesse der Gemeinschaft gefordert ist, wird sie zu einer der hauptsächlichsten Forderungen der Gerechtigkeit; ebenso Tapferkeit, sofern sie der Gemeinschaft dient, sofern sie besagt, daß jeder an seinem Posten, in seiner um der Gemeinschaft willen nötigen Betätigung aushalten und seine Sache nicht im Stich lassen soll, ist eine Pflicht der Gerechtigkeit; endlich Wahrhaftigkeit im Verhalten zum Anderen, Ehrlichkeit, Redlichkeit, wechselseitige Treue hat man von jeher zur Gerechtigkeit gerechnet; ihre Verletzung ist nicht nur persönliches, sondern soziales Unrecht" (NATORP 1974, 130).

[86] „Das Moment der Gleichheit, das im Begriffe der Gerechtigkeit unfraglich liegt, ist nur hieraus [aus der „Idee der Menschheit" KANTs als gültiger Maßgabe aller Sittlichkeit] klar zu verstehen" (NATORP 1974, 132). NATORP begeht hier einen logischen Fehler, indem er die Tugend der Gerechtigkeit dem „Moment der Gleichheit" voraussetzt. Wenn das „Moment der Gleichheit" Bestandteil der „Idee der Gemeinschaft" sein soll, so wäre eine Umkehrung

die erfahrbare Welt, d.h. in der Empirie, ist „Gleichheit eine Fiktion, [ein] kaum berechtigter Wunsch" (NATORP 1974, 132). Allein in der sittlichen Vorstellung, d.h. in ethischen Kategorien, ist Gleichheit keine Utopie, sondern Gesetz, d.h. Voraussetzung.

Die Frage kann nicht lauten, ob dieser Mensch aufgrund seiner Hochbegabung stärker zu fördern, dieser aufgrund seiner Lernschwächen zu vernachlässigen sei; ob dieser aufgrund seines tadellosen Benehmens von jedem sittlichen Schaden ausgenommen werden soll, jener aufgrund seines schlechten Betragens ausnahmslos zu verurteilen sei. Gleichheit bzw. Gerechtigkeit heißt: Allen das Gleiche und jedem das Seine. Nie nur erstere, nie nur zweite Forderung, sondern immer beides. Gleichheit bedeutet Gemeinschaftsaufgabe, den Menschen immer als Glied der Gemeinschaft sehen. „Auch noch dem unheilbar Schlechten gegenüber (wenn es einen solchen gibt) bedeutet Gerechtigkeit, die wir ihm schulden: daß er für seine Schlechtigkeit nicht durchaus als Einzelner verantwortlich zu machen ist; daß auch jeder der sich besser glaubt, sich seiner Mitschuld an aller in der Gemeinschaft, der er zugehört, vorhandenen Schlechtigkeit bewusst sein muß" (NATORP 1974, 132). Das Verhältnis muss unter der Perspektive der Gerechtigkeit gerade umgekehrt werden: Da jedes Ich bildsam gedacht werden muss, „so besteht […] die Verpflichtung, allen an sich gleiche Möglichkeit zur Ausbildung ihrer Fähigkeiten zu schaffen" (ebd., 134)[87]. Dabei stelle sich jedoch, so NATORP, „eine Art umgekehrte Proportion heraus: […] Die Formel, daß dem Bessern Besseres gebühre, dem Schlechteren Schlechteres, versagt hier völlig; diese Proportion wäre hier schrei-

---

des Verhältnisses von Idee und Tugend logisch unstatthaft, da eine Tugend niemals eine Idee konstituieren kann, sondern alleine auf die Idee gerichtet sein muss. Andernfalls würde die Tugend selbst zur Idee, was für die Gerechtigkeit durchaus denkbar, in diesem konkreten Kontext allerdings nicht gemeint ist. Die Kritik verschärft sich, wenn NATORP im Folgenden tatsächlich von der „Idee der sittlichen Gleichheit" spricht (NATORP 1974, 134). Die für NATORP eher untypische unpräzise Begriffsverwendung führt in diesem letzten Fall zu logischen Missverständnissen bzw. Missverhältnissen.

[87] Es ist eher ungewöhnlich, hier den Begriff „Ausbildung" zu lesen. Vermutlich war NATORP die Unterscheidung von „Bildung" und „Ausbildung" nicht so bewusst, wie dies heute von Bildungstheoretikern stets zu Recht betont wird. Erstaunlich ist es in diesem Kontext dennoch, da NATORPs pädagogischer Hauptgewährsmann PESTALOZZI bereits in Bildung und Standesbildung differenzierte und davon auszugehen ist, dass NATORP sehr wohl von dieser Unterscheidung wusste: „Allgemeine Emporbildung der inneren Kräfte der Menschennatur zu reiner Menschenweisheit ist allgemeiner Zweck der Bildung auch der niedrigsten Menschen. Übung, Anwendung und Gebrauch seiner Kraft und Weisheit in den besonderen Lagen und Umständen der Menschheit ist Berufs- und Standesbildung. Diese muss immer dem allgemeinen Zweck der Menschenbildung untergeordnet sein" (vgl. PESTALOZZI 1927, 270f).

endste [sic!] Ungerechtigkeit, sie würde sagen: Wer hat, dem wird gegeben, und wer nicht hat, dem wird auch noch genommen, was er hat" (ebd.).

Gerechtigkeit als „umgekehrte Proportion" fordere vielmehr, dass dem Weniger-Besitzenden mehr zuteil werde als dem, der schon viel hat. Wieder bedeutet Gleichheit nicht Gleichmachung, Kollektivismus, sondern Gerechtigkeit als Ausdruck gemeinschaftlicher Sinnstiftung. Indem die Gemeinschaft als unendliche Bildungsgemeinschaft, d.h. als Aufgabengemeinschaft zu sittlichem Fortschritt gedacht werden muss, steht sie unter dem Postulat der Gerechtigkeit. Diese fordert gleichheitliche Behandlung aller ihrer Glieder; nicht im Sinne der Kompensation, nicht insofern sich die Pole von guten und schlechten Gliedern in ihrem Mittel aufhöben, sondern als gemeinschaftsstiftendes Streben nach dem unendlichen Richt- und Zielpunkt, welcher darin seinen Ausdruck findet, dass jedes Glied, jeder Mensch als Zweck an sich selbst gesehen wird. Im KANTschen Imperativ ist Gerechtigkeit im beschriebenen Verständnis unbedingte Forderung. Bereits in PLATONs „*Politeia*" ist sie diejenige vierte, die drei anderen vereinigende Tugend, welche das Individualleben und Gemeinschaftsleben in der Idee aufhebt. Grundsätzlich kann sie sowohl bei PLATON als auch bei NATORP als die Tugend schlechthin bezeichnet werden. In der Tugend der Gerechtigkeit kommt KANTs praktische Forderung, d.h. das Moment der Gleichheit, erst voll zum tragen. In ihr geht der „gute Wille" völlig auf[88].

Unter der Maßgabe der Gerechtigkeit muss nach NATORP das ganze Gemeinschaftsleben, mithin die Bildung, der Bildungsprozess, stehen, sofern von wahrer Gemeinschaft die Rede sein soll. Gerechtigkeit gilt prinzipiell, soll gelten, ist unbedingt seinsollend. Mit ihrer Einsicht sind Sittlichkeit und somit Fortschritt im Sinne KANTs erst möglich. Scheinbar ist mit der Gerechtigkeit jene Maßgabe der Verhältnisbestimmung alles Pädagogischen gefunden. Und doch ist sie weit entfernt von der Religion, ist sie doch „mit der Klarheit der sittlichen Einsicht" (NATORP 1974, 135), also mit der praktischen Vernunft, dem Vernunftwillen bzw. Wollen verbunden, nicht mit dem Gefühl.

Auf der Ebene des Triebes stellt sich für NATORP „die ethisch interessante Frage nach dem Verhältnis zwischen Gerechtigkeit und Liebe" (NATORP 1974, 137). Diese Frage erschließt sich aus dem Zusammenhang der naturtriebigen, leidenschaftlichen Ungerechtigkeiten der Sympathie und Antipathie, des blinden Hasses und der blinden Liebe. Diese Gefühlspole sind es, die der Gerechtigkeit zuwider

---

[88] „Es ist überall nichts in der Welt, ja überhaupt auch außer derselben zu denken möglich, was ohne Einschränkung für gut könnte gehalten werden, als allein ein guter Wille" (KANT GMS, BA 1)

laufen, d.h. die Gerechtigkeit zugunsten der Unreinheit des Trieblebens opfern. Doch wenn von einer „blinde Liebe" die Rede ist, „so setzt man voraus, daß es auch eine sehende gibt" (NATORP 1974, 137), welche nicht weit von der Gerechtigkeit entfernt liegen könne. In der Gegenüberstellung von Gerechtigkeit und Liebe sieht NATORP einen Widerspruch: „Soll Liebe der höchste Ausdruck gegenseitiger Sittlichkeit sein, so muß sie offenbar besagen, den unerschütterlichen Willen zur Gemeinschaft. Dann ist die höchste Liebe die, welche die Gemeinschaft im höchsten, d.i. im sittlichen Sinne will; die sittliche Tugend der Gemeinschaft aber ist die Gerechtigkeit" (ebd.). Synonym also können beide Begriffe nicht sein, da es unsinnig ist, zwei Begriffe für dieselbe Sache zu gebrauchen, sondern es muss der Liebe „noch etwas Eigentümliches" anhaften, etwas Distinktives, das sie von der Gerechtigkeit unterscheidet. Diesen „Beisatz" sieht NATORP im „Gefühl", sogar in einem „starken Beisatz von Gefühl", d.h. in der „Wärme des Gefühls für den Anderen" (ebd., 137)[89], durch welchen man letztlich in den Bereich der Religion tritt.

NATORP verweist darauf, dass es „besonders die christliche Ethik" war und ist, „die den Begriff der Liebe an die Spitze gestellt hat" (1974, 137) und immer noch stellt, um gleich darauf das konfessionelle ‚Intermezzo' durch die Eros-Thematik bei PLATON abzulösen. In ersterem Verständnis sei die Liebe zwar in ihrer Notwendigkeit erfasst und als wertvoll zu beurteilen, doch laufe man durch die (gefühlsbedingte) Unmöglichkeit, (Nächsten-)Liebe „anbefehlen" zu können, Gefahr, sie „nach der Art der gemeinsamen »Sympathie« zu verstehen, von der man nicht erst aus Hume zu lernen braucht, daß sie wie die physikalische Anziehung mit der Entfernung abnimmt, oder wie ein chemischer Stoff sich mit der Ausbreitung verdünnt" (ebd., 138).

In PLATONs „*Symposion*" findet sich dagegen ein weit ‚unbeweglicherer', sich affektiver Schwankungen durchaus widerständig zeigender Liebesbegriff. In der Nacherzählung einer Unterhaltung mit der Priesterin DIOTIMA lässt PLATON seinen SOKRATES gegenüber dessen Vorrednern Stellung beziehen. Der Eros „geht auf das Schöne" (204d), er ist jedoch nicht schön, sondern „weder schön [...] noch gut",

---

[89] Die Anlehnung an KANT ist kaum zu übersehen: „Nächst dem Instinkt zur Nahrung, durch welchen die Natur jedes Individuum erhält, ist der Instinkt zum Geschlecht, wodurch sie für die Erhaltung jeder Art sorgt, der vorzüglichste. Die einmal rege gewordene Vernunft säumte nun nicht, ihren Einfluß auch an diesem zu beweisen. Der Mensch fand bald: daß der Reiz des Geschlechts, der bei den Tieren bloß auf einem vorübergehenden, größtenteils periodischen, Antriebe beruht, für ihn der Verlängerung und sogar Vermehrung durch die Einbildungskraft fähig sei [...] Weigerung war das Kunststück, um von bloß empfundenen zu idealischen Reizen, von der bloß tierischen Begierde allmählich zur Liebe, und mit dieser vom Gefühl des bloß Angenehmen zum Geschmack für Schönheit, anfänglich nur an Menschen, dann aber auch an der Natur überzuführen" (Anfang, A 9).

nicht „hässlich oder schlecht" (201e), „sondern etwas [...] zwischen beiden"
(202b)[90]. SOKRATES saß dem Irrtum auf, Eros bzw. Liebe, „sei das Geliebte, nicht
das Liebende", weshalb ihm Eros „so wunderschön" erschien (203e). Mit der „Liebe" meint PLATON jedoch nicht den Gegenstand des Gefühls, sondern die
Verhältnisbestimmung des Liebenden zu eben dem Geliebten. Liebe sei nicht
schön, sondern gehe „auf das Schöne" (204d). In weiteren logischen bzw. syllo-
gistischen Ausführungen, in denen das Schöne durch das Gute ersetzt wird, gelangt
SOKRATES durch die Führung DIOTIMAs zu der Einsicht, dass die Liebe, die größte
und heftigste, d.h. die einzig wahre Liebe „im allgemeinen jedes Begehren des Guten und der Glückseligkeit" (205d) sei. Alle Menschen, sofern sie in Besitz des
Guten, in Besitz der Glückseligkeit gelangen wollen, sind Liebende. Die Relationsbestimmung zu dem allen gemeinsamen Sinn kann nur „*Liebe*" genannt werden.
Während die Relation der Gemeinschaftsglieder zueinander durch Gerechtigkeit
bestimmt sein *soll*, so ist diese angesichts der allen gemeinsamen Anerkennung der
Idee durch Liebe konstituiert. In der Liebe drückt sich jene tätliche Anerkennung
des gemeinschaftlichen Sinns, d.h. des Gemeinschaftslebens selbst aus, die auf der
Beziehungsebene als Gerechtigkeit bezeichnet wird. Der Eros ist bei PLATONs
SOKRATES jene Verhältnisbestimmung des Ich zur Idee, folglich jenes Verhältnis,
das alle sich Bindenden in ihrer Bindung bestimmt und vereinigt. So strebt die Liebe „von bloß individualer zu gemeinschaftlicher, zuletzt menschheitlicher Bedeutung", „in seiner höchsten Energie gedacht", „letztlich zur Höhe der Menschheit"
hinauf. Ihr „Ziel ist eben »das« Gute selbst und an sich, nicht die einzelne, noch so
edle Person; die bloß persönliche Liebe soll zuletzt ganz aufgehen in die stärkste,
ewigste Liebe, die nur das an sich Schöne, das Schöne der sittlichen Idee in uns zu
entzünden fähig und würdig ist" (NATORP 1974, 139). PLATON bringt NATORPs
Liebesbegriff auf die sichere Bahn eines zwar einerseits gefühlvollen, doch keineswegs emotionalen Begriffes. Die Liebe ist damit „nichts andres als der T r i e b d e r
G e m e i n s c h a f t , in allen Gestalten, bis zur höchsten, der rein sittlichen Gemeinschaft" (ebd.).

Grundsätzlich stimmt die Liebe darin mit der Gerechtigkeit überein, dass sie
Grundlage eines Gemeinschaftsverhältnisses „der inneren Einigkeit" ist. Auch die
Liebe ist auf die Vervollkommnung der „Idee der Gemeinschaft" gerichtet, sie
schafft die Grundvoraussetzung für die Gemeinschaft als Bildungsgemeinschaft.
Ihr herausragendes Kennzeichen ist jedoch dies: „daß das Sittliche, als Quell der
Gemeinschaft, das g a n z e menschliche Leben bis zu seiner sinnlichsten Wurzel

---

[90] Da der Eros weder Gott noch Mensch sei, so müsse er ein Dämon sein, so DIOTIMA in ihrer
weiteren Erklärung.

herab durchdringen, daß es sich bis auf das Triebleben und nicht auf den Willen und Vernunft allein erstrecken kann und soll" (NATORP 1974, 139). In der Liebe gründet somit die Gerechtigkeit zeitlich wie logisch, sofern auch die Aktivitäten des Ich als Stufengang angesehen werden müssen: vom Trieb über den Willen zur Vernunft. Wenn Liebe der Trieb der Gemeinschaft ist, dann bildet sie die Grundlage aller ihr folgenden Stufen.

Gerechtigkeit und Liebe stehen bei NATORP nicht etwa im Widerstreit, sie streiten nicht um die Relationsbestimmung von Ich und Gemeinschaft. Vielmehr sind sie verschiedenen Geltungsgebieten innerhalb der Relationsbestimmung zuzuordnen. Das Gemeinschaftsleben soll allein „nach Gesetzen der Gerechtigkeit" (NATORP 2007, 55) gewährleistet werden. Wenn jedoch gefragt würde, was diese Gesetze in ihr Recht setze, so findet sich dafür nur die „Teilnahme an der Gemeinschaft selbst" (ebd.) als die durch Liebe begründete und begründende Gemeinschaft, die das sichere Fundament für eine nach den Regeln der Gerechtigkeit sich vollziehende Gemeinschaft darstellt. Während die Gerechtigkeit als vollkommener sittlicher Umgang das Gemeinschaftsleben regeln soll, so begründet die Liebe erst eine Relation in Gleichheit und Gerechtigkeit als Verhältnisbestimmung unter der „Idee der Gemeinschaft". Was von NATORP als Trieb der Gemeinschaft postuliert wird, den es in dem Stufengang der menschlichen Aktivitäten zu entfalten und in Gerechtigkeit zu ‚verwandeln' gilt, ist zugleich die Relationsbestimmung der Menschen unter der Idee. Die Liebe ist somit Grundlage des Gemeinschaftslebens überhaupt, gar aller Gemeinschaft. Mit der Liebe beginnt folglich alle Bildung wie sie in jener bestimmt wird. Letztlich ist alle Bildung in Gemeinschaft „durch Gemeinschaft, durch menschliche Gemeinschaft, durch die Gemeinschaft der Liebe" (NATORP 2007, 109) bestimmt. In diesem Sinne wird die Religion, die im Gefühlsleben ihren Platz behauptet, zur maßgebenden Praxis für die Relationsbestimmung im gemeinschaftlichen Bildungsprozess. Denn Religion setzt „die Gemeinschaft von Menschen und Menschen, ohne weitere Bedingung, völlig unabhängig von Rang, Stand, Geschlecht, Volkstum und allem, was sich sonst noch trennend zwischen Mensch und Mensch schiebt, schlechthin voraus, nicht als abstrakten Satz oder bloße historische Reminiszenz, sondern als immerwährende, heute wie je lebendige und gegenwärtige Tatsache" (ebd., 68). In der Religion, d.h. im religiösen, sich bindenden und verbindlich machenden Vollzug ist die Gemeinschaft als „Gemeinschaft der Liebe" erst in ihrer Voraussetzung verbürgt. PLATONs Staatslehre gibt hiervon eindeutiges Zeugnis (vgl. NATORP 2004, 507f).

Von PLATONs Eros-Gedanken entlehnt NATORP seinen Begriff der Liebe, denn bei jenem erfährt die Liebe die „religiöse Weihe" (NATORP 2004, 505), die v.a. im

„*Staat*" und „*Gastmahl*" „geradezu als Pädagogik, als ins rein Geistige übertragene Pädogonie verstanden werden" kann (ebd., 507). Bei PLATON sieht NATORP den Eros als „Allvermittelnden", der letztlich gar vor Logos und Psyche zwischen ‚reinem Sein' und ‚reinem Nichtsein' zu vermitteln vermag[91]. In der Liebe gründet das Streben nach der Idee, Liebe bestimmt das Verhältnis der Gemeinschaft in ihrer Bindung an die „Idee der Gemeinschaft". In dieser ‚Funktion' ist sie zugleich maßgebend für den Bildungsprozess, insofern sich dieser nur in Gemeinschaft vollzieht, d.h. in letzter Konsequenz ist die Liebe auch maßgebend für die Relationsbestimmung des Pädagogischen. Durch Liebe muss das Verhältnis der Menschen im Bildungsprozess als bestimmt gedacht werden. „Und so ist ja PLATOS »Staat« vor allem und zuletzt Erziehungsstaat, eben als solcher aber ganz vom Eros regiert" (ebd., 507). In der Liebe sind Individuum und Gemeinschaft als unendliche Aufgabengemeinschaft in der „Idee der Gemeinschaft" bzw. in Gleichheit vereint. Für NATORP „rückt nun der Eros ganz nah an unseren Begriff Religion" (ebd., 508)[92], insofern sich in der Liebe die unendliche Aufgabengemeinschaft, d.h. die sinnstiftende Bindungsgemeinschaft mit dem endlichen Individuum vereint. In der Liebe verknüpft sich „das getrübte Bewußtsein des seinem Ursprung innerlich entfremdeten Endlichen" mit dem „Ueberendlichen, Totalen" (ebd.), d.h. Individuum und Gemeinschaft verschmelzen im religiösen Vollzug zu ihrer Einheit, die sie immer schon bilden.

In dieser Gültigkeitsregion hebt sich die Liebe von der Tugend der Gerechtigkeit ab. Liebe ist keine Tugend, sie ist nicht sittlich zu fordern, sie kann von keinem Sollen begründet werden. Liebe ist für NATORP vielmehr die Grundlage aller sittlichen Gemeinschaftsforderung. Mit ihr und in ihr „fällt dann auch die gänzliche Isolierung des religiösen Individuums" (NATORP 2007, 109). In der Liebe vollzieht sich die Bildung nicht als gerechtes Gesetz, sondern mit der Liebe können Bildung und somit Gerechtigkeit erst anheben. Liebe hat nach NATORP jeder pädagogischen Relation von Ich und Du, von Schüler und Lehrer, Zögling und Erzieher erst vorauszugehen, so dass Gerechtigkeit folgen kann. Während Gerechtigkeit die Fol-

---

[91]   „Über diese, immer noch im Bereiche der Geteiltheit verbleibende Einheitsfunktion der Erkenntnis hinaus liegt aber, als letzter, selbst schlechthin ruhender, schlechthin einiger Grund der Einheit selbst, durch den Beides, die Erkenntnis und das erkennbare, nämlich irgendwie noch bedingte, teilhafte »Sein« erst begründet wird, erst das letztlich Eine, das also seinerseits nicht mehr in den Bereich des Logos, der Erkenntnis, oder allenfalls nur in deren äußerste Grenze fällt, die zugleich die äußerste Grenze der Psyche, als Entwicklung in die Bewegung, in den Gegensatz der Selbigkeit und Andersheit ist" (NATORP 2004, 504).

[92]   „Doch ist von platonischer »Religionsphilosophie« darum nicht zu reden, weil von Religion im so verstandenen Sinne das Ganze seiner Philosophie nicht bloß durchsetzt, sondern damit völlig Eins ist" (NATORP 2004, 509).

ge von Bildung ist, ist Liebe ihre logische Voraussetzung. Bildung, verstanden als das unendliche, gemeinschaftliche Streben gemäß der „Idee der Gemeinschaft", ist durch die Liebe in ihrem interpersonalen Verhältnis von Ich und Du erst vollständig und grundlegend bestimmt. Hier endet auch die Untersuchung der NATORP-schen Systematik mit der Einsicht in den dependenten Zusammenhang von Bildung und Religion. Mit der Liebe schließt sich jene leere Stelle der Relationsbestimmung zwischen Ich und Gemeinschaft, die auch durch die Tugend der Gerechtigkeit nicht geschlossen werden kann, da Gerechtigkeit nicht voraussetzungslos die pädagogische Ich-Du-Beziehung begründen kann. NATORP erkannte diese ‚Schwachstelle', vornehmlich aus der Analyse und Interpretation der Schriften PLATONs, und bediente sich dessen Eros-Gedanken. In diesem ist Liebe keine Irrationalität, sondern ein Gefühl des bloß Humanen, Kulturhaften, „alles seinem Lieblingsgegenstande Verwandte und Angehörige auch [zu] lieben" (PLATON Politeia, 485c). Was für PLATON die Wahrheit, ist für NATORP zugleich der Mensch, die menschliche Gemeinschaft als Repräsentant der Wahrheit. Es gilt, die „Idee der Gemeinschaft" zu lieben, d.h. das Moment der Gleichheit anzuerkennen. Die Idee lieben heißt gleichsam, das Du jederzeit zugleich als Zweck an sich selbst anerkennen, weil es wie ich bindungsfähig bzw. sinnstiftend ist. In der Liebe gründet nach NATORP die Gemeinschaft als sinnstiftende Bildungsgemeinschaft, wird sie notwendig zur „Gemeinschaft der Liebe" (2007, 109). Bildung setzt Liebe voraus, um sich im gemeinschaftlichen Sinn zur Gerechtigkeit erheben zu können.

2.1.3 Konklusion

Die problemgeschichtliche Analyse würde zu kurz greifen, wenn sie nicht die kritische Frage erheben würde, inwieweit die Überlegungen NATORPs für den darzulegenden Zusammenhang von Bedeutung sind. Zwar kann vorausgesetzt werden, dass bei allen drei Pädagogen – NATORP, HÖNIGSWALD und PETZELT – der grundlagentheoretische Charakter dieser Arbeit bereits in Zügen vorweggenommen wurde, doch bliebe eine unkritische ‚Übernahme' der Erkenntnisse bloße Naivität. Es gilt demnach nochmals in je einem gesonderten Abschnitt die Gedanken klarer zu fassen, in ihren Möglichkeiten und Grenzen zu überschauen, um daraus die prinzipiellen Folgen beurteilen und für den weiteren Gang fruchtbar machen zu können.

Bildung ist nach NATORP orientiert an einer Idee, an der „Idee der Gemeinschaft". „Die Erfüllung dieser Forderung, d.i. die Einführung der Idee in die Wirklichkeit des Menschendaseins, ist das Thema einer höheren Pädagogik", die NATORP „Sozialpädagogik" nennt (2007, 62). Diese Idee wird zum ganzen Sinn aller Bildung, somit aller sich an diesen Sinn bindenden, diesen für verbindlich erklärenden Menschen. Es kann kein Zweifel daran sein: kein Mensch kann von dieser Sinnstiftung exkludiert werden, sofern er Mensch ist. Da sich das Menschsein nach NATORP nur in Gemeinschaft vollzieht, insofern die Gemeinschaft nur Gemeinschaft der Individuen ist, gibt es keine Ausnahme von diesem gemeinsamen, besser: gemeinschaftlichen Sinn.

Alle Gemeinschaft vollzieht sich für ihre vorausgesetzte Idee der Gemeinschaftlichkeit bzw. Gemeinschaft, d.h. für Sinn, für Unendlichkeit. Wenn Gemeinschaft Idee, d.h. Sinn ist, dann ist sie auch stets unendliche Aufgabe. Faktische Gemeinschaft ist immer Aufgabengemeinschaft, orientiert an ihrer vollkommenen Idee als vorausgesetzte Maßgabe. Bildung stellt den Vollzug dieses Strebens dar. Im Bildungsprozess vollzieht die Gemeinschaft den Weg zu ihrer Vervollkommnung, jederzeit in der Gewissheit, diesen Zielpunkt niemals erreichen zu können. Die Idee verbürgt das Streben als zeitlichen Verlauf. Die Gemeinschaft, d.h. jedes Ich, kann nie ausgebildet sein, sofern dies das Aufgehen der Zeit in der Unendlichkeit bedeutete. In der Erfahrung findet sich keine Unbedingtheit. Sie ist immer nur im Werden begriffen, im Prozess der Bildung. Bildung wird damit selbst Forderung, Sollen als Aufgabe; sie kann nicht von empirischen Zwecken geleitet werden, ohne ihre Sinnperspektive aufzugeben, der mit der „Idee der Gemeinschaft" und somit mit der „Idee der Menschheit" gesollt ist. Bildung vollzieht sich nicht für Zwecke, sondern für den Menschen als Selbstzweck, für die Menschheit in ihrer Selbstzweckhaftigkeit.

In der maßgebenden Voraussetzung der Idee, im Sinn der Gemeinschaft, ist die faktische Gemeinschaft immer zugleich Bildungsgemeinschaft, Aufgabengemeinschaft, nie bloß *Aus*bildungsgemeinschaft, nie bloß endliche Gemeinschaft. „Es lässt sich eine äußere Darstellung der seinsollenden sittlichen Ordnung und damit Gemeinschaft denken, die [...] in Freiheit, rein aus dem Ausdrucksbedürfnis [...] hervorbricht. Eine allgemeine Festfeier etwa, die ganz ihren Sinn erfüllte, die aus wahrer Einheit der Gesinnung flösse, würde davon einen Begriff geben. Sie würde sich, auch bei allem Verzicht auf religiöse Bedeutung, wohl unwillkürlich dem Vorbild einer religiösen Feier anschließen, oder einzelne Züge wenigstens, die auf dem religiösen Grunde ursprünglich erwachsen sind, gleichsam atavistisch bewahren" (NATORP 1974, 211).

Mit der apriorischen Bestimmung der Gemeinschaftsidee gewinnt zugleich pädagogisches Handeln seine Sinnperspektive. Vervollkommnung der Gemeinschaft kann nur durch Bildung erreicht werden. Indem Gemeinschaft sich selbst als Idee aufgibt, eröffnet sich nicht bloß die Möglichkeit von Bildung, sondern geradezu ihre Notwendigkeit im Sinne eines unbedingten Sollensanspruchs. Während keine Pädagogik die Gemeinschaft ausblenden kann, so kann umgekehrt die Gemeinschaft niemals auf pädagogische Maßnahmen verzichten. Einerseits kann der Mensch nur in der Gemeinschaft unterrichtet und erzogen werden, andererseits fordert die Gemeinschaft gerade im Hinblick auf ihre ideelle Vervollkommnung unterrichtet und erzogen zu werden. Gemeinschaft ist nicht nur logischer Ursprung der Bildung (*archè*), sondern auch deren unendlicher Richtpunkt (*télos*). In der Gemeinschaft sieht NATORP jene Sinnperspektive, die pädagogisches Handeln erst sinnvoll macht, und in der Bildung sieht er jenen Prozess, der den Weg zu diesem Ziel erst ermöglicht. Oder anders: Weil Gemeinschaft sein soll, soll zugleich auch Bildung sein. Und weil Bildung sein kann, kann auch Gemeinschaft sein.

Die Gemeinschaftsidee ist zeit- und raumunabhängige Voraussetzung. Das Moment der Gleichheit ist ihr somit inhärent. Wenn NATORP von Gemeinschaft spricht, so ist stets die gesamte Menschheit gemeint, unabhängig von Alter, Geschlecht, Ethnie, Konfession usf. Im Sinne der gemeinschaftlichen Sinnstiftung, d.h. aller zur Bindung fähigen Individuen, ließe sich auch von einer „Religion der Menschheit" (NATORP 2007, 53) sprechen. Bildung der Gemeinschaft als endlicher Vollzug, der sich für die Unendlichkeit der „Idee der Gemeinschaft" vollzieht, ist immer zugleich religiöser Vollzug. Die pädagogische Relation, die zwischen Ich und Gemeinschaft, die notwendig zwischen Ich und Du herrscht, muss daher religiösen Charakter tragen. NATORP sieht sie in der Liebe begründet. „Und wenn nun Liebe, wenn Gemeinschaft das Wort dieses Ideals ist [...], so ist das Ideal sittlich und ist menschlich, wenn es noch so sehr den Menschen der Idee dem Menschen, wie er leider ist, [...] gegenüberstellt" (ebd., 17).

NATORP verortet die Liebe auf der untersten Stufe der menschlichen Aktivität, im Triebleben des Menschen. Von dort aus soll sie, mit Auszeichnung und Abgrenzung gegenüber der Gerechtigkeit, den Bereich der pädagogischen Relationalität grundlegend bestimmen, d.h. zum „Trieb der Gemeinschaft" werden. Ebenso wie bei PLATON richtet sich die Liebe nicht ausnahmslos auf den Nächsten im Sinne der gefühlsmäßigen Neigung, sondern erwächst aus der Annahme der gemeinschaftlichen Bindung an die „Idee der Gemeinschaft". Aufgrund dieser Annahme ist Liebe nicht bloß gerichtet auf die Gemeinschaft, sofern diese jederzeit als Gemeinschaft der Menschen gedacht werden muss. Vielmehr wird dieses Menschsein der Gemeinschaftsglieder erst in der gemeinsamen Sinnstiftung offenkundig. Liebe ist nicht unmittelbar gerichtet auf jedes Gemeinschaftsglied, auf das Du, sondern im Sinne PLATONs ist sie „Mittler" zwischen Ich, Idee und Du. Nur sofern das Du dem Ich in der Bindung an die „Idee der Gemeinschaft" verwandt ist, somit als Angehöriger der ideellen Gemeinschaft erkannt werden kann, richtet sich die Liebe gleichsam auf das Du[93].

Für PLATON stellt der Eros nicht einen Bereich „»innerhalb«, doch ebensowenig außerhalb, sondern genau in – nicht den Grenzen, sondern der Grenze des Menschentums" (NATORP 2004, 512) dar. In der gemeinschaftlichen Sinnstiftung wird die Liebe mittelbar zum (religiösen) Band des pädagogischen Verhältnisses, das jeder sittlichen Verhältnisbestimmung zugrunde liegt. In dieser Stellung gewinnt die Liebe gegenüber der Gerechtigkeit nicht nur zeitlichen, sondern gar logischen Vorrang, da jedes interpersonale Verhältnis aus der Liebe entspringt. Wenn die Liebe auf der Stufe des Trieblebens statthat, um von dort sich im Willen und Vernunftwillen zur Gerechtigkeit zu erheben, dann wird der Grundlagencharakter, den NATORP der Liebe beimisst, erst in seiner Bedeutsamkeit für die pädagogische Relationsbestimmung deutlich.

Fraglich ist allerdings, weshalb NATORP der Liebe nicht auch einen prinzipiellen ‚Status' einräumt. Gerade weil das pädagogische Verhältnis nicht zur Liebe streben, sondern sich zur Gerechtigkeit erheben soll, spricht er sich bewusst gegen PLATONs Eros-Gedanken aus, der in der Liebe nicht nur *arché*, sondern zugleich *télos*, d.h. „Trachten nach dem Ganzen" (Symposion, 192e) und „Verlangen nach der Rückkehr zur ursprünglichen Einheit" sah. Bei PLATON stellt sich die Unterscheidung von Liebe und Gerechtigkeit schärfer dar.

Die Tugenden wie Gerechtigkeit, Besonnenheit und Tapferkeit sind bei ihm im Eros vereint, aufgehoben, so dass die Liebe mit dem Streben zum Wahren, Guten und Schönen gleicherachtet werden kann, ohne selbst schon wahr, gut und/oder schön zu sein. Nach PLATON gilt: Liebe *ist* – ist „letzte Grenze" (NATORP 2004, 512) des Gemeinschaftsverhältnisses bzw. Bildungsverhältnisses schlechthin. Liebe ist dann auch Liebe zur Gerechtigkeit, ohne selbst schon gerecht zu sein. Liebe ist Voraussetzung, Gerechtigkeit ist Idealfall; Liebe ist Bedingung, Gerechtigkeit ist Forderung. Während Gerechtigkeit gefordert, argumentativ *ein*gefordert werden kann, lässt sich die Liebe nicht anbefehlen.

In diesem Punkt folgt NATORP seinem Vorbild PLATON nur bedingt. Für ihn bleibt die Liebe auf der Ebene des Trieblebens stehen, bestimmt die pädagogische

---

[93] Nochmals lässt sich wiederholend der Gedanke PLATONs aus der „*Politeia*" anführen: „Nicht nur wahrscheinlich, Freund, sondern ganz notwendig wird, wer in irgend etwas von Natur verliebt ist, alles seinem Lieblingsgegenstande Verwandte und Angehörige auch lieben" (485c).

Relation in erster Linie im häuslichen Umfeld, d.h. vornehmlich zwischen der Mutter und ihrem Kind. Für den weiteren Bildungsprozess gilt für NATORP dann das pädagogische Handeln aus Pflicht, aus Einsicht in die sittliche Forderung der Gerechtigkeit, unter der alle Bildung bestimmt sein soll. Die Grenze des Pädagogischen zeigt sich dann dort, wo keine Gerechtigkeit mehr herrscht, wo sie nicht eingelöst oder aufrechterhalten werden kann. Mit dieser Voraussetzung kommt NATORP wieder auf KANT zurück, der bemerkt, „daß der Mensch nur durch Menschen erzogen wird, durch Menschen, *die ebenfalls erzogen sind*" (Päd., A 8 – Hervorh. T.M.), ohne an dieser Stelle der Systematik über ihn hinauszugehen.

Die „Gemeinschaft der Liebe" erfährt bereits auf der zweiten Stufe der menschlichen Aktivitätenleiter, d.h. im Übergang vom Triebleben zur Willensaktivität, eine Zäsur, indem die Liebe von der Tugend der Gerechtigkeit abgelöst wird, ohne sich in der „Gemeinschaft der Liebe" zu vervollkommnen. Mit dieser Zäsur ‚erleidet' auch die NATORPsche Systematik einen Bruch. Es ist nicht einsehbar, wie die je unterschiedlichen Relationsbestimmungen nahtlos ineinander übergehen sollen, d.h. wie die Liebe als mittelbare Relationsbestimmung durch die Unmittelbarkeit der Gerechtigkeit abgelöst werden kann. Liebe ist Relationsbestimmung durch gemeinsame Sinnstiftung, vermittelt über die „Idee der Gemeinschaft". Gerechtigkeit dagegen ist sittliche Forderung, Tugend, die durch unmittelbare Einsicht in den praktischen Imperativ, den anderen jederzeit zugleich als Zweck anzusehen, das Verhältnis bestimmen soll. Dort ideelle, hier ideale Verhältnisbestimmung; einerseits Mittelbarkeit, andererseits Unmittelbarkeit – ein nahtloser Übergang ist widersinnig.

Folgt man den PLATONschen Eros-Reflexionen v.a. aus dem „*Gastmahl*", dann muss davon ausgegangen werden, dass die Liebe die Bedingung der Möglichkeit aller idealen Verhältnisbestimmung zwischen Ich und Gemeinschaft ist. In der Liebe, die NATORP ja auch als „Trieb der Gemeinschaft" kennzeichnet, gründet jede sittliche Forderung zur Gestaltung eines sozialen Verhältnisses. In ihr ist das „Moment der Gleichheit" keine Forderung, die es anzuerkennen gilt, sondern vielmehr bereits tätliche Anerkennung. Die Liebe kennzeichnet jene pädagogische Relationsbestimmung, in der Gleichheit erst ermöglicht wie zugleich gefordert wird. Im Stufengang des individuellen und gemeinschaftlichen Lebens bei NATORP ist dieser Voraussetzungscharakter bereits angedeutet, ohne in seiner vollen Konsequenz expliziert worden zu sein. Zu sehr ist die Systematik auf den psychologischen Stufengang in PLATONs „*Staat*" gerichtet, auf die dort entfalteten sozialen Tugenden, um der Liebe in ihrem bedingenden, d.h. maßgebenden Charakter einen größeren Stellenwert zuzubilligen, denn als Relationsbestimmung auf der Ebene des Triebes.

Nichtsdestotrotz ist es das Verdienst NATORPs, den dependenten Zusammenhang von Bildung und Religion für die Relationsbestimmung von Ich und Gemeinschaft dargestellt zu haben. In seiner gesamten Systematik zeigt er, „[d]aß Religion in solchem Sinne mit der Humanität und der menschlichen Gemeinschaft nicht in Konflikt kommt, sondern als wesentlicher Bestandteil darin eingeht" (NATORP 2007, 52). Für die Analyse bleibt festzuhalten, dass die Liebe als Relationsbestimmung zwischen Ich und Gemeinschaft maßgebenden Charakter trägt. Denn die „lieblose Gerechtigkeit isoliert mehr als selbst ungerechte, parteiische Liebe", das „Gemeinschaft nicht bloß gedacht und gewollt, sondern im Gefühl unmittelbar erlebt sein" will (ebd., 51). Die Liebe darf nicht als triebhafte Neigung, als gedankenlose Hingabe an das Du missverstanden werden. Sie ist jene vorausgesetzte Relationsbestimmung, die in der gemeinschaftlichen Sinnstiftung, in der „Idee der Gemeinschaft" Ich und Du, d.h. alle Gemeinschaftsglieder in ihrer Bindung, in ihrem Ichsein vereint. Nur durch Liebe zur „Idee der Gemeinschaft", die zugleich Liebe zu jedem Glied der Gemeinschaft ist, lässt sich nach NATORP die „Erhebung der ganzen Menschheit zur Höhe des Menschentums" (ebd., 62) verwirklichen.

2.2 Richard HÖNIGSWALD – Pädagogik der Geltung

Weshalb sich eine problemgeschichtliche Analyse der Systematik Richard HÖ-NIGSWALDs im Hinblick auf die Verhältnisbestimmung von Bildung und Religion unter didaktischem Aspekt anbietet, wird auf den ersten Blick befremden. Die pädagogischen Konzeptionen z.b. von COMENIUS[94] oder Otto WILLMANN[95] hätten sich an dieser Stelle eindeutiger gezeigt. Allein es ist der Anspruch dieser Arbeit, von aller durch konfessionelle Implikationen beherrschten Theorie zu einer Betrachtung prinzipiellen Verständnisses des zu untersuchenden Verhältnisses zu gelangen. Damit soll der Gefahr entgangen werden, von der Zeit, d.h. von der Erfahrung eingeholt und möglicherweise an der Stelle des Gedankengangs durch den Einzelfall widerlegt zu werden, wo prinzipielle, d.h. allgemeingültige Angelegenheiten verhandelt werden. Es wird sich zeigen, dass eine Analyse des Systementwurfs von HÖNIGSWALD unter diesem Gesichtspunkt fruchtbare Momente bietet.

HÖNIGSWALDs Begriff des Pädagogischen „ist beschlossen in dem Sachverhalt der Überlieferung eines bestimmten Wahrheits- beziehungsweise Geltungsbestandes von einer Generation an die nachfolgenden durch die Vermittlung der zeitlich nächsten" (HÖNIGSWALD 1927, 25). Das gesamte Geschäft der Pädagogik erschöpft sich in der Reflexion sowie in dem Vollzug der Überlieferung von Inhalten im Generationenverhältnis. Diese Überlieferung ist einerseits „bestimmt durch die Inhalte des Kulturbestandes, d.h. durch das, *was* überliefert werden soll, zum andern ist sie gekennzeichnet durch die zeitlichen Akte der Vermittlung von Generation zu Generation, d.h. dadurch, *wie* überliefert werden soll" (SCHMIED-KOWARZIK 1995, 99).

---

[94] COMENIUS' pädagogisches Engagement sowie folglich seine Systematik der Lehrgüter sind aus dem Aufruf der Bibel motiviert (vgl. 2000, 13). Die „rechte Unterweisung (institutio)" in die Schöpfungsordnung stellt den einzigen, neben dem es „keinen wirksameren Weg zur Besserung der menschlichen Gebrechen gibt", dar (ebd.). Die Systematik richtet sich weniger nach methodischen Gesichtspunkten, als vielmehr nach der Ordnung der Schöpfung Gottes aus der Heiligen Schrift, auf welche die Methode von COMENIUS erst appliziert wird.

[95] Für WILLMANN war die Theologie neben Philologie, Mathematik und Philosophie ein fundamentales Element der Bildung (vgl. 1909, 336ff). „Wenn das philologische, insbesondere altklassische Elemet die äthetischen Zwecke der Bildung vertritt, Mathematik und Philosophie deren Zusammenhang mit der Wissenschaft sichern, so ist das theologische Element auf die sittlich-religiösen Zwecke der Bildung unmittelbar gerichtet, ohne doch des ästhetischen und wissenschaftlichen Wertes zu entbehren" (ebd., 386). Bei ihm wird die Zusammenhangsbestimmtheit von Bildung und Religion nicht als notwendig-begriffliche Einheit vorgestellt, sondern Religion für sittliche Zwecke *verzweckt*. Durch katechetische und liturgische Inhalte soll der Bildungsprozess für Sittlichkeit „empfänglich" machen (ebd., 389).

Da dem „Wie?", d.h. der Methodik, in der Systematik Alfred PETZELTs nachgegangen werden soll, so ist mit dem ersten Aspekt des „Was?" der Bereich der Didaktik angesprochen. HÖNIGSWALD geht es explizit um die Analyse jener Voraussetzungen, die jedweden Inhalt der Überlieferung als pädagogisch notwendig und sinnvoll erweisen lassen[96]. Die Didaktik, verstanden als die Theorie der Bildungsinhalte, war ihm somit weder ein von der Pädagogik abgesonderter noch nebenstehender Bereich, sondern vielmehr im Verbund, d.h. in der Einheit mit der Methodik *die* Aufgabe, auf die sich systematische Reflexion beziehen muss.

Das „Was?" des Bildungsprozesses wird von HÖNIGSWALD in seinem Begriff der Pädagogik prägnant als „Wahrheits- beziehungsweise Geltungsbestand" gekennzeichnet. Der Terminus „Geltung" nimmt somit für die didaktischen Reflexionen HÖNIGSWALDs eine ausgezeichnete Stellung ein. Ohne eine genauere Einsicht in das, was HÖNIGSWALD unter Geltung versteht, ist weder ein Verständnis seiner theoretischen Grundlegung der Theorie der Lehrgüter noch ein Verständnis der damit verbundenen Implikation der Religion möglich. Für HÖNIGSWALD steht notwendig fest, dass der Begriff des Lehrguts[97] und somit derjenige der Bildung untrennbar mit dem Begriff der Geltung verbunden sind. „Wo es auch sein mag, überall erweist sich die Idee der Pädagogik als bestimmt durch das fundamentale Motiv der Geltung. Denn Geltung ist es, Geltungsbedingungen gemäß bestimmtes Gültige, was pädagogisch übermittelt wird, was einen Akt der Überlieferung überhaupt erst zu einem pädagogischen macht, als einen pädagogischen Akt kennzeichnet" (HÖNIGSWALD 1927, 63).

HÖNIGSWALD selbst charakterisiert den Begriff der Geltung nicht explizit, sondern er setzt stets voraus, was darunter verstanden werden muss. Angesichts der problemgeschichtlichen Analyse kann die Definition von HÖNIGSWALDs Freund

---

[96] In seinen kritischen Analysen geht es ihm stets um die Herausstellung jener Voraussetzungen oder was dasselbe bedeutet: jener „Grundbegriffe" wissenschaftlicher Pädagogik, die der pädagogischen Praxis zugrunde liegen. HÖNIGSWALD wusste um die Herausforderung, der er sich mit dem Terminus „Grundbegriffe" aussetzte, stellen diese doch in philosophischer Tradition solche Begriffe dar, hinter die nicht weiter zurückgegangen werden kann, d.h. die nicht weiter ‚aufgedröselt' werden können. So treten seine Untersuchungen mit dem Anspruch auf, diejenigen Begriffe zu analysieren, „an deren Bedingung *alle* Pädagogik gebunden ist" (HÖNIGSWALD 1966, V – Hervorh. T.M.).

[97] HÖNIGSWALD verwendet die Begriffe „Erziehungsgut" bzw. „Lehrgut" und „Kulturgut" synonym. Dies liegt daran, dass für ihn auch der Begriff der Pädagogik untrennbar mit dem Kulturbegriff in Zusammenhang steht (vgl. WITSCH 2008). „So erweist sich das Kulturgut als ideeller Mittelpunkt der pädagogisch bestimmten Gemeinschaft. Es ist in diesem Belang Lehr- und Erziehungsgut" (HÖNIGSWALD 1927, 63). Im Folgenden wird dem Leser zugemutet, das in der Zitation auftretende Wort „Kulturgut" ebenfalls zugleich als „Lehrgut" zu synonymisieren.

und ‚geistigem Verwandten' Bruno BAUCH[98] zu Rate gezogen werden. Dieser bestimmt Geltung als „überzeitlichen Wahrheitsgehalt" (1930, 10), d.h. im Begriff der Geltung kommt ein Moment zum Tragen, das als allgemeiner Anspruch auftritt, einerseits über das Zeitpunkthafte hinaus wahr zu sein, andererseits – nicht zugleich, sondern zudem – nicht nur für den Einzelnen, sondern prinzipiell für alle gültig zu sein. Geltung meint also überzeitlichen, ich-unabhängigen, d.h. objektiven, allgemeingültigen Wahrheitsanspruch[99]. Die Zusammenhangsbestimmung des Begriffs des Lehrguts bzw. der Pädagogik überhaupt und des Begriffs der Geltung beruht freilich nicht auf Beliebigkeit. Wenn sich Bildung im Geschäft der Überlieferung von Lehrgütern zwischen den Generationen erschöpft, dann müssen Lehrgüter alleine deshalb Geltung beanspruchen können, d.h. gültig sein, weil sie als Ungültigkeiten nicht allgemein einsehbar, oder was dasselbe ist, nicht ich-unabhängig, folglich nicht überlieferbar wären. Wie kann eine Generation den nachfolgenden in Vermittlung der zeitlich nächsten überliefern, dass die Summe der Winkel eines Vierecks nicht weniger noch mehr als exakt 360° ergibt? Wer den Gedanken der Geltung aus dem Begriff des Lehrguts bzw. der Pädagogik überhaupt verbannen wollte, der gerät bereits in Verlegenheit, wenn er erklären müsste, wie alleine eine Generation in den Besitz nur eines einzigen Lehrgutes kommen kann, geschweige denn, wie sich nur ein einziges überliefern ließe[100]. Da dem Worte „Lehrgut" bereits sein Ziel, d.h. seine Bestimmung immanent ist, nämlich, dass es gelehrt werden soll und v.a. *kann*, dann kann die Zusammenhangsbestimmung von Lehrgut und Geltung kaum bezweifelt werden. Daher kann mit HÖNIGSWALD zusammenfassend formuliert werden: Das Wesen der Bildung „lässt sich mit einer zusammenfassenden Wendung kurz kennzeichnen als Abbildung von Geltungsansprüchen auf die Zeit. Was aber heißt das? Es soll das Verhältnis dessen, was Gegenstand der unterrichtlichen und erzieherischen Übermittlung an andere ist, zu den Akten der Übermittlung selbst ausdrücken" (HÖNIGSWALD 1927, 86).

---

[98] In der Einleitung der zweiten Auflage seiner Pädagogikschrift schreibt HÖNIGSWALD: „Von einer ausdrücklichen Bezugnahme auf die Literatur ward, wenigstens in größerem Ausmaße, auch in der zweiten Auflage, nicht zuletzt wegen der hier noch schärfer betonten systematischen Absichten, Abstand genommen. Sollte aber der Verfasser die Philosophen und philosophischen Pädagogen nennen, denen er sich besonders dankbar verpflichtet fühlt, so würden für ihn die Namen Bruno Bauch, Theodor Litt und Hermann Johannsen in die erste Reihe zu stehen kommen" (1927, 9).

[99] Norbert MEDER definiert „Geltung in Ansehung des Urteils" im Werk HÖNIGSWALDs folgendermaßen: „Der Urteilssinn kennzeichnet das Was-Sein des Gegenstandes, das Ist als die Form des Urteils, die Einheit des Sinnes, d.h. dessen Eindeutigkeit" (1975, 23).

[100] „Überlieferung aber heißt dieses Tun, weil und sofern es der Forderung genügt, daß ein »jetzt« für gültig Gehaltenes von anderen übernommen, festgehalten und des Weitergebens für würdig erachtet werden möge" (HÖNIGSWALD 1927, 25).

Ersetzt man den Begriff des Lehrgutes durch den Begriff des Wissens, und nichts anderes meint HÖNIGSWALD mit „Wahrheits- beziehungsweise Geltungsbestand", dann wird die Sachlage noch eindeutiger. Der Ausdruck „Wissen" bedeutet gerade, dass prinzipiell jedermann darum muss wissen *können*. Im Sinne KANTs ist mit Wissen ein subjektiv und objektiv zureichendes Fürwahrhalten gemeint, d.h. zugleich ein konkretisierter Geltungsanspruch, der zwar auf das Ich bezogen bleibt, doch zugleich auch unabhängig von den je und je auftretenden Subjektivismen Anerkennung fordert[101].

Eben diesen normativen Anspruch, der mit dem Begriff der Geltung verbunden ist, formuliert HÖNIGSWALD mit radikaler Schärfe. „Man fühlt, daß der Bestand der Geltung, wie selbstgenugsam er an sich auch sein möchte, die volle Entfaltung seines Wesens erst mit der Erfüllung einer F o r d e r u n g erreicht. Erst in der tatsächlichen Anerkennung seiner Ansprüche scheint er sich gleichsam zu verwirklichen und damit endgültig den Bestand zu gewinnen: es ist die »Bestimmung« der Wahrheit, tatsächliche Anerkennung zu finden" (HÖNIGSWALD 1927, 33).

Zwei Momente der Geltung lassen sich daraus ableiten: erstens, dass Geltung prinzipiell anerkannt werden *kann*, insofern dem jeweiligen Geltungsanspruch Allgemeingültigkeit bzw. Ich-Unabhängigkeit zukommt; zweitens ist damit bereits immer die Forderung verbunden, dass Geltung anerkannt werden *soll*, sofern sich das Geschäft der Pädagogik in der Überlieferung innerhalb des Generationenverhältnisses vollzieht[102].

Für HÖNIGSWALD ist „die Idee pädagogischer Überlieferung streng genommen nur ein anderer Ausdruck für die Forderung der tatsächlichen Anerkennung eines Gültigen: die Bedingungen dieser letzteren enthalten zugleich die Voraussetzungen für jene" (HÖNIGSWALD 1927, 62). Darin zeigt sich auch in seiner Systematik das Charakteristikum bzw. die unbedingte Voraussetzung des Bildungsprozesses: ihr Aufgabencharakter, das unendliche Streben nach einer vorausgesetzten Maßgabe. Auch für ihn ist Bildung nur als „immerwährende Aufgabe" denkbar (ebd., 60). „Denn mit dem Sinn jeder pädagogischen Betätigung untrennbar verknüpft ist die Idee einer »H ö h e r b i l d u n g« der Gemeinschaft, an der, für die, oder in deren Mitte sie vollzogen wird" (ebd., 99)[103].

---

[101] Im Folgenden kann demnach für den Begriff „Lehrgut" stets auch „Wissen" gelesen werden.

[102] „Pädagogisches Verhalten erfüllt, wie es sich in mannigfacher Hinsicht an die Funktion der Geltung knüpft, auch die Bedingungen der tatsächlichen Anerkennung des Gültigen. Es sind die Bedingungen des Vollzugs der Anerkennung und sie schließen den Gedanken an »jemanden«, als an das Subjekt dieses Vollzugs, ein" (HÖNIGSWALD 1927, 61f).

[103] Im Aspekt der „Höherbildung" wird gleichsam der Zusammenhang von Pädagogik und Kultur deutlich. „Ja auch »Kultur« ist [...] nichts anderes als eben jene systematische Wechsel-

Ohne an dieser Stelle näher auf den entfalteten Bedingungs- und Begründungs-zusammenhang von Gemeinschaft, Verständigung bzw. vielmehr vom Problem der Sprache als Medium der Verständigung in der Gemeinschaft und der Pädagogik eingehen zu müssen, werden religiöse Tendenzen offenkundig. Diese gilt es nun, anhand der HÖNIGSWALDschen Grundlegung einer Theorie der Lehrgüter näher darzulegen und in ihren Konsequenzen für die Verhältnisbestimmung von Bildung und Religion zu entfalten.

Zunächst soll geklärt werden, ob und wie sich der Charakterzug des Glaubens, verstanden als *capacitas infinita* bzw. *unitas uniens*, in der Didaktik findet (2.2.1). Wie steht das Prinzip des unendlichen Fassungsvermögens zu einer Theorie der Lehr-güter? Kann eine Voraussetzung denknotwendig bestimmt werden, die sowohl dem Ich als der prinzipiellen Möglichkeit, alles zu lernen, als auch einer einenden Einheit aller Lehrgüter gerecht wird? Von dieser Bestimmung hängt es ab, ob die Religion in ihrem Regulativ des Glaubens auch mit dem unterrichtlichen Bereich, explizit mit dem der Didaktik zusammenhängt. Danach wird in der HÖNIGSWALDschen Systematik nach jenem Aspekt gefragt werden, der als unbedingt vorausgesetzte Maßgabe angesehen werden kann, welche Bindung bzw. Verbindlichkeit erfordert und zugleich unendliche Aufgabenhaftigkeit gewährleistet (2.2.2). Welches ist die unbedingte Voraussetzung einer didaktischen Theorie? In einer Kritik sollen die Ergebnisse resümiert und auf ihre Möglichkeiten und Grenzen befragt werden (2.2.3).

2.2.1 Konzentration als Einheit der Lehrgüter

In seinen der Grundlegung der Didaktik zuzuordnenden Reflexionen geht es HÖNIGSWALD darum, jene Voraussetzungen zu bestimmen, welche die „Gesamt-heit des [...] zu vermittelnden »Wissens«" (1917, 207) als Einheit der Lehrgüter sowohl für die didaktische Theorie als auch für die unterrichtliche Praxis garantiert.

---

bezogenheit des Wertes »menschlicher Höherbildung« und der Werte, durch die er selbst, e-ben als Wert, bedingt erscheint" (HÖNIGSWALD 1927, 100). Für HÖNIGSWALD „erscheint der Faktor Zeit [...] unerläßliches Moment des Kulturbegriffs", welcher dieser gerade keine „Re-lativierung", sondern „Ewigkeit" verleiht, indem Zeit die Kultur in vorausgesetzter Ziel-perspektive der Höherbildung „auf die Höhe zeitloser Geltung" erhebt (HÖNIGSWALD 1927, 100). Da Kultur in diesem Verständnis nicht bloß zeitpunkthaft, sondern allemal im Werden begriffen ist, indem sie als Aufgabe der Höherbildung verstanden wird, ist sie selbst unend-lich.

Mit anderen Worten fragt er nach jenem Prinzip, von dem her sich jede Didaktik erst begründen lässt.

„Daß die verschiedenen Lehrfächer »zusammenhängen«, in bewußter Beziehung aufeinander zu behandeln seien oder doch mindestens so behandelt werden können, ist ein allbekanntes und ernsthaft kaum jemals bezweifeltes Verhalten" (HÖNIGSWALD 1917, 208). Gleichsam gibt es „keine Wissenschaft, die schlechthin isoliert dastünde; keine, die ihre methodische Eigenart ohne jegliche Beziehung auf andere Wissenschaften zu entfalten vermöchte. Es offenbart sich darin ein Verhältnis von geradezu grundlegender Bedeutung: der Umstand, daß alle Wissenschaften miteinander in der Einheit eines mannigfach gegliederten Systems verknüpft sind" (ebd., 17). Dieser Selbstverständlichkeit vorausgesetzter didaktischer (System-)Einheit wird man spätestens in der Unterrichtspraxis gewahr, in der die einzelnen Fächer und Wissenschaftsdisziplinen tatsächlich, d.h. als Sachen der Tat, gelehrt bzw. unterrichtet werden. Auch die Schlagworte didaktischer Theorien wie „Exemplarität", „Integrativität", „Mehrperspektivität", „Interdisziplinarität" sowie die Normierung von Curricula, Lehr- und Bildungsplänen geben hiervon Zeugnis.

Was tatsächlich als Einheit immer schon (scheinbar) voraussetzungslos und unbezweifelbar praktiziert wird, das wird von HÖNIGSWALD radikal in seinem Legitimationsanspruch und -zusammenhang untersucht. Das Faktum der praktizierten Interdisziplinarität, d.h. die tatsächliche Durchführung und Verbindung verschiedener Geltungsgebiete, ist noch kein Beweis dafür, dass alle Fächer und Disziplinen denknotwendig ‚zusammengehören', in einer einenden und einigen Einheit aufgehoben werden können bzw. aufgehoben sind. Wenn sich in der Analyse der Möglichkeiten und Grenzen herausstellen sollte, dass die verschiedenen Geltungsgebiete zwar in der praktischen Unterrichtsgestaltung als zusammenhängend gelehrt würden, der Zusammenhang jedoch theoretisch nicht rational legitimierbar wäre, so entpuppte sich jede didaktische Theorie und gleichsam alle Unterrichtsgestaltung zur bloßen Phantasterei, zum bloßen Aktivismus. Schule verkäme zu einem Konglomerat der Interessensmächte, Unterricht verkäme zu einem sinnlosen Treiben, das Denken würde zerpflückt, Bildung folglich verunmöglicht. Daher erscheint es HÖNIGSWALD von größter Bedeutung, die Legitimation dieser Einheit zu erbringen, sie in ihren Bedingungen zu analysieren, um dadurch pädagogischer Theorie und Praxis ein Fundament zu verleihen.

Pädagogisches Handeln kann sich nicht selbst legitimieren, d.h. Praxis kann nicht durch praktische Beweise gerechtfertigt werden, wenn nicht blindlings einem reinen „Funktionieren" das Wort geredet werden soll[104]. Hierfür ist eine theoretische Analyse erforderlich. So kann auch die praktizierte Verbindung bzw. Einheit von Fächern und Disziplinen nicht ohne theoretische Begründung, was Besinnungslosigkeit bedeutete, gerechtfertigt werden. Denn „weit strittiger schon und in ihren näheren Beziehungen weit weniger übersichtlich sind die Gründe solcher Variation [der Lehrfächer in ihrer praktizierten Einheit – T.M.]. Vollends ungeklärt aber er erscheinen die Bedingungen, von denen einerseits der sachliche Zusammenhang der Wissenschaftsgebiete, andererseits und in Beziehung auf solchen Zusammenhang, die Möglichkeit eines einheitlichen, »konzentrierenden«, pädagogischen Verhaltens beherrscht werden" (HÖNIGSWALD 1927, 208).

Was mit der Frage nach den Bedingungen der Möglichkeit der Einheit der Lehrfächer bzw. Lehrgüter angesprochen ist, liegt fernab von dem Versuch, eine eigenständige Didaktik zu entfalten, in der die Einheit der Lehrgüter systematisiert und strukturiert werden soll. Vielmehr gilt das Bestreben HÖNIGSWALDs der Analyse jener denknotwendigen Voraussetzungen, welche die Einheit der Bildungsgüter erst begründen und als sinnvoll rechtfertigen. Was hier infrage steht, ist die Legitimation jeglicher wissenschaftlicher Didaktik, welche mit dem Anspruch auftreten kann, systematisch genannt zu werden, ohne von ideologischen oder außerpädagogischen Interessen abhängig zu sein.

Wenn wissenschaftliche Pädagogik den Anspruch erhebt, eine Theorie der Bildungsinhalte bzw. Lehrgüter nicht dem historischen Verlauf, d.h. der geschichtlichen Zufälligkeit und Beliebigkeit anheim zu stellen, wenn Didaktik systematisch und nicht rhapsodisch, wenn sie begründet und nicht willkürlich sein soll, dann gilt

---

[104] „Allein, in der weitaus überwiegenden Mehrzahl der Fälle haben solche Betrachtungen, ungeachtet ihrer unleugbaren theoretischen Färbung, die Tendenz – man missdeute diese Wendung nicht – im »Praktischen« stecken zu bleiben; d.h. nur allzu leicht läßt man es sich an einer unvollständigen Analyse der Begriffe genügen, deren man zur Begründung seiner pädagogischen Theorie bedarf. Man wisse ja doch immer, so sagt man sich, worauf der Gebrauch dieser Begriffe schließlich abzielt, und wenn die Theorie dennoch zur lästigen Fragerin zu werden droht, so beruft man sich gern kurzerhand auf die unabweisbaren Bedürfnisse und auf die eindeutigen Zeugschaften des »Lebens«. Solche Tendenzen gegenüber ist eine prinzipielle Herausstellung des theoretischen Sachverhalts als solchen in der ganzen Breite des pädagogischen Forschungsbetriebs unerläßlich und die kritische Analyse seiner methodischen Voraussetzungen oder was dasselbe bedeutet, seiner Grundbegriffe, eine der Aufgaben, denen sich die Pädagogik als Wissenschaft niemals wird ungestraft entziehen können. Daß mit dieser Forderung nicht etwa ein Zweifel an der durchaus »praktischen« Funktion aller Pädagogik gemeint sei, bedarf wohl kaum einer ausdrücklichen Versicherung; sind es doch gerade Sinn und Begriff der pädagogischen Praxis, worum es einer wissenschaftlichen Theorie der Pädagogik ausschließlich zu tun sein muß. Denn alle Theorie der Pädagogik ist, dem Begriff der letzteren gemäß, Theorie der pädagogischen Praxis" (HÖNIGSWALD 1966, 3).

es, jene Voraussetzungen zu analysieren, unter denen eine vorurteilsfreie Theorie entfaltet werden kann (vgl. SCHMIED-KOWARZIK 1995, 141).

Die didaktische Frage nach der Selektion und Legitimation von Lehrgütern lässt sich nur beantworten, wenn der ihr logisch vorgeordnete bzw. vorausgesetzte Begriff ihrer Einheit geklärt bzw. legitimiert werden kann. „Diese Einheit ist nichts anderes als die Idee des Systems, also die durch Prinzipien geleitete Verbindung theoretischer und nichttheoretischer Geltungsforderungen. [...] Didaktische Beurteilung und schulorganisatorische Gruppierung von Bildungsinhalten setzen voraus, daß es ein System der Wissensgehalte ebenso geben muß wie die Einheit von theoretischer und nichttheoretischer Geltung" (HUFNAGEL 1979, 208). In diesem Fragenkomplex nach Einheit bzw. nach einem System von Lehrgütern, so HÖNIGSWALD, fühlt man, dass sich „die tiefsten Probleme der wissenschaftlichen Philosophie entrollen" (1917, 209)[105]. Erst wenn die Bedingungen dieser Einheit geklärt und in ihrer Legitimation analysiert sind, kann eine Begründung didaktischer Selektion erfolgen.

Jenes „Moment der Einheit" aller Lehrgüter sowie ihre prinzipielle Aneignung zeigen sich nach HÖNIGSWALD in dem „Begriff der Konzentration" (HÖNIGSWALD 1917, 209). Dieser meint „jenen bedeutungsvollen Sachverhalt, demzufolge alle Gegenstandsbereiche den ursprünglichen Bedingungen ihrer Möglichkeit nach so zusammenhängen, daß sie auch pädagogisch aufeinander bezogen werden können und müssen; den Sachverhalt, vermöge dessen jedes Stoffgebiet von jedem anderen her nicht allein in sich bestimmt, sondern auch im pädagogisch-technischen Sinn des Wortes zum Verständnis gebracht werden kann" (HÖNIGSWALD 1927, 57).

Die Konzentration differenziert sich einerseits in „die sachliche Konzentriertheit des Wissensstoffs" wie andererseits in „die Konzentrierbarkeit der pädagogischen Absicht und des pädagogischen Verhaltens" (ebd., 208). In dieser Unterscheidung ist die grundlegende, d.h. fundamentale Korrelation allen Unterrichts dargestellt: Gegenstand – Ich. In der Konzentriertheit und Konzentrierbarkeit ist derjenige Konvergenzpunkt getroffen, in dem „die Interessen von Wissenschaftslehre und Denkpsychologie mit denen einer theoretischen Grundlegung der Pädagogik zusammentreffen" (HÖNIGSWALD 1917, 233). Von diesem Standpunkt aus sucht HÖNIGSWALD die Grundlegung aller Didaktik zu bestimmen. In den Begriffen „Konzentriertheit" und „Konzentrierbarkeit" zeigen sich beide Aspekte der Erkenntnis, Gegenstand wie Ich, weshalb sowohl Wissen-

---

[105] „Wer, und sei es auch nur an der Schwelle seiner Aufmerksamkeit, solche Einheit sucht, nimmt berechtigterweise für sich einen philosophischen Standpunkt in Anspruch, gleichviel ob er ihn umsichtig genug zu vertreten mag oder nicht" (HÖNIGSWALD 1959, 29).

schaftslehre als auch Denkpsychologie notwendig sind, um den sich darstellenden Problemkontext methodisch adäquat beantworten zu können. „Ja, diese beiden Momente bezeichnen geradezu die Angelpunkte des theoretischen Problems der Konzentration" (ebd., 208), auf der einen Seite der Gegenstand in seiner sachlichen Valenz, auf der anderen das Ich, das den Gegenstand in Besitz nehmen können muss. Dieser Korrelation ist immanent, dass einerseits „ein nach objektiven Gesichtspunkten gegliederter Geltungszusammenhang von Gedanken, d.h. ein solcher, dessen Bestand schlechthin unabhängig erscheint von der Tatsache, daß ihn jemand vollzieht, vollzogen hat oder vollziehen wird" nicht unabhängig sein kann „von jener ganz anders gearteten Bedingung, allemal ein Zusammenhang zu sein, der grundsätzlich von jemandem muß vollzogen werden können" (ebd., 209). Dies steckt bereits im Verhältnis von Gegenstand und Ich, d.h. im Begriff „Wissen". Damit ist genau jenes Verhältnis angesprochen, das im Verhältnis Besitz – Besitzer zum Ausdruck kommt. Es kann keine Besitzgüter geben, die nicht prinzipiell von einem Ich besessen werden können, wie gleichsam der Begriff des Besitzers den Besitz von Besitzgütern impliziert. Ein Besitzer besitzt Besitzgüter, Besitzgüter müssen prinzipiell von einem Besitzer besessen werden können. Besitz und Besitzer stehen sich in einem gegenseitigen Bedingungsverhältnis gegenüber, indem sie wechselseitig dergestalt aufeinander bezogen sind, dass sie sich jeweilig konstituieren: kein Besitz ohne Besitzer wie kein Besitzer ohne Besitz.

In eben diesem Verhältnis stehen die Begriffe der „Konzentriertheit" und „Konzentrierbarkeit" innerhalb des Begriffes der Konzentration. Sie sind die sich gegenseitig bedingenden Momente ein und desselben ‚Funktionskontextes'. Um diese didaktische Grundvoraussetzung nachvollziehen zu können, ist daher auch eine Darlegung beider ‚Funktionsbegriffe' bzw. -aspekte nötig.

Mit der Konzentriertheit (des Wissensstoffs) ist der Gedanke der sachlichen Beziehung zwischen den einzelnen Bildungsgütern angesprochen. Damit verbunden ist jene Voraussetzung, gemäß welcher jegliche Bildungsinhalte als solche identifiziert sowie in ihrem Zusammenhang gegliedert, in ihrer Mannigfaltigkeit differenziert und zueinander in Beziehung gesetzt werden können. Man sieht sich hier mit der Problematik konfrontiert, heteronome und heterogene Bildungsinhalte so mit- und untereinander in Beziehung zu setzen, dass diese „in einer übergeordneten methodischen Einheit" (HÖNIGSWALD 1927, 211) aufgehoben werden können. Diese übergeordnete Einheit muss so gedacht werden, dass sich in ihr die Mannigfaltigkeit der Lehrgüter einheitlich fassen und zugleich ordnen lässt. In ihr kann es kein Geltungsgebiet bzw. kein Lehrgut geben, das man von anderen isolieren könnte. Als Einheit ist sie gliederbar, ordnungsbestimmt, systematisch. In ihr stellen Lehrgüter Mannigfaltigkeiten, keine Vielheiten dar. Dieser Gedanke darf nicht dahingehend missverstanden werden, als seien die einzelnen Lehrgüter in diesem Prinzip enthalten. Konzentriertheit als Einheit sachlicher Zusammenhänge ist nicht denkbar ohne die zu konzentrierenden Lehrgüter. Doch umgekehrt verhält es sich so, dass auch die Mannigfaltigkeit der einzelnen „Wissensbestände" die Möglichkeit ihrer Aufhebung in einer übergeordneten Einheit „ganz und gar in sich" tragen (HÖNIGSWALD 1917, 211). Lehrgüter sind nicht in der Konzentriertheit enthalten, sondern sie werden als allgemein durchgängige Zusammenhangsbestimmtheit von dieser *regiert*. Gemeint ist damit „kein leeres Instrument, das man zum Binden des Gegenständlichen benutzen könnte" (PETZELT 1964, 110), kein fremder Kitt, der die Lehrgüter zusammenhält. Konzentriertheit kommt nicht zu den Lehrgütern hinzu, sondern sie kommt ihnen zu, eben weil Lehrgüter die Möglichkeit von Zusammenhangsbestimmtheit in sich tragen.

Mit der ausgewiesenen prinzipiell möglichen Zusammenhangsbestimmtheit der Lehrgüter kann HÖNIGSWALD eine zeitunabhängige Instanz geltend machen, die dem faktischen Wandel der jeweiligen Kulturgüter logisch vorausliegt. Sie regelt den zeitlichen, d.h. zeitpunkthaften Prozess des historischen Wandels der Gliederung und Einheit der Bildungsgüter wie gleichsam der Wissenschaftsdisziplinen. Als Grundbedingung der Zusammenhangsbestimmtheit kommt Konzentriertheit jedem Lehrgut zu, d.h. sie ist zeitunabhängig, sofern auch Lehrgüter nach HÖNIGSWALD bzw. BAUCH überzeitliche Wahrheitsbestände darstellen. Wenn Lehrgüter überzeitlichen Wahrheitscharakter tragen, wenn Konzentriertheit gleichsam jedem Lehrgut zukommt, dann muss auch sie überzeitlich bzw. zeitunabhängig gedacht werden. Damit wird ein folgenreiches Geflecht von Konsequenzen offenkundig: Indem sachliche Zusammenhänge in einer zeitunabhängigen Einheit konzentriert werden, werden auch Erkenntnisfortschritt, Ausdifferenzierungen der Erkenntnisse und deren Konzentrierbarkeit zu sich gegenseitig bedingenden Wechselbegriffen.

Eine Extension bzw. Mehrung der Lehrgüter im Zuge des Erkenntnisfortschritts meint dann nicht eine summative Apposition bzw. Aggregation, die zu einer Einheit eines bereits bestehenden Bestandes von Lehrgütern, sozusagen „von außen", additiv hinzukommen könnte. „Das »Neue«, das die Forschung zeigt, gliedert sich entweder dem methodischen Zusammenhang schlechthin ein, dem auch das »Alte« angehört, oder es fordert die Schaffung »neuer« Zusammenhänge, in denen »Altes« und »Neues« zu eindeutiger methodischer Wechselbezogenheit verknüpft erscheint. [...] Der Ersatz der »alten« Einsicht durch eine »neue« bedeutet nicht die spurlose Vernichtung, sondern die dialektische Aufhebung der ersteren, deren Einbeziehung in umfassendere Geltungszusammenhänge der Erkenntnis" (HÖNIGSWALD 1917, 211f). Was HÖNIGSWALD damit andeutet, ist die unbedingte Wechselbezogenheit der Mannigfaltigkeit an Lehrgütern, die in einer sie alle umfassenden übergeordneten zeitunabhängigen Einheit stehen. Dies hat zur Folge, dass es keine neuen Einsichten geben kann, die nicht auf alte Einsichten je und je verweisen und verwiesen sind, indem die so genannte neue Einsicht die Gültigkeit der alten weder übergeht noch negiert, sondern vielmehr in einen umfassenderen Zusammenhang stellt. „Es kann keine neue Theorie [...] geben, die sich nicht mit den entscheidenden Gesichtspunkten der »alten«, gleichviel, ob ausdrücklich oder nur implizit, auseinandersetzt; keine somit, die den Bedingungen der »alten« schlechthin widerspräche, keine, anders gesagt, der auch die »alte« Lehre absolut fremd und beziehungslos gegenüberstünde" (ebd., 212). Ergänzend muss hinzugefügt werden, dass auch der schlechthinnige Widerspruch einer neuen Einsicht gegenüber einer alten gerade in ihrem Widersprechen auf diese verwiesen bleibt – die Einheit der Lehrgüter gefährdet dies nicht.

Die vorausgesetzte Einheit lässt keine extensiven Spaltungen der Lehrgüter – auch nicht angesichts eines Erkenntnisfortschritts – zu. Einheit und Mannigfaltigkeit, d.h. System und Gliederung, sind zwei wechselseitig aufeinander verwiesene und verweisende ‚Funktionsbegriffe'. Eine Unterscheidung der Lehrgüter, bspw. in ‚alte' und ‚neue', wird nur unter der Voraussetzung ihrer Einheit möglich, ohne zur Folge zu haben, dass sich die neue Einsicht von der Zusammenhangsbestimmtheit mit der alten isolieren könnte. „Man mache sich klar, daß »alt« und »neu« in solchem Zusammenhang ebenso uneigentliche Bezeichnungen für ein rein logisches Verhalten sind, wie es [gleichsam] quantifizierende Ausdrücke irgendwelcher Art sein müssten" (HÖNIGSWALD 1917, 212). Denn die Einheit des sachlichen ‚Wissensstoffs' duldet ebenso wenig eine Quantifizierung wie Ausdifferenzierung, die nicht schon in der Einheit der Lehrgüter aufgehoben ist. Wie beim tierischen Körper, von dem KANT spricht, kann der Konzentriertheit nichts hinzugesetzt werden, sondern sie wächst nur *per intus susceptionem* – durch innere Aufnahme.

Die Einheit der Lehrgüter ist nach HÖNIGSWALD nicht extensiv, sondern intensiv dynamisch bestimmt: das „Prinzip der Kontinuität" ist es, das in der Konzentriertheit ‚regiert' (HÖNIGSWALD 1917, 212). Bei allem Erkenntnisfortschritt, d.h. bei aller Ausdifferenzierung der Einzelerkenntnisse, ändert sich die Einheit nicht in ihrer Extension, sondern bleibt in sich konstant. Alle quantitativen Änderungen von Einzelaspekten unterliegen dieser dialektischen Aufhebung. Die Konzentriertheit des Wissensstoffs darf demnach nicht missverstanden werden als ein Aggregat von Bildungsgütern; gemeint ist kein Haufen, der sich durch Erkenntnisfortschritt oder Ausdifferenzierung der Einzelerkenntnisse ‚von außen' in seiner Extensität vergrößern könnte. Vielmehr meint HÖNIGSWALD mit Konzentriertheit diejenige Einheit, die diesem zeitlichen, d.h. zeitpunkthaften Wandel die Kontinuität verleiht, angesichts welcher ein Wandel erst möglich wird, ohne aus der Einheit Vielheiten werden zu lassen. In der Konzentriertheit sieht HÖNIGSWALD erst die denknotwendige Voraussetzung gegeben, die Erkenntnisfortschritt als prinzipiell unbegrenzten bzw. unendlichen Progress zu denken gestattet. Erst diese Einheit macht Unterscheidung, Gliederung, Ordnung und Zusammenhangsbestimmung der Lehrgüter möglich. Sie sichert, wenn man so will, die ‚Identität' des Lehrguts als solches[106], d.h. sie kommt dem Lehrgut insofern zu, als sich dieses eben als Lehrgut erst bestimmen, identifizieren lässt. „Aller »Fortschritt« bedeutet darum ebensowohl Vereinheitlichung wie Differenzierung" (HÖNIGSWALD 1917, 213). Erst in der durch die Konzentriertheit geschaffenen Einheit lassen sich Lehrgüter systematisch bestimmen, gliedern, ordnen. Sie garantiert auf gegenständlicher Seite Unendlichkeit des Erkenntnisfortschritts, Unendlichkeit der Ausdifferenzierung von Lehrgütern und letztlich Einheit des Wissensganzen in Ansehung der Mannigfaltigkeit ihrer Glieder.

Der Konzentriertheit hinsichtlich des sachlichen Momentes didaktischer Voraussetzung, steht die Konzentrierbarkeit auf subjektiver Seite gegenüber, „d.h. die konkrete Möglichkeit des Subjekts zum konzentrierenden Vollzug" (SCHMIED-KOWARZIK 1995, 145). Mit ihr ist die Frage nach jenen Voraussetzungen aufgeworfen, „unter denen im Lernenden eine planmäßige Verknüpfung methodologisch verschieden gearteter Wissensstoffe erzielt werden kann" (HÖNIGSWALD 1917, 216). Mit der Konzentrierbarkeit soll die Antwort darauf gefunden werden, vermöge welcher Voraussetzungen die Einheit der Lehrgütergüter „überhaupt lehrbar und lernbar" ist (ebd.). Konzentrierbarkeit meint also jene Bedingungen, die beim lehrenden und lernenden Ich vorausgesetzt werden muss, um Konzentriertheit tatsächlich vollziehen zu können. So ist sie letztlich nichts anderes als das Korrelat der Konzentriertheit auf Seite des Lehrenden und Lernenden.

Die erste Voraussetzung, die HÖNIGSWALD zur Beantwortung der Frage nach den Möglichkeitsbedingungen der Verknüpfung des Wissens als denknotwendig bestimmt, ist die „Wißbarkeit überhaupt". Die „Wißbarkeit überhaupt" ist das Analogon zum KANTschen „Ich denke", d.h. jene apperzeptive Voraussetzung, die

---

[106] Zur „Identität des Lehrgutes" sind in der Folge HÖNIGSWALDs v.a. mit Blick auf die Pädagogik die Gedanken seines Schülers PETZELT zu erwähnen. Dieser stellt dezidiert heraus, dass „Identität des Lehrgutes" nichts anderes meint als „eine *Zusammenhangsbestimmtheit*, ein Relationskomplex, der selbst wiederum in [einen] größeren, ja universalen Zusammenhang gestellt ist und aus solchem nicht zu lösen ist, ohne daß er zu einem isolierten Gebilde – Pestalozzi nennt das Brocken – herabsinkt" (PETZELT 1964, 83).

jegliches Erkennen und somit auch Lernen erst denknotwendig begründet und ermöglicht. Es ist für HÖNIGSWALD kein Lehrgut denkbar, das nicht prinzipiell vom Menschen müsste gewusst, d.h. in Besitz genommen werden können. „Kein »Satz der Wissenschaft«, der nicht, weil er grundsätzlich »wißbar« ist, nicht auch grundsätzlich überlieferbar wäre; keiner mithin, der nicht der Bedingung auf ein »mögliches Ich« bezogen zu sein, prinzipiell genügte" (HÖNIGSWALD 1917, 218). Zu dieser prinzipiellen „Wißbarkeit" gesellt sich das entgegengesetzte Moment der „empirischen Wißbarkeit". In ihm drückt sich die Voraussetzung aus, „daß die »zu belehrende« Person als ein in der Erfahrung gegebenes System betrachtet eben auch »belehrbar« sei" (ebd.). In dieser sich wechselseitig bedingenden Korrelation ist begründet, dass Lehrgüter nicht nur „überhaupt" bzw. prinzipiell, sondern auch tatsächlich vom Menschen gelernt werden können müssen[107]. Mit der „Wißbarkeit überhaupt" und der „empirischen Wißbarkeit" hängt noch eine dritte und letzte Bedingung zusammen, die von den beiden anderen nicht zu trennen ist: diejenige der „Gewußtheit"[108]. Unter „Gewußtheiten" können „die als Effekt unterrichtlicher Betätigung im weitesten Sinn – der »Lehrer« kann ja im gegebenen Fall auch ein Buch sein – bewertete, erkenntnistheoretische Bedingungen der Wissenschaft als solcher auf psychologisch wohlcharakterisierte Weise erfüllende »Bewußheiten«" verstanden werden (ebd., 219), was nichts anderes als das konkrete Ziel des Lehrens bzw. Lernens zum Ausdruck bringt. In der „Gewußtheit" konkretisiert sich der Unterrichtsprozess in seinem faktisch möglichen Vollzug für alle Wissensvermittlung und -aneignung, „unter den besonderen Umständen bestimmter [bzw. konkreter – T.M.] Bewußtseinskonstellationen" (ebd., 221). Mit dieser die Konzentrierbarkeit komplettierenden Voraussetzung erteilt HÖNIGSWALD der prinzipiell unendlichen Wissensaneignung zwar keine Absage, doch trägt er im Hinblick auf den konkreten Unterrichtsvollzug der jeweiligen Situation in Ansehung der konkreten Subjekte Rechnung. „Es ist schlechterdings unabsehbar, durch welche Anlässe

---

[107] „Lehrer und Schüler müssen eben auch »wirklich imstande sein«, den Lehrstoff zu »besitzen« (HÖNIGSWALD 1917, 218).

[108] „Wohl klingt ja der Ausdruck »Gewußtheit« etwas erzwungen und fremd. Aber er leistet an dieser Stelle doch ohne Zweifel, was er leisten soll. Er wird im besonderen wohl zu unterscheiden sein von »Bewußtheit« sowohl wie von »Bewußtsein«. Tritt der Ausdruck »Bewußtsein«, nicht zuletzt wegen der relativen Unbestimmtheit der Motive, die sich in ihm kreuzen, […] merklich zurück, so umspannt das Wort »Bewußtheit« weit mehr, als was mit »Gewußtheit« hier allein gemeint sein kann. Auch solche Beziehungen nämlich sind »Bewußtheiten«, die in dem Sinn der Erörterung keinesfalls »Gewußtheiten« zu sein brauchen, wenngleich die letzteren natürlich auch stets »Bewußtheiten« sein müssen. »Bewußtheit« ist eben alles, dem jene »unanschauliche« Bestimmtheit des »Gehabtwerdens«, des »Gehabtwerdenkönnens« zukommt, alles mithin, was unter irgendwelchen, und zwar den weitesten, Gesichtspunkten »Gedanke« heißen kann" (HÖNIGSWALD 1917, 219).

der »Lehrer« bestimmt werden, ebenso unabsehbar, was den »Schüler« dazu determinieren mag, Zusammenhänge, die nach eigenen Normen in sich selbst bestimmt sind, als »Gewußtheiten« zu denken" (HÖNIGSWALD 1917, 222).

Zusammenfassend schreibt HÖNIGSWALD: „(Sachliche) Konzentriertheit heißt hier System durchgängiger funktionaler Wechselbezogenheit der grundsätzlich, nach unserer Terminologie »überhaupt wißbaren« Geltungsbewußtheiten, der Erkenntnis; (psychologische) Konzentrierbarkeit [heißt] das System durchgängiger funktionaler Wechselbezogenheit dieser Geltungsbestimmtheiten im Sinne »empirischer« Wißbarkeit, im Sinne also von »Gewußtheit"" (1917, 223).

Kozentriertheit und Konzentrierbarkeit begründen schließlich in ihrer Wechselbezogenheit das Prinzip der Konzentration. Diese ist dasjenige Prinzip, das alle Lehrgüter in einer übergeordneten Einheit aufhebt und im praktischen Vollzug sogenanntes fachübergreifendes Lehren und Lernen ermöglicht. Jedes Lehrgut verweist zugleich auf alle anderen Lehrgüter, von jedem Lehrgut aus ist das *totum* des Wissenbaren, das *scibile* (CUSANUS), fragbar, von jedem Lehrgut wird dieses *totum* repräsentiert, in jedem wird dieses notwendig vorausgesetzt. Mit anderen Worten: jedes Lehrgut als Vereinzelung des Ganzen trägt durch seine Übermittlung an die nachfolgenden Generationen zur Bildung bei. Jedes Lehrgut repräsentiert „exemplarisch" einen Bildungswert.

Konzentration als übergeordnete Einheit ist somit die grundlegende Voraussetzung für alle Theorie der Lehrgüter. Ohne Konzentration wäre Didaktik schlechterdings nicht denk-, geschweige denn praktizierbar. Lehrgüter können nur angesichts ihrer Einheit gegliedert, geordnet und in ihren Zusammenhängen gelehrt und gelernt werden. „Nur innerhalb einer höheren methodischen Einheit und gemäß deren Norm ist die Trennung der wissenschaftlich-unterrichtlichen von den außerwissenschaftlichen Formen pädagogischer Betätigung überhaupt möglich" (HÖNIGSWALD 1927, 76)[109].

Zugleich kann man im Prinzip der Konzentration einen Aspekt des Glaubens erkennen, nämlich den der Anerkennung des Menschen als *capacitas infinita*, das Ich als prinzipielles Vermögen, alles zu wissen. In der Analyse HÖNIGSWALDs stellt sich dieses religiöse Moment allerdings viel differenzierter dar, als in den bereits vorangegangenen Ausführungen zum Glauben deutlich wurde. Zu den subjektiv-erlebnishaften (psychologischen) Voraussetzungen auf Seiten des Ich – und mehr

---

[109] „Die einzelnen Wertgebiete stehen nicht isoliert und zusammenhangslos nebeneinander, sondern bilden einen Zusammenhang" (BAUCH 1930, 54).

drückt der Aspekt der *capacitas infinita* nicht aus – tritt notwendig auf gegenständlicher Seite das Moment der Konzentriertheit.

Konstant in der Konzeption der Konzentration bleibt der normative Anspruch: „Eine »Konzentrationsaufgabe« ist also dem Pädagogen letztlich gestellt: er muß danach streben, die Idee eines harmonischen Systems der »Wahrheiten« aller möglichen Geltungsgebiete zum bewußten Motiv seines Handelns und damit zum Sinn der Lebenshaltung seines Zöglings zu machen" (HÖNIGSWALD 1927, 76). Für HÖNIGSWALD ist Konzentration „die Idee der immerwährenden Aufgabe des Subjekts gegenüber der Geltung" (SCHMIED-KOWARZIK 1995, 104). Unter Konzentration ist die Charakterisierung des Prinzips in bekanntem Sinne zu verstehen: als *arché* wie *télos*. Mit Konzentriertheit und Konzentrierbarkeit ist die Einheit der Lehrgüter in gegenständlicher und erlebnishafter Perspektive nicht allein begründet, sondern ihr faktischer Vollzug als Aufgabenhaftigkeit gleichsam gefordert. „Es bedeutet eine immer lebendige, aber durch keine metaphysische Lösung erschöpfbare, eben eine im definierten Sinn des Wortes »ideelle« Aufgabe" (HÖNIGSWALD 1927, 142). Was HÖNIGSWALD damit andeutet, ist Religion im dargelegten Verständnis unendlicher Aufgabenhaftigkeit und Aufgegebenheit, Verbindlichkeit und Bindung, unabschließbares Streben nach unbedingt vorausgesetzter Maßgabe.

HÖNIGSWALD setzt das Prinzip der Konzentration jedoch nicht unmittelbar, sondern mittelbar mit dem Glauben in Beziehung. Die Zusammenhangsbestimmtheit von Konzentration und Glaube tritt explizit in der Beziehung des letzteren zur Geltung hervor. Erst im „Grundsatz der Geltung" „»konzentrieren« sich gleichsam die Einzeldisziplinen der Philosophie" sowie aller anderen Geltungsgebiete. Der Glaube „stellt das definierende Gesetz jener Mannigfaltigkeit dar; die analytische Bedingung, der gemäß jene Mannigfaltigkeit sich gliedert. Er ist solcher Mannigfaltigkeit korrelativ, sie bildet sich auf ihn ab, dabei aber ist er selbst schlechterdings einfach. Er ist in dem definierten Sinn des Wortes »Letztheit«" (HÖNIGSWALD 1927, 140)[110]. Allein in der Beziehung der Konzentration zur Geltung, d.h. in ihrem Verwiesensein auf Geltung, kann sie als Einheit der Lehrgüter angesehen werden, insofern Lehrgüter ihrem Begriffe nach Gültigkeiten repräsentieren[111]. Der Glaube, so HÖNIGSWALD, trifft jene Geltungsdimension, die „nicht bloß neben, sondern

---

[110] „Mannigfache geschichtliche Reminiszenzen erwachen bei solchen Feststellungen. Platos Ideenpyramide, Nikolaus von Cues' »coincidentia oppositorum«, Kants Einheit eines »Bewußtseins überhaupt« – auf eigentlich pädagogischem Boden Pestalozzis »Elementarpunkte« – sind ebenso viele, durch besondere historische und begriffliche Voraussetzungen bedingte Formen, in denen jenes Prinzip sich auf eigentümliche Weise offenbart" (HÖNIGSWALD 1927, 141).

[111] „nun heißt das Gültige auch »Kulturgut«" (HÖNIGSWALD 1927, 63).

über allem, was sonst noch mit dem Anspruch auftritt, für wahr zu gelten", gilt (HÖNIGSWALD 1932, 51). Durch diesen Zusammenhang wird man vom Problem der Konzentration auf den Zusammenhang von Bildung und Religion im Aspekt des unbedingten Geltungsanspruchs des Glaubens verwiesen.

2.2.2 Letztheit der Geltungsregionen – Erkenntnis oder Glaube?

Im religiösen Bezug des Denkens sieht HÖNIGSWALD den Funktionsbegriff der Konzentration im wahrsten Sinne ‚letztdefiniert'. Denn „zum einen konstituiert der Glaubenswert einen Gegenstandsbereich von einzigartiger Geltungsqualität, zum anderen muß diese eigengeartete Wertbestimmtheit ihre Affinität zu allen anderen Werttatbeständen unter Beweis stellen" (HUFNAGEL 1990, 354). Jede Spezifikation und Gliederungsinstanz der Lehrgüter bedarf somit des Rekurses auf den Glaubensbereich und dessen Bestimmung der Geltung bzw. Wahrheit. Alle Dimensionen des Lehrgutgedankens sind im Glaubensbegriff als funktionale Repräsentationen verflochten, die dadurch im Prinzip der Konzentration aufgehoben werden können.

„Als letzte Gegenstandsnorm der μονάς [Monas – T.M.][112] stellt sich der Bereich des *Glaubens* dar" (HÖNIGSWALD 1997, 188). Im Erlebnis des Glaubens richtet sich das Denken auf jene unbedingte Letztheit, die Bedingung der Möglichkeit allen Erkennens, aller Lehrgüter, damit allen Lehrens und Lernens darstellt.

Für HÖNIGSWALD ist es gleichgültig, wie man die Situation des Glaubens im Einzelnen fassen mag, „d.h. ob man Gläubigkeit als Ehrfurcht, Vertrauen, Demut, Hingabe oder mit einer berühmten Formel etwa als das »Gefühl schlechthinniger Abhängigkeit« charakterisiert. Das Wichtigste bleibt die Eigentümlichkeit des Gewißheitswertes selbst, den der Gegenstand des Glaubens fordert, die Besonderheit der Beziehung, die der Glaube zwischen diesem Gegenstand und denjenigen aller

---

[112] Die „Monas" stellt den zentralen Begriff für das Ich in der philosophischen Systematik HÖNIGSWALDs dar. In offenkundiger Anlehnung an LEIBNIZ lässt sich die „Monas" bei HÖNIGSWALD als das psychologische Individuum des „Zu-sich-ich-sagen-Könnens" charakterisieren, d.h. nicht bloß den biologischen bzw. lebenden Organismus, sondern vielmehr das psychologisch erlebende Ich. Sein notwendiges Korrelat stellt das Prinzip der Gegenständlichkeit dar, d.h. das, was der *Monas* für ihr Erleben gegeben sein muss. In der Unterscheidung von Monas und Gegenständlichkeit treten die Bereiche Ich – Gegenstand in ihrer Letztdefiniertheit auf, die sich auch in den Begriffen der Konzentrierbarkeit und Konzentriertheit zeigen. Aus Gründen der besseren Lesbarkeit werden die Termini „Monas" und „Gegenständlichkeit" in diesem Kontext nicht weiter verwendet oder gar vertieft, auch wenn sich, nach HÖNIGSWALD, von ihnen ausgehend, das gesamte Problem wissenschaftlicher Pädagogik aufrollt.

übrigen Geltungsgebiete stiftet. Es ist kein Zufall, daß sich hier vor allem anderen das Wort *Gewißheitswert* aufdrängt" (HÖNIGSWALD 1997, 189)[113]. In diesem einzigartigen Geltungsgebiet, das durch den Glauben konstituiert wird, schließen gleichsam alle theoretischen und atheoretischen Geltungsprovenienzen, in diesem unbedingten Bereich gründen somit auch zugleich alle anderen Geltungswerte. Ihm kommt eine „Universalität seiner Geltungsansprüche gegenüber den anderen Wertbereichen" zu. „Denn nur an jedem der anderen, an der Gemeinschaft und den Wechselbezügen *aller*, differenziert sich der Glaubenswert im Sinne eines Gegenstandsbereichs von selbständiger Geltungsqualität und Gliederung. Ausdrücklich oder implizit stehen daher mit demjenigen des Glaubens die Bestände aller Werte zur Erörterung" (HÖNIGSWALD 1977, 496).

HÖNIGSWALD hebt den Geltungs- resp. Gewissheitswert des Glaubens für alle anderen Geltungsbereiche insofern heraus, als er in ihm jene letzte Geltungsinstanz vorausgesetzt sieht, von der her allen anderen je und je Geltung erst zu gesprochen werden kann. Die Anzeichen verweisen immer deutlicher auf das Spezifikum, das für den Begriff der Konzentrierbarkeit dargelegt wurde.

Im Glauben setzt das Ich voraus, was sich als der „glaubensmäßige Sinn alles Bedingten und Bedingenden" offenbart (HÖNIGSWALD 1997, 189). HÖNIGSWALD geht davon aus, dass in der Konstitution eines Objektes im Glauben jene Geltungsinstanz vorausgesetzt wird, durch die sich der Mensch gleichsam als „gesetzt"

---

[113] Der Begriff des „Wertes" taucht an dieser Stelle erstmals in der problemgeschichtlichen Analyse der Systematik HÖNIGSWALDs auf und bedarf daher einer kurzen Ausführung. Letztlich sind damit Lehrgüter in ihrem Charakteristikum der Forderung gemeint. „Werte sind Gegenstände; aber Gegenstände als Forderungen, d.h. Gegenstände, zu deren Begriff es gehört, vollzogen zu werden; Gegenstände, soweit sie das Gesetz des Vollzugs darstellen, um sich zugleich selbst in diesem Vollzug zu konstituieren. Der Gegenstand ist hier, unbeschadet seiner vollen, bedingungslosen Gegenständlichkeit, nicht nur ich-bezogen, er ist vor allem ich-bestimmt. Das »Ich« geht in ihn, in seinen Begriff ein; gerade als Gegenstand bedeutet er also stets »Handlung«, und als Handlung wieder ist er, ungeachtet seiner Gegenständlichkeit, ja gerade um dieser seiner Gegenständlichkeit selbst willen, individuell. [...] »Kultur« bedeutet mithin den systematischen, d.h. im weitesten Sinn methodenbestimmten Inbegriff möglicher Gegenstände, verstanden als System gegenständig, d.h. hier aufgabenäquivalenter Handlungen. Darin erscheint der Wertcharakter der Kultur beschlossen. Sie selbst ist in ihrer Gegenständlichkeit Aufgabe, Aufgabe, die mit dem Begriff des Handelnden immer auch schon den der Gemeinschaft setzt. Das »Sollen« enthält eben das »du«, die gegenständliche Forderung den Begriff des »anderen«" (HÖNIGSWALD 1997, 66).
Wieder treffen wir auf das Motiv der Gemeinschaft. Es spielt in der Konzeption HÖNIGSWALDs eine ebenso bedeutsame Rolle wie bei NATORP, auch wenn jener es weniger stark expliziert. Im Begriff der Kultur ist der Begriff der Gemeinschaft jedoch immer im Sinne einer Aufgabengemeinschaft vorausgesetzt, d.h. einer Gemeinschaft, die sich in der gemeinschaftlichen Überlieferung von Kultur- resp. Lehrgütern gemäß einer „Idee der Höherbildung" stetig vollzieht bzw. vollziehen soll.

erfährt[114]. Damit ist das Glaubensobjekt nicht Objekt unter Objekten, der Glaube nicht Setzung unter Setzungen, sondern jener ausgezeichnete Akt, d.h. jenes spezifische Erlebnis, von dem her alle Objekte, d.h. alle Setzungen als bedingte erscheinen. In diesem Verständnis gilt ihm der Glauben wie das Objekt seiner Voraussetzung als unbedingt, als „Letztheit". Der Glaube „verweist, wie immer man die Sache auch betonen und formulieren mag, auf die universelle Einheit der Wertsystematik überhaupt, die sich in jedem einzelnen Wertbereich, gleichsam durch dessen Medium hindurch, als eine im spezifischen Sinn absolute Wertbestimmtheit zur Geltung bringt" (HÖNIGSWALD 1977, 496). Aus dieser unbedingten Einheit treten die Setzungen des Denkens als Äußerungen hervor, in der Voraussetzung des Glaubens gründen und münden logisch alle Setzungen des Denkens. Die „Eigentümlichkeit des Gewißheitswertes" des religiösen Glaubensobjekts bedeutet für das Ich die Einsicht in die dem Begriff des Denkens inhärente Bezogenheit auf eben diese Idee einer unbedingten Einheit. „Denken »lebt« aus dieser Gewißheit; alle anderen Gewißheiten gründen in ihr" (HUFNAGEL 1990, 360).

Wie der Begriff der Konzentrierbarkeit die Möglichkeit der Vereinheitlichung aller Geltungsgebiete im Lehr- und Lernvollzug meint, ebenso liegt der Glaube allem Erkennen als letzte Bedingung zugrunde. Von ihm ausgehend werden Setzungen des Denkens möglich, kann Geltung beansprucht werden, ist Gewissheit im Denken möglich. Im Begriff des Glaubens wird die Monas bzw. das Ich „selbst zur Aufgabe" (HÖNIGSWALD 1997, 190). Angesichts dieser Unbedingtheit, die durch das Denken vorausgesetzt wird, wie dieses sich durch jene gleichsam „gesetzt" weiß, ist dem Denken ein unbedingtes Sollen aufgegeben. Dieses Sollen schließt das Du notwendig mit ein, es verbürgt geradezu Verständigung. Ohne den Bezug auf das vorausgesetzte Glaubensobjekt, welches HÖNIGSWALD als „Monas Monadum" bezeichnet (ebd., 191), kann von Verständigung keine Rede sein. „Auch dieses Verhältnis zum »anderen« nun und mit ihm die Sprache müssen daher unter den Gesichtspunkt jener absoluten μονάς gerückt werden können. Es muß anders gesagt möglich sein, den Verständigungsbezug der Monaden als Wertbestimmtheit, es muß möglich sein, diese Wertbestimmtheit unter dem Gesichtspunkt der *absoluten μονάς* als Verständigungsbezug zu betrachten. Die absolute μονάς muß – einzig wie die Gegenständlichkeit selbst – den Wertbezug der Monaden als Modus der Verständigung bestimmen können" (ebd.).

---

[114] „Ich denke Gott im Sinne des Glaubens, indem ich mich selbst durch Gott »gesetzt« weiß" (HÖNIGSWALD 1997, 189).

In der Systematik HÖNIGSWALDs ist die „Monas Monadum" eben Letztheit und somit Bedingung aller Bedingungen, Voraussetzung aller Voraussetzungen. Von dieser Voraussetzung geht jene Forderung als Sollen aus, die die Aufgabenhaftigkeit des Menschen begründet und fordert. Im Glauben gewinnt das Ich jene ‚Standortsicherheit', die dem Denken unbedingte Richtungsbestimmung weist, d.h. unbedingte Maßgabe ist. Der Mensch erfährt sich als Person, die sich selbst zur Entfaltung ihrer Persönlichkeit veranlasst sieht, sich selbst aufgegeben weiß. „Mit der Unbedingtheit des Wertes, die ja nichts anderes bedeutet als die »geschlossene«, nicht im Sinne von Bedingungen gegliederte Einheit, also die besondere Form der Gegebenheit des Sollens bzw. des Gesollten, erscheint die Idee einer μονάς gesetzt, die als Wert nicht nur unbedingt ist, sondern die selbst die Unbedingtheit aller Werte repräsentiert" (HÖNIGSWALD 1997, 190). Ausgehend von dieser unbedingten einheitsstiftenden Voraussetzung, die alle Werte- resp. Geltungsgebiete umfasst und die zugleich durch den Glauben konstituiert wird, erschließt sich näherhin, welche Konsequenzen sich für den Begriff der Konzentriertheit bzw. für das Prinzip der Konzentration überhaupt ergeben. Denn letztlich knüpft ja der Gedanke des Glaubens und seines Objektes wieder „an den allgemeinen Gedanken der Geltung" (HÖNIGSWALD 1927, 172).

Auf gegenstandsbezogener Seite, d.h. die Konzentriertheit betreffend, verortet HÖNIGSWALD das vorausgesetzte Objekt des Glaubens, die „Monas Monadum". „Dieser Begriff bezeichnet das Totum aller absoluten monadischen Aufgabenerfüllungen; er repräsentiert die Unbedingtheit aller Werte. In ihr gründet demgemäß auch die Unbedingtheit der regionalen Ansprüche resp. Monadischen Vollzüge" (HUFNAGEL 1990, 363). Die „Monas Monadum" bringt das Ich und Geltung in einer übergeordneten, universellen Einheit zusammen, wie HÖNIGSWALD dies im pädagogischen Bereich für den Begriff der Konzentration voraussetzt. In Bezug auf diese Einheit verständigen sich die Menschen, d.h. die Verständigungsmöglichkeit der Gemeinschaft gründet in der Bindung an diese letzte Geltungsinstanz. Für eine Theorie der Lehrgüter stellt sie in diesem Sinne die unbedingte Letztheit, d.h. die letztheitliche Bedingung der Möglichkeit ihrer Einheit dar. Man kann sie nach HÖNIGSWALD auch als „Wahrheit" bezeichnen. In ihrem Problembestand wird sich zeigen, wie Bildung und Religion als dependente Prozesse gedacht werden *müssen*.

Für HÖNIGSWALD steht fest, dass es „kein Begriff der Erkenntnis unabhängig von dem der Wahrheit" geben kann, wie zugleich „[a]lle Wahrheit [...] grundsätzlich erkenntnisbezogen" ist (HÖNIGSWALD 1927, 68). Von diesem korrelativen

Zusammenhang hängt alles Denken[115], jedes Lehrgut, mithin alles Lehren und Lernen ab. Im Begriff der Wahrheit erschöpft sich somit das gesamte Feld der Didaktik denknotwendig. Religiös ist sie insofern, als sie in ihrer Letztheit, d.h. in ihrer einheitsstiftenden Unbedingtheit für alle anderen Geltungsgebiete im Glauben vorausgesetzt wird. Erst im Glauben, d.h. in der als unbedingt vorausgesetzten Maßgabe des Denkens durch das Denken selbst, kommt der Wahrheit ihre Unbedingtheit, ihre Unendlichkeit zu.

Pädagogisch ist die Wahrheitsidee nach HÖNIGSWALD in der ‚Funktion' ihres Geltungsanspruchs relevant. Lehrgüter erlangen ihre Identität in der Abhängigkeit bzw. in ihrem Verwiesensein auf Wahrheit. „Alles schlechthin, was Geltung beansprucht, ist der Überlieferung würdig und nur, daß die »Wahrheit« diesen Anspruch auf Geltung erhebt, macht sie pädagogisch relevant" (HÖNIGSWALD 1927, 26). Die pädagogische Valenz kommt ihr allein in Bezug auf Geltung zu. Geltung als Funktion des Wahrheitsbegriffes verbürgt geradezu pädagogische Relevanz, indem sie einerseits die Wissbarkeit von Lehrgütern, wie andererseits deren Überlieferbarkeit garantiert. Für HÖNIGSWALD steht fest, dass das, was dem Lehrgut „die »Würde«" eines Gegenstandes pädagogischer Überlieferung verleiht, allemal die Beziehung zu einem Wert" ist. „Und fragt man nach dem letzten, einer Begründung nicht mehr fähigen Kriterium aller Werte, so findet sich kein höheres als daß sie »gelten«" (ebd., 31). Lehrgüter sind somit Geltungsbestimmtheiten, d.h. in ihnen repräsentiert sich Geltung, sie treten mit einem Geltungsanspruch auf. Gerade in diesem Charakteristikum sind sie „objektiv" zu nennen, denn „Objekt- und Objektivsein bedeutet, in seinen letzten gedanklichen Motiven erfaßt, nichts anderes als gelten oder doch Funktion der Geltung sein" (ebd.).

In diesen Gedanken kommt Folgendes zum Ausdruck: Lehrgüter *müssen* gültig sein. In ihrer Gültigkeit ist ihr „Wert" als Lehrgut, vielmehr ihr Begriff selbst verbürgt. Historische Daten, physikalische Messungen, chemische Reaktionsgleichungen müssen gültig sein, damit sie als überzeitliche Wahrheitsbestände gelehrt und gelernt, überliefert und eingesehen werden können. Der Mensch kann nur erkennen, was gültig ist, und nur was gültig ist, kann erkannt werden. Gültigkeit meint Objektivität, d.h. Ich-Unabhängigkeit, sie ist frei von Subjektivismen. Gültigkeit meint „so ist es", ganz gleich, d.h. unabhängig, von wem dieser Tatbestand erkannt wird. Nur weil Lehrgüter gültig bzw. ich-unabhängig sind, können sie gelehrt und gelernt, nur weil sie objektiv sind, können sie erkannt werden. Sie müssen notwendig als von der Wahrheitsidee abhängig gedacht werden. Ihr ‚Bezug' zur Wahrheits-

---

[115] „Denn nur im Gedankenvollzug erfüllen sich die Forderungen der Geltung; nur im Denken hat die Wahrheit ihren Ort" (HÖNIGSWALD 1927, 59).

idee garantiert geradezu ihren Begriff, lehr- und lernbar zu sein. Es kann nichts überliefert werden, was nicht ich-unabhängig erkannt werden kann, es kann nichts gelehrt werden, was nicht von jedermann prinzipiell müsste gelernt werden können[116]. Es lässt sich schlechterdings nichts Ungültiges überliefern, da Ungültiges nicht eingesehen bzw. im Denken nachvollzogen werden kann. Erst in seiner Gültigkeit wird das Lehrgut tradierbar, allein in seiner Gültigkeit kann es erkannt, d.h. gelehrt und gelernt werden. Geltung wird somit zugleich unbedingte Voraussetzung für pädagogische Verständigung überhaupt, wie sich Geltung gleichsam in der Verständigung konstituiert.

Dass sich Geltung erst in der Verständigung konstituiert, ist für HÖNIGSWALD allerdings kein Argument, das gegen den letztbedingenden Charakter der Wahrheit bzw. ihre Funktion der Geltung spricht. Zwar zeigt sich Geltung erst in der Verständigung von Ich und Du, dies ändert jedoch nichts daran, dass das Lehrgut auch ohne die Verständigung als gültig gedacht werden muss. Geltung vollzieht sich zwar in der Verständigung (pädagogisch gesprochen in der Überlieferung); Verständigung ist jedoch keine notwendige Bedingung, damit etwas gilt. „Das »Wahre« verlangt Zustimmung; es soll ihm zugestimmt werden. Gerade darum aber bedeutet »Wahrheit« ein anderes wie den Tatbestand jener Zustimmung selbst. Wahrheit, so kann man auch sagen, ist Gegenstand und Prinzip der Zustimmung, Zustimmung nicht Grund der Wahrheit. […] Die Wahrheit »ist« nicht, weil man ihr zustimmt; sondern man soll ihr zustimmen, weil sie »ist«" (HÖNIGSWALD 1927, 33). In aller Schärfe verdeutlicht HÖNIGSWALD damit den unbedingten Letztheitscharakter des Wahrheitsbegriffes. Die Voraussetzung der Wahrheit gilt unbedingt, d.h. für jede Setzung des Denkens; sie gilt auch dann, wenn das Denken Setzungen nicht vollzieht, wenn nicht erkannt wird; sie gilt im wahrsten Sinne ich-unabhängig, d.h. unabhängig vom konkreten Menschen. Historische Daten, physikalische Messungen, chemische Reaktionsgleichungen gelten auch, wenn ihnen niemand zu-

---

[116] Im Rückblick auf das Prinzip der Konzentration in seiner Differenzierung von Konzentriertheit und Konzentrierbarkeit als der Einheit der Lehrgüter kann man mit HÖNIGSWALD sagen: „Nur weil die Wahrheit – bzw. Wahrheiten, und zwar in ihrer Besonderung nicht minder als in ihrer Wechselbezogenheit und systematischen Einheit, und das Denkerlebnis […] korrelativ sind, ist jenes merkwürdige Ineinander psychologischer und gegenstandstheoretischer Bedingungen in der Tatsache des aktiven und des passiven pädagogischen Verhaltens überhaupt erst möglich. Nur weil das Denkerlebnis im Sinne der gegenständlichen Geltung richtungsbestimmt und Wahrheit notwendig auf den Begriff der Erlebbarkeit bezogen ist, entspricht der »Konzentriertheit« der Lehrfächer, d.h. ihrer sachlich-systematischen Einheit die Konzentrierbarkeit des Lehr- und Lernbetriebes, die Möglichkeit, das sachlich Zusammengehörige, wenn auch im System des Gültigen (oder Geltung Beanspruchenden) weit Auseinandergelegene, im Denkerlebnis zu verknüpfen" (1965, 132).

stimmt, d.h. wenn sie niemand anerkennt. Dass die Erdkugel nicht der Mittelpunkt des Universums ist, galt damit – wenn auch stets nur retrospektiv beurteilbar – bereits vor der Beobachtung der Aberration des Lichts.

Mit dieser Charakterisierung bestimmt HÖNIGSWALD den Wahrheitsbegriff zeitlos, überzeitlich, unendlich. Wahrheit ist für ihn in eigentlicher Bedeutung Prinzip, d.h. logische, nicht zeitliche Voraussetzung aller Erkenntnis. In ihrer Überzeitlichkeit ist sie zugleich Ziel aller Erkenntnis, indem sie dieser nicht nur logisch als *arché* vorausgesetzt, sondern gleichsam als deren unendliches, unerreichbares *télos* bestimmt wird. Da Wahrheit niemals *ist*, sondern sein *soll*, stellt sie jenen unbedingten Richtpunkt des Denkens dar, den es zu erstreben gilt. Im Prinzip der Wahrheit ist derjenige Richtpunkt, jene unbedingte Maßgabe allen Denkens zu verstehen, die aufgrund dieser Charakterisierung religiöse Valenz gewinnt. Das Denken kann nur erkennen, weil Wahrheit als Prinzip immer schon logisch vorausgesetzt wird. Lehren und Lernen als Überlieferung sind nur möglich, weil diesen Akten ihre Möglichkeit immer schon voraus liegt. Diese ihre Möglichkeit ist eben garantiert in ihrer Ich-Unabhängigkeit, in ihrer Objektivität. Diese wiederum besagt noch nichts über den Vollzug des Denkens selbst. „Gelten und Geltungswert haben heißt nicht von irgend jemand als geltend anerkannt sein, oder gar von irgend jemandes Anerkennung und Zustimmung abhängen. Es heißt im Gegenteil von jeglicher Anerkennung und Verwerfung unabhängig sein oder doch unabhängig sein sollen" (HÖNIGSWALD 1927, 33).

Wahrheit und mit ihr die Funktion der Geltung sind seinsollend, d.h. in ihnen kommt Aufgabenhaftigkeit zum Ausdruck. Das Denken soll Geltung in seinen Setzungen erlangen, es soll gültig sein. Doch gleichsam gilt etwas, auch wenn das Denken die Setzung eines Gegenstandes nicht gültig vollzogen hat. Für pädagogisches Handeln bedeutet dies, dass es im Lehren und Lernen nicht um Akte der Beliebigkeit oder Willkür geht. Vielmehr müssen sie nach HÖNIGSWALD als unbedingt gesollt angesehen werden. Wahrheit fordert geradezu, dass Lehrgüter überliefert werden.

Was anmutet wie ontische Sinnvalenz, ist in der Systematik HÖNIGSWALDs vielmehr die Beachtung des prinzipiellen Charakters des Wahrheitsbegriffes. Es bedeutet in transzendentaler Hinsicht nichts anderes, als dass Wahrheit unbedingte Voraussetzung bleibt, ohne welche Erkenntnis nicht möglich ist. Wahrheit ist im eigentlichen Verständnis denk-notwendig. Sie ist unendliche Aufgabe für das Denken, das Setzungen vornimmt, das sich auf Gegenständliches richtet, Objekte konstituiert. Ohne diese unbedingte Voraussetzung bliebe alles Denken unbestimmt, gleichgültig, bloße Umschau. Erst jetzt wird deutlich, weshalb HÖNIGSWALD den unaufhebbaren Zusammenhang von Erkenntnis und Wahrheit postulieren, diese Beziehung so vehement fordern kann. Sein eigenes Postulat von der unbedingten Zusammenhangsbestimmtheit von Erkenntnis und Wahrheit ist das beste Beispiel: mit dieser Aussage erhebt HÖNIGSWALD den Anspruch auf Geltung, d.h. er will, dass ihm zugestimmt wird. Selbst wenn die Zustimmung seitens der anderen ausbleiben sollte, wäre dies noch kein Beweis wider seine Aussage. Dennoch erhebt er den Anspruch, dass sie prinzipiell von jedermann anerkannt werden können muss. Dieser implikative Zusammenhang von Erkenntnis und Wahrheit gilt unbedingt. Denn für HÖNIGSWALD steht fest, „daß die Gegenständlichkeit der Geltung selbst niemals Gegenstand oder Ziel eines Beweises sein könne. Nicht allein deshalb, weil ja der Beweis selbst stets Geltung bedeutet und Geltung voraussetzt" (HÖNIGS-WALD 1927, 33). Jeder Versuch, die These der unbedingten Voraussetzungshaftigkeit der Wahrheit für Erkenntnis zu leugnen, gerät in den Widerspruch, für die Leugnung seinerseits Geltung zu beanspruchen. Jeder Versuch, HÖNIGSWALD in dieser Hinsicht zu widerlegen, mündet bereits in der Anerkenntnis seiner Erkenntnis. Was er hier vollführt, ist keine Immunisierung vor Kritik und Skepsis, sondern die Bestimmung einer unbedingten Voraussetzung des Denkens bzw. vielmehr Erkennens überhaupt. Damit riegelt HÖNIGSWALD seine These nicht dogmatisch von der Skepsis ab, sondern zeigt die apodiktische Leistung, zu der das Denken im Bedenken der eigenen Voraussetzungen fähig ist – diese Aussage ist schlechthin unumstößlich, unwiderlegbar, logisch unbedingt gültig. Geltungsgebundenheit des Denkens kann allein deshalb nicht bewiesen werden, „weil schon der Versuch jedes Beweises gleichsam an einer technischen Unmöglichkeit scheitert, sondern weil hier kein angebbares Problem mehr vorliegt. Es kann nach der Begründung der Geltung schlechterdings nicht gefragt werden, weil ja Geltung der Gedanke der Begründung selbst ist" (ebd., 33f). Man kann dies auch umkehren: Auch Skepsis am Geltungsbegriff kann nicht angebracht werden, weil ja Geltung der Skepsis vorausliegt, ihr vorausgesetzt wird. Allein deshalb kann hier kein „angebbares Problem" vorliegen, weil der Begriff des Problems erst mit der Voraussetzung von Geltung anheben, erst in Anerkennung ihrer Voraussetzung zum Gegenstand des Denkens werden kann.

Indem der Wahrheitsbegriff allen pädagogischen, d.h. hier explizit, allen unterrichtlichen Handlungen vorausliegt, kann HÖNIGSWALD ihn normativ charakterisieren: der Wahrheit *soll* zugestimmt werden. Sie ist nicht bloße Voraussetzung im Sinne des logischen Ursprungs, sondern zugleich unbedingtes Sollen, verstanden als unbedingt vorausgesetzte Maßgabe des Denkens. „Indes man fühlt, daß die Unabhängigkeit der Geltung von Zustimmung und Verwerfung den gesamten Umkreis der Motive, die sein Begriff enthält, noch lange nicht erschöpft. Man fühlt, daß der Bestand der Geltung, wie selbstgenugsam er an sich auch sein möchte, die volle Entfaltung seines Wesens erst mit der Erfüllung einer Forderung erreicht" (HÖNIGSWALD 1927, 33). Ihren „Bestand" erhält Wahrheit erst in ihrer tätlichen Anerkennung – es braucht kaum erwähnt zu werden, dass hierfür einzig der Terminus „Bindung" infrage kommen kann. HÖNIGSWALD formuliert den Gedanken dieser Forderung in ihrem unbedingten Sollensanspruch radikal: „es ist die »Bestimmung« der Wahrheit, tatsächliche Anerkennung zu finden" (ebd.).

Mit Verweis auf den Begriff der Konzentration, der sich einerseits in Konzentriertheit, andererseits in Konzentrierbarkeit differenzieren lässt, kann gleichsam formuliert werden, dass die Einheit der Geltungsgebiete, d.h. die Einheit der Lehrgüter erst in ihrem Vollzug der Vereinigung das Prinzip der Konzentration hinreichend erschöpft; so auch die unbedingte Voraussetzungshaftigkeit der Wahrheit. In ihrer denknotwendigen Voraussetzung für das Denken bliebe sie reines Konstrukt. Ihr prinzipieller Charakter verlangt jedoch den Vollzug, d.h. die bindende Anerkennung, die verbindliche Setzung. Auch wenn der Vollzug der Anerkennung die Notwendigkeit der Voraussetzung unberührt lässt, so ist ihr Hinreichen erst mit jener erreicht. HÖNIGSWALD wiederholt daher nochmals seinen Begründungszusammenhang. „Nicht die Tatsache der Zustimmung seitens vieler, selbst aller, begründet einen Geltungsanspruch. Wohl aber gehören zu seinem Begriff die Idee des Anerkanntwerden-Sollens und damit der Gedanke des Anerkanntwerden-Könnens durch alle" (HÖNIGSWALD 1927, 33). Wahrheit ist dazu bestimmt, dass sie anerkannt wird. Sie muss als Grund angesehen werden, ohne den Bildung nicht nur nicht möglich, sondern gleichsam nicht nötig wäre. Ohne Wahrheit bräuchte man pädagogisches Handeln schlechterdings nicht. In Voraussetzung der Wahrheitsidee mit der Zeit für Unendlichkeit bedeutet sie neben der Grundbedingung des Denkens auch die unbedingt maßgebende Richtungsbestimmung für das Denken. Das Denken soll sich auf Wahrheit richten, soll sich in seinen Setzungen (unbedingt) an Wahrheit binden.

Das bisher Gesagte kann nicht hoch genug für den pädagogischen, explizit didaktischen Kontext eingeschätzt werden. Mit der Geltungsbestimmtheit der Lehrgüter, mit dem Verweis des Denkens auf die unbedingte Maßgabe des Denkens, postuliert HÖNIGSWALD die bewusste Freihaltung von allen Subjektivismen im Begriff der Erkenntnis bzw. in den Begriffen des Lehrens und Lernens. Keine Verfälschungen haben nunmehr im Begriff des Lehrgutes statt, keine Subjektivismen können ihn verstellen, vergewaltigen, für diese oder jene Zwecke dienstbar machen. In seiner alleinigen Abhängigkeit vom Prinzip der Wahrheit, d.h. in seiner Geltung, ist dem Lehrgut sein Bestand innerhalb der Kultur sicher, ob es nun in seiner Gültigkeit anerkannt wurde, wird, werde oder nicht. Dem Lehrgut kommt Geltung zu; indem es Lehrgut ist, gilt es und fordert gelehrt und gelernt zu werden. Lehrgüter gewinnen ihren Wert in der unbedingten Ich-Unabhängigkeit, d.h. in ihrer objektiven Gültigkeit. Da sie die Gegenstände des Lehrens und Lernens darstellen, bleiben beide Vollzüge der Auseinandersetzung mit dem Lehrgut ich-unabhängig, sofern die Überlieferung des Lehrgutes nur in Voraussetzung der Ich-Unabhängigkeit stattfinden kann. Die Gültigkeit der Lehrgüter verunmöglicht ihre Verfälschung im pädagogischen Vollzug; besser: die Gültigkeit der Lehrgüter ‚schützt' sie im pädagogischen Vollzug vor Verfälschungen. Eine die Lehrgüter verfälschende Auseinandersetzung kann somit nicht pädagogisch qualifiziert genannt werden. Die Überlieferung von Lehrgütern mithin ist nur angesichts ihrer Gültigkeit möglich. Wenn Lehren und Lernen stets in Beziehung zum Geltungsgedanken stehen, wenn Erkenntnis durch Geltung bedingt wird, dann ist für diesen Vollzug das Prinzip der Wahrheit maßgebend. Außerdem zeigt sich das Lehrgut nur unter dieser Bedingung überlieferbar, tradierbar, lehr- und lernbar. „Im Hinblick auf solche Einsichten nun erklärt es sich, daß aller Bildungsinhalt grundsätzlich dazu bestimmt sei, Gemeingut zu werden; jetzt erst enthüllt sich aber auch der sachliche Hintergrund des Gedankens, daß kein Gültiges pädagogisch indifferent sein könne" (HÖNIGSWALD 1927, 62). Unter Maßgabe des Geltungsgedankens sind Lehrgüter für HÖNIGSWALD der Überlieferung „würdig" wie dieser *fähig*. Allein unter dieser Voraussetzung sind Lehrgüter nicht bloß „für mich", sondern im Denken von jedermann prinzipiell vollzieh- bzw. setzbar. Im Anschluss an HÖNIGSWALD lässt sich sagen: Lehrgüter haben nicht nur einen Wert, sondern sie stellen einen Wert dar. Indem sie gültig sind, kommt ihnen eine eigene Dignität zu. Im Sinne des Gemeingutes begründen Lehrgüter, verstanden als Kulturgüter, den Begriff der Kultur als den Bestand gültiger Gegenstände, den es im Sinne einer Höherbildung zu befördern gilt.

Das Prinzip der Konzentration erweist sich als pädagogisches Korrelat des Wahrheitsbegriffes. Konzentration als die übergeordnete Einheit aller Lehrgüter kann nur in ihrem Zusammenhang mit dem Geltungsbegriff verstanden werden. Alle Charakteristika des Konzentrationsbegriffes gelten auch für den Wahrheitsbegriff, bzw. diejenigen der Konzentration werden erst durch den Wahrheitsbegriff begründet. Einheit der Lehrgüter meint Einheit der Geltungsbereiche, die Einheit der Geltungsbereiche ist im Begriff der Wahrheit aufgehoben. „Geltung erschließt sich und differenziert sich in einer Mannigfaltigkeit von Geltungsgebieten. […] Wir sagen ausdrücklich, Geltung erschließe und differenziere sich in diesen Geltungsgebieten; nicht aber behaupten wir, daß sie sich in sie aufteile, oder daß sie selbst neben und außer jener Mannigfaltigkeit besonderer Geltungsgebiete einen eigenen psychologisch oder methodologisch gekennzeichneten Bestand hätte. Geltung verhält sich eben zur Mannigfaltigkeit der »Geltungsmodi« nicht wie das Ganze zu seinen Teilen. […] Sie bedeutet vielmehr Prinzip und Definitionselement ihrer Gliederung: in jedem einzelnen Geltungsmodus, in jedem gemäß einem Geltungsmodus bestimmten Gültigen offenbart sich gleichermaßen die Funktion objektiver Geltung als dessen unaufhebbare Bedingung. Alle Geltungsgebiete und Geltungsbestimmtheiten bilden vermöge dieser Bedingung eine systematische Gemeinschaft und die Wissenschaft von dieser Gemeinschaft bedeutet zugleich auch die Wissenschaft von dem Sinn und der Struktur alles pädagogischen Verhaltens" (HÖNIGSWALD 1927, 64). Einheit fordert Prinzip, Prinzip ist Ordnungsmoment der Einheit, grundlegende Gliederungsinstanz der Mannigfaltigkeit. Was für das Prinzip der Konzentration im Hinblick auf die Einheit der Lehrgüter dargestellt wurde, ist aufgrund der Letztbegründung der Wahrheit möglich.

Der Unbedingtheitsanspruch der Wahrheit, d.h. ihr Charakter der Letztheit, wird im Gewissheitswert des Glaubens vorausgesetzt. „Theoretisch bedeutet das alles: Jeglicher Glaube drückt auf wohlumrissene Weise den letztdefinierten Gedanken der Gegenständlichkeit, auch und nicht zuletzt mit Beziehung auf den ebenfalls letztdefinierten Bestand der Erkenntnis, aus" (HÖNIGSWALD 1932, 58). Wahrheit gewinnt im Akt des Glaubens seinen Status als unbedingt seinsollende Geltungsinstanz. „Nur der Begriff des Glaubens macht Negation gläubiger Instanzen »möglich«. Oder besser: auch die Leugnung gläubiger Geltungswerte fällt in den Geltungsbereich des Glaubens. Ebendarum erreicht ihren Begriff selbst kein Zweifel und keine Verneinung" (ebd., 59). Wahrheit als logischer Ursprung wie zugleich maßgebende Richtungsbestimmung des Denkens wird damit erst durch den Glauben konstituiert. Indem Wahrheit Bedingung der Möglichkeit der Lehrgüter, indem sie deren Ordnungsmoment ist, das diese in einer übergeordneten Einheit aufhebt, erscheint die Dependenz von Bildung und Religion im Bereich der Didaktik bei HÖNIGSWALD deutlich hervor[117]. „So konvergieren denn auch im Problembereich des Glaubens alle Linien auf einen Punkt hin. Ihn ergreifen, heißt unter dem Gesichtspunkt eines besonderen Geltungsbestandes das Problem der Pädagogik stellen. Auch der Religionsphilosoph wird in der Konsequenz seiner eigenen Aufgaben zum Theoretiker der Pädagogik" (HÖNIGSWALD 1927, 173). Aus diesem Verständnis heraus interpretiert auch HUFNAGEL, dass bei HÖNIGSWALD

---

[117] „Und zu diesem Wertganzen auch den ganzen Menschen zu erziehen und zu bilden, darin liegt die erzieherische Bedeutung der Religion" (BAUCH 1930, 60).

zwischen der „Idee des Glaubens und „der Theorie der Pädagogik" ein „Implikationsverhältnis" gegeben sei (1990, 370).

2.2.3 Konklusion

Das letztdefinierte Prinzip der Didaktik ist für HÖNIGSWALD die Konzentration. Sie stellt jene übergeordnete Einheit dar, in der alle Lehrgüter einerseits aufgehoben, andererseits zu- und untereinander in Beziehung gesetzt werden können. Mit der Konzentration ist das Totum aller Lehrgüter bezeichnet, jene Voraussetzung, die es ‚macht', dass alle Fächer, alle Geltungsgebiete aufeinander dergestalt verweisen, dass Unterricht methodisch differenziert vollzogen werden kann. Unter der Voraussetzung der Konzentration gehören alle Fächer denknotwendig zusammen, dienen sie einem einigen Sinn – der Bildung. Ausgehend von dieser einigen Einheit, deren Ordnungsmoment das Prinzip der Konzentration darstellt, wird eine Separierung von Bildung, d.h. eine Aufspaltung in Bindestrichbildungen sinnlos. Bildung aus didaktischer Sicht wird eine Einige, Konzentration macht aus „einem Konglomerat ein System" (HÖNIGSWALD 1917, 208).

Der Bedingungs- bzw. Begründungscharakter der Konzentration für eine Theorie der Lehrgüter stellt jedoch keine Notwendigkeit dar, die sich monokausal irgendwie schon einstellte. Vielmehr ist mit dem Begriff der Konzentration die denknotwendig vorauszusetzende Möglichkeit der Einheit aller Lehrgüter gemeint. Aus diesem Grund differenziert HÖNIGSWALD das Prinzip in den gegenständlichen Aspekt des Lehrguts wie in den denkpsychologisch, ich-bestimmten Aspekt des Vollzuges. Nur in der Synthese von Konzentriertheit und Konzentrierbarkeit gewinnt das Prinzip der Konzentration seine einigende, letztdefinierte sowie letztdefinierende Bedeutsamkeit für die Didaktik. Bedenkt man weiterhin die Voraussetzungen der Konzentration, „so erweist sich als ihre Grundlage und entscheidende Bedingung [einzig noch] das Problem der Geltung" (HÖNIGSWALD 1927, 138).

Der Begriff der Konzentration ist aufgrund seiner Relation zur Wahrheitsidee religiös fundiert. Durch den Gewissheitswert des Glaubens, der Voraussetzung der „Monas Monadum", gewinnt alles Denken, mithin jedes Lehrgut im Sinne eines Geltungsbestandes eine unbedingte, maßgebende Richtungsbestimmtheit. Mit der „Monas Monadum" analysiert HÖNIGSWALD dasjenige Ordnungsmoment, das als unbedingte Wahrheit bzw. Wahrheit aller Wahrheiten verstanden werden muss. Unter der einheitsstiftenden Herrschaft der „Monas Monadum" werden gültige

Setzungen des Denkens als Mannigfaltigkeiten gliederbar. Im Begriff der Wahrheit erhält sie absolute Valenz für das erkennende Ich.

Wahrheit fungiert bei HÖNIGSWALD als jenes Ordnungsmoment, das Erkenntnisse in Gliederung ermöglicht. Dabei ist sie „weder ein existierendes Ding oder ein Wesen, wie die erkennenden Subjekte oder andere Wesen und andere Dinge es sind, noch ist sie ein Prozeß oder Vorgang, wie etwa das Erkennen der Wahrheit es ist, denn Wahrheit und Erkennen der Wahrheit müssen scharf von einander unterschieden werden. Ist doch die Wahrheit Voraussetzung und Ziel zugleich für alles Erkennen" (BAUCH 1930, 13). Gemäß dieser Charakterisierung ist Wahrheit nicht extensiv bestimmbar. Indem sie Voraussetzung wie Ziel allen Denkens ist, gewinnt sie unbedingten Status. Der Begriff der Wahrheit fällt mit der Zeit zusammen, indem er mit Zeit für Unendlichkeit vorausgesetzt wird. Hieraus folgt, weshalb HÖNIGSWALD Wahrheit gleichsam als Forderung bestimmen kann. Als unbedingte Maßgabe für das Denken meint sie unbedingte Richtungsbestimmtheit, fordert sie unendliches Streben als Erkenntnisvollzug.

HÖNIGSWALD selbst hat den Glauben allein in seiner überzeitlichen, d.h. logischen Struktur analysiert (vgl. v.a. 1932, 49ff). Die Anerkennung der Wahrheit im Erkenntnisvollzug findet in seinem Werk keinen Raum. Daher muss an dieser Stelle, ohne diesen Aspekt von außen an die Systematik HÖNIGSWALDs heranzutragen, ergänzt werden, dass dieser Akt allein mit dem Terminus „Bindung" bezeichnet werden kann. Streben nach einer unendlichen Maßgabe in Akten der Setzung kann nur durch tätliche Anerkennung, d.i. Bindung verstanden werden. In dieser Intention wird der Glaube aus seiner starren Form gelöst und als zeitlicher Prozess der bindenden Anerkennung verdeutlicht. Wahrheit fordert, so HÖNIGSWALD, unbedingte Verbindlichkeit, deshalb kann ihre zeitpunkthafte Anerkennung nur als „Bindung" bezeichnet werden. Als Prozess meint Glaube somit Aufgabe, er ist durch Aufgabenhaftigkeit charakterisiert. HÖNIGSWALD sah den Glauben dagegen unter dem Aspekt der unbedingten Letztheit, d.h. als letztdefiniertes Moment der Erkenntnis überhaupt, welches im Gebet, d.h. in verständiger Auseinandersetzung mit der „Monas Monadum", seinen absoluten Höhepunkt erfährt[118]. Für den Bezug

---

[118] „Der Begriff der Verständigung schließt den des »anderen« in sich. Durch ihn bestimmt sich die μονάς im Medium der Sprache. Auch dieses Verhältnis zum »anderen« nun und mit ihm die Sprache müssen daher unter den Gesichtspunkt jener absoluten μονάς gerückt werden können. Es muß anders gesagt möglich sein, den Verständigungsbezug der Monaden als Wertbestimmtheit, es muß möglich sein, diese Wertbestimmtheit unter dem Gesichtspunkt der *absoluten* μονάς als Verständigungsbezug zu betrachten. Die absolute μονάς muß [...] den Wertbezug der Monaden als Modus der Verständigung bestimmen können" (HÖNIGSWALD 1997, 191). In diesem Kontext fährt er fort: „Gemäß diesem Sinn nenne ich Gott, kultisch

auf das Revier des Pädagogischen ist daher die Erwähnung des Glaubens unter dem Aspekt seiner Prozesshaftigkeit zu ergänzen, weil ohne ihn Religion im Allgemeinen ihrer Prozesshaftigkeit beraubt würde. Dieser Einwand ist daher nicht als Mangel der HÖNIGSWALDschen Systematik anzusehen, sondern als Ergänzung um den Faktor Zeit.

Wahrheit ist nach HÖNIGSWALD „Idee". Sie muss denknotwendig mit der Zeit für die Zeit als Unendlichkeit vorausgesetzt werden. Wahrheit gilt in diesem Verständnis unbedingt; sie kann sogar als unbedingte Bedingung von Geltung bezeichnet werden. Daher kann HÖNIGSWALD sagen, dass hinter dieser Idee keine Probleme mehr liegen, weil sie, sofern Wahrheit unbedingte Gültigkeit bedeutet, die Bedingung der Möglichkeit von Problemen überhaupt zu sprechen darstellt. Alles Denken muss, um Erkenntnis hervorzubringen, auf Wahrheit gerichtet und an diese gebunden werden. So stellt Wahrheit die Einheit aller Geltungsgebiete dar. In diesem Sinne bedeutet die Idee der Wahrheit Ganzheit. „Denn die Idee bringt das Motiv der Ganzheit auf einen allgemeinen und theoretischen Ausdruck" (HÖNIGS-WALD 1927, 56). In ihrem Bezug auf das Prinzip der Konzentration ist näherhin zu verstehen, wie sich Konzentration als Ganzheit der Lehrgüter zeigt. Dies besagt nichts anderes als Einheit *für* Mannigfaltigkeit, bedeutet Ordnungsmoment *für* Gliederung. Alle Lehrgüter sind als Glieder des Systems und somit in der Einheit aufgehoben, d.h. ihnen *kommt* Ganzheit *zu*.

In der Voraussetzungshaftigkeit des Glaubens, d.h. indem der Mensch als *capacitas infinita* Ganzheit ideell anerkennt, diese mit der Zeit für Unendlichkeit voraussetzt, gewinnt die Einheit der Geltungsgebiete unbedingten Aufgabencharakter. Nur in dieser religiösen Perspektive lässt sich die normative Forderung, die mit der Idee der Wahrheit postuliert wird, aufrechterhalten. Wahrheit *ist* nicht, sondern Wahrheit *soll sein*. Das, was ein Prinzip auszeichnet: als *arché* wie *télos* vorausgesetzt zu sein, verdankt sich der religiösen Implikation, der Forderung tätlicher Anerkennung durch Bindung des Denkens. Wahrheit ist im pädagogischen und religiösen Vollzug unerreichbare Letztheit als Forderung, d.h. im eigentlichen Sinne *veritas infinita*. „Wer sachlich und methodisch verfährt, der »will« eben die Wahrheit; der

---

vermittelt oder symbolfrei, »Du«. Er muß mich, wie immer ich auch zu ihm rede, *verstehen*, und ich verstehe ihn, indem ich, von ihm bedingungslos abhängig, zu ihm rede. Ich werde im *Glauben* »seiner gewiß«. Ich vertraue ihm in der Bedingungslosigkeit gläubiger Abhängigkeit […], ich »bete« zu ihm; ich bin nun in einem neuen, dem spezifisch gläubigen Sinne des Wortes *Mensch*. In der Einsamkeit des Gebetes verleugne ich die Eindeutigkeit des geschichtlichen Zusammenhanges und der geschichtlichen Notwendigkeit und bejahe sie zugleich. Denn im Gebet spiegelt sich der methodische Bestand des Glaubens selbst" (ebd., 195).

»will« sich einer Norm, die um ihrer selbst und in solchem Sinn bedingungslos ge-
schätzt wird, unterordnen" (HÖNIGSWALD 1927, 68).

Exakt an dieser Stelle, an welcher Einheit bzw. Ganzheit der Geltungswerte
resp. Lehrgüter als zu fordernde Aufgabe postuliert werden, setzt harsche Kritik an,
die „[i]n gewisser Hinsicht [...] ruinös" für den Gedanken HÖNIGSWALDs sei
(FISCHER 1998, 182)[119]. FISCHER gibt zu bedenken, dass weder aus der Mannigfaltigkeit „so etwas wie ein aufgabenhaftes Letztziel Einheit oder Ganzheit" hervor-
gehe, „aus der gar noch [...] alle Einzelwahrheiten »stammen«, noch leitet sich
daraus, daß die Menschen unisono für ihre Urteile Geltung beanspruchen, eine
Verbundenheit der Heterogenität als Einheit her". Dieser Gedanke könne nur „auf
einen *absoluten* begrifflichen Rückhalt in der Fiktion einer Einheit oder Ganzheit"
gestützt werden und sei somit „vom Begrifflichen her nur *dogmatisch-doktrinär* zu
leisten" (ebd., 183).

Betrachtet man die bisherigen Ausführungen zu den HÖNIGSWALDschen Überlegungen, muss der Skepsis FISCHERs einerseits Berechtigung zugestanden, andererseits Kritik entgegengebracht werden. Es ist unzweifelhaft, dass die didaktische
Forderung nach sachlicher Ganzheit auf eine unbedingte begriffliche Grundlage
gestellt werden *muss*. Ohne diesen „archimedischen Punkt" kommt sie schlechterdings nicht aus. Dies zeigt sich bei näherer Betrachtung jedoch nicht als
dogmatisch-doktrinäre Willkür, sondern als Denknotwendigkeit; nicht als Totalitarismus, sondern als logische Letztbegründung aller logischen Aussagen.

Voraussetzungen tragen notwendig die Bestimmung der Forderung in sich, sie
sind nicht bloß logischer Ursprung, sondern zugleich logisches Ziel des Denkens.
FISCHER selbst trägt diesem Charakter mit seinem Zweifel ebenso Rechnung, wie
derjenige, der sich ‚positiv' um Wahrheit bemüht. Auch die Skepsis stellt sich – gewollt oder ungewollt – unter die Forderung nach Einheit der Wahrheit. „Wahrheit"
im Sinne HÖNIGSWALDs ist kein Gegenstand unter Gegenständen, sondern die Bedingung der Möglichkeit von Gegenständen zu sprechen. Wahrheit als unbedingte
Letztheit ist nicht bezweifelbar, weil sie die Bedingung der Möglichkeit des Zweifels darstellt[120]. Der Zweifel an der Letztheit der Wahrheit führt unwillkürlich in

---

[119] FISCHER bezieht sich in seiner transzendental-skeptischen Analyse auf den Unterrichts- und
Konzentrationsbegriff seines akademischen Lehrers PETZELT. Da dieser wiederum akademi-
scher Schüler HÖNIGSWALDs war und den Konzentrationsgedanken stark an den seines
Lehrers anlehnte, können die Einwände FISCHERs auf die hier explizierten Erläuterungen
übertragen werden, weil sie nicht nur thematisch, sondern auch genealogisch in einem Kontext stehen (vgl. FISCHER 1998, 169ff).
[120] „Man hat versucht, gegen das Recht des transzendentalen Gedankens einzuwenden, daß er
einen regressus in infinitum einschließe. Denn auch die transzendentale Methode müsste

jene logische ‚Notlage', die Hans ALBERT als „Münchhausen Trilemma" bezeichnete[121]. Skepsis steht ebenso unter der Normativität des Geltungsanspruchs wie die transzendentale Erkenntnis der Letztdefiniertheit[122]. Gerade dass alle Menschen für ihre Urteile Geltung beanspruchen, verweist notwendig auf ein unbedingtes Ordnungsprinzip. Ohne diesen Begriff, ohne diese unbedingte Voraussetzung wäre keine Verständigung möglich (vgl. HÖNIGSWALD 1970, 37ff). Der Mannigfaltigkeit ist denknotwendig Einheit vorausgesetzt, andernfalls ließe sich nicht in Mannigfal-

---

doch, soll sie auf Geltung Anspruch haben, selbst wieder transzendental gesichert werden. Der Einwand verfehlt alles. Denn er verkennt den Begriff der Gegenständlichkeit. Er verfällt Gefahren einer schon mehrfach gekennzeichneten Verwechselung. Ihm gilt Gegenständlichkeit als Gegenstand, oder anders: er übersieht, daß der »Gegenstand«, den die transzendentale Methode repräsentiert, die »Möglichkeit« des Gegenstandes bedeutet. So glaubt er also hinter die Gegenständlichkeit zurückgegriffen zu haben, während er günstigsten Falls doch nur ihre Funktion notdürftig umschrieben hatte. Sein eigener Versuch wird gegenstandslos, indem er die definierte Letztheit des transzendentalen Gedankens, d.h. die Idee der Gegenständlichkeit bezweifelt. [...] So bedeutet mithin der Ausdruck »transzendentale Methode« [...] nicht ein Verfahren neben anderen, sondern dies, daß jedes »Verfahren nach Grundsätzen« den Begriff der Rechtfertigung, d.h. der Gegenständlichkeit voraussetzt" (HÖNIGSWALD 1997, 84).

[121] „Wenn man für *alles* eine Begründung verlangt, muß man auch für die Erkenntnisse, auf die man jeweils die zu begründende Auffassung [...] zurückgeführt hat, wieder eine Begründung verlangen. Das führt zu einer Situation mit drei Alternativen, die alle drei unakzeptabel erscheinen, also zu einem Trilemma [...]: 1. einem *infiniten Regreß*, der durch die Notwendigkeit gegeben erscheint, in der Suche nach Gründen immer weiter zurückzugehen [...]; 2. einem *logischen Zirkel* in der Deduktion, der dadurch entsteht, daß man im Begründungsverfahren auf Aussagen zurückgreift, die vorher schon als begründungsbedürftig aufgetreten waren [...]; und schließlich: 3. einem *Abbruch des Verfahrens* an einem bestimmten Punkt, der zwar prinzipiell durchführbar erscheint, aber eine willkürliche Suspendierung des Prinzips der zureichenden Begründung involvieren würde" (ALBERT 1980, 13). Da die beiden ersten Alternativen „offensichtlich unakzeptabel zu sein" scheinen, „besteht die Neigung, die dritte Möglichkeit [...] schon deshalb zu akzeptieren, weil ein anderer Ausweg aus dieser Situation für unmöglich gehalten wird" (ebd.). Diesen „archimedischen Punkt", der bei HÖNIGSWALD den Namen „Wahrheit" trägt und durch den Glauben letztbegründet wird, d.h. „die Überzeugung oder Aussage, die selbst nicht zu begründen ist, aber dabei mitwirken soll, alles andere zu begründen, und die als sicher hingestellt wird, obwohl man eigentlich alles – und also auch sie – grundsätzlich bezweifeln kann, eine *Behauptung*, deren *Wahrheit gewiß* und die daher *nicht der Begründung bedürftig* ist" nennt man „ein *Dogma*, dann zeigt sich unsere dritte Möglichkeit als das, was man bei der Lösung des Begründungsproblems am wenigsten erwarten sollte", nämlich die „Begründung durch *Rekurs auf ein Dogma*. Die Suche nach dem archimedischen Punkt der Erkenntnis scheint im Dogmatismus enden zu *müssen*" (ALBERT 1980, 14).

[122] „Philosophie geht auf Bezüge, die vor allem Operieren mit Beispielen liegen und in diesem Sinn auf »Letztes«. Als »Letztes« aber gilt hier nur das, was als Letztes *definiert*, d.h. sofern ein Ueberletztes grundsätzlich und nicht etwa nur als Bestand an »Vorstellungen« ausgeschlossen erscheint; das, was nicht eine bloße Schranke der Erkenntnis anzeigt, sondern deren Grundlage in sich birgt. Die Rede vom Letzten bedeutet also die Rede vom »Letztdefinierten«. Letztdefiniert heißen somit Faktoren, die »sich selbst« begründen, weil sie Abwandlungen des *Begriffs* der Begründung gleichkommen" (HÖNIGSWALD 1970, 38).

tigkeiten gliedern. Mannigfaltigkeit bedeutet Gliederung, Gliederung bedeutet vorausgesetzte Einheit. Einheit fordert ein Gliederungsmoment, und dieses Gliederungsmoment muss Letztdefiniertes sein. Letztdefiniert ist nach HÖNIGSWALD einzig das „ist", die Idee der Wahrheit als Bedingung der Möglichkeit des Denkens, des Gegenständlichen wie der μονάς. Wenn Skepsis jegliche Unbedingtheit leugnet, dann will diese Leugnung unbedingt Gültig sein.

FISCHER hat Recht, wenn er sagt, dass sich kein Begriff von Unterricht „als allgemeingültig, als definitiv wahr nachweisen" lasse. Unbedingte Geltung kann nicht nachgewiesen werden, weil der Versuch des Nachweises immer schon Geltung voraussetzt. Überall, wo Geltung beansprucht wird, wo Verständigung bzw. Überlieferung statthaben, dort zeigt sich Wahrheit als letztdefinierter, d.h. unbedingter Begriff. Als letztdefinierte Einheit ist Wahrheit Bedingung der Möglichkeit aller Aussagen, die mit Geltungsanspruch auftreten; auch der skeptischen Aussagen.

Im Rückblick auf die problemgeschichtliche Analyse der Systematik HÖNIGSWALDs lässt sich festhalten, dass die „Idee der Wahrheit" als konzentrierende Einheit aller Geltungsgebiete und -werte im Sinne einer unbedingten Voraussetzung und Maßgabe für Bildung vorausgesetzt werden muss. Die Dependenz von Bildung und Religion zeigt sich einerseits in der Letztheit der vorausgesetzten Maßgabe der Wahrheitsidee, ohne welche keine Überlieferung, d.h. Verständigung über Gegenstände in der Zeit möglich ist. Wahrheit ist nicht durch Extension bestimmbar, weil sie als unbedingte Voraussetzung Ordnungsmoment der Einheit aller Geltungsansprüche und Geltungswerte ist, damit zugleich Bedingung von Gliederung, von Mannigfaltigkeit bedeutet.

Andererseits ist mit der Voraussetzung von Wahrheit zugleich der Anspruch der Überlieferung, d.h. des Lehrens und Lernens als Sollen verbunden. Nach HÖNIGSWALD ist ihr Begriff erst hinreichend in der Erfüllung durch zeitpunkthafte Bindung erschöpft: Wahrheit *ist* nicht, sondern Wahrheit *soll* sein. Dieser Prozess muss demnach als unendliche pädagogische Aufgabe verstanden werden. „Die Zukunft nun, die durch den Sinn aller pädagogischen Betätigung gefordert ist, – sie hat wie gesagt keine Grenzen. Hätte sie welche, so hieße das, die Werte, die sie auf die Zeit »abzubilden« sucht, seien irgendwann in empirischen Personen restlos verwirklicht" (HÖNIGSWALD 1927, 102). Nur unter Voraussetzung der Wahrheitsidee ist überhaupt von *sinn*vollem[123] pädagogischem Handeln zu sprechen. So zeigt

---

[123] „Auf solche Weise bedeutet Sinn – das Wort richtig verstanden – »mögliche« Wahrheit. In dem gleichen Umfang aber bedeutet es zugleich mögliche Verständigung. Schließt doch die unabhängig von allen gültige Wahrheit die Geltung für alle und damit die Bestimmtheit aller in dem gemeinsamen Vollzug des Sinnbezugs auf die Wahrheit ein. Die Gemeinsamkeit

sich auch in der didaktischen Systematik HÖNIGSWALDs der dependente Zusammenhang von Religion und Bildung, da Bildung ohne die maßgebende Voraussetzung der Wahrheitsidee sowie ihrer tätlichen Anerkennung durch Bindung im wahrsten Sinne sinnlos bliebe.

Mit der Bindung des Denkens an Wahrheit, d.h. mit dem Vollzug pädagogischer Überlieferung, ist gleichsam der Bereich der Erziehung angesprochen: denn „Lernen, methodisch zu verfahren, heißt in solchem Sinne lernen die Wahrheit als Selbstzweck zu »achten« und darum zu »wollen«" (HÖNIGSWALD 1927, 68). So zeigt sich die „alles beherrschende Idee der Geltung" zugleich als „Konzentration zwischen Erkenntnis und Erziehung" (ebd., 69) und wirft die Frage auf, wie bzw. nach welchen Maßgaben eine „»Höherbildung« der Gemeinschaft" gestaltet werden kann und soll.

---

des Vollzugs – nichts anderes aber begründet jenen Sachverhalt der Verständigung" (HÖNIGSWALD 1927, 43).

2.3 Alfred PETZELT – Pädagogik des Fragens

PETZELT sieht den Begriff des Pädagogischen in der Einheit von Unterricht und Erziehung konstituiert. „Wenn man von Pädagogik spricht, meint man zweierlei: Unterricht und Erziehung. Im Unterricht einerseits, in der Erziehung andererseits erschöpft sich das »Geschäft« der Pädagogik" (PETZELT 1964, 17)[124]. Sein gesamtes pädagogisch-wissenschaftliches Schaffen war der Gliederung, Verhältnisbestimmung und Einheit des pädagogischen Geschäfts gewidmet.

Mit dieser Differenzierung tritt sofort die Frage in den Vordergrund, was das Unterscheidende beider Vollzüge sei. PETZELT bringt dies mit einer prägnanten Formel auf den Punkt: „*Unterricht wendet sich an Erkenntniswerte, Erziehung hat es mit sittlicher Ordnung zu tun*" (1964, 22). Es wird sich demnach die Frage anschließen, welche Bedingungen vorausgesetzt werden müssen, wenn Erkenntnis- und Sittlichkeitswerte von einem Ich ‚in Besitz' genommen werden sollen, so dass rechtmäßig von einem Besitzer die Rede sein kann. Und daran anschließend: Wie sind diese Vollzüge zu gestalten?

Allen Überlegungen PETZELTs zur Methodik[125] von Bildungsprozessen liegt eine erkenntnistheoretische Betrachtung des Ich bzw. seiner Natur, d.h. der „Natur des Ich" zugrunde. Pädagogische Theorie könne nicht beginnen, von Unterricht und Erziehung zu sprechen, ohne zuvor seinen Gegenstand, also das Ich, näher auf seine Möglichkeitsbedingungen analysiert zu haben[126].

Eine dieser Möglichkeitsbedingungen sieht PETZELT im prinzipiellen „Fragenmüssen" (vgl. PETZELT 1962, 9ff)[127]. Der Mensch ist aus pädagogischer Perspektive

---

[124] „Pädagogik muß daher von der Einheit zwischen Unterricht und Erziehung handeln" (PETZELT 1964, 17). Diese Worte müssen in Anlehnung an den HERBARTschen Wortlaut verstanden werden: „Und ich gestehe gleich hier, keinen Begriff zu haben von Erziehung o h n e U n t e r r i c h t; so wie ich rückwärts, in dieser Schrift wenigstens, keinen Unterricht anerkenne, der nicht erzieht" (HERBART 1806, 10).

[125] „*Zum Methodenbegriff Alfred Petzelts*", vgl. HEITGER (1977, 349ff). Dort wird im Anschluss an PETZELT konstatiert, dass bei der Thematisierung der Methode zugleich die „Grundlegung der pädagogischen Führung selbst" infrage steht (ebd., 355). HEITGER betont somit die grundsätzliche Untrennbarkeit der gleichsam (analytisch) unterscheidbaren Bereiche der pädagogischen Relation und Methodik, wie sie – im Verbund mit der Didaktik – auch in dieser Arbeit als „pädagogische Trias" durch systematische Erwägungen vertreten wird.

[126] PETZELT kann als entschiedener Gegner der seiner Zeit dominierenden „experimentellen" oder, wie PETZELT selbst sie im Anschluss an KANT nennt, „empirischen Psychologie", gesehen werden. Beinahe in jeder seiner größeren Arbeiten setzt er sich kritisch mit bspw. den Gedanken Wilhelm WUNDTs auseinander und sucht diese durch erkenntnistheoretische Argumentationen zu widerlegen (vgl. PETZELT 1962, 43f).

[127] In der Ideengeschichte finden sich mehrere Beispiele, die analog zum PETZELTschen „Fragenmüssen" gelesen werden können. In der Metaphysik des ARISTOTELES bspw. zeigt sich

durch das Fragen bestimmt, er ist „*als Möglichkeit aller Fragen anzusehen*" (PETZELT 1962, 18). In ihr der Fragenotwendigkeit „gehören alle Menschen zueinander" (PETZELT 1968, 211). Das Fragen bzw. Fragenmüssen ist keine naturhafte Anlage, kein entwicklungsfähiges Vermögen, das sich ausprägen, abschütteln oder negieren ließe. „Es ist [daher] nicht erwerbbar" (PETZELT 1962, 17). Es stellt auch keinen triebhaften Zwang dar, dem sich der Mensch zu beugen hätte, sondern es ist vielmehr als Prinzip des Ich, als psychisches Distinktum anzusehen, das mit dem Ichsein des Menschen vorausgesetzt werden muss, wenn Unterricht und Erziehung nicht als Eintrichterung von Kenntnissen und Werturteilen missverstanden werden sollen[128]. Für PETZELT steht deshalb fest: „Sagt man zu einem Individuum Mensch, dann spricht man vom Fragenden zugleich" (ebd.). Im Fragenmüssen sieht er die psychische Auszeichnung, die es erlaubt, den Menschen von anderen Wesen zu unterscheiden[129].

Wenn vom Denken und Wollen die Rede ist, so sieht PETZELT darin nicht bloß Richtung und Gerichtetheit, sondern zugleich notwendig *Frage*richtung und *Frage*gerichtetheit. Es kann keine Bewusstseinsrichtung gedacht werden, die nicht als Frage des Ich muss verstanden werden können. Richtet sich das Ich (im Lernen) auf Gegenständliches, dann fragt es „*quid est?*" bzw. „Was ist das?"; wenn es sich hingegen im Wollen (d.h. im Wertungsakt) auf Sittliches richtet, dann muss dies als die Frage „Was soll ich tun?" verstanden werden. Es lässt sich keine Bewusstseinsrichtung denken, die sich nicht durch und im Fragen, d.h. sowohl von Gegenständen als auch Sittlichem als Frage bestimmte. Jeder Setzung des Denkens und Wollens muss die Fragerichtung vorausgesetzt werden. Der Setzung „Das ist ein

---

dieses Moment als ‚Wissenwollenmüssen': „Alle Menschen streben von Natur nach Wissen" (1995, 1) und auch KANTs Einführungsworte in die „Kritik der reinen Vernunft" bringen das Gemeinte zum Ausdruck: „*Die menschliche Vernunft hat das besondere Schicksal in einer Gattung ihrer Erkenntnisse; daß sie durch Fragen belästigt wird, die sie nicht abweisen kann; denn sie sind ihr durch die Natur der Vernunft selbst aufgegeben*" (KANT KrV, A VII).

[128] „Das Prinzip der Frage definiert das Ich, verläßt es nie, seine Forderung begleitet es durch alle Akte seines Daseins! Das Ich repräsentiert das Prinzip der Frage; es muß so sein, sonst könnte es gemäß diesem Prinzip nicht fragebereit sein, könnte keine Einzelfrage sehen, noch weniger einen Frageakt vollziehen. Das ich muß grundsätzlich lernen können um der Fragefähigkeit willen, die es selbst darstellt" (PETZELT 1964, 232).

[129] „Das Fragen des Menschen kann kein biologisches Problem sein, kann in keiner biologischen Fragestellung eine Antwort finden, es hebt ihn aus aller Objektbetrachtung so hinaus, daß eine neue Fragestellung, eben jene nach dem Fragenden nicht auszuschließen ist. Die Aussage des Biologen, das hier sei kein Tier mehr sondern ein Mensch, ist in jenem Anderssein gekennzeichnet, das notwendig nicht mehr den Beobachter und sein Objekt, vielmehr den Mitunterredner im dialogischen Verhältnis postuliert. Das Jetzt des Zeitpunktes, da man Mensch sagen darf, fordert den Nachweis der Fragefähigkeit, fehlt sie, dann liegt kein Recht vor, von einem Menschen zu sprechen" (PETZELT 1962, 17).

Baum" muss notwendig die Frage „Was ist das?" vorausgehen. Der Entscheidung, heute das Theater zu besuchen, muss die Frage vorausgehen, was ich tun will und soll. Das Ich bewegt sich somit allemal im und durch Fragen. Das Fragen stellt den spezifischen „*motus mentis*" (PETZELT) des Menschen dar, d.h. seine spezifische Bewusstseinsbewegung.

Indem sich das Ich auf Gegenständliches und Sittliches richtet, indem es auf dieses gerichtet ist, wird ihm dies zugleich fragbar, fragwürdig, d.h. des Fragens würdig. Das bedeutet, der „Gegenstand selbst ist die Frage"[130] (PETZELT 1964, 185) sowie das Ich selbst im Sittlichen, d.h. in Setzungen des Wollens, fragbar ist. Es lässt sich nichts denken oder wollen, was nicht fragwürdig wäre. In diesem Verständnis kann PETZELT sagen, der Mensch sei die Möglichkeit, alles zu fragen. „Das Fragen gehört dem Menschen, es kommt ihm zu" (PETZELT 1962, 17). Es gehört nicht einfach *zum* Ich, sondern *dem* Ich. Menschsein heißt dann aus pädagogischer Perspektive prinzipielle Fragefähigkeit; das Ich hat kein Fragevermögen, sondern es ist recht eigentlich als Fragevermögen anzusehen. Das bedeutet es, wenn man sagt, das Ich sei durch das Fragen bestimmt.

Wenn der Mensch als die Möglichkeit gesehen werden muss, alles zu fragen, wenn man darin keine natürliche Anlage, sondern ein Prinzip des Ichseins versteht, dann kann diese Fragemöglichkeit keinem Menschen zu keinem Zeitpunkt abgesprochen werden. Es ‚gehört' dem Säugling ebenso wie dem Greis. „Innerhalb des Problems von der psychischen Entwicklung darf man nicht fragen, *ob* der Säugling fragt, sondern wie er fragt. Denn fragen muß er. Sein Fragenmüssen bleibt auch hier Voraussetzung für alle Einzelfälle, wenn wir vom Menschenkind sprechen müssen" (PETZELT 1962, 17f). Es sei nochmals betont, dass das Fragenmüssen nicht als anthropologische Anlage missverstanden werden darf, sondern vielmehr als prinzipielle Voraussetzung, sofern Lernen und Werten nur ichbestimmt bzw. aktiv mitbestimmend vollzogen werden können. Die Fragefähigkeit muss dem Menschen denknotwendig zu jedem Zeitpunkt zugesprochen werden, andernfalls wäre kein Erkennen oder Werturteilen möglich.

Der gelegentlich erhobene Einwand, dahinter verberge sich eine „uneingestandene Anthropologie" (BLANKERTZ), beruht auf einem Missverständnis. Das Fragen gehört nicht *zum* Ich, sondern es gehört *dem* Ich. Kein anthropologisches Datum ist gemeint, das am Ich haftet, sondern eine Voraussetzung, die angenommen werden

---

[130] „Wir wissen, daß das Verhältnis zwischen Gegenstand und Ich am Zeitpunkt Problem heißt, daß er also die Möglichkeit, Fragen zu stellen, in sich trägt. Der Gegenstand fordert das Ich niemals als Objekt unter Objekten, sondern als Gegenüber in der Fragegebundenheit" (PETZELT 1968, 211).

muss, wenn Selbsttätigkeit nicht negiert werden kann. Das Fragenmüssen ist nicht beweisbar, weil der Beweis das Fragenmüssen bereits voraussetzt. Überall wo gelehrt und gelernt wird, wo erzogen und sich erzogen wird, muss das Fragenmüssen denknotwendig vorausgesetzt werden, ohne es als Frageformulierung empirisch beweisen zu können. Das Fragenmüssen gilt prinzipiell, ob bewusst oder unbewusst, als Frage artikuliert oder unausgesprochen. Es muss beim Schüler bzw. Zögling immer schon vorausgesetzt werden, auch wenn dieser *expressis verbis* keine Frage formuliert. Der Fall widerlegt nicht die Voraussetzung, weil diese *für* Fälle gilt.

Wenn der Mensch als die Möglichkeit, alles zu fragen, verstanden werden muss, dann ist er zugleich als die Möglichkeit, Alles zu fragen, anzusehen. „»Alles« ist kein Einzelinhalt neben anderen, keine Summe, er regiert alle anderen, es stellt die praecisio möglicher Inhalte dar, nicht zeitpunkthafte Einheit, jetzt erreicht, sondern den Sinn alles Erreichens, also die Einheit aller Einheiten" (PETZELT 1962, 20). PETZELT meint damit, dass das Ich als fragendes zugleich immer auf Sinn gerichtet ist. Indem es sich auf Einzelnes im Fragen richtet, ist es zugleich als Möglichkeit anzusehen, nach dem einen „Wozu?" zu fragen, das als Voraussetzung für Sinnstiftung anzusehen ist. „Mit aller Fragemöglichkeit wird die Sinngebung des eigenen Ich zugleich möglich" (PETZELT 1968, 211). Im Fragen steht es somit in der konstanten Korrelation „alles – Alles" bzw. „Einzelnes – Ganzes". Diese Korrelation ist selbst schon Frage, aus ihr kann sich der Mensch nicht lösen. Er bewegt sich in ihr. Im Fragen „erfüllt sich die Natur des Ich. [...] Das will sagen, daß er [der Mensch – T.M.], wenn er recht fragt, »Alles« finden muß, daß er sein Fragen leitet, um immer von neuem den Sinn aller Sinngebung zu finden" (PETZELT 1962, 68). In der Frage nach dem „Wozu?" sieht PETZELT weniger die Möglichkeit der Sinnfrage, als vielmehr – angesichts der Endlichkeit des Menschen – ihre Notwendigkeit. Darin erfährt das Fragen eine neuerliche Auszeichnung. Erst das fragende Ich ist die Bedingung der Möglichkeit von Sinnstiftung, ohne sein Fragen nach dem einen „Wozu?" angesichts der eigenen Endlichkeit, wäre Sinnstiftung unmöglich. Diese ‚resultiert' geradezu aus der prinzipiellen Fragefähigkeit des Menschen, der sich innerhalb der konstanten Korrelation von Einzelfrage und Frage aller Fragen bewegt. „Das Ich als Möglichkeit, alles zu fragen, [...] ist in seiner Aufgabe zur Sinngebung festgelegt, bestimmt. In dieser Bestimmtheit hat es sich selbst zu bestimmen" (ebd., 33). So kann man mit PETZELT sagen, das Ich ist durch das Fragen bestimmt wie es sich gleichsam im Fragen bestimmt. In der Bestimmung durch und im Fragen wird Sinnstiftung möglich, d.h. sich selbst als Prinzip und Fall des Fragens im Hinblick auf die Einheit aller Fragen zu fragen. Das Fragen wird notwendiges Moment der Sinnstiftung. Diese religiöse Implikation sei hier vorerst nur angedeutet, um sie im weiteren Verlauf der problemgeschichtlichen Analyse weiter auszuwickeln.

Ein weiterer Aspekt muss gleich angesprochen werden: Der Frage korrespondiert die Antwort, dem prinzipiellen Fragen*müssen* korrespondiert das Antworten*können*. Wo Fragen gestellt werden, dort müssen Antworten möglich sein. Frage und Antwort stehen in unaufhebbarer Relation. Für PETZELT steht fest, dass die Frage nicht bloß eine Antwort ermöglicht, sondern geradezu fordert. Fragen „sind nicht Einfälle der Beliebigkeit, sondern zugleich – wie alles Psychische – Aufgaben" (PETZELT 1962, 41). Ihnen haftet die Eigentümlichkeit an, dass sie – wenn sie ernst genommen werden sollen – nicht beliebige, sondern gültige Antworten fordern. Mit dem Fragen ist nicht irgendein, sondern gültiges Antworten gefordert. Fragen sind haltlos, wenn sie nicht gültige Antworten fordern.

Man darf hier nicht dem Missverständnis unterliegen, als ob das Antworten dem Fragen kausal (im Verständnis einer zeitlichen Ursache-Wirkungsreihe) folgte, d.h. als sei die Frage die Ursache, die Antwort ihre Wirkung. Forderung darf nicht mit Folge bzw. Wirkung verwechselt werden. Nicht ein Kausalverhältnis ist gemeint, sondern ein Sollen. Die Antwort folgt nicht der Frage, sondern diese fordert jene, sie meint Aufgabe, d.h. sie ist mit der Frage aufgegeben. Der Aufgabencharakter des Sollens lässt sich nur postulieren, wo keine Kausalität, sondern Freiheit statthat. Die Frage als Forderung „bedeutet den Ausschluß naturhaften Geschehens und das Einsetzen des Sollens" (PETZELT 1962, 117).

In dieser Eigentümlichkeit der Forderung des Sollens steht nach PETZELT auch die pädagogische Du-Beziehung. Die Frage des Ich ist zugleich (Auf-)Forderung an das Du, zu antworten. Unter dieser Voraussetzung ist überhaupt erst das Prinzip der Aufforderung zur Selbsttätigkeit zu verstehen. Mit PETZELT kann man sagen, die Aufforderung zur Selbsttätigkeit ist immer nur als Aufforderung durch Fragen zum Antworten zu verstehen. Aus pädagogischer Perspektive begründet somit das prinzipielle Fragenmüssen des Ich und das damit geforderte Antwortensollen des Du ein pädagogisches Verhältnis, das – wie zu zeigen sein wird – als „dialogisches" bezeichnet werden muss. Die Frage ist bei PETZELT – methodisch betrachtet – die Bedingung der Möglichkeit pädagogischen Handelns. Die Frage stiftet erst die Beziehung von Ich und Du. Kein pädagogischer Akt, in dem nicht die Frage den Prozess beherrschte. „Im Dialog herrscht die gegenstandsmäßige Frage als Problem, sie stiftet überhaupt erst die Gemeinschaft" (PETZELT 1953a, 66).

„*Missverständnisse werden leicht vermieden, wenn man Frage und Frageakt voneinander unterscheidet*" (PETZELT 1964, 185). In der Fragemöglichkeit, so wurde angedeutet, gehören die Menschen zueinander, im Frageakt stiftet die Frage als Forderung zur

Antwort die Beziehung von Ich und Du, von Lehrer und Schüler, Erzieher und Zögling. Deutlich ist, dass PETZELT die Frage nicht zu einem bloßen Instrument herabwürdigt, sondern zum einheitsstiftenden Prinzip des Bildungsprozesses erklärt. Im Folgenden wird dieses Grundmotiv pädagogischer Methodik genauer analysiert und dargelegt.

Wenn man die Unterscheidung von Unterricht und Erziehung beibehält, indem man das eine als Führung des Denkens, das andere als Führung des Wollens definiert, dann wird offenkundig, dass die Frage in zwei zu unterscheidenden (aber nicht trennbaren) Bereichen statthat; in erstem Fall in der Ordnung des Sachlichen, im zweiten in der Ordnung des Sittlichen. Da Unterricht auf Wissen zielt, Erziehung dagegen auf Haltung, so ist genauer zu untersuchen, wie die Frage in Unterricht und Erziehung als methodisches Moment des pädagogischen Prozess zu verstehen ist. V.a. wird genauer zu fragen sein, welche Bedeutung der Religion im Fragen und Frageakt zukommt, die bereits im Fragen nach „Allem" sichtbar bzw. kenntlich wurde. Gerade in der Erziehung muss das Gewissen eine Rolle spielen, wenn in der systematischen Methodik eine Dependenz von Bildung und Religion[131] nachweisbar ist.

Es wird daher im Folgenden erstens gefragt, welche Bedeutung der Frage im Unterricht zukommt und inwiefern dabei religiöse Implikationen sichtbar werden (2.3.1)? Da dem unterrichtlichen Aspekt bereits in der problemgeschichtlichen Analyse der HÖNIGSWALDschen Systematik nachgegangen wurde und im Wahrheitsbegriff eine Dependenz von Bildung und Religion nachgewiesen werden

---

[131] Peter KAUDER ging bereits der „offene[n] und noch von keinem Interpreten angegangene[n] Frage" nach, „ob der [von PETZELT – T.M.] in zahlreichen Schriften entfaltete prinzipienwissenschaftliche Bestimmungsboden als Rechtfertigung pädagogischen Handelns letztlich sich selbst trägt oder ob er in einer tragenden religiösen Überzeugung aufgehoben ist" (1994, 397). Dabei verfolgt er jedoch weniger eine systematisch-problemgeschichtliche Analyse des PETZELTschen Opus, sondern vielmehr eine philologische, in welcher er die „*Wissenschaftliche Terminologie und »fromme« Sprache*" zur Klärung der Fragestellung im Werk PETZELTs näher untersucht. KAUDER schloss seine Ausführungen den Worten RUHLOFFs beipflichtend, der schrieb: „Mann kann seine [PETZELTs – T.M.] pädagogische Theorie nicht als eine konfessionell-katholische bezeichnen oder beiseite tun, ohne ihren argumentativen Gehalt zu verfehlen. Und auch dort, wo Petzelt die religiöse Thematik als Theoretiker anspricht, appelliert er nicht an die Übereinstimmung im Glauben, sondern an den Intellekt" (RUHLOFF 1986, 14 zit. nach KAUDER 1994, 414). Tatsächlich ist es völlig verfehlt, PETZELTs Systematik als konfessionelle und damit stark determinierte abzustempeln. „In Petzelts Pädagogik, auch wenn er sie in religiöser Sprache vorträgt, herrscht immer das Argument" (KAUDER 1994, 414). Freilich lässt sich das Religiöse in seiner Theorie nicht ausschließen, ohne die Aussagekraft zu verfehlen. Aber genau dies ist der Aspekt, auf den es in der vorliegenden Arbeit ankommt, bzw. vielmehr genau das, was hier nachgewiesen werden soll; nämlich, dass Bildung ohne Religion nicht zu haben ist.

konnte, soll dieser Teil ‚lediglich' grundsätzliche Spezifika der Frage und des Frageaktes verdeutlichen. Das eigentliche Interesse gilt hier – ohne bei PETZELT eine
Hierarchisierung nachweisen zu wollen, oder gar zu können – der Erziehung. Daher wird anschließend die Fragestellung verfolgt, welche Bedeutung dem Fragen in
der Erziehung zukommt, v.a. im Hinblick auf die Gewissensbindung (2.3.2). Es
wird analysiert, ob das Gewissen einen systematischen Ort, bzw. welchen Ort es in
der Methodik PETZELTs einnimmt. Denn auch in der Erziehung muss eine unbedingte Maßgabe Verbindlichkeit fordern, wenn Bildung und Religion in einem
dependenten Verhältnis stehen. Was ist demnach die als unbedingt vorausgesetzte
Maßgabe? Abschließend werden die Analysen in einer synthetischen Betrachtung
zusammengefasst und auf ihre weiterführende ‚Verwendung' hin kritisch gewürdigt
(2.3.3).

2.3.1 Die Frage als Prinzip des Prozesses

Für PETZELT ist der Gegenstand selbst die Frage, wenn sich der Mensch fragend
auf ihn im Denken richtet, d.h. ihn setzt. Wenn jeder Gegenstand fragbar, fragwürdig ist, dann ist er zugleich stets selbst – als Objekt des Fragens – Frage. „Wenn die
Fragwürdigkeit dem Gegenstande nie fehlen darf, dann ist jeder Zeitpunkt des Prozesses geeignet, daß Fragen müßten an ihm vollzogen werden können, dann gibt es
keinen Zeitpunkt an ihm, an welchem jemand keine Frage an ihn stellen könnte!
Mit anderen Worten: Die Frage beherrscht den Prozeß!" (PETZELT 1964, 186)[132].

Mit dieser Feststellung ist die Frage in ihrer methodischen Valenz ausgezeichnet. Sie steht nicht in der Reihe eines methodischen Instrumentariums, sondern sie
regiert den pädagogischen Prozess. Sie ist „kein hypostasiertes, das heißt hier ver-
dinglichtes, außergegenständliches Werkzeug", dessen sich ein Lehrender bzw.
Erziehender „zweckmäßigerweise nun einmal bedient" (PETZELT 1964, 205). Die
Frage ist vielmehr notwendig *der* Grundsatz pädagogischer Prozessgestaltung. Pädagogisch ist ein Prozess nur dann zu nennen, wenn er von der Frage beherrscht,
wenn er in Frageakten vollzogen wird. Da alles Denken als Fragegerichtetheit auf
Gegenständliches verstanden werden muss, da der konkrete Gegenstand zugleich
Frage ist, so steht der Prozess nicht zeitpunkthaft, sondern prinzipiell unter der
Herrschaft der Frage. „Wenn die Frage wirklich das Prinzip des Prozesses ist, dann
beherrscht sie mögliche Prozesse aller Iche zu allen Zeiten, genauer: dann ist sie das

---

[132] „Die Frage muß Prinzip des Prozesses genannt werden, wenn Akte des Fragens jedem seiner
Zeitpunkte gewidmet und zugeordnet werden können" (PETZELT 1964, 186).

Prinzip des unendlichen Prozesses" (PETZELT 1964, 191). Kein Prozess, der das Prädikat des Pädagogischen verdienen soll, kann von der Herrschaft der Frage befreit sein. Die Frage fordert zeitlosen Status als *das* methodische Prinzip des pädagogischen Vollzugs[133].

Im pädagogischen Prozess treten sich nun zwei Fragenmüssende in Fragegerichtetheit auf einen Gegenstand, der selbst als Frage zu verstehen ist, gegenüber. In der Analyse zeigt sich, dass die „Natur des Ich", sein Fragenmüssen, der beiderseitigen Gerichtetheit auf den Gegenstand vorausgeht. Das Fragenmüssen begründet pädagogisch die Ich-Du-Relation, d.h. in PETZELTscher Terminologie: die „Du-Beziehung". Erst in der beiderseitigen Gerichtetheit auf eine Frage, sind Ich und Du zugleich aufeinander bezogen. Die Frage stiftet demnach den Dialog, erst unter dem Prinzip der Frage kann ein Dialog rechtmäßig statthaben. Graphisch lässt sich dies wie folgt veranschaulichen:

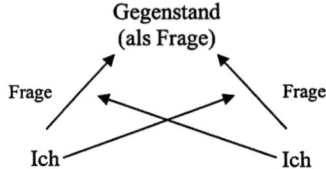

Das dialogische Verhältnis von Ich und Du ist kein rein personales, als wirkten hier zwei Menschen unmittelbar aufeinander ein, sondern mittelbar durch die Gerichtetheit des Fragens auf Gegenständliches. Die pädagogische Du-Beziehung wird durch die Frage gestiftet, erst im Fragen sind Ich und Du im Dialog aufeinander bezogen. Der Dialog konstituiert sich durch die Fragerichtung sowie die Frage als getroffener Gegenstand dieser Gerichtetheit als Beziehung von Ich und Du.

Doch gerade im Bereich des Pädagogischen tritt zu der im Frageprozess mittelbaren Du-Beziehung eine Eigenheit, die erst hinreichend die pädagogische Qualität des Dialogs – als Lehrer-Schüler- bzw. Erzieher-Zögling-Verhältnis – methodisch kennzeichnet. Zur Herrschaft der Frage, zur beiderseitgen Gerichtetheit der Iche

---

[133] PETZELT schreibt zur pädagogischen Methode: „Methode ist grundsätzlich nicht die Art, wie es der Lehrende macht, sondern wie er es in unaufhebbarer Einmaligkeit seiner Aufgabe machen *muß*" (PETZELT 1964, 210f – Hervorh. T.M.). Dies kann und muss heute als scharfe Kritik an dem inflationären Gebrauch des Methodenbegriffs in der Pädagogik, v.a. in der so genannten Schulpädagogik gewertet werden. Im Sinne PETZELTs ist die Methode kein Instrument der Willkür und Beliebigkeit in Händen des Lehrenden, sondern der Weg des Schülers, der einzig zur Erkenntnis führt.

im Frageakt, tritt zudem das Moment der Führung. Obzwar die Frage den Prozess herrscht, obzwar Ich und Du erst im Fragen aufeinender verwiesen sind, in einem Verhältnis, das durch die Frage als Problem, d.h. als Aufgabe konstituiert ist, zueinander stehen, muss ein Ich den Frageprozess führen, das andere sich im Frageakt führen lassen. Der Lehrer fragt „nicht, weil er ein Problem sieht, um es selbst zu lösen, sondern er fragt, damit der Schüler es sehe, um es ihm zu zeigen! Er fragt sozusagen nicht in eigenem Namen, sondern im Namen des Schülers. Die Lehrerfrage, geleitet vom gewussten Ergebnis, muß sich auf den Schüler beziehen und nur in dieser Richtung empfängt sie ihren geforderten Sinn. Sie geht kein eigenes Problem an, sondern sie will das des Lernenden treffen" (PETZELT 1964, 196). Die Frage ist damit nicht ihres prinzipiellen Herrschaftscharakters im Verlauf des Prozesses enthoben, jedoch wird eine Differenzierung der Fragerichtungen für den Bildungsprozess notwendig sein, der erst durch das Moment der Führung in seiner Eigenart ausgezeichnet ist. Die schematische Darstellung des Prozesses bedarf demnach einer Modifizierung (um den pädagogischen Charakter deutlicher zu kennzeichnen, sollen die „einheimischen Begriffe" verwendet werden):

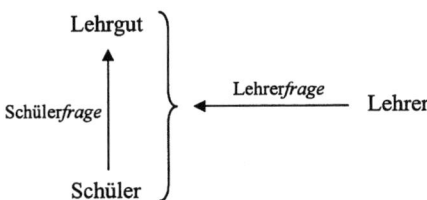

Der Lehrende führt durch Fragen die Frageakte des Lernenden, damit dieser lerne, richtig bzw. gültig zu fragen[134]. Das heißt, die Frageakte des Lehrers richten sich auf die Frageakte des Schülers. Ihre pädagogische Sonderung besteht darin, dass der Lehrende in seinen Frageakten auf diejenigen des Lernenden bezogen sein muss.

Obgleich sich die Lehrerfrage nach PETZELT nicht gleichsam auf das Problem des Lernenden richtet, wird der Konstituierung der Du-Beziehung im „Fragenmüssen" bzw. vielmehr im Frageakt damit kein Abbruch getan – das Verhältnis von Ich und Du bleibt im Fragen begründet. PETZELT zitiert in diesem Zusammenhang häufig eine Passage aus KANTs Logikteil der „*Kritik der reinen Vernunft*": „Es ist schon ein großer und nötiger Beweis der Klugheit oder Einsicht, zu wissen, was

---

[134] „Richtig ist demnach die Frage, wenn sie der Struktur des Gegenstandes entspricht" (PETZELT 1964, 209).

man vernünftiger Weise fragen solle. Denn, wenn die Frage an sich ungereimt ist, und unnötige Antworten verlangt, so hat sie, außer der Beschämung dessen, der sie aufwirft, bisweilen noch den Nachteil, den unbehutsamen Anhörer derselben zu ungereimten Antworten zu verleiten, und den belachenswerten Anblick zu geben, daß einer (wie die Alten sagen) den Bock melkt, der andre ein Sieb unterhält" (KANT KrV, B 83). Im ,richtigen' Fragen zeigt und bewährt sich somit für PETZELT ,wahre' pädagogische Führung. Diese hat im Fragen ihr Recht. Wenn die Frage den Prozess beherrscht, wenn Gegenständliches jederzeit fragwürdig, fragbar ist, d.h. zum Problem, zur Frage wird, dann kann der einzelne Frageakt nicht der Beliebigkeit anheim gestellt werden, sondern unterliegt – wie alles Methodische – Grundsätzen, die gültig sein müssen, um zu Gültigem zu gelangen.

Mit der Forderung nach Gültigkeit rückt – wie in der problemgeschichtlichen Analyse der Systematik HÖNIGSWALDs deutlich wurde – der Aspekt einer unbedingten Maßgabe in den Fokus der Betrachtung. Was als Frage durch die Fragegerichtetheit fragbar wird, verlangt eine gültige Antwort. Die Antwort *soll* gültig sein können. Insofern ist bereits das Fragen auf Gültigkeit gerichtet, da sie gültige Antworten fordert. Mit jeder Frage wird die Möglichkeit gültiger Antworten vorausgesetzt, oder die Frage ist Schein – daher Scheinfrage – oder überflüssig, hinfällig, sinnlos. Der Frageakt fordert Gültigkeit im Fall, er will Einzelwahres. Einzelwahres hat Wahrheit zur Voraussetzung, sie ist ein Teil der ganzen Wahrheit[135]. Wenn auch jeder Frageakt einen (noch so geringen) Teil der Wahrheit als Antwort fordert, dann ist er zugleich auf die ganze Wahrheit gerichtet. Der Frageakt hat teil an der Wahrheit, er ist als Teilhabe, als *participatio* zu verstehen. Die Frage als Prinzip ist somit stets Teilhabe am Ganzen, an der Wahrheit selbst, wenn sie auf Einzelwahres als Antwort gerichtet ist. „Die Frage partizipiert am Absoluten, meine Fragestellung zeigt den erreichten Wert meiner participatio, ebenso wie jedes Argument. Das fragende Ich spricht in jedem Stellen eines Frageaktes seinen Willen aus, am Unendlichen zu partizipieren" (PETZELT 1962, 41).

Der PETZELTsche Teilhabe-Gedanke muss in Anlehnung an den Wahrheitsbegriff bei HÖNIGSWALD verstanden werden. Jedes Einzelwahre ist Teil bzw. hat Teil an der unbedingten Wahrheit, die aufgrund ihrer Unbedingtheit dennoch nicht extensiv bestimmbar ist. Da die Frage der Antwort vorausgeht, da sie auf mögliche

---

[135] „Wahrheit als veritas praecisissima wird das Prinzip unseres Wissens und Lernens für alles Einzelne. Nur in ausdrücklicher Teilhabe an *der* Wahrheit erwirbt das Einzelwahre seinen Anspruch. *Wahrheiten* werden in Akten gefragt, gefunden, in Ansprüchen behauptet, die Wahrheit herrscht schlechthin. Sie ist »leitend«. Sie ist vor den Wahrheiten. [...] *Die* Wahrheit bleibt zeitlos, verlaufsfrei, für alle Zeiten, für alle Menschen die eine Gültigkeit. Sie ist vorgeordnet, also zeitfrei *für* alles Hintereinander der Menschen" (PETZELT 1962, 28).

Wahrheit im Antworten gerichtet ist, wird das fragende Ich von PETZELT als Teilhaber, die Frage als Teilhabe an der unbedingten Wahrheitsidee bezeichnet. Für den Frageakt bedeutet dies die Forderung, sich „immer wieder von neuem, an die Wahrheit zu binden. Im Akt vollzieht das Ich seine Teilhabe am Fall. Es legt sich am Einzelnen als Teilhaber des Unendlichen immer wieder von neuem fest. Es sieht sich als Korrelat des Unendlichen, um jetzt und hier in der Folge seiner Aufgaben sein Entsprechen zu fixieren. [...] Die personale Bildungsarbeit definiert sich geradezu als Bemühen um immer zu erneuerndes Partizipieren" (PETZELT 1962, 41). Im Fragen nach Einzelnem ist der Mensch zugleich als Teilhaber am Ganzen zu verstehen, da das Einzelne immer nur als Teil des Ganzen gesehen werden kann. „Ist der Frageakt als Tatsache Teilhabe, weil er ein Wahres angeht, dann muß Frage als Prinzip auf das verweisen, woran das Einzelwahre teilhat: auf die veritas infinita" (PETZELT 1964, 192). In der Einzelerkenntnis wird das Ich zum Teilhaber an der Wahrheit, es partizipiert am Unbedingten. Die *participatio* am Unbedingten im Fragen „wird als Möglichkeit des Weges zum Menschentum überhaupt, als für alle Menschen verbindlich zu sehen sein. Fragen will die Überführung des Augenblickes aus dem Hintereinander in die Präsenz des Gültigen" (PETZELT 1962, 69).

Wenn die Frage am Unbedingten, d.h. an der als unbedingt vorausgesetzten Maßgabe partizipiert, dann kann dies nur als Bindung verstanden werden. In der Bindung an die unbedingte Maßgabe fordert das Fragen nicht bloß zeitpunkthafte Zustimmung, sondern fordert erst jenen Anspruch, den man gültig bzw. Geltung nennt. Das Fragen in der Partizipation am Unbedingten fordert nach PETZELT überzeitliche Zustimmung als Antwort. Es hebt die Antwort aus der zeitpunkthaften Zweckmäßigkeit in einen überzeitlichen Geltungsmodus. Das Fragen tritt immer als gerichtetes auf, notwendig gerichtet auf die unbedingte Maßgabe, die Wahrheit.

In der *participatio* ‚erhält' der Frageakt eine eigentümliche Zeitstruktur. Die *participatio* selbst hebt ihn aus dem bloß Zeitpunkthaften. Im Frageakt sind Frage und Antwort an das Überzeitliche gebunden und gewinnen somit selbst Teilhabe am Unbedingten. Die Frage „führt uns aus der Fülle des Endlichen heraus zum Sinn des Ganzen, *lehrt uns den Sinn des Lernens, zeigt die Grenzen dieses Tuns am Ganzen und muß ins Unendliche verweisen*" (PETZELT 1964, 181). Als *participatio* „führt der Weg notwendig vom Frageakt zum Prinzip der Frage, von der Tatsache zum Gesetz für Tatsachen, von der im Frageakt zu durchdringenden Einzelwahrheit zum Ganzen möglicher Wahrheit" (PETZELT 1964, 192). Im Frageakt stellt sich der Fragende in den Dienst unbedingter Wahrheit als ihr Teilhaber, er bindet sich somit an Unendlichkeit. „Der Ausdruck dieser Bindung des einzelnen an das ganze Unendliche, der niemand entgehen kann, heißt *Religion*" (ebd., 243 – Hervorh. T.M.).

Im Frageakt ist Bindung gefordert, d.h. der Frageakt steht vielmehr unter dem Prinzip der Bindung. Es ist nun näherhin zu zeigen, wie sich die Dependenz von Bildung und Religion in der Methodik PETZELTs ausweist. *„Im Partizipieren erfüllt sich der Sinn der Bildung als Bindung für den einzelnen Vollzug"* (PETZELT 1962, 35). Im Fragen und Antworten partizipiert das Ich an der unbedingten Maßgabe, lässt sich von ihr leiten, indem es sich bindet. „Fragen sind von unserer Bindung getragen, sie dienen ihr, sie regieren den motus mentis des Ich" (ebd., 40). Weil die Frage als Prinzip des Prozesses ausgewiesen wird, sie zugleich stets nur in der Teilhabe an Wahrheit betrachtet werden kann, so ist der gesamte Bildungsprozess nur in und durch Bindung möglich. Alle Frageakte stehen unter der Forderung nach Bindung an Wahrheit. Bindung ist Voraussetzung, wenn Frageakte als Frage und Antwort vollzogen werden. Mit jeder Einzelfrage ist der Mensch auf alle möglichen Fragen, d.h. auf die ganze Wahrheit gerichtet. Er bindet sich nicht bloß um des Zeitpunktes willen, sondern partizipiert am Unbedingten, wenn er Geltungsansprüche stellt. Bindung muss gefordert werden, wenn Fragen auf gültige Antworten verwiesen sind. Religion wird zur Voraussetzung von Bildung, da Fragen auf Bindung angewiesen sind, bzw. vielmehr wenn sich Fragen stets nur unter Voraussetzung von Teilhabe verstehen lassen.

Im PETZELTschen Gedanken der *participatio* zeigt sich recht eigentlich, was unter Bindung im Bildungsvollzug verstanden werden muss. Bindung meint Teilhabe an der als unbedingt vorausgesetzten Maßgabe um der überzeitlichen Geltung willen. Bildung kommt nicht ohne Bindung aus, wenn sie im Unterricht auf Wissen, in der Erziehung auf Haltung gerichtet ist. „Pädagogik wird ihrem Begriffe nach zur Theorie des richtigen Vollzugs im dialogischen Verhältnis um der veritas maxima willen" (PETZELT 1954, 51). Wissen und Haltung fordern, wenn sie in Akten erworben werden, die Bindung des Ich an eine unbedingte Maßgabe. Nur unter dieser Voraussetzung können Unterricht und Erziehung gültig und um der Geltung willen vollzogen werden. Bildung ist auf Bindung um Verbindlichkeit willen angewiesen. „In jeder Setzung, sei sie Frage oder Antwort, Verneinung oder Bejahung, Irrtum oder Zweifel liegt grundsätzlich participatio" (PETZELT 1964, 357). Erst Bindung verbürgt Verbindlichkeit; ohne Verbindlichkeit ist das pädagogische Geschäft im eigentlichen Sinne sinnlos.

PETZELT wäre gründlich missverstanden, wollte man die Bindung nur vom Schüler einfordern. Da die Frage den Prozess beherrscht, so gilt die Forderung nach Bindung im Frageakt stets für das Ich wie für das Du, für Lehrer *und* Schüler.

Auch vom Lehrer muss Bindung an Wahrheit gefordert sein. Darin zeigt sich die Gültigkeit der Fragestellung, also die Gültigkeit pädagogischer Führung. Fehlt die Bindung des Lehrenden, dann wäre mit keiner gültigen Antwort zu rechnen. Die *participatio*, d.h. die Bindung im Frageakte, stiftet die pädagogische Du-Beziehung. Der Dialog wird konstituiert durch die Teilhabe als Bindung von Ich und Du an der unbedingten Maßgabe. „Die Menschen sind in ihm [im Dialog – T.M.] an die Wahrheit gebunden. Die Auseinandersetzung mit dem Du dient dieser gegenseitigen Bindung an den Logos" (PETZELT 1964, 65)[136]. Führung zur Bindung wird nur möglich, wenn sich der Lehrende selbst bindet, gebunden hat. In jedem Frageakt bleibt die Bindung Forderung für Lehrer und Schüler. Die Termini „Lehrer" und „Schüler" werden selbst zu Funktionsbegriffen, die sich an ihrer Bindung bemessen lassen. Der Lehrer hat sich bereits gebunden, der Schüler soll sich binden bzw. binden lernen. Nur weil sich das Ich bereits gebunden hat, verdient es die Bezeichnung „Lehrer"; Bindung macht führungsfähig, sie verbürgt pädagogische Führungsfähigkeit. Nur weil das Ich die Bindung bereits vollzogen hat, ist es ihm möglich, die Bindung des Du im Frageakt zu führen, in der Führung Bindung zu fordern.

Das Schema kann deshalb präzisiert werden:

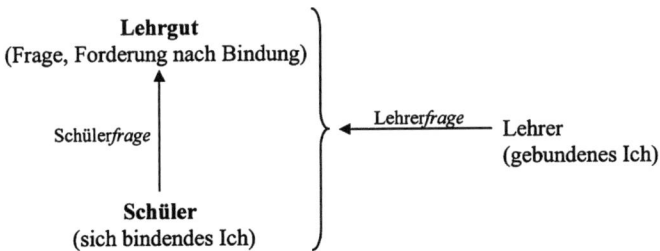

---

[136] Unter „logos" versteht PETZELT die als absolut vorausgesetzte Maßgabe des Denkens. „Der Logos ist die Wahrheit selbst, ist die höchste Instanz, der unsere Akte dienen. Er ist die veritas maxima praecisissima" (PETZELT 1950, 317). Auch wenn PETZELT konstatiert, dass man unter dem „logos" „nach klassischer philologischer Tradition" das „Ganze des Sinnes, dem jeder Fall der Sinngebung dient" (PETZELT 1950, 316) verstehe, gebraucht er den Terminus synonym zu „Gott". PETZELT selbst hat jedoch einmal gegenüber Wolfgang FISCHER bekundet, „man könne in seinen Schriften jeweils ‚Gott' durch ‚logos' ersetzen, ohne daß sich an der theoretischen Substanz etwas ändern würde!" (VOGEL 1989, 159). Ob dies in diesem Kontext konfessionell verstanden werden kann oder vielleicht muss, ist daher für den vorliegenden Zusammenhang nicht von Bedeutung. Wichtig ist nur festzuhalten, dass, wo PETZELT den Begriff „logos" verwendet, ein religiöser Bedeutungszusammenhang festgestellt werden kann.

Die Frage muss als Forderung nach Bindung verstanden werden, daher partizipiert sie (ebenso wie die Antwort) am Unbedingten. Sie fordert Teilhabe an der Wahrheit sowohl vom Lehrer als auch vom Schüler. Wahrheit als vorausgesetzte Maßgabe bleibt Regulativ des Unterrichts. An ihr muss Bindung vollzogen werden, wenn Frage und Antwort auf Wissen bzw. Gültigkeit gerichtet sind. „Das Problem der Frage steht jenseits vermeintlicher Empirie. Die Frage als Problem diktiert die Form aller Unterrichtsbewegung, sie diktiert die Akte des Lehrers wie des Schülers" (PETZELT 1964, 202). Daher stellt sie PETZELT als Prinzip des Prozesses heraus, als Grundstruktur der Methodik.

Die Frage ist Prinzip des Bildungsprozesses. Unter ihrer Herrschaft haben Unterricht wie Erziehung statt. Während die Frage im Unterricht auf Gegenständliches gerichtet ist, so dass der Gegenstand selbst die Frage darstellt, so steht die Erziehung nach PETZELT unter der Ordnung des Sittlichen. Das Ich selbst wird also im Erziehungsprozess befragt, darin kann er vom Unterrichtsprozess unterschieden werden[137]. „Das fragende Ich, das selbst gefragt wird, sieht sich selbst in eigener Besonderung. Es passt in keine Reihe als Frage mit anderen Fragestellungen" (PETZELT 1962, 125). Während Unterricht unter der Maßgabe der Wahrheitsidee steht, weil er im Bereich des Sachlichen bzw. Gegenständlichen statthat, kommt dies für die Erziehung nicht infrage. Die Ordnung des Sittlichen, sofern darin allein das Ich in Absehung alles Gegenständlichen steht, kann nicht von der Wahrheitsidee regiert werden. Zwar muss es auch in der Erziehung um Geltung gehen, doch diese spezifische Geltung kann nicht in dem Sinne ich-unabhängig gedacht werden, wie diejenige als Funktion der Wahrheitsidee. Fragen im Bereich des Sittlichen können nicht mit wahr oder falsch beantwortet werden. Wenn der Mensch selbst gefragt ist, dann sind damit keine gegenständlichen Fragen neben anderen gemeint, sondern jene, die alles gegenständliche Fragen begleiten, ohne selbst auf Gegenstände gerichtet zu sein. Diese Besonderung gilt es herauszustellen und im Hinblick auf die Dependenz von Bildung und Religion im Bereich der Methodik zu befragen.

---

[137] „Wissen und Haltung sind so unabhängig voneinander, wie Sittliches und Sachliches als Ordnungen gesehen werden müssen, sie sind so unabhängig voneinander, wie Akte und Inhalte zusammengehören und zugleich unterschieden bleiben müssen" (PETZELT 1964, 266).

2.3.2 Maßgabe der Haltung – Gewöhnung oder Gewissen?

Nach PETZELT ist der Mensch die Möglichkeit, alles wie Alles zu fragen. Wenn das Fragenmüssen mit dem Ichsein vorausgesetzt werden muss, dann gibt es nichts, was gedacht oder gewollt werden könnte und nicht zugleich auch als Fragerichtung bzw. Fragegerichtetheit verstanden werden müsste. Es ist klar, dass der Mensch auch nach sich selbst fragen können muss, d.h. sich selbst zur Frage machen kann. Indem sich der Mensch als fragnder zur Frage macht, indem er sich selbst fragbar bzw. fragwürdig wird, bewegt er sich nicht mehr im Bereich des Gegenständlichen bzw. Sachlichen, sondern in dem des Sittlichen. Die Frage nach sich selbst „steht in anderer Ordnung als die der Gegenstände. Man muß beides scharf voneinander unterscheiden, muß beides aufeinander beziehen, aber man darf hier keine Vermengung eintreten lassen. Wir graduieren Sittliches in der Beurteilungsskala gut und schlecht, Sachliches in derjenigen von richtig und falsch" (PETZELT 1961, 13). Mit dieser Differenzierung sind die Grenzen von Unterricht und Erziehung auch hinsichtlich der Frage abgesteckt. Die Frage des Ich nach sich selbst, d.h. das Ich als Frage, hat eine eigene Maßgabe ihrer Ordnung.

Auch im Fragen nach sich selbst sind Antworten gefordert. „Wenn man nach sich selbst muß fragen können, muß eine Antwort möglich sein" (PETZELT 1954, 60). Laut PETZELT kann diese Antwort „nur auf die Eindeutigkeit des Ich gehen" (ebd.). Mit der Eindeutigkeit des Ich ist jene Gültigkeit gemeint, die in der Ordnung des Sittlichen statthat. Auch die Ordnung des Sittlichen fordert Gültigkeit, sie ist nicht beliebig, oder zumindest nicht dergestalt beliebig, dass die Beliebigkeit selbst nicht sittlich zu verantworten wäre[138]. Es zeigt sich hierbei eine Besonderheit des Antwortens, die auch im Fragen und Antworten nach bzw. von Gegenständlichem kennzeichnend ist, jedoch zuvörderst für die Ordnung des Sittlichen Relevanz hat.

Alle Antworten sind „»jemandes« Antworten, sie tragen dessen Signum und binden sich an ihn, daß in dieser Bindung jede *Antwort* allemal auch *Verantwortung* nach sich zieht" (PETZELT 1964, 70). Wer antwortet, muss sich verantworten. Jede Antwort führt Verantwortung bei sich. „In der Antwort aktiviert das Ich gegenständlich, in der Verantwortung sittlich" (ebd., 281). Die Relation Antwort – Verantwortung ist konstant, sie kann nicht getrennt werden, ohne der Antwort ihre Besonderung zu nehmen, die sie pädagogisch und v.a. erzieherisch relevant macht.

---

[138] „Wo erkannt wird, muß die Frage nach dem erkennenden Ich gestellt werden. Es liegt im »Belieben« des Ich, ob es diese Richtung auf sich selbst vollzieht, unter welchen Umständen es sie vollbringt. Seine »Beliebigkeit« aber ist zu verantworten" (PETZELT 1954, 60).

Mit der Frage ist somit stets eine Antwort in Verantwortung gefordert. Es kann keine Antwort geben, die nicht vom Antwortenden zu verantworten wäre, zu verantworten sein müsste. Wo der Antwort Verantwortung fehlt, dort liegt keine gültige Antwort vor. Die konstante Relation Antwort – Verantwortung verbürgt das Recht, von Subjektivität zu sprechen. Mit der Verantwortung im Antworten bewegt man sich in der Ordnung des Sittlichen, d.h. im Bereich der Haltung. „Im Pädagogischen ist eine nur sachliche Behandlung unmöglich" (PETZELT 1964, 70). Verantwortung ist mit der Antwort nicht nur gefordert, sondern allemal vorausgesetzt.

Dieser Aspekt kennzeichnet den Menschen in seiner Besonderheit als Prinzip und Fall, weil er zu sich selbst „Du" sagen kann. Indem man zu sich selbst „Du" sagen kann, wird Verantwortung ermöglicht. Der Mensch ist nicht „Triebbehälter" (PETZELT), der sich seinen Bedürfnissen und Neigungen hingeben muss, sondern jederzeit zugleich als Subjekt seines Wollens und Handelns anzusehen, das zu sich selbst in Distanz bzw. in ein Verhältnis treten, zu sich selbst Stellung nehmen kann und diese Stellungnahme jederzeit verantworten können muss. Für PETZELT ist das Antworten somit nicht bloßes Geplapper, das vom Antwortenden getrennt, d.h. ichlos geäußert werden könnte. Weil sich das Ich allezeit als Prinzip und Fall begreift, kann und muss es sich im Antworten verantworten können.

Die Verantwortung ‚macht‘ erst, dass von Haltung die Rede sein kann. Im Antworten zeigt der Mensch die Wertigkeit seiner Haltung als Verantwortung im Antworten. Ebenso wie das Wissen, so steht auch die Haltung bzw. jede Setzung des Wollens unter Geltungsanspruch. Diese Voraussetzung ist Bedingung der Möglichkeit von Erziehung. Ohne Verantwortung bzw. Verantwortbarkeit des Ich (nicht nur im Antworten) ist keine Erziehung möglich. Erziehung will „Bestimmtheit des Wollens, d.h. seine Eindeutigkeit in einer Gültigkeit, die berechtigte Grenzen selbst gefunden und gesetzt hat, immer wieder zu finden und zu setzen hat" (PETZELT 1954, 119). Dies fordert zunächst, dass sich das Ich im Antworten muss verantworten *können*.

Wenn sich Verantwortung als bzw. in der Eindeutigkeit des Ich zeigt, dann geht dem ein ‚methodischer‘ Schritt voraus, gemäß welchem Verantwortung im Antworten erst ermöglicht wird. Vor dem Verantwortenkönnen muss das Ich die Eindeutigkeit bzw. Gültigkeit seiner Setzungen erst sicherstellen, es muss die Gültigkeit des Wollens gewährleisten können. „Das will sagen, es mißt sich selbst nach einem Maße – es muss messen" (PETZELT 1954, 60). Gültigkeit setzt eine Maßgabe voraus, im Hinblick auf welche Gültigkeit erst möglich ist[139]. In der Ordnung des Sittlichen, im Fragen nach sich selbst, im „Was soll ich tun?", sind Eindeutigkeit bzw. Gültigkeit und letztlich Verantwortung nur möglich, wenn sich der Mensch selbst in Voraussetzung einer Maßgabe an dieser misst, um den Anspruch auf Gültigkeit des Wollens zu gewährleisten.

Jedes Messen fordert ein Maß; dieses wiederum fordert eine Maßgabe, von der her es sich als Maß begreifen lässt. Die Maßgabe ist Voraussetzung für das Maß, damit Messen möglich wird. Das Messen zweier Strecken ist nur anhand eines Maßes (i.d.R. eines Einheitenmaßstabes) möglich. Dieser (Meter-)Maßstab setzt jedoch eine Maßgabe voraus, die ihm das Maß gibt. Im Fall der Längenmessung ist es die Erdfigur bzw. der zehnmillionste Teil der Entfernung vom Pol zum Äquator. Ebenso verhält es sich nach PETZELT auch in der Erziehung – auch sie fordert eine unbedingte Maßgabe, die ein Maß bedingt, an dem sich wiederum das Ich messen kann. Allerdings hält PETZELT sogar das Messen am Unbedingten für möglich, so dass das Messen an einem bedingten Maß in der Erziehung quasi übersprungen wird.

In der Ordnung des Sittlichen fordert PETZELT, dass sich das Ich selbst messen muss, um Gültigkeit des Wollens zu erreichen. Diesen Akt bezeichnet er als „Selbstbetrachtung"[140] und konstatiert: „Selbstbetrachtung ist ein Sonderfall des Messens. *Das Ich mißt sich. Es muß dazu nach dem Maße fragen, denn es versetzt sich in solchen Akten an die Stelle des Maßes*" (PETZELT 1962, 152). Selbstbetrachtung meint das Fragen nach sich selbst als Messen um der Eindeutigkeit des Ich willen. Allein im Messen kann der Mensch Gültigkeit der eigenen Handlungen, der eigenen Haltung

---

[139] Dass sich das Ich im Wollen (und Denken) messen muss, ja dass das Messen synonym mit dem Fragen gesetzt werden kann, bzw. dass Fragen stets Messen bedeutet, ist eine Anlehnung PETZELTs an die Ausführungen Nikolaus von KUES aus dessen Schrift *„Idiota de mente"*. In diesem dialogisch verfassten Schriftstück legt CUSANUS dar, dass sich alles Denken und Wollen im Messen an einer unbedingten Maßgabe vollziehen.
Es ist bloß nicht dieser einzelne Aspekt, den PETZELT von CUSANUS übernimmt. Die inhaltlichen Überschneidungen sind so vielfältig, dass sie einer eigenen thematischen Beschäftigung wert wären.

[140] *„Selbstbetrachtung ist demnach ein Erkenntisprozeß. Sein »Gegenstand« ist das eigene Ich"* (PETZELT 1964, 314). Karl Gerhard PÖPPEL hat im Anschluss an PETZELT darauf aufmerksam gemacht, dass der Begriff der „Selbstbetrachtung" kaum Eingang in den pädagogischen Diskurs gefunden hat (vgl. 1963). Nur in Ausnahmefällen wird der Selbstbetrachtung „die Würde eines pädagogischen Grundbegriffs zuerkannt" (ebd., 125). PÖPPEL weist neben den religiösen Implikationen des Begriffes auch auf den ideengeschichtlichen Hintergrund der Selbstbetrachtung hin, auf den auch sein Lehrer PETZELT rekurriert, ohne dies explizit zu erwähnen. Es handelt sich um die anthropologische Bestimmung des Menschen als *„unitas unians"* durch und bei CUSANUS, mit welcher „die Frage nach der Beziehung des Menschen zu sich selbst" aufgeworfen und in das pädagogische Blickfeld gerückt wird (PÖPPEL 1963, 127).

und somit seiner ganzen Person erlangen. Selbstbetrachtung kann demnach „nur sinnvoll getan werden, wenn es als Prozeß des Betrachtens gefaßt wird. Dann haben wir es mit einem Sonderfall des Prozesses zu tun, der wie jeder Prozeß vom Prinzip der Frage getragen werden muß und Eindeutigkeit des Gefragten zum Ziel haben soll" (PETZELT 1964, 275)[141]. Die Frage nach sich selbst in Akten der Selbstbetrachtung ist für PETZELT somit Möglichkeitsbedingung der Haltung überhaupt, d.h. der Eindeutigkeit des Ich in der Ordnung des Sittlichen. Wenn Haltung möglich sein soll, dann muss das Fragen nach sich selbst im Sinne eines Sich-selbst-Messens vorausgesetzt werden. Wenn der Mensch nicht nach sich selbst fragen kann, dann kann er auch nicht um sich wissen, d.h. dann kann er auch nicht sich selbst antworten und somit verantworten – er könnte schlechterdings nicht gültig sein. „In Akten der Selbstbetrachtung [jedoch] fragt das Ich nach sich selbst, antwortet auf diese Frage und prüft seine Weise an der Allgemeingültigkeit" (ebd.). Der sich selbst Betrachtende macht sich selbst von sich unabhängig, er ‚objektiviert' sich in ausgezeichnetem Sinne als Problem und „kommt auf irgendeinem Wege zur Feststellung der Art seiner Eindeutigkeit" (ebd., 277). Dieses „irgendwie" stellt keine Beliebigkeit dar, sondern bezeichnet das Schlüsselmoment in der systematischen Methodik PETZELTs.

PETZELT setzt für die Selbstbetrachtung die Unterscheidung des Ich als Prinzip und Fall voraus. Indem sich der Mensch sich selbst gegenüberstellen, indem er sich selbst zur Frage bzw. zum Problem machen kann, ist Selbstbetrachtung möglich. Diese Auszeichnung verbürgt zugleich die Möglichkeit von Haltung als Eindeutigkeit des Ich, also von Gültigkeit in der Ordnung des Sittlichen. „Die Allgemeingültigkeit, die hier zugrunde gelegt werden muß, trifft die Ordnung der Akte unabhängig von Gegenständlichem. Eine solche Ordnung nennen wir sittlich. In ihr bewegt sich der Selbstbetrachtungsprozeß. Sein Sinn erfüllt sich in der Messung nach sittlichen Maßstäben" (PETZELT 1964, 278).

PETZELT betont, dass die „Merkwürdigkeit dieser Akte der Selbstbetrachtung […] nicht zu begreifen [sei], wenn man nicht das Sollen des Gesollten, das Gerichtetsein auf den Unendlichen, als der Natur des Ich zugehörig erkennt" (PETZELT

---

[141] „Selbstbetrachtung erhält in solcher Sicht mehr Gewicht als die Tatsache es meint, daß der eine sich mehr betrachtet als der andere. Sie ist kein akzessorisches Moment in der Psyche, unter anderen Erscheinungen auch noch vorgefunden. Sie ist bestimmendes, konstitutives Moment des Ich, denn sie ist Bürge des gültigen Ich. Sie ermöglicht [in letzter Konsequenz – T.M.] die Frage nach dem Ich überhaupt, sie muß sein, wenn wir nach dem Sinn unserer Existenz fragen. Nur in Selbstbetrachtung ist die Frage nach dem eigenen Ich zu beantworten" (PETZELT 1962, 151 f).

1954, 197)[142]. Akte der Selbstbetrachtung fordern einerseits eine unbedingte Maßgabe sowie andererseits das Von-sich-selbst-Unabhängigmachen, das ein Messen
des eigenen Selbst gestattet. Sie kann „nur von jenem Orte her geschehen, den das
Maß selbst darstellt. Nicht im subjektiven Maße mißt sich das Ich in echter Selbstbetrachtung. Das wäre eine echte Anmaßung, sondern es mißt sich im Maße der
Subjektivität, also vom Verlauflosen her. Es misst sich aus der Vollendung her auf
sein eigenes unvollendetes Ich" (PETZELT 1954, 199). Diese Eigenheit des Prozesses, sich selbst zum unbedingten Maß zu erheben, in dem sich das Ich als
Vollendung voraussetzt, konkretisiert das, was mit dem „irgendwie" gemeint war.
Graphisch ließe sich der Akt der Selbstbetrachtung nach dem bisher Gesagten folgendermaßen darstellen:

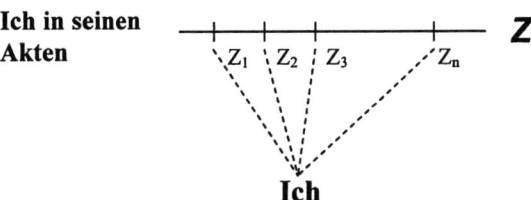

In Akten der Selbstbetrachtung muss das Ich einen (Stand-)Ort einnehmen, der
das Messen des eigenen Ich erlaubt, d.h. der selbst nicht als im zeitlichen Verlauf
stehend und von diesem determiniert gefasst sein darf. Der Mensch muss *in* diesem
Ort stehen, um messen zu können, d.h. Selbstbetrachtung fordert einen eigentüm-
lichen Standort des Verlauflosen, der selbst nicht zeitlich determiniert ist. In dieser
Voraussetzung muss im Fragen und Antworten ein „*besonderes Wissen*" erreicht werden. „Es ist auf das Gute schlechthin ausgerichtet, es empfängt vom Begriff des
Guten her seine gesamte Funktion. Daher verdient es seinen eigenen Namen: Wir

---

[142] An dieser Stelle sei auf einen Aufsatz des PETZELT-Schülers Wolfgang FISCHER zur Sollens-
problematik bzw. „*Vom Sinn und Unsinn des Sollens in der Pädagogik*" verwiesen, vornehmlich
exemplifiziert und erläutert am Werk seines akademischen Lehrers (vgl. FISCHER 1993, 440ff).
Dort wird der Begriff des Sollens – bezogen auch auf die im Fließtext zitierte Stelle – kritisch
erläutert und nach skeptisch-transzendentalkritischer Methode diskutiert. FISCHER betont,
dass ein Sollen nur sinnvoll sei, wenn es auf eine universalgültige, letzte Einheit verweise, was
er jedoch bezweifelt und kritisch rückfragt, „ob das mannigfaltige Wißbare eine letzte, unbedingte Einheit und Ordnung seiner selbst logisch zwingend voraussetzt [...]? Man kann doch
die Frage stellen, ob das urteilende Messen ein »ungemessenes, absolutes Maß« voraussetzt,
weil – angeblich – in ihm beziehungsweise in der großen Richtung auf es allererst das Urteilen
und Rechenschaftablegen »über richtig und falsch, gut und schlecht« [...] möglich sind?"
(ebd., 452). Zum Versuch der Beantwortung als bejahende Notwendigkeit, vgl. die Kapitel 3.2
und 3.3 dieser Arbeit.

sprechen vom *Gewissen*" (PETZELT 1964, 278f). Im Gewissen alleine sieht PETZELT jenen Ort, in dem das Ich stehen, d.h. sich eindeutig halten kann. Er betont, dass nicht missverstanden oder verwechselt werden dürfe, das Gewissen mit der Selbstbetrachtung gleichzusetzen, beide zu synonymisieren bzw. zu identifizieren. „Die Aktivität der Selbstbetrachtung ist weder identisch mit dem Gewissen, noch erzeugt sie es. So wie die Selbstbetrachtung unumgänglich wird, ebenso unumgänglich ist das ihr korrespondierende Wissen. In notwendiger Unterscheidung zum gegenständlichen Wissen nennen wir es Gewissen. [...] Gewissen ist daher das psychische Prinzip, dem Akte der Selbstbetrachtung gehorchen" (PETZELT 1964, 279). Im Gewissen gewinnt der Mensch seine sittliche Eindeutigkeit als ‚Resultat' der Selbstbetrachtung[143]. Diese fordert jenes um der Gültigkeit des Ich willen. „Akte der Selbstbetrachtung folgen der Forderung jenes Prinzips, das wir Gewissen nennen. In ihr dienen sie der sittlichen Eindeutigkeit des Ich" (ebd.). In dieser Fassung muss man im Gewissen ein Wissen um die Gültigkeit von Setzungen des Wollens sehen. Im Gewissen stellt sich das Ich in jenen sittlichen Standort, von welchem aus es sich selbst in Voraussetzung des unbedingten Maßes messen kann. Das Gewissen gewährleistet das Messen vom Standort des Verlauflosen, weil sich im Gewissen das Wollen selbst am unbedingt Wollbaren misst.

„Folgendermaßen wäre nunmehr die Aufgabe der Selbstbetrachtung zu fassen. Es gilt, sich in die Höhe des Gesollten zu erheben, um den geforderten Standort überhaupt zu fassen, der das Messen seiner selbst gestattet, jenen Standort der Betrachtung seiner selbst, der allem Wechsel und Wandel, allem Verlaufe entzogen sein muß" (PETZELT 1954, 199)[144]. Im Gewissen, d.h. vom Standort bzw. „der

---

[143] „Gewissen ist daher das psychische Prinzip, dem Akte der Selbstbetrachtung gehorchen. So wie das Wissen psychisches Prinzip ist, dem das Ich in Akten gegenständlicher Richtung nachkommt. Wissen und Gewissen treten auseinander im Hinblick auf die zu unterscheidenden Dimensionen ethischer und gegenständlicher Geltung. Beide treten am einzelnen in ihrer Funktion als Sache der Tat, der Handlung, wenn man will als Tatsachen auf. Das Wissen als Forderung nach Wahrheit, das Gewissen in der Forderung nach Wahrhaftigkeit. Wissen und Gewissen verhalten sich als Aspekte des Ich wie Sachlichkeit und Sittlichkeit" (PETZELT 1964, 279).

[144] Kritisch muss angemerkt werden, dass sich PETZELTs Explikationen zum ‚Standort Gewissen' sprachlich und damit auch logisch nicht stringent bzw. eindeutig zeigen. Die Unterscheidung in ein Messen „vom Verlauflosen her" und „im Hinblick auf das Verlauflose" wird nicht immer beachtet und kann zu Missverständnissen führen. Im ersten Falle würde das Ich selbst zum Unbedingten, der Voraussetzungscharakter dahin, die Differenzierung von Bedingung und Bedingtem wäre im Unbedingten aufgelöst. Im zweiten Fall dagegen bleibt das Unbedingte Voraussetzung und die Differenzierung von Bedingung und Bedingtem gewahrt. Möglicherweise ist es bei dieser unsystematischen Vermengung doch der gläubige und fromme Mensch PETZELT, der zu sehr an der Vorstellung der Gottesebenbildlichkeit des Men-

größten Sicht der letzten Instanz findet der Handelnde seine unfehlbare Stütze für alle seine Akte, mit ihr seine Rechtfertigung und Vollendung vor sich selbst, das will sagen, nicht für den Augenblick geltend, sondern für die Unendlichkeit verbindlich" (PETZELT 1964, 337). Mit Gewissen meint PETZELT bindende Verbindlichkeit des Wollens. Im Gewissen wird die Setzung des Wollens gefragt, geprüft und bewertet. In ihm findet das Fragen nach sich selbst eine verbindliche Antwort, die wiederum Bindung fordert, um gültig handeln zu können. Akte der Selbstbetrachtung finden im Gewissen die Antwort auf das Fragen nach der eigenen Eindeutigkeit. Selbstbetrachtung verliert ihren Sinn, wenn sie nicht im Prüfen und Bewerten des Wissens und Wertens als Gewissen beantwortet wird. „Selbstbetrachtung ohne Gewissen ist zu nichts nütze" (PETZELT 1954, 207). Das Gewissen misst das Wollen nicht aus einer zeitpunkthaften, opportunen Perspektive, sondern von einem Standpunkt, der auf die als unbedingt vorausgesetzte Maßgabe des Wollens gerichtet ist. Im Gewissen zeigt sich das Messen als Sollen am Unbedingten.

Auch hier findet sich – nunmehr für die Ordnung des Sittlichen – das Fragen (nach sich selbst) als Teilhabe, als *participatio* am Unbedingten. Für PETZELT ist die Stimme des Gewissens „keine zufällige Einrichtung, die man am besten vergäße und abstreifte. Sie ist weder erwerbbar noch vergeßbar. […] Wir müssen sie als psychisches Prinzip in der Höhe sehen, die ihr gebührt. […] Dann bedeutet sie die Freiheit von jedem naturhaften Zwang, daher Freiheit von jeder fremden Einwirkung und Beeinflußung. Sie verbürgt geradezu solche Freiheit, indem sie das Ich auf sich selbst stellt. […] Sie verlangt und verbürgt volle Selbstverantwortung" (PETZELT 1964, 279f). Indem das Gewissen Selbstbetrachtung des Ich fordert, kann es nicht heteronomen Einflüssen unterworfen sein, sondern stellt die Bedingung der Möglichkeit von Selbstbestimmung bzw. vielmehr Eigenverantwortung dar. Eigenverantwortung setzt das Gewissen als psychisches Prinzip immer schon voraus. Für PETZELT besteht kein Zweifel daran, dass mit dem Menschen immer schon das Gewissen vorausgesetzt werden müsse. Es ist ihm dabei kein anthropologisches Phänomen, sondern vielmehr psychisches Prinzip, das will sagen, das Ich hat kein Gewissen, sondern es ist stets selbst als Gewissen zu begreifen. „So wenig das Ich das Wissen selbst erwerben kann, ebenso wenig ist ein Ich ohne Gewissen denkbar" (ebd., 279). Es stellt jenen Standort dar, in dem Akte der Selbstbetrachtung Gültigkeit, und man kann nun sagen, Verbindlichkeit ermöglichen. Im Gewissen zeigt sich die psychische Besonderheit des Menschen, der sich selbst als Träger seines Wollens ausweisen wie verantworten kann. Im Bereich des Sittlichen

---

schen festhält und eine Voraussetzung ins Spiel bringt, die durch keine zwingenden Gründe argumentativ aufrecht erhalten werden kann.

verhält sich das Ich als Gewissen zu Setzungen seines Wollens wie der Besitzer zu seinem Besitz. Allein im Gewissen kann der Mensch über sich, d.h. über sein Wollen verfügen. Das Gewissensurteil ist der eigene „Richterspruch", der Autonomie im eigentlichen Sinne verbürgt. „In ihm sind wir auf eigene Aktivität angewiesen und sehen darin eine Auszeichnung, sehen in diesem Signum eigener Verantwortlichkeit das Gerichtetsein auf das Gute schlechthin" (PETZELT 1964, 280). Nur im Gewissen vermag das Ich Haltung in voller Eigenverantwortung zu erlangen. In ihm hält es sich frei von allem Zeitlichen, von Normen und Doktrinen, weil es sich selbst auf das Zeitlose hin misst.

Im Gewissen sieht PETZELT das Ich sich selbst unabhängig vom zeitlichen Verlauf betrachtend, prüfend und messend. Sein Urteil misst Setzungen des Wollens im Hinblick auf die Maßgabe des unbedingt Guten. Es stellt jene Instanz dar, welche am absolut Guten partizipiert. Wenn für Verantwortung nach PETZELT ein „Standort des Betrachtens" gefordert ist, „der nicht derjenige sein kann, den das Ich in seiner Konkretion erreicht hat" (1955, 58), sondern nur ein solcher, der von aller Konkretion frei, der nicht dem Zeitlichen unterworfen ist, dann kann Verantwortung nur im Gewissen gewährleistet werden. Hier erhebt sich der Mensch auf die Höhe des „eigenen zeithaften Standortes in ausdrücklicher Ansehung des Gesollten" (PETZELT 1954, 199). Im Gewissen erreicht das Ich „jenen Standort der Betrachtung seiner selbst, der allem Wechsel und Wandel, allem Verlaufe entzogen" ist (ebd.).

In dieser Auszeichnung zeigt sich die Dependenz von Bildung und Religion. Das Gewissen stellt den „hohen Begriff sittlicher Ordnung" dar, der mit dem Ichsein gegeben ist. PETZELT verweist auf COMENIUS, der das Gewissen ein „Gastmahl" nennt und ergänzt: „Gemeint sein kann nur ein Gastmahl mit Gott" (PETZELT 1964, 280). Die Verantwortung, die allein im Gewissen ermöglicht wird, „gilt ausschließlich vor Gott, und es gibt keinen Ersatz gegenüber den Menschen. [...] in jedem Argument, in jedem Motiv ist der Gedanke die Antwort des Ich gegenüber Gott zu sehen. Eine eigene Art der Antwort. Verantwortungsfähigkeit ist des Menschen Auszeichnung, wir erfüllen diese Aufgabe und zeigen in Akten Grade, Werte guten und schlechten Verantwortens. Verantwortung vor Gott ist positiv zu fassen, sie meint als Prinzip das Band des Menschen zum Schöpfer, meint das Aufgeben von schlechten Egoismen, will die Gültigkeit des eigenen Ich" (ebd., 281). Setzt man für „Gott" die Bezeichnung „das absolut Gute" oder etwa, wie von PETZELT selbst einmal konstatiert, den „*logos*", dann erhalten die Worte ihre eigentliche und philosophisch-pädagogisch eigene Valenz.

PETZELT sieht einzig in der Voraussetzung einer unbedingten Maßgabe die Möglichkeitsbedingung verantwortlicher Entscheidung gegeben. Diese verlangt, unbedingt maßgebend zu sein, um als Maß das Messen zu ermöglichen. Wenn das Wollen nicht dem Subjektivismus und der Willkür anheim gestellt werden, wenn Verantwortung keine bloße Pathosformel oder Worthülse sein soll, dann verlangt dies die Voraussetzung dieser unbedingten Maßgabe. Die Maßgabe setzt das Ich frei, um sich in gewissenhafter Bindung verantworten, d.h. messen zu können. In ihr findet dann alle Erziehung ihre Möglichkeitsbedingung, denn „[o]hne Verantwortung ist keine Erziehung möglich" (PETZELT 1964, 281). Weit wichtiger als die offenbarungsreligiöse Tendenz in PETZELTs Sprache ist der Verweis auf den Bedingungscharakter des Gewissens im Hinblick auf Eigenverantwortung, Haltung und letztlich Erziehung.

Das Gewissen partizipiert denknotwendig am Unbedingten, hierin ist seine unbedingte Maßgeblichkeit für das Wollen zu sehen. „Alle Verantwortung gründet sich auf das oberste Prinzip des Sittlichen: das Gute. Wer Verantwortung übernimmt, mißt sie an diesem Prinzip" (PETZELT 1964, 281)[145]. Das Gewissen erscheint, weil es das zeitpunkthafte Wollen an einer unbedingten Maßgabe misst, als „das positive, unaufhebbare Band zum Unendlichen" (PETZELT 1954, 207). Sein Urteilsspruch bringt ein unbedingtes Sollen zum Ausdruck. Es ist kein Ziel unter anderen, sondern als unbedingtes Maß aller zeitlichen Ziele aufzufassen. Im Guten zeigt sich somit die Richtungsbestimmtheit des Wollens als seinsollende unendliche Aufgabe, welche Bindung fordert. „Wer sich im Wollen entscheidet, wer diese Entscheidung messen kann, der muß im Messen gehorchen. Mein Wille hier am Fall ist als Gehorsam gegenüber dem Absoluten gefordert. Das ist der Ausdruck des Sollens. Ohne dieses fallen alle Bindungen und mit ihnen alle Gültigkeitsansprüche" (PETZELT 1962, 162). PETZELT setzt dem Wollen und dessen Messen im Gewissen eine unbedingte Maßgabe voraus, die Geltung des Wollens fordert, die Gültigkeit verbürgt. Es muss sich deshalb um ein Maß handeln, das selbst nicht mehr gemessen werden kann, weil es Messungen im Gewissen möglich macht.

„Dieses Ordnung verbürgende Maß des Ich als innezuhaltende Aktordnung heißt Sittlichkeit, bzw. Religion – also das absolut Gute. Sittlichkeit wird Prinzip für den Vollzug der Akte, für das Ordnen der Vollzüge in ihrem gegenseitigen Verhältnis" (PETZELT 1955, 48). Und PETZELT verweist weiterhin auf die Untrennbarkeit von Erziehung und Religion, indem er erklärt: „Religion als Band des Ich

---

[145] „Eine Bildungsaufgabe ohne Letztheiten gesehen schwankt von einer Zweckmäßigkeit zur andren, von einem »Boden der Tatsachen« zum nächsten, bleibt in peinlichem Gerede stecken" (PETZELT 1962, 80).

zum Absoluten konstituiert das Ich für seine Akte überhaupt. Zwischen Sittlichkeit und Religion gibt es keine Trennung. Die Blickpunkte sind unterschieden. Betrachtet wird das Ich samt der Mannigfaltigkeit der Akte. Im Falle Sittlichkeit sieht man die Fülle der Akte für das Ich, im Falle Religion sieht man das Ich als Geschöpf für seine Akte. Beide Blickpunkte fordern einander. Sittlichkeit ohne Religion ist ein unbestimmter Torso, und Religion ohne Sittlichkeit ist überhaupt keine mehr" (PETZELT 1955, 48)[146].

Da Eigenverantwortung in der Bindung an das Gewissen erst möglich wird, indem allein im Gewissen das Ich auf sich selbst gestellt ist bzw. vielmehr sich auf sich selbst stellt, so ist Erziehung auf Religion angewiesen, wenn sie nicht zur Manipulation oder Indoktrination entarten will. „Verantwortung ist nur vor dem Unendlichen, dem Absoluten, also vor einem invarianten Maß, das immer gilt, möglich. Dann ist sie unabänderlich, für alle Menschen gleich verbindlich, dann sichert sie Stetigkeit der Haltung im Wechsel der Fälle und Taten der einzelnen Iche" (PETZELT 1955, 56). Damit konstatiert PETZELT nicht die ‚Existenz' des absolut Guten, sondern ‚lediglich' seine vorauszusetzende Denknotwendigkeit, damit Haltung möglich ist bzw. sein kann. Obgleich immer ein metaphysischer Beigeschmack bleibt, wird von PETZELT stets aus transzendentaler Perspektive argumentiert.

---

[146] PETZELTs systematische Pädagogik lässt sich erst umfassend verstehen, wenn man nachvollzieht, dass er „den Begriff des Sittlichen an die Natur des Religiösen denkt. Dann erscheint das Religiöse als konsequente Vollendung des Sittlichen, und umgekehrt: dann ist Sittlichkeit als Norm für Handlungen nur sinnvoll, wenn sie alles Endliche ausdrücklich auf Unendlichkeit richtet. Wer vermöchte endliche Werte der Ethik auf bloße Endlichkeit einzuengen? So wenig eine Erkenntnis als endlich allein, das heißt unter Ausschluß jeder Distanz zur Unendlichkeit genommen werden darf, so wenig darf man Endliches verabsolutieren, verdinglichen, das will sagen, vom Unendlichen bis zum Nullpunkt loslösen wollen! Gibt es denn überhaupt etwas Sinnvolles, mag es welcher Art immer sein, das nicht auf Unendlichkeit gerichtet zu werden verlangt, wenn es überhaupt gelten will? Liegt nicht im Geltungsanspruch eines Sinnvollen, den niemand leugnen kann, zugleich die Richtung auf Unendlichkeit beschlossen? Wer Endlichkeit isoliert, kann nicht einmal sagen, was sie sei. Er hebt jeden Geltungsanspruch zugleich auf. »Gelten« wollen, heißt, Bestandsansprüche stellen. [...] Indem angesichts sittlicher Bindungen der Begriff des Guten gefasst werden muß, wird die Richtung auf das Unendliche bereits bejaht. Wer nach der Ordnung möglicher Fälle fragt, sucht nach Unabhängigem, das außerhalb aller Fälle liegt, sie aber gleichzeitig in ihrer unendlichen Mannigfaltigkeit beherrscht. Das muß selbst im Unendlichen liegen, wenn ihm diese Funktion zugemutet werden soll" (PETZELT 1964, 283).
Während der Übergang hin zur Transzendenz (christlich: zu Gott) nicht notwendig nachvollzogen werden muss, so lässt sich dennoch die Relation Endlichkeit-Unendlichkeit bzw. Bedingtes-Unbedingtes schlechterdings nicht leugnen. Diese beansprucht sowohl für die Ordnung des Sachlichen wie Sittlichen Geltung. Denken und Wollen sind angesichts dieser Relation immer auf das Unbedingte gerichtet, wenn Setzungen gemacht werden.

Wenn das Wollen gültig sein kann und soll, dann ist Gewissensbindung erforderlich, hierin findet der Mensch Orientierung bzw. unbedingte Richtungsbestimmtheit. Religion wird zur Bedingung der Möglichkeit von Erziehung, da Gültigkeit stets auf Unbedingtheit verwiesen bleibt. PETZELT fasst diesen Bedingungsverhalt zusammen: wenn das Ich „von jedem Zeitpunkt seines Tuns auf Zeitlosigkeit oder Ewigkeit muß blicken können; wenn es die Ordnung seines Tuns, die Verbindlichkeit zugleich in sich schließt, nicht selbst erfinden kann, sondern ins Unendliche legen muß, weil es sich an sie gebunden sieht und sich ihr zu beugen hat, mag es wollen oder nicht, mag es ausweichen oder straucheln: dann ist kein sittlicher Wert denkbar, der nicht auf die Unendlichkeit verweisen müsste, dann ist kein System sittlicher Bindungen denkbar, das, wenn es nicht diesen Bezugspunkt in sich enthielte, nicht aus Inkonsequenz von vornherein zum Scheitern verurteilt sein müsste! Jede Verweisung auf Unendlichkeit aber zwingt zur Bindung an Gott, die ewige Wahrheit, das ewig absolut Gute. Jeder Akt ist dann ein solcher des Verweisens auf den Unendlichen. Er bedeutet Teilhaben am Absoluten" (PETZELT 1964, 285). Diese *participatio* des Wollens ist nur im Gewissen möglich.

Der Mensch hat sich selbst im Gewissen als auf den letzten Standort, auf das unbedingt Seinsollende, Vollkommene bzw. Unendliche hin zu messen, wenn es gültig handeln will. Dies bleibt unbedingte Aufgabe des Ich, der man nicht in Beliebigkeit nachkommen oder sie unterlassen kann. Vielmehr bleibt es in der „Selbstbetrachtung die Aufgabe, das Gewissen richtig sprechen [zu] lassen" (PETZELT 1954, 207). Gewissensbindung liegt somit jedem Akt des Verantwortens bzw. auch Antwortens zugrunde und damit aller Erziehung. „Gewissen verpflichtet zur Prüfung der Güte einer Handlung. Am Begriff des Guten messen sich alle Handlungen. In ihm wird das Prinzip des Gewissens allein legitim" (PETZELT 1964, 316). Erziehung gründet nach PETZELT auf dem Fragen nach sich selbst. Erst im und durch Gewissen wird Verantwortung möglich. „Werden überhaupt Geltungsansprüche des Ich unausweichlich stellbar, dann sind sie vom Absoluten her gefordert, erfüllt; sind nur vom Vollkommenen her zu sehen. Der zeitpunkthafte Geltungsanspruch des Ich gibt seine Abhängigkeit von absoluter Endgültigkeit kund, wenn er sinnvoll sein will" (ebd., 328). Sinn stiftet das Ich nur im religiösen Vollzug der Bindung, d.h. in der Ordnung des Sittlichen als Teilhabe am Guten, in der Ordnung des Gegenständlichen als Teilhabe an Wahrheit. In der Gewissensbindung kommt beides zusammen.

Weitreichende Konsequenzen ergeben sich hieraus für die Methodik der Erziehung. Die Maßgabe allen Wollens findet der Mensch allein in seinem Gewissen, welches am Unbedingten partizipiert, indem er Setzungen an der unbedingten

Maßgabe (be-)misst. Dies wiederum bedeutet, dass alle Erziehung in erster Linie notwendig „Selbsterziehung" sein muss – Selbsterziehung als Selbstbetrachtung. „*Alle Haltung des Erziehenden geht grundsätzlich auf Selbsterziehung*" (PETZELT 1964, 280). Nur „wer sich selbst zu betrachten vermag, erzieht sich", d.h. „[d]er Zögling soll lernen, nach sich selbst zu fragen" (PETZELT 1954a, 283). Alle Erziehung nimmt ihre Grundlage vom Vermögen des Ich, nach sich selbst zu fragen, sich messen und im Gewissen beurteilen zu können, da ohne Verantwortung keine Erziehung möglich ist. Demnach zieht PETZELT den Schluss: „Alle Erziehung gelingt, wenn die Selbstbetrachtung auf Fragen der eigenen Verbindlichkeit und ihre Begründung geht" (PETZELT 1954a, 283). Somit gilt, dass alle Fremderziehung nur auf Selbsterziehung gerichtet ist, nur Aufforderung und Hilfe zur Selbsterziehung sein kann.

Akte der Selbstbetrachtung können nur vom Ich vollzogen werden. Fremderziehung kann demnach nur heißen, zu solchen Akten aufzufordern. Fremderziehung ist beinahe „matt gesetzt, denn sie [die Methode der Erziehung – T.M.] beruht auf dem Vollzug der Selbstbindung wesentlich" (ebd.). Die Bindung an das Gewissen kann jeder nur für sich leisten, jeder heteronome Einfluss verdirbt das Geschäft, verhindert Selbstbetrachtung. Alles ‚Wirkenwollen', jeder Versuch der Verfügung verbietet sich an dieser Stelle. Der Zögling hat allemal selbst über sich verfügen zu lernen[147]. Nur in Gewissensbindung ist Verantwortung möglich, nur im Gewissen ist Haltung und Verantwortung gewährleistet. „Verantwortung übernehmen, sittlich geordnet handeln, bedeutet eines und dasselbe" (PETZELT 1964, 281). Demnach kommt PETZELT zu dem Ergebnis, „*daß prinzipiell kein Akt des Erziehers gedacht werden kann, der sich nicht an die Verantwortlichkeit des Zöglings wendete, der nicht ausdrücklich mit ihr rechnete, der sie nicht von ihm fordern müßte*" (ebd., 282).

Die gesamte Methode der Erziehung kann nur auf die Ermöglichung der Übernahme von Verantwortung, d.h. auf Selbstbetrachtung und letztlich Gewissensbindung gehen (vgl. GÖNNHEIMER 2002, 102ff)[148]. „*Der Erzieher ist nur ein solcher, so-*

---

[147] „Das Entscheidungsrecht des Ich ist seine Aufgabe, das Gehorchen gegenüber Gott gehört dazu, besser: definiert das Entscheidungsrecht. Die Relation ist klar, um die es geht. *Verfügen – Sich fügen!*" (PETZELT 1962,161).

[148] Auf Grundlage verschiedener Theoriepositionen legt GÖNNHEIMER den Verantwortungsbegriff in der Pädagogik dar und verweist nach seinem Durchgang, in dem auch der PETZELTsche Verantwortungsbegriff geprüft wird, auf die Bedeutsamkeit für pädagogisches Handeln: „Wenn pädagogisches Handeln auf die Ausbildung der Mündigkeit des Subjekts gerichtet ist, dann muß es diesem Handeln um die Begleitung solcher Verantwortung gehen, damit sich die Fähigkeit zu selbstbestimmtem Handeln ausbildet" (2002, 208). Bei der problemgeschichtlichen Analyse des Verantwortungsbegriffs bei PETZELT unterliegt GÖNNHEIMER jedoch – wie mancher vor und nach ihm – dem Irrtum, dass der Religionsbegriff auf

fern er Verantwortlichkeit fordert. Der Zögling nur ein solcher, sofern er sie übernimmt' (PETZELT 1964, 282). Bindung ist Voraussetzung aller Verantwortung, gar aller Verantwortlichkeit und Verantwortbarkeit. Jeder Akt, der das Prädikat des Erzieherischen, mithin des Pädagogischen verdienen will, muss der prinzipiellen Bindung in Selbstbetrachtung Rechnung tragen. Demnach *„scheiden aus dem Bereich der Erziehung alle Erscheinungen aus, die es mit bloßer Wiederholung, mit der Häufigkeit identischen Tuns, mit Nachahmung und Gewöhnung zu tun haben"* (ebd.2). Akte, die den Zögling an bestimmte, d.h. erwartete oder erwünschte Verhaltensweisen gewöhnen wollen, behindern das Binden, sie verunmöglichen das Sich-Verantworten. Doch gerade in der Verantwortung ist jene Grundlage aller Erziehung zu sehen, in ihr erst zeigt der Zögling seine Haltung im Fall. In der Verantwortung zeigt er zugleich jene Bindung an das unbedingt Gute, das nicht bloß für den Augenblick, sondern darüber hinaus zu gelten vermag. Erziehung geht ja gerade auf Haltung, nicht bloß auf Verhaltensweisen. „Sie will das ganze Ich in seiner Gültigkeit" (PETZELT 1954a, 285).

Gewohnheiten sind nicht verantwortbar, sie können nicht einmal als selbstbestimmt bezeichnet werden, weil ihnen der Gedanke der Bindung und damit Verbindlichkeit fehlt. Akten der Gewöhnung fehlt nach PETZELT das Charakteristische der Sittlichkeit, der Bindungsgedanke an das unbedingt Gute. Man wird nicht zur Reinlichkeit erzogen, indem man den Zögling durch häufiges Waschen und Reinigen an sie ‚gewöhnt'. Man wird nicht zur Pünktlichkeit erzogen, indem man ihn durch Belohnung und Strafe an diese ‚gewöhnt', oder zur Frömmigkeit durch häufigen Kirchenbesuch usf. Die Gewöhnung vereitelt eben jenen zentralen Aspekt der Selbstbetrachtung, der im Gewissen zu gültiger Haltung führt. Nach PETZELT sind derartige ‚Erziehungsmittel' unzulässig, da sie Bindung und somit Verantwortlichkeit hemmen. „Es darf keine Gewohnheit geben, die man nicht jederzeit müsste aufgeben können, wenn es die Verantwortung erheischt. Derjenige darf erst als erzogen mit Recht gelten, der jede Gewohnheit, wenn es sein muß, abzulegen imstande ist. Bloße Gewöhnung schläfert die Verantwortung, wenn sie überhaupt

---

„eine Instanz, die nicht mit der Wirklichkeit gleichzusetzen ist", enggeführt wird (ebd., 115). „Nicht zwingend erscheint in dieser Grundstruktur die religiöse Dimension" (ebd.). Verkannt wird, dass diese Instanz notwendig nichts Existent-Wirkliches sein muss, wenn Verantwortung nicht mit Regelgehorsam verwechselt werden soll. Verantwortung fordert eine Voraussetzung, so dass Geltung des Wollens und Eindeutigkeit der Haltung überhaupt möglich und allgemein gültig gedacht werden können. Und diese Voraussetzung ist eben nicht pädagogischer, sondern religiöser Natur.

vorhanden war, ein. Sie bleibt ein Pseudoprinzip der Erziehung, erst recht kann sie kein Erziehungsmittel sein" (PETZELT 1964, 283)[149].

Das regelmäßige Auftreten eines Verhaltens hat nichts mit seiner Rechtmäßigkeit zu tun. Regelmäßigkeit ist noch keine Rechtmäßigkeit. Wenn Erziehung die Haltung des Zöglings über das Zeitpunkthafte hinaus zum Ziel hat, dann kann sie sich nicht in Gewohnheiten erschöpfen, bei denen Verantwortung abgegeben wird. „Im Prinzip der geordneten Handlungen, das Selbstbetrachtung einschließt, das Selbstverantwortlichkeit bedeutet, gibt es nichts in der Erziehung, was nicht demjenigen müßte zugeordnet sein, was der Begriff des Guten verlangt: Verantwortlichkeit hat statt vor diesem schlechthin Guten. Selbstbetrachtung hat nur Sinn in Ansehung des höchsten Guten. Sittliches Handeln ohne Blick auf das vollendet Gute ist keines" (PETZELT 1964, 287). Indem Gewöhnung in der Regelmäßigkeit stecken bleibt, indem sie nicht über das Zeitpunkthafte hinauszutreten vermag, indem sie Bindung hemmt, verliert sie für PETZELT jeden Anspruch auf Pädagogizität.

Gerade unter Voraussetzung der unbedingten Maßgabe allen Wollens wird PETZELT zudem die so genannte „Erziehung zu" (was auch immer) verdächtig. Sittlichkeit im Sinne PETZELTs muss ebenso charakterisiert werden, wie der Wahrheitsbegriff bei HÖNIGSWALD. Das unbedingt Gute ist seinem Begriffe nach nicht teilbar, insofern sich Unbedingtheit nicht teilen lässt. Sittlichkeit gilt unbedingt, sie muss als nicht-extensiv charakterisiert werden. Gerade im alltäglichen Sprachgebrauch aber verkennt man dieses Wesen, „man zergliedert das Erziehliche in einzelne Regionen, behandelt es wie Unterrichts-Einheiten und meint allen Ernstes, man könne gesondert »zur« Freude, »zur« Reinheit, »zur« Ehrlichkeit, »zur« Wahrhaftigkeit und Frömmigkeit – die Liste ließe sich beliebig verlängern – erziehen, man könnte womöglich vormittags eine Erziehung zur Frömmigkeit, nachmittags eine solche zur körperlichen Ertüchtigung als »Leibeserziehung« betreiben" (PETZELT 1954a, 280). An anderer Stelle erwidert PETZELT dieser missverständlichen Meinung: „*Eine* Verantwortung kann es nur geben. Vor *einem* Begriff des Guten hat sie statt. In allem einzelnen wird sie ganz getragen" (PETZELT 1964, 297). Man kann keine Einzeleigenschaft anerziehen, sondern allemal die Haltung des Zöglings in der Eindeutigkeit ihrer Einheit, d.h. der Einheit möglicher Einzelheiten. Wo Einheit statthat, da kann nicht Vielheit sein. Wo Unbedingtheit voraus-

---

[149] „Auch bei Kindern aller Phasen kann das Motiv der Gewöhnung nicht als Erziehungsmoment angesehen werden. Die Erziehung der kindlichen Psyche unterliegt keiner besonderen Eigengesetzlichkeit, es kann nur einen Begriff der Erziehung geben, der für alle verbindlich ist, oder es gibt gar keinen" (PETZELT 1964, 283).

gesetzt werden muss, dort kann nur Bindung gefordert sein. Diese verbietet geradezu eine Aufspaltung. Erziehung meint daher nach PETZELT stets Verbindlichkeit der Haltung durch Bindung an das absolut Gute. Wir sehen „Erziehung ausschließlich als Haltung des Ich nach sittlicher Ordnung" (PETZELT 1955a, 81)

Trotz aller Negativität, die sich durch die religiösen Implikationen ergibt, ist Erziehung bei PETZELT nicht bloße Selbsterziehung. Obgleich sie notwendig Selbsterziehung in Selbstbetrachtung sein muss, weil Haltung nur in Bindung gewonnen werden kann, wird damit Fremderziehung nicht überflüssig oder gar negiert, sondern erst zum hinreichenden methodischen Moment für Akte pädagogischen Handelns. Zwar „ruht Erziehung im Dienste des Sollens als Wille zu gültiger Haltung auf der Aufgabe, sich selbst zu bestimmen, sein eigenes Werk zu betreiben" (PETZELT 1954a, 283), doch wird das Du in der PETZELTschen Systematik nicht aus dem Erziehungsprozess suspendiert. Gerade in der Sittlichkeit „begegnen sich Erzieher und Zögling, in ihr gehören sie beide zusammen. Sie ist das als *identisch zu fordernde Band, demgegenüber beide in Konsequenz eindeutig sind bzw. eindeutig werden"* (PETZELT 1964, 297f). Für PETZELT steht fest: „*Wenn nun dieser Begriff der Erziehung am Sittlichen hängen muß; wenn er das Erzieherverhältnis zum Zögling umspannt, also nur in der pädagogischen Grundrelation gesehen werden darf; welchen Grund in aller Welt sollte man dann noch finden können, um die Forderung nach einem für Erzieher und Zögling identischen System sittlicher Bindungen abzulehnen?"* (ebd.). Was hier unter umgekehrten Vorzeichen erscheint, drückt aus, was durch Sittlichkeit zugleich für die Erziehung als Fremdführung gefordert ist. Erzieher und Zögling stehen in der identischen Ordnung sittlicher Bindungen, nur so ist Erziehung als interpersonales Erzieher-Zögling-Verhältnis möglich. Bindung an Sittlichkeit eint Ich und Du, ohne Bindung kann nicht rechtmäßig von einer pädagogischen Du-Beziehung gesprochen werden. Auf die Frage: „Wodurch führt der Erzieher eigentlich?", antwortet PETZELT: „*Bindungen allein kommen in Frage"* (ebd., 303). Alle Erziehung muss Gewissensführung sein, sei es des Ich oder des Du. Für den Erzieher ergibt sich daher die Forderung, die aus der eigenen Bindung an Sittlichkeit entspringt, die Selbstbetrachtung des Zöglings zu führen, d.h. dafür Sorge zu tragen, dass dieser nach sich selbst fragen lernt, sich in seinem Gewissen messen, prüfen und verantworten lernt. „Erst wenn des Zöglings eigene Aktivität in diesem Punkte veranlasst, die Motivierung des Prozesses begünstigt, die Motivbildung geklärt wird, so daß ein sicheres Urteil zustande gebracht wird, werden seine [des Erziehers – T.M.] Führungsakte spezifisch, dann »wirkt« der Erzieher nicht selbst, sondern das sittliche Gesetz fordert" (ebd., 315). Erziehung will daher, dass der Zögling lernt, sich verantwortungsvoll, d.h. gültig zu entscheiden. Damit ist gefordert, dass der Erzieher zu

Akten der Selbstbetrachtung auffordert, sie befördert, damit der Zögling lernt, gültig nach sich selbst zu fragen und in Verantwortung zu antworten. Der Erzieher muss dem Zögling Verantwortung auferlegen – soweit er diese gemäß seiner Entwicklung übernehmen kann –, damit er lernt, sich zu binden.

Vorausgesetzt bleibt das einende Band der Sittlichkeit. Auch in der Erziehung wird der Dialog zwischen Ich und Du durch die als unbedingt vorausgesetzte Maßgabe gestiftet. Bindung bleibt sowohl für Erzieher als auch Zögling als Aufgabe gefordert. „So nur ist das Dienen am Unendlichen in echter Gegenseitigkeit möglich, so nur sind echte Erziehungsakte rechtmäßig. [...] Bei so verstandener Generallinie aller erziehlichen Haltung braucht man weder Rezepte noch Regeln, weder Gewohnheiten noch Nachahmungen, reichen bloße Sitten und Konventionen nicht mehr aus. Denn es wird der Sinn aller Konventionen, die Richtung allen Verhaltens, kurz das Maß der Erziehung gesucht" (PETZELT 1954a, 281f). Dies heißt für den Erzieher, dass auch er an Sittlichkeit gebunden ist, wenn sein Tun nicht richtungslos, sinnlos oder zum bloßen ‚Wirkenwollen' herabsinken soll. Nur in der eigenen Bindung kann er helfen, dass der Zögling lerne, sich selbst zu binden. Der Erziehung als Fremderziehung liegt die Gebundenheit des Erziehenden ebenso zugrunde wie die prinzipielle Gewissensbindung des Zöglings. Sittlichkeit stiftet ihre pädagogische Relation als Erzieher-Zögling-Verhältnis. In Voraussetzung des absolut Guten sind Ich und Du im Gültigkeitsanspruch des Wollens vereint, geeint, in ein Verhältnis gesetzt bzw. vielmehr sich setzend.

PETZELT schließt aus seinen Überlegungen, dass es in Ansehung dieser Bedingungen nur zwei Wege gibt, die das Prädikat der Erziehung rechtmäßig verdienen: einerseits das Vorbild[150], andererseits der Wertedialog[151]. Gewissenführung hat sowohl in vorbildhafter Erzieherhaltung statt, als auch in der Auseinandersetzung bezüglich der Geltung je und je fälliger Setzungen des Wollens. Beiden liegt jedoch die Forderung der Bindung von Erzieher und Zögling an die als unbedingt vorausgesetzte Maßgabe zugrunde.

---

[150] „Das bedeutet, daß solche *Führung* [die gewissenhafte bzw. auf das Gewissen des Zöglings gerichtete – T.M.] *mit dem Erzieher als Beispiel in allen seinen Akten steht und fällt.* [...] Beispielhaftigkeit erschöpft sich im Zusammenhang sittlicher Bindungen, in der Einstimmigkeit geordneter Handlungen, in der Stetigkeit kontrollierter Haltung. *Hier kommt es nicht sowohl darauf an, daß ein gutes Beispiel »gegeben« wird, das heißt absichtlich bei Gelegenheit die Beispielhaftigkeit herausgehoben wird, sondern daß Beispielhaftigkeit die Voraussetzung für alles erzieherische Tun* [...] *ist"* (PETZELT 1964, 302f).

[151] „Die Gewissensführung bedarf der Belehrung, damit der Zögling lerne, die Motive seines Handelns zu bewerten" (PETZELT 1964, 319).

„Der Erzieher, der den Willen seines Zöglings führt, muß selbst wissen, welcher Art sein Tun sein soll; der für ihn verbindliche und unumgängliche Blick auf das Ganze muß in jedem Motive seiner Handlung zum Ausdruck kommen, sonst ist es nicht möglich, daß der Zögling sich diese Sicht zu eigen macht" (PETZELT 1964, 349). Für PETZELT besteht der erzieherische Wert des Vorbilds nicht in der Effektivität durch Nachahmung, sondern vielmehr in der beispielhaften Bindung, die den Zögling zur eigenen Selbstbetrachtung anregen, ihn quasi inspirieren soll. So banal es erscheinen mag: Wie kann ich erwarten, dass der Zögling pünktlich ist, wenn ich mich selbst nicht an den Wert der Pünktlichkeit gebunden habe; weshalb sollte dem Zögling Sauberkeit bedeutsam sein, wenn ich selbst scheinbar ganz gut in Unordnung zu leben vorlebe? In jeder Handlung soll der Erziehende die Bindung an das unbedingt Gute repräsentieren, andernfalls kann keine Bindung vom Zögling erwartet werden. Gültige Setzungen des Zöglings erschienen als bloße Zufallsprodukte. „Der Erzieher gibt nicht ein Beispiel, sondern er *ist* es notwendig seinem Begriffe nach. Als Beispiel wird er vom Zögling grundsätzlich gesehen!" (PETZELT 1964, 303). Daher hat sich der Erzieher in Verantwortlichkeit zu halten, damit der Zögling es lerne, Verantwortung zu übernehmen. „*Den Erziehenden macht daher ein ausdrücklich bestimmtes positives Gewissen führungsfähig*" (ebd., 302). Diese Forderung bleibt für alle Akte der Erziehung vorausgesetzt.

Ebenso verhält es sich im Dialog über Setzungen des Wollens, d.h. über Werte, über Motive und Motivationen. Man hat nicht Werte in der Regelmäßigkeit der Gewöhnung zu erlernen, sondern das Werten, das Sich-Entscheiden. Wenn man bedenkt, „daß alle Momente des Willens und seiner Motivation, alle Eigenheiten des Charakters und seiner Eigenschaften nach dem Stande, den sie im Augenblick der Wertung einnehmen, für den Akt der Wertung entscheidend sind und in ihm allesamt zum Ausdruck kommen müssen" (PETZELT 1954, 222), dann setzt dies voraus, dass der Erziehende bereits über ein gültiges System, über eine gültige Ordnung von Werten verfügt, die sich verantworten lassen. In dieser Voraussetzung sind Setzungen des Wollens dialogfähig und sie befähigen den Erziehenden, dem Zögling zu helfen, sich selbst im Antworten zu verantworten, Wertungen begründet vorzunehmen, sich gültig zu entscheiden. Für PETZELT steht demnach fest: „Man muß also werten lernen, der Lehrende hat das selbst gültig, d.h. beispielhaft zu zeigen, und der Schüler soll Werte nach seinen Umständen gültig vollziehen können" (ebd., 224). Daraus folgt, dass alle Erziehungsmaßnahmen auf die begründete Antwort des Zöglings gerichtet sind, sofern sie selbst bereits als begründet ausgewiesen sind. Nur deshalb kann und muss der Erzieher verlangen, dass der Zögling werten soll. „Also müssen wir in der Erziehung Gelegenheit zur Wertung, zur wertsetzenden Entscheidung geben, wir dürfen sie dem Ich grundsätzlich nicht nehmen" (ebd.). Nur in diesem Sinne kann der Erzieher dem Zögling die Gelegenheit zur wertenden Auseinandersetzung geben, Akte der Selbstbetrachtung befördern und zur Gewissensbindung auffordern.

Beide (Teil-)Prozesse stehen unter dem Prinzip der Frage, auch in der Erziehung kann es keine Ausnahme davon geben. In der Beispielhaftigkeit des Erziehenden werden Akte der Selbstbetrachtung gefordert. Im Wertdialog wird der Prozess sogar von den Fragen des Erziehers geführt, damit der Zögling lerne, sich in Selbstbetrachtung zu fragen. Da sowohl die Beispielhaftigkeit als auch der Wertdialog die Bindung bzw. Gebundenheit des Erziehenden an Sittlichkeit voraussetzen, um gleichsam die Bindung des Zöglings zu fordern, kann auch hier der Terminus „Teilhabe" ins Spiel gebracht werden. Alle Erziehungsprozesse setzen die Teilhabe von Ich und Du am unbedingt Guten voraus wie sie gleichsam diese zum Ziel haben. In der Bindung als *participatio* erschöpft sich erst ihr Geschäft. „Die Bindung der Wertung in das Gesollte ist durchgängig und ausnahmslos, grundsätzlich nicht aufhebbar" (PETZELT 1954, 226). Teilhabe ist nur möglich, wenn der Prozess von der Frage regiert wird. Im Wechselspiel von Frage und Antwort wird Erziehung als Selbstbetrachtung und das bedeutet als Selbsterziehung erst ermöglicht. Dieses macht, dass sich Ich und Du, Erzieher und Zögling, unabhängig voneinander halten können, sofern das Fragen und Antworten zur *participatio* auffordern, gar nötigen. Der Erziehende ist somit „kein Disziplinarhalter, er steht vielmehr in der Macht des verantwortlich zu vollziehenden Guten für den lenkenden Vollzug seines Zöglings". Im Fragen dient er „der höchsten Macht, von ihr aus ist er des erziehenden Dialogs mächtig. Er muß den Zögling von sich unabhängig halten, damit dieser lernen kann, sich selbst vom Unbedingten, vom unbedingt Guten abhängig zu halten. Macht, bloße Macht über das Du zerstört die Reinheit der Gebundenheit des Du an das Gute, erschwert das Sicht-Binden-Lernen beim Zögling" (PETZELT 1964, 269). Das Fragen ist daher für PETZELT weniger methodisches Instrument oder Werkzeug, sondern vielmehr der einzige Weg der zur Teilhabe am Absoluten führt[152]. Wer sich in ihrem Besitz wähnt, wer sich vom Prinzip der Frage leiten lässt, der „führt und lenkt im Namen des absolut Guten" (ebd., 356).

---

[152] „Bildung muß ihrem Begriff nach religiös sein, d.h. hier die Frage nach Gott für alle ihre Aufgaben mit allen Konsequenzen einschließen: Im Gedanken der Frage wird das Problem des Religiösen in der Bildung weder zufällig, noch bloß bedürfnishaft, auch nicht Zusatz, sondern personalitätsnotwendig, personalitätsgebunden" (PETZELT 1962, 162).

2.3.3 Konklusion

Für PETZELT hat der Bildungsprozess rechtmäßig allein unter der Herrschaft der
Frage statt. Das Fragen ist *motus mentis*. Alles Denken und Wollen muss, wenn
Selbsttätigkeit im Lernen und Werten möglich sein soll, zugleich als (Be-)Fragen
des Gegenständlichen bzw. Sittlichen verstanden werden. Selbsttätigkeit ist nur unter Voraussetzung der Fragefähigkeit des Menschen möglich. Wird das Fragen
nicht mit dem Ichsein vorausgesetzt, verkommt das Lernen zur Zufälligkeit, die
sich einstellen oder aber ausbleiben kann. Wird es nicht mit dem Ichsein vorausgesetzt, verkommt Erziehung zur bloßen Dressur, Werte können nicht gefragt,
hinterfragt, sondern lediglich angewöhnt werden. Verantwortliches Entscheiden
und Handeln wären unmöglich. Vom Fragen nimmt der pädagogische Vollzug seinen Ausgang.

Alle Akte, denen das Prädikat des Pädagogischen angeheftet werden soll, haben
unter dem Prinzip der Frage zu stehen. Für PETZELT ist die Frage nicht ein methodisches Instrument unter anderen, sondern Prinzip, d.h. ein mit dem Ichsein
gegebenes Vermögen, gar seine Auszeichnung. Es ist nicht so zu verstehen, als hätte der Mensch Fragevermögen, sondern vielmehr als sei er Fragevermögen. Unterricht und Erziehung sind nur in Frageakten vollziehbar, sie werden von der Frage
bestimmt. Die Frage kommt nicht etwa zu bestimmten Zeitpunkten, etwa bei der
Prüfung ‚zum Einsatz‘, sondern sie beherrscht den Prozess. Sie hat „in der präsen-
ziellen Norm der Psyche statt, das heißt, sie ist grundsätzlich gesehen nicht an
einen bestimmten Zeitpunkt bindbar" (PETZELT 1964, 273). Vielmehr ist der Zeitpunkt durch die Frage in seiner (Geltungs-)Gebundenheit charakterisiert. Denn die
Frage stiftet erst die Beziehung von Lehrer und Schüler, von Erzieher und Zögling,
wenn diese sich auf Gegenständliches bzw. Sittliches richten. Sie konstituiert den
Dialog dergestalt, dass sie als bindende Richtungsbestimmtheit Ich und Du im Akt
verbindet. Indem Ich und Du sich fragend auf Gegenständliches bzw. Sittliches
richten, hat ein Dialog statt. Die Frage stiftet die pädagogische Du-Beziehung.
Fehlt die Frage, verschiebt sich die pädagogische Relation zu einer Einseitigkeit,
welche die reziproke Gegenseitigkeit in der Fragegebundenheit an Gegenständliches bzw. Sittliches nivelliert. Die Frage im Dialog schafft prinzipielle Gleichheit
der Menschen.

Eine Besonderheit zeigte sich in der systematischen Methodik PETZELTs, die die
religiösen Implikationen offenkundig werden lässt. Denn die Frage ist immer
zugleich die methodische Möglichkeit, am Unbedingten zu partizipieren. Fragen

bedeutet zugleich, sich im Fragen an eine unbedingte Maßgabe zu binden, d.h. Fragegebundenheit. In der Teilhabe an der unbedingten Maßgabe ist der Geltungsanspruch im Fragen (und Antworten) gewährleistet. Das Fragen bedeutet Bindung an ein Maß, das nicht weiter gemessen werden kann, selbst nicht messbar ist, weil es Bedingung der Möglichkeit von Messungen darstellt. Im Fragen partizipieren Ich und Du an dieser unbedingten Maßgabe, sie binden sich. In jedem Frageakt gibt das Ich seinen Willen kund, an der Maßgabe teilzuhaben, sich zu binden. „Es sieht sich als Korrelat des Unendlichen, um jetzt und hier in der Folge seiner Aufgaben sein Entsprechen zu fixieren. Daß das Sich-Bilden an dem Bewußtmachen dieser Teilhabe hängt, braucht kaum bemerkt zu werden. Die personale Bildungsarbeit definiert sich geradezu als Bemühen um immer zu erneuerndes Partizipieren" (PETZELT 1962, 41). Bildung steht und fällt mit der Frage bzw. mit Frageakten. Allein in der Teilhabe am Unendlichen ist ‚echte' Bildungsarbeit möglich. Hierin ist ihre Möglichkeitsbedingung zu sehen, d.h. Teilhabe im Fragen bestimmt den Bildungsprozess wesentlich.

Teilhabe am Unbedingten ist die Voraussetzung für Geltungsansprüche, weil sich das Ich über das Zeitpunkthafte ‚erhebt', um über den Augenblick hinaus Geltung zu beanspruchen. Dazu ist Bindung an das Unbedingte, dazu ist Religion nötig. Nur in der Bindung an das Unbedingte ist Verbindlichkeit möglich. Gültigkeitsansprüche sind immer als participatio am Unendlichen zu begreifen. Denn die Bindung an Unbedingtheit ist nicht dem Wechsel des Zeitpunktes unterworfen, sondern bedeutet Stetigkeit für Unendlichkeit. Hierin sieht PETZELT die Grundlage aller Bildung, wenn diese nicht mit Aus-Bildung verwechselt werden soll. In der Teilhabe am Unbedingten ist Gewissheit um Stückwerkhaftigkeit der je und je erreichten Wertigkeit im Wissen und Werten verbürgt, ist Sollen als prinzipielle Aufgabenhaftigkeit garantiert.

In diesem Kontext zeigt sich auch die Selbstbetrachtung als spezifisch religiöses Moment des Bildungsprozesses im Allgemeinen, des Erziehungsprozesses im Besonderen. Unter Selbstbetrachtung versteht PETZELT das Fragen nach sich selbst in der Ordnung des Sittlichen. Sie ist als ein Sonderfall des Messens zu verstehen, da sich das Ich in seinen Akten im Maß der vollendeten Subjektivität misst, d.h. vom Zeitlosen, Unbedingten, Unendlichen her, oder besser: im Hinblick auf das vorausgesetzte Maß. Der Zögling misst sich in Akten der Selbstbetrachtung vom Standort des Vollkommenen auf seine zeitpunkthafte Bedingtheit. In diesem Standort weiß sich das Ich an das Gute gebunden, ist es sein Teilhaber, so dass Messungen möglich sind. „Dem absolut Guten gehorchen zu müssen, bedeutet den Vollzug im Sinne einer Ichabhängigkeit. […] Haltung meint dann die Einheit der Akte nach

Innehaltung der Generalrichtung, fordert Stetigkeit dieses Gültigkeitsanspruches, fordert Anerkennung der gültig vollzogenen Abhängigkeit vom Maße des absolut Guten" (PETZELT 1955, 50).

Erziehung zielt nicht auf gutes Verhalten im Einzelfall, sondern auf eine gute Haltung, die Setzungen des Wollens gültig zu vollziehen weiß. Haltung verlangt demnach als Maß das unbedingt Gute, wenn sie nicht bloß für den Augenblick, sondern allgemein gültig sein soll. Auf dieses Maß der unbedingten Sittlichkeit soll sich das Ich in Akten der Selbstbetrachtung richten lernen; dies kann es nur im Gewissen.

Das Gewissen stellt den Standort des fragenden Messens dar, in dem sich das Ich am Unbedingten misst. Es gilt PETZELT als Prinzip, d.h. als diejenige Voraussetzung, die Teilhabe am Guten ermöglicht, die den Menschen in den Stand des Sollens hebt, um das Gesollte zu Wollen und zu tun. Im Gewissen hat das Ich teil am Unbedingten, so dass PETZELT in pathetischem Überschwang, den Worten COMENIUS' folgend, konstatiert, das Gewissen sei ein „Gastmahl mit Gott". Da der Transzendenzanspruch der Religion in dieser Arbeit ausgeblendet werden soll, sofern sich Transzendenz nicht als Gegenstand wissenschaftlicher Pädagogik aufrecht erhalten lässt, beansprucht der Teilhabegedanke in der PETZELTschen Systematik dennoch Gültigkeit[153]. In der Bindung an das Gewissen ist sich das Ich seines Wollens im Fall gewiss, es partizipiert am absolut Guten. Dabei ist es ganz auf sich alleine, auf sein eigenes Maß vollendeter Subjektivität gestellt, ohne von die Verantwortung (und damit letztlich die eigene Moralität) nivellierenden Einflüssen abhängig zu sein. In der Gewissensbindung sieht PETZELT die Bedingung der Möglichkeit gültigen Wollens, d.h. der Haltung überhaupt. Im Fragen misst sich der Mensch am unmessbaren Maß des Unbedingten, um sich in Gültigkeit Antwort geben zu können.

Aus einer anderen Perspektive soll das Gewissen bzw. die Gewissensbindung kurz beleuchtet werden, da Kritik oder vielmehr ein Missverständnis in der wissenschaftlichen Literatur diesbezüglich vorliegt. Zählt man die Gewissensbindung – wie PETZELT – als Aktivitätsbegriff bzw. vielmehr Aktivität[154] des Ich, dann kann in

---

[153] Dieser Übergang darf freilich nicht darüber hinwegtäuschen, dass der Transzendenzanspruch an dieser Stelle der PETZELTschen Systematik für das innersystematische Verständnis nicht entbehrt werden kann. Als gläubiger Katholik war das Gewissen für PETZELT tatsächliches „Gastmahl mit Gott". Doch ob man das Gewissen nun (wie PETZELT) als geoffenbarte Teilhabe am Unbedingten oder aber als vorausgesetzte begreift, ist für seinen pädagogisch-systematischen Stellenwert unerheblich.

[154] Der Begriff der „Aktivität" bildet das Kernstück der pädagogischen Systematik PETZELTs und ist daher in der Literatur der zentrale Kritikpunkt anderer Pädagogen gewesen.

der Methodik PETZELTs von einem ‚dreifachen Aktivitätsbegriff' und im Falle der Gewissensbindung selbst vom ‚dritten Aktivitätsbegriff' gesprochen werden. Im Bereich der Erziehung sind es allesamt Aktivitäten des Wollens. Sie lassen sich wie folgt differenzieren:

1. Der Zögling wertet Gegenständliches; aus Anlass von Gegenständlichem muss das Ich werten, d.h. in jedem Lernakt wertet man immer schon, welche Bedeutsamkeit man dem Lerngegenstand beimisst. Bspw. findet man die Abläufe der Müllentsorgung und -trennung aufschlussreich.

2. Der Zögling wertet die Wertung des Gegenständlichen – es bewertet; so wird die fällige gewordene Bedeutsamkeit immer auch bewertet, d.h. zu einem *Wert* oder zu *keinem* Wert. Man nehme an, Mülltrennung hätte für jemanden einen Wert.

3. In zukünftigen Handlungssituationen hat der Zögling nochmals den Wert im Hinblick auf sein Handeln zu bewerten; er bewertet seine Bewertung, seinen Wert und fällt dann eine Entscheidung. In jedem Fall, in dem man Müll entsorgen will, hat man sich zu entscheiden, ob man ihn trennt oder den bequemeren Weg der gesammelten Müllentsorgung wählt.

Das Ich ist in dreifacher Aktivität gefordert. In jedem Handlungsakt müssen die drei Aktivitäten vorausgesetzt werden, wenn dem Ich Verantwortung nicht abgesprochen, sondern ihm die Möglichkeit zu gültigem Wollen zugesprochen werden soll. Wenn nun das Gewissen als eigene Aktivität angesehen werden muss, dann wird man es bei der dargelegten (Reihen-)Folge – die keine chronologische, sondern eine logische darstellt – an dritter Stelle verorten. Erst im Handlungsakt ist Gewissensbindung gefordert. An dieser Stelle setzt auch die Kritik Dietrich BEN-NERs in seiner problemgeschichtlichen Analyse der „*Hauptströmungen der Erziehungswissenschaft*" (2001, 226ff) ein[155]. BENNER sieht u.a. die „Schwierigkeit" in der Systematik PETZELTs, dass Haltung als Erfolg der Selbstbetrachtung dort nur auf formale Ordnungstugenden, die ausschließlich auf unterrichtliche, d.h. dann szientifische Gegenstände bezogen seien, verengt würde. PETZELTs Haltungsbegriff, auf den Akte der Selbstbetrachtung und die Aktivität der Gewissensbindung zweifelsfrei abzielen, sei bereits, und zudem ausschließlich auf die erste Stufe der Aktivitätsdifferenzierung beschränkt. „Wenn Petzelt als mögliche Äußerungen der Haltung des Zöglings Fleiß, Faulheit, Gleichgültigkeit und Sorglosigkeit nennt, so wird der Horizont der Selbstbetrachtung des Zöglings ungebührlich verengt, denn diese

---

[155] Zur Kritik BENNERs an der Systematik PETZELTs, vgl. auch REKUS (1993, 112f).

richtet sich nicht nur auf sein Possessivverhältnis zu den unterrichtlichen Gegenständen nach Maßgabe unterrichtlicher Leistungsanforderungen, sondern bezieht sich zugleich auf die konkrete Gegebenheit der Gegenstände in der gesellschaftlichen Situation. Es ist ein Unterschied, ob der Zögling als Schüler mit Fleiß seine Lektionen in Naturwissenschaft, Wirtschaftskunde, Literaturkunde und politischer Geschichte absolviert oder ob er den Verwertungshorizont der Naturwissenschaften in der Technik, die Funktionen ökonomischer Gesetzmäßigkeiten im funktionalen Rahmen eines Gesellschaftssystems, die Aussagen der Dichtung über sittliche Probleme und die politische Bewältigung der Vergangenheit und Gestaltung der Zukunft reflektiert, seine Einstellungen im Einklang mit seinen Überlegungen und Erfahrungen bildet und praktisch bezeugt" (BENNER 2001a, 232). In beiden Fällen könne zwar „von Haltung im Unterschied von Wissen gesprochen werden, aber erst im zweiten Fall werden die Ordnungstugenden inhaltlich geprüft" (ebd.). Zwar sei es aufgrund des spezifischen Unterrichtsbegriffes PETZELTs verständlich, dass er allein die unterrichtsbezogenen Ordnungstugenden im Fokus habe, doch wurde das „Problem einer Klärung der spezifischen Handlungs- und damit Haltungsbezüge wissenschaftlichen Wissens […] von Petzelt […] vernachlässigt" (ebd.).

Auch BENNER weist einen dreifachen Wertungsakt aus: den des Lektionenlernens, den der Bewertung des Gelernten und letztlich die handlungsrelevante Entscheidung. Haltung erweise sich damit aber erst auf der zweiten Stufe, auf der der Bewertung, weil das Wollen dort inhaltlich geprüft werde.

Das Missverständnis, dem BENNER aufsitzt, beruht auf dem (Un-)Verständnis des Gewissens als dritter Aktivität des Ich[156]. Aus der dargelegten problemgeschichtlichen Analyse geht hervor, dass die Selbstbetrachtung, mithin das Gewissen, für PETZELT einerseits Prinzipien sind, d.h. ohne zeitlichen Verlauf, nicht im Akt aktivierbar, sondern immer schon aktiv. Gewissen ist nicht am Zeitpunkt gefordert, sondern für jeden Zeitpunkt vorausgesetzt. Wenn die Differenzierung – unberechtigterweise – als chronologische Reihe verstanden wird, dann ist das Gewissen nicht bloß die dritte Aktivität, sondern bereits für jede (der drei) Setzung des

---

[156] Die Fehlinterpretation des PETZELTschen Gewissensbegriffs zeigt sich auch darin, dass BENNER PETZELT dahingehend missversteht, als sei Erziehung „jener Prozess, in dem sich das Gewissen bildet" (BENNER 2001a, 229). Es muss nochmals betont werden, dass das Gewissen nach PETZELT nicht gebildet werden müsse, sondern dass das Gewissen das Bildende ist. Erziehung kann das Gewissen nicht bilden, sondern sie kann dazu führen, dass sich das Ich an das Gewissen binde. Das Gewissen ist für PETZELT nicht verbesserbar, oder besser: bildsam. Es ist jenes Prinzip, das mit dem Ichsein vorausgesetzt werden muss, damit Haltung und damit Bildung ermöglicht werden.

Wollens Voraussetzung. Bindung an das Gewissen ist bereits für das Werten, jedoch auch für das Bewerten sowie letztlich für die Handlungsentscheidung gefordert. Gewissensbindung ist immerwährende Aufgabe für das Ich, die für jede Setzung des Wollens vorausgesetzt werden muss, somit nicht auf einer bestimmten Aktivitätsstufe angesetzt werden kann.

Andererseits sind Akte der Selbstbetrachtung nicht auf Inhaltliches angewiesen, da sie sich in der Ordnung des Sittlichen ‚bewegen'. Selbstbetrachtung und Gewissen sind inhaltsgleichgültig, an keine bestimmten – ob nun szientifische oder handlungsbezogene – Gegenstände gebunden, sondern sie stellen erst das zu Bindende dar. Selbstbetrachtung meint das prinzipielle Fragen des Ich nach sich selbst, zwar aus Anlass von Gegenständlichem, aber bezogen auf Sittlichkeit. Als Teilhaber am unbedingt Guten fügt sich das Ich nicht den Gegenständen, nicht der Handlungssituation, sondern dem Sollen der Sittlichkeit. „[D]as Verhältnis zwischen Haltung und Wissen liegt allein in der Macht des lernenden und Haltung suchenden Ich. Es ist weder in Abhängigkeit vom Ich zu denken, es ist weder eine Wirkung einer vorangegangenen Haltung, noch etwa eine Folge dunkler ‚Unbewußtheiten', es ist ebenso wenig eine ‚Ausstrahlung' des Gegenstandes" (PETZELT 1964, 29f). BENNER missversteht hier die Aufgabenhaftigkeit des Ich, wenn er sagt, PETZELT „fehlen [...] die Worte, um das hier anstehende Problem zu artikulieren" (BENNER 2001a, 235). Es wird von PETZELT zwar nicht *expressis verbis* formuliert, doch ist in dieser synthetischen Leistung des Ich, zwischen Wissen und Haltung zu vermitteln, die Aktivität des Gewissens gemeint, sich an das unbedingt Gute zu binden, an der unbedingten Sittlichkeit zu partizipieren[157]. PETZELT wäre grundlegend verfehlt, interpretierte man seine Methodik als „Bildung des Gewissens" (vgl. WEIß 2004, 169ff). Ohne die Voraussetzung des Gewissens, ohne das Gewissen als Prinzip, ist für PETZELT der Vollzug von Bildung gar nicht vorstellbar. Was BENNER in seiner Analyse verkennt, ist eben die religiöse Dimension der Bildung als deren prinzipieller Bestimmungsboden, der nicht auf Einzelverhalten abzielt,

---

[157] Die „Schwierigkeit", welche der PETZELTsche Aktivitätsbegriff BENNER zudem bereitet haben mag, kann aus der Verwechslung der WEBERschen Unterscheidung von Gesinnungs- und Verantwortungsethik resultiert haben. PETZELTs systematischer Erziehungsbegriff enthält keine inhaltlichen, sprich materialen Bestimmungsgründe, sondern ist vielmehr auf die Sittlichkeit des Wollens selbst bezogen. Er stellt sich dabei der Gefahr, von Gegenständlichem und konkreten Sach- und Handlungsverhalten vollkommen zu abstrahieren. Seine gesamten Gedanken intendieren die ‚Versittlichung' des Wollens selbst. Hier ist PETZELT vollkommen an KANT orientiert, der zu Beginn der „*Grundlegung zur Metaphysik der Sitten*" schreibt: „Es ist überall nichts in der Welt, ja überhaupt auch außer derselben zu denken möglich, was ohne Einschränkung für gut könnte gehalten werden, als allein ein guter Wille" (GMS, BA 1f).

sondern auf Haltung im Sinne der Teilhabe am Unbedingten, die es zeitpunkthaft zu erfüllen gilt.

3 Bildung und Religion als identischer Prozess

In den vorangegangenen Kapiteln wurde zweierlei erreicht: Zum einen konnte in der begrifflichen Analyse ein korrespondierendes Verhältnis von Bildung und Religion nachgewiesen werden, das sich in einander analogen Konstituenten und Regulativa darlegen lässt. Zum anderen konnten in der problemgeschichtlichen Analyse die ‚Schnittmengen' von Bildung und Religion noch präziser gefasst werden, so dass ein dependenter Zusammenhang offenkundig wurde, der für die weitere Verhältnisbestimmung fruchtbar gemacht werden kann.

In der analytisch-begrifflichen Gegenüberstellung erweisen sich Bildsamkeit und Religiosität, Unterricht und Glaube sowie Erziehung und Gewissensbindung als korrelative Wesenszüge von Bildung und Religion.

Bildung	Religion
Bildsamkeit	Religiosität
Unterricht	Glaube
Erziehung	Gewissensbindung

Bildsamkeit und Religiosität sind als Relationskonstituenten zwischen Ich und Du bzw. Ich und Ich zu verstehen. Sie stellen *das* konstituierende Kennzeichen ihres jeweiligen Prozesses dar, das vorausgesetzt werden muss, wenn Bildung bzw. Religion als Vollzüge möglich sein sollen. So sind sie konstitutiv für den jeweiligen Vollzug.

Mit Unterricht und Glaube wurden jene analytisch unterscheidbaren Momente des Denkens dargestellt. Unterricht meint die pädagogische Führung des Denkens, während der Glaube das Sich-selbst-Führen des Denkens in unendlicher Aufgabenhaftigkeit zum Ausdruck bringt.

Erziehung und Gewissen wiederum sind als dem Denken komplementäre Momente des Wollens zu begreifen. Unter Erziehung versteht man die Führung des Wollens durch ein Du, unter Gewissensbindung die Selbstführung im Sich-Fügen unter das eigene Gewissen.

Eine inhaltliche Gegenüberstellung von Bildung und Religion könnte anhand der dargelegten Analyse wie folgt aussehen:

	Bildung	Religion	
Bildsamkeit	interpersonales Verhältnis	intrapersonales Verhältnis	*Religiosität*
Unterricht	Fürwahrhalten	Fürgewisshalten (Denken)	*Glaube*
Erziehung	Fürguthalten	Fürgewisshalten (Wollen)	*Gewissensbindung*

Die scheinbare Differenz von Bildung und Religion zeigt sich vornehmlich im Verhältnis von Bedingtem zu Unbedingtem. Dem Fürwahr- und Fürguthalten als Ziele der Bildung korrespondieren auf Seiten der Religion das Fürgewisshalten des Denkens und Wollens. Dem interpersonalen Verhältnis von Ich und Du korrespondiert das religiöse, intrapersonale Verhältnis des Ich zu sich selbst, zu seiner eigenen als unbedingt vorausgesetzten Maßgabe.

Aufgrund der ,strukturellen' Gemeinsamkeiten lassen sich die Bereiche der pädagogischen *Relationalität*, *Didaktik* und *Methodik* disponieren, in denen sich – so die Annahme – das pädagogische Geschäft umfassend erschöpft. Es ist bereits augenscheinlich geworden, dass sich diese Bereiche, wenn nach der Zusammenhangsbestimmtheit von Bildung und Religion gefragt wird, nicht immer analytisch scharf voneinander abgrenzen lassen, dass sich hie und da Verschränkungen zeigen. So konsequent jedoch eine Analyse zu sein beansprucht, so konsequent hat sie die Schnittmengen zu achten, die zwischen zwei Bereichen auftauchen, sofern diese gemäß der Thematik nicht umgehbar sind.

In Beibehaltung dieser Trias, vielmehr dieses Ternars, folgte eine problemgeschichtliche Analyse der pädagogischen Konzeptionen Paul NATORPs, Richard HÖNIGSWALDs und Alfred PETZELTs im Hinblick auf die Verhältnisbestimmung von Bildung und Religion. In allen drei Bereichen, der pädagogischen Relationalität, Didaktik und Methodik konnte bei allen und durch alle drei Pädagogen ein dependenter Zusammenhang von Bildung und Religion festgestellt bzw. nachgewiesen werden. In jeder Systematik zeigen sich religiöse Implikationen, und dies nicht bloß implizit, sondern je und je (auch explizit) als den Begriff der Pädagogik bedingend, gar grundlegend bedingend, also begründend. Sie legten diejenigen Maßgaben offen, die den Zusammenhang von Bildung und Religion auf einheitliche Begriffe bringen können: Liebe, Wahrheit und Sittlichkeit. In den systematischen Konzeptionen von NATORP, HÖNIGSWALD und PETZELT zeigen sich jene Momente, die das Verhältnis von Bildung und Religion noch stärker konturieren und für eine systematische Verhältnisbestimmung fruchtbar machen können. Anhand der Konzeptionen der ausgewählten Pädagogen konnte nunmehr die Folie vorbereitet werden, auf der die nachfolgende Synthese auf gesichertem Fundament zu stehen beansprucht.

Im Folgenden sollen nun die grundlegenden ‚Merkmale' des Verhältnisses von Bildung und Religion zusammenfassend skizziert werden, um sie in einem abschließenden Teil noch stärker auswickeln bzw. entfalten zu können. Sie wurden sowohl durch die begriffliche wie problemgeschichtliche Analyse gewonnen und dienen nunmehr der überschaubaren Zusammenfassung.

- Wenn pädagogisches Handeln nicht bloß möglich, sondern tatsächlich sinnvoll sein soll, dann ist es auf Religion angewiesen. Erst die religiösen Implikationen vermögen ein Sollen zu legitimieren, das Bildung als Streben nach der Vervollkommnung des Menschentums im Menschen nicht nur ermöglicht, sondern geradezu fordert.

- Bildung benötigt, wenn sie nicht orientierungslos sein soll, richtunggebende Maßgaben. Diese Maßgaben können jedoch keine fremden, d.h. außerhalb pädagogischer Zwecke liegende sein, sondern müssen dem Charakter der Bildung selbst entsprechen, wenn Bildung möglich sein soll. Religion wurzelt auf eben diesen Maßgaben, die auch für Bildung Geltung beanspruchen. Es sind dieselben Voraussetzungen, die maßgebend für die Bereiche der pädagogischen Relationalität, Didaktik und Methodik sind.

- Bildung bedeutet Aufgabe, Religion bedeutet Aufgabenhaftigkeit. Beides verhält sich wie Bedingtes zu Unbedingtem. In dieser Hinsicht sind Bildung und Religion gleich und doch unterschieden. Das Streben wird zum zentralen Moment beider Prozesse. Die fällige Aufgabe der Bildung verlangt ein Prinzip, das ihm die Zeitpunkthaftigkeit entzieht, das seine Gültigkeit verbürgt. Insofern zeigt sich hier ein dependenter Zusammenhang.

- Durch Religion ‚gewinnt' Bildung das Moment unbedingten Sollens. Beide Prozesse sind getragen von unbedingter Zweckfreiheit und positiv gewendet, von unbedingter Sinnhaftigkeit. Durch Religion wird Bildung gleichsam sinnvoll, d.h. voll des Sinnes.

- Maßgaben geben selbst das Maß vor; sie sind nicht gemacht oder konstruiert, sie sind nicht beliebig oder willkürlich. Maßgaben werden gedacht, aber nicht ausgedacht. Insofern sie vorausgesetzt werden müssen, gelten sie unbedingt, d.h. sie geben der Bildung ihr unbedingtes Maß. Wenn Bildung und Religion in einem dependenten Zusammenhang stehend gedacht werden müssen, dann gilt demnach auch für die Bildung, dass sie nicht vom Du anbefohlen, sondern nur in freiheitlicher Bindung anerkannt werden kann. Das Ich soll sich nicht bilden, weil das Du dies fordert, sondern das Du kann Bildung nur fordern, weil sich das Ich (ohnehin) bilden soll. Das Sollen kann nicht befohlen, sondern nur als unbedingte Forderung bzw. Aufforderung verstanden werden.

- Der Mensch kann alles wissen und wollen nur unter der Voraussetzung, dass er Alles wissen und wollen kann. Das Unbedingte liegt dem Bedingten zugrunde, dieses hängt von jenem ab. Ebenso hängt auch die Bildung von der Religion ab.

- Fremdführung kann nur unter Selbstführung statthaben, oder diese Prozesse verdienen das Prädikat des Pädagogischen nicht. Wer nicht der Manipulation und Indoktrination das Wort reden, wer das Ich vor der Dressur bewahren will, der muss voraussetzen, dass der Mensch in der Lage ist, sich selbsttätig zum „Werk seiner selbst" zu machen. Dieses ‚Kunststück' gelingt nur unter der Voraussetzung von Bindung. Daher fordert die Bildung Bindung; sie fordert, dass das Ich Teilhaber am Wahren und Guten sein kann, um sich somit vor fremden Ansprüchen zu verwahren.

- Das Verhältnis von Ich und Du gewinnt nur unter der Voraussetzung einer unbedingten Maßgabe pädagogischen Charakter. Nur wenn sich Ich und Du an diese Maßgabe binden, wenn sie Teilhaber zu sein sich entschlossen haben, kann rechtmäßig von einem pädagogischen Verhältnis gesprochen werden. Nur unter dieser Voraussetzung sind Ich und Du vor den je fremden Ansprüchen gewahrt, dienen sie allein ihrem eigenen Werk, sind sie Zweck an sich selbst.

Bildung ohne Religion wäre ein Torso. Das Bedingte benötigt das Unbedingte; nicht weil es jenes ohne dieses nicht gäbe, sondern weil jenes ohne dieses nicht legitimiert werden könnte. Religion sichert der Bildung ihren Anspruch auf Gültigkeit, auf unbedingte Sinnhaftigkeit.

Nachdem die Analyse bis zu diesen ,Ergebnissen' gediehen ist, bleibt noch die Forderung nach Synthese offen. In diesem Sinne soll daher im Folgenden der Versuch unternommen werden, die drei religiösen Maßgaben der Bildung, die anhand der problemgeschichtlichen Analyse bei NATORP, HÖNIGSWALD und PETZELT gewonnen wurden, noch stärker – als dies bisher möglich war – für den Gedanken der Bildung zu entfalten. Hierbei sollen die Entwürfe der drei Pädagogen als Anlass verstanden werden, die Verhältnisbestimmung von Bildung und Religion noch weiter zu intensivieren, die Gedanken über die religiösen Maßgaben der Pädagogik noch detaillierter zu entfalten, um Klarheit darüber zu erhalten, was aus pädagogischer Perspektive über ihre religiösen Implikationen weiterhin gesagt werden kann.

In diesem nachfolgenden (synthetischen) Kapitel soll demnach zunächst geklärt werden, wie die Liebe als religiöses Prinzip der Pädagogik verstanden werden muss, wenn sie die pädagogische Relation von Ich und Du in Bildungsprozessen maßgebend bestimmt (3.1). Was bedeutet das Prinzip der Liebe für pädagogisches Handeln? Wie ist nach den bisher gewonnenen Einsichten die Beziehung innerhalb der Gemeinschaft im Pädagogischen zu bestimmen?

Anschließend wird das Prinzip der Wahrheit weiterhin im Hinblick auf Bildung beleuchtet werden müssen (3.2). In diesem Teil soll noch ein die Methodik betreffender Aspekt der Wahrheit in ihrer Bedeutsamkeit für den Unterricht angesprochen werden, der bisher noch nicht erwähnt wurde. Dies kann quasi als Konsequenz aus der Zusammenhangsbestimmtheit von Bildung und Religion gelesen werden, wenn es gleichsam auch eine Voraussetzung des Pädagogischen darstellt: es ist das Verhältnis von Wissen und Nichtwissen.

Letztlich wird das Prinzip der Sittlichkeit – wenn auch in anderer Terminologie – nochmals der Reflexion unterzogen (3.3). An dieser Stelle gilt es noch deutlicher zu erläutern, was es mit dem absolut Guten als Voraussetzung der Pädagogik auf sich hat. In diesem Kontext wird genauer zu erläutern sein, wie Erziehung angesichts dieser unbedingten Voraussetzung möglich ist, d.h. wie rechtmäßige Führung des Wollens gedacht werden muss, wenn Gewissensbindung nur Angelegenheit des Zöglings ist.

Jedem Kapitel der Synthese geht die kritische Betrachtung eines alternativen Prinzips voraus. Es besteht nämlich die Gefahr, religiöse Maßgaben geltend zu machen, obgleich dies nicht (denk-)notwendig ist. Dann wäre die Pädagogik in jenen unkritischen Zustand des Dogmatismus zurückgefallen, aus dem man in aufklärerischer Intention zurecht die Religion aus dem pädagogischen Geschäft verbannt wissen wollte. Wo sich religiöse Maßgaben nicht rational im Bereich des Pädagogischen verorten lassen, dort können sie auch keine systematische Gültigkeit beanspruchen. Denn es kann festgehalten werden, dass es „entgegen der landläufigen Auffassung nicht die Entstehungsgeschichte eines Faktors sein kann, was dessen Begriff bestimmt, sondern daß umgekehrt von seiner Entstehungsgeschichte sinnvoll nur unter Zugrundelegung seines Begriffs geredet werden könne" (HÖNIGSWALD 1931, 6). Da vorausgesetzt werden muss, dass es sich bei dem Verhältnis von Bildung und Religion nicht bloß um eine empirische Begebenheit handelt, sondern um einen (einheitlichen) Bedeutungszusammenhang, der auf begrifflicher Ebene statthat, kann das empirische Auftreten nicht zufällig sein. Begriffsbeziehungen sind stets Bedeutungsbeziehungen, Bedeutungsbeziehungen wiederum sind immer ‚an sich' bestimmt oder sie sind es überhaupt nicht. Bei Bedeutungsbeziehungen kommt nichts hinzu, was nicht bereits vorher im System der Einheit angelegt war. Falls Begriffs- bzw. Bedeutungsbeziehungen vorliegen, kann nicht von Addita die Rede sein, die zeitpunkthaft einen Bedeutungszusammenhang begründen, in einen solchen hineintreten, vielmehr gebracht werden könnten. Außerhalb der Zeitlichkeit, d.h. auf prinzipieller Ebene, spricht man entweder von Unterscheidung oder von Trennung. Ersteres hat es mit Mannigfaltigkeiten, zweites mit Vielheit zu tun. Außerhalb der Zeitlichkeit gibt es keine Entstehung, sofern Entstehung immer geschichtlich, die Geschichte jedoch nicht außerhalb der Zeitlichkeit gedacht werden kann. „Ein Faktor, in dessen Struktur das Moment der Zeit nicht vorkommt, kann durch eine Bestimmung, die selbst eine Funktion der Zeit ist, keinerlei weitere Determination erfahren" (ebd.). D.h. nur was geschieht, hat seine Geschichte. Sollte sich nachweisen lassen, dass religiöse Momente im Bildungsbegriff angelegt sind, dann gelten sie nicht bloß für diese oder jene Zeit, sondern für die Geschichte pädagogischen Handelns als zeitlichem Verlauf. Für eine Systematik gilt nach HÖNIGSWALD, dass „zeitliche Bestimmtheit" allenfalls „die Faktoren" haben, „die in eine Bedeutungsbeziehung eingehen, wohl auch die Entdeckung einer Bedeutungsbeziehung oder, was für den Pädagogen von besonderem Interesse ist, die Erwerbung der Kenntnis von bereits entdeckten Bedeutungsbeziehungen" (ebd.). Die Bedeutungsbeziehungen selbst beanspruchen überzeitliche Geltung.

3.1 Prinzip der Liebe

Wenn es das Ziel dieser Arbeit ist, in systematischer Absicht die Sinnperspektive, mithin die Einheit von Bildung und Religion nachzuweisen, dann muss für den Bereich pädagogischer Relationalität ein Prinzip maßgeblich sein, welches Bildsamkeit und Religiosität vereint. Dieses Prinzip muss drei Bedingungen erfüllen: es muss erstens Bildsamkeit und Religiosität in einer übergeordneten Einheit aufheben, es muss zweitens dem für die Pädagogik konstitutiven Ich-Du-Verhältnis Rechnung tragen, und es muss drittens der intrapersonalen Bindung an eine unbedingte Maßgabe im Sinne der Sinnstiftung entsprechen. Alle drei Bedingungen sind im Prinzip der Liebe erfüllt.

Die pädagogische Relation von Ich und Du ist durch das Prinzip der Bildsamkeit konstituiert. Wenn Bildsamkeit nicht mit dem Ichsein vorausgesetzt wird, dann entarten alle pädagogischen Maßnahmen konsequenterweise zur bloßen Dressur, d.h. sie verdienen das Prädikat des Pädagogischen nicht mehr, sofern sich Bildung durch Freiheit und Selbstbestimmung distinguiert. In Voraussetzung der Bildsamkeit liegt die Bedingung der Möglichkeit von Bildung überhaupt begründet. Dieses Prinzip ordnet das pädagogische Verhältnis von Ich und Du dergestalt, dass es vom Lehrenden bzw. Erziehenden eine bestimmte „Sinnesart" (HERBART) gegenüber dem Schüler bzw. Educandus einfordert. Bildsamkeit muss überall dort denknotwendig vorausgesetzt werden, wo unterrichtet und erzogen wird. Als Prinzip ist es bereits immer schon – ob bewusst oder unbewusst – vorausgesetzt, wo faktisch unterrichtet und erzogen wird.

Was mit dem Prinzip der Bildsamkeit allerdings nicht hinreichend beantwortet werden kann, ist die Frage, *weshalb* man überhaupt unterrichten und erziehen *soll*. Als „Grundbegriff der Pädagogik" (HERBART) ist mit Bildsamkeit zwar die Möglichkeit von Bildung gewährleistet, allerdings nicht ihre Legitimation, ihr Sollen, ihre Sinnperspektive. Wenn Bildung nicht ein Privileg einiger weniger sein soll, wenn sie jedem Menschen zukommen soll, dann reicht die Konstituierung der Pädagogik durch das Prinzip der Bildsamkeit nicht aus, die fällige Aufgabe als Aufgabenhaftigkeit für alle Menschen zu legitimieren. Die Frage lautet demnach nicht, was denknotwendig vorausgesetzt werden muss, wenn Bildung sein soll, sondern vielmehr, weshalb Bildung überhaupt sein soll und was zu dieser Legitimation vorausgesetzt werden muss.

Wenn diese Frage für den Bereich pädagogischer Relationalität nicht beantwortet werden kann, dann ist zu befürchten, dass Bildung zum bloßen Konstrukt, zur Kontingenz, letztlich und im schlimmsten Fall zum ideologischen Herrschaftsinstrument zu verkehren droht.

Oftmals beruft man sich an dieser Stelle, wie z.b. auch NATORP in Anlehnung an die Tugendlehre PLATONs, auf das Prinzip der Gerechtigkeit. Allein man verkennt, dass Gerechtigkeit kein genuin pädagogisches, sondern ein ethisch-politisches Prinzip ist. Es ist allein maßgebend für ein konfliktfreies Zusammenleben, welches jenen mitmenschlichen bzw. koexistenziellen Bereich reguliert, in dem sich mindestens zwei Interessen gegenüberstehen. „Zur Grundstruktur von Gerechtigkeitsfragen scheint zu gehören, dass mindestens zweierlei Verschiedenes aneinander gerät und einander denselben Platz streitig macht" (RUHLOFF 2007a, 125).

Nicolai HARTMANN hat im Rückblick auf die ethischen Konzeptionen PLATONs und ARISTOTELES'[158] – welche auch für das heutige abendländische Gerechtigkeitsverständnis maßgebend sind – herausgearbeitet, dass es der „erste, rohe Sinn der Gerechtigkeit" sei, dem „groben Egoismus des Einzelnen" tendenziell entgegenzulaufen und somit zu einer „Grundbedingung gemeinsamen Lebens überhaupt" zu avancieren (HARTMANN 1949, 419). Einsichtig wird aus dieser Bestimmung der positive, d.h. gesetzte oder besser: gemachte Charakter der Gerechtigkeit. In ihr kommt weniger ein unbedingtes Sollen im Sinne der Wertschätzung des Menschen zum Ausdruck, als vielmehr ein Regulativ konfliktfreien, gemeinschaftlichen Zusammenlebens, welches das Menschsein bereits voraussetzen muss, um gültig vollzogen werden zu können. Das Prinzip der Gerechtigkeit konstituiert nicht das Ichsein, sondern reguliert ‚lediglich' das Zusammenleben der Mensch, die als Zweck an sich selbst bereits vorausgesetzt sein müssen. Das Prädikat des Gerechten „bedeutet keinen sittlichen Wert der Person. Die Person ist hier gar nicht der Wertträger; der Wert ist, wie sehr immer menschliches Tun ihn erst verwirklicht haben mag, nur Objektwert, Sachverhaltenswert, ein Gut für den Menschen" (ebd., 420). HARTMANN folgert daraus, dass entgegen der hellenistischen Gerechtigkeitsauffassung die Gerechtigkeit selbst „nicht der höchste, sondern eher der niederste [ethische] Wert zu nennen" sei, da sich unter ihrer Maßgabe das Ichsein nicht konstituiert, sondern sie den gemeinschaftlichen Umgang reguliert[159].

---

[158] Zum aristotelischen Gerechtigkeitsverständnis, vgl. HARTMANN (1957, 191ff).

[159] Auch Gerhard MERTENS hat darauf aufmerksam gemacht, dass sich das Prinzip der Gerechtigkeit nur bedingt als Maßgabe moralischen Handelns eignet. Anhand seiner ideengeschichtlichen Genese, angefangen bei ARISTOTELES, über KANT und HEGEL hin zu den neueren Konzeptionen von RALWS und KOHLBERG, weist er „Gerechtigkeit als notwendiges aber nicht zureichendes Prinzip des Sittlichen aus" (1988, 51ff).

Der Verweis bspw. auf die „Allgemeine Erklärung der Menschenrechte"[160] verfehlt demnach an dieser Stelle alles. Es ist ein gutes Beispiel, inwiefern Gerechtigkeit am Fall, d.h. als Recht, einerseits zur Regulierung gemeinschaftlichen Zusammenlebens gemacht, d.h. gesetzt werden muss, andererseits, dass – und dies steht
mit dem ersten in unauflöslichem Zusammenhang – das Menschsein bzw. das Ichsein, zum Zwecke der Gerechtigkeit bereits vorausgesetzt werden muss, ohne sich
im gerechten Gegenüberstellen bereits zu konstituieren. „Die Gerechtigkeit hat es
also mit berechtigten Ansprüchen, sie hat es mit dem *Geschuldeten* zu tun. Sie gibt
dem Anderen, was ihm zusteht, nicht weniger, aber auch nicht mehr. Ja, sie darf
das Geschuldete gerade auch im Hinblick auf Dritte nicht überschreiten. Das Prinzip der verhältnismäßigen Gleichheit ist für sie konstitutiv" (MERTENS 1988, 44).
Mit der Voraussetzung der Gerechtigkeit als unbedingt maßgeblichem Prinzip pädagogischer Relationalität würde suggeriert, jeder habe ein Recht auf Bildung. Aber:
Kein Mensch hat ein Recht auf Bildung! Denn: Indem man Bildung zum Geschuldeten
bzw. zum zu Schuldenden macht, spricht man ihr einen (materialen) Wert zu, man
bestimmt sie werthaft. Man raubt damit dem Bildungsbegriff alles, was ihn in seiner
Ichhaftigkeit auszeichnet. Man isoliert das Ich von der Bildung und macht sie damit
zu jenem Objektwert, den HARTMANN anspricht. Bildung hat jedoch keinen Wert,
sondern sie ist ein Wert. Wollte man sie werthaft bestimmen, dann degradierte man
damit das Ich selbst, das sich bilden soll, das Bildung als seinen Bestimmungswert
in Aufgabenhaftigkeit vollziehen soll, gleichermaßen zum Objekt. Wenn Bildung
nicht der Ichbestimmung und Ichbestimmtheit enthoben, wenn sie nicht zur Ware,
zu einem wertbestimmten Privileg gemacht werden soll, sondern als jener Vollzug
anerkannt wird, den das Ich in Aufgabenhaftigkeit vollziehen soll, dann kann Gerechtigkeit für die Relation von Lehrer und Schüler, von Erzieher und Zögling
nicht maßgebend sein. Kein Hauch von werthafter Bestimmung, von Warencha-
rakter, von Ichgleichgültigkeit kann hier statthaben. Man machte die Pädagogik
zum *sinn*losen Geschäft, das sich keiner Idee mehr, keiner unbedingt vorausgesetzten Maßgabe, an die sich das Ich binden sollte, verpflichtet bzw. vielmehr
verbunden wüsste.

Bei KANT erfährt man, welche Konsequenzen daraus resultierten: „Im Reich der
Zwecke hat alles entweder einen P r e i s, oder eine W ü r d e. Was einen Preis hat, an
dessen Stelle kann auch etwas anderes, als Äquivalent, gesetzt werden; was dagegen
über allen Preis erhaben ist, mithin kein Äquivalent verstattet, das hat eine Würde"
(GMS, BA 78). Spricht man der Bildung einen Wert zu, auf den der Mensch einen
Rechtsanspruch geltend machen könnte, dann bestimmte sich dieser damit zugleich

---

[160] „Jeder hat das Recht auf Bildung" (Art. 26, Abs. 1).

selbst werthaft, bzw. er gäbe sich einen Preis. Wenn es gemäß dem Prinzip der Gerechtigkeit immer um Geschuldetes, um Sachverhältnisse, um Objektwerte geht, dann bedeutet die Forderung einer Bildung für alle, dass der Mensch selbst zur Sache, zum Objekt herabgewürdigt wird. Er beraubt sich seiner Würde, indem er seine Bildung und gleichsam sein Ichsein als Objektwert bestimmt, dem ein Preis oder ein dem Preis Äquivalentes – im Sinne der Gerechtigkeit – zukommen müsste. Das Ich gäbe seine Menschenwürde im Tausch gegen pädagogische Führung auf – ein hoher Preis, wenn er die Würde kostet.

Man sieht, dass das Prinzip der Gerechtigkeit an dieser Stelle nicht taugt, maßgebenden Charakter für die pädagogische Du-Beziehung abzugeben. Ein Prinzip, welches einerseits das Ichsein bereits voraussetzt, um das Zusammenleben in der Gemeinschaft zu regulieren, und das andererseits in seiner begrifflichen Eigentümlichkeit den Menschen seiner Würde beraubt, indem es die gerechte Verteilung von Objektwerten regelt, kann hier nicht in Anschlag gebracht werden. Eben weil der Mensch keinen Wert hat, sondern Wert ist, hat ebenso auch Bildung keinen Wert. Folglich gilt: Kein Mensch hat das Recht auf Bildung, wenn er sich nicht selbst in seinem Menschsein desavouieren will. Gesucht ist vielmehr ein Prinzip, welches das Ichsein gleichsam in seiner Anerkennung konstituiert, welches die Würde des Menschen in seiner Forderung mitsetzt. Obgleich des Öfteren vom ‚Geschäft der Pädagogik' die Rede war; mit Preisen hat dieses Geschäft nichts zu tun, sondern mit Menschen. Daher ist das Prinzip der Gerechtigkeit als Maßgabe pädagogischer Relationalität ungeeignet[161]. Es gilt: aus Prinzip zwar gerecht, aber Gerechtigkeit ist kein Prinzip pädagogischer Relationalität. Der Lehrende bzw. Erziehende soll zwar gerecht handeln, aber er soll nicht *aus* Gerechtigkeit handeln. Gerechtigkeit ist notwendiges Prinzip, doch reicht sie nicht hin, Gleichheit sowie Selbstzweckhaftigkeit der Menschen zu legitimieren. Liebe ist „die Pflicht, anderer ihre Zwecke (so fern diese nur nicht unsittlich sind) zu den meinen zu machen; die Pflicht der Achtung meines Nächsten ist in der Maxime enthalten, keinen anderen Menschen bloß als Mittel zu meinen Zwecken abzuwürdigen" (KANT MS, 120). Die Zusammenhangsbestimmtheit von Bildung und Religion allein schafft durch die Konstituierung der Liebesidee ‚Abhilfe'.

---

[161] Auch Klaus PRANGE kommt zu dieser Einsicht, wenn auch aus Anlass anderer Erwägungen und eines grundsätzlich unterschiedenen Argumentationsganges: „Das Recht schaut in die Vergangenheit, die Erziehung in die Zukunft; das Recht reagiert im Blick auf das, was belegbar und nachweislich erlaubt und verboten ist, um daran das wirkliche Verhalten zu messen und dann definitiv zu entscheiden; die Erziehung reagiert im Blick auf Möglichkeiten und Perspektiven, die das bis jetzt Gegebene und die gegenwärtige Wirklichkeit überschreiten" (2005a, 57).

Wenn Bildsamkeit mit dem Ichsein, d.h. für *alle* Menschen vorausgesetzt werden soll, dann muss sie mit der Religion in Beziehung gebracht werden, um sich in den Mantel des Unbedingten hüllen zu können. Im Bereich der Relationalität kommt hierfür nur die Einheit mit der Religiosität infrage. Beide, Bildsamkeit und Religiosität, sind im *Prinzip der Liebe* aufgehoben. Diese ist zu verstehen als jenes Band zwischen Ich und Du, welches Fremd- und Selbstführung in der Idee der Bildung vereint. Nach vorausgesetzter Maßgabe der Liebe wird die Bildung zur einigenden Idee, zum gemeinschaftsstiftenden Moment zwischen Lehrer und Schüler, zwischen Erzieher und Zögling. Wenn Gemeinschaft nicht bloß ist, sondern zugleich immer auch als Aufgabe verstanden werden muss, dann ist aus pädagogischer Perspektive die Bildung selbst jene Idee, welche die Menschen in ihrer Bindung als Bildungsgemeinschaft verbindet. Die Maßgabe, welche die intrapersonale Bindung im interpersonalen Verhältnis bestimmt, kann man im Anschluss an PLATON[162] als Prinzip der Liebe bezeichnen. Eben im Prinzip der Liebe ist die Einheit von Bildung und Religion zu verstehen. Sie muss als übergeordnete Einheit verstanden werden, weil in ihr Bildsamkeit und Religiosität als Maßgabe pädagogischer Relationalität aufgehoben sind.

Es soll nun entfaltet werden, wie nach der bisherigen Analyse ein pädagogischer Liebesbegriff näherhin bestimmt sein muss, wenn er sich zugleich als religiöses Moment ausweisen lässt. Es wird die synthetische Leistung des folgenden Abschnitts sein müssen, den Begriff der Liebe so zu bestimmen, dass er als unbedingte Voraussetzung einer Pädagogik eignet, die sich mit der Religion in Einheit weiß. Zunächst zur Ausräumung möglicher Missverständnisse: Angesichts des Versuchs, die Begriffe der Religion und Konfession streng zu unterscheiden, darf ein pädagogischer Liebesbegriff nicht mit der abendländisch-christlichen Agape verwechselt werden. Agape ist die ureigenste christliche Liebesvorstellung, verstanden als göttliches Geschenk, wie im Paulinischen Hohelied dargestellt. Sie kann nicht eignen, wo man sich nicht bekennt, wo nicht der Transzendenzanspruch der Religion gewalt-

---

[162] Eine ausführliche Darstellung der Liebe bzw. des Eros bei PLATON findet sich bei GRAEFE (1989). Dort wird nicht nur „die gespaltene Erscheinungsweise des Eros an einem umfassenden Belegmaterial nachgewiesen" (ebd., 258), u.a. anhand der Dialoge bzw. Schriften „*Lysis*", „*Phaidros*", „*Politeia*", den „*Nomoi*" und im „*Symposion*", sondern zugleich auf seine metaphysische Bedeutsamkeit in PLATONs Gesamtwerk hingewiesen: „Indem Poros dafür sorgt, daß sich Eros nicht in einem Masochismus verliert, bewahrt er die Individualität des Erotikers, der gerade die Unerreichbarkeit seines Zieles voraussetzen muß, damit die eigene Sehnsucht unendlich werden kann, als die alle Erstarrungen und Fixierungen aufbrechende Triebkraft. Die »Weisheit« ist jetzt nur noch als das niemals erreichbare Motiv dem philosophischen Streben Garant für die Lebendigkeit der Seele. Der Weg ist das Ziel. Jede Ankunft bedeutet Tod" (ebd., 275).

sam zugunsten der Konfession durchgesetzt werden soll. Diese Dimension der Liebe zur alleinigen Maßgabe pädagogischer Relationalität zu erheben, hieße zu separieren, wo Bildung als gemeinschaftsstiftende Idee gefordert ist.

Auch die Bestimmung durch die PLATONsche Eros-Vorstellung, wie sie durch die problemgeschichtliche Analyse der NATORPschen Systematik überhaupt erst in den Fokus der Betrachtung geriet, erschöpft das Gemeinte der Liebe nicht vollständig. Gerade die Umdeutung des Eros-Verständnisses in der pädagogischen Jugendbewegung, die Erotisierung und Sexualisierung des Verhältnisses von Ich und Du, die einseitige Auslegung der Vielschichtigkeit in PLATONs Werk, sind so weit entfernt von einem pädagogischen Maßgabencharakter, dass eine Verabsolutierung zur Pervertierung des Intendierten führte.

Letztlich kann ein pädagogischer Liebesbegriff auch nicht hinreichend durch die Philia-Konzeption der „*Nikomachischen Ethik*" des ARISTOTELES geklärt werden, obgleich PLEINES an der Nichtberücksichtigung bemängelt, dass damit die „zwischenmenschlichen Beziehungen [nicht nur im Bildungsprozess – T.M.] um vieles ärmer geworden sein" dürften (1995, 148). Der Philia ermangelt es an dem spezifisch Religiösen, an der Gerichtetheit auf die Einheit der Idee, welche Ich und Du in ihrem Verhältnis an ein Drittes bindet. Da die Philia v.a. bei ARISTOTELES[163] die Gegenseitigkeit von Ich und Du als „ausgewogenes Geben und Nehmen" (SEICHTER 2007, 46), d.h. als gerechtes Verhältnis betont, hat diese Dimension der Liebe keinen verallgemeinerbaren Maßgabecharakter für die pädagogische Relationalität. Vielmehr muss gerade für den pädagogischen Liebesbegriff kennzeichnend sein, dass auch dann einseitig gegeben wird, wenn man niemals ein Nehmen erwarten kann.

Alle drei Dimensionen der Liebe[164] sind zugegebenermaßen in je und je zu akzentuierender Hinsicht geeignet, den pädagogischen Liebesbegriff zu definieren, doch muss im Zuge des sich allmählich klärenden, einheitlichen, zusammenhangsbestimmten Verhältnisses von Bildung und Religion von einer Spezifik ausgegangen werden, die den genuin pädagogischen Charakter der Liebe erst durch die

---

[163] Birgit OFENBACH erklärt, dass im 18. Jahrhundert die „Freundschaft als ein beherrschendes Phänomen in den Mittelpunkt des geselligen Daseins" trat. „Eine Gemeinschaft von Freunden, die so auf Wohlwollen gegründet ist, stellt sich zugleich als eine bildende Gemeinschaft dar, in der die Freunde gegenseitig an ihrer sittlichen Vervollkommnung arbeiten. Durch Freundschaft gelangten die Menschen zur Vervollkommnung ihrer Sittlichkeit" (2006, 102). In diesem Zusammenhang zitiert sie auch August Hermann NIEMEYER, der sagte, die Freundschaftsverbindung sei „Quelle jener allumfassenden Liebe", die für jegliche Bildung maßgeblich sei.

[164] Zur „*Drei-Einheit der Liebe*", vgl. LOTZ (1979).

religiösen Implikationen kennzeichnet und gewährleistet. Es geht nicht darum, dass man die genannten „widerständigen Merkmale im Folgenden fallen lassen und nur die geschmeidig integrierbaren Momente aufnehmen und zu einem pädagogischen Liebesbegriff verschmelzen" soll (SEICHTER 2007, 54)[165]. Dennoch kann der im Folgenden auszuwickelnde pädagogische Liebesbegriff ‚lediglich' diejenigen Momente beinhalten und darstellen, die sich aus der bisherigen Analyse der Verhältnisbestimmung von Bildung und Religion herausstellen ließen. Ziel ist nicht eine möglichst unproblematische Lösung zu finden, sondern jenes Prinzip darzulegen, welches Geltung hinsichtlich pädagogischer Relationalität beansprucht.

Liebe bedeutet in erster Linie die tätliche Anerkennung einer Idee, welche im Pädagogischen nur die Idee der Bildung sein kann. Wo tätliche Anerkennung, wo Bindung an eine als unbedingt vorausgesetzte Maßgabe, d.h. wo Sinnstiftung ist, dort ist zugleich Liebe. Im Anschluss an PLATON versteht man darunter jenes unbedingte Streben, das niemals an ein Ende kommen kann, ohne aufzuhören, das Ende zu sein. Wo Liebe nicht ist, dort ist überhaupt nichts. In Umkehrung heißt das, wo Leben, wo Sinnstiftung ist, dort ist auch Liebe. Sie ist konstituiert durch das Selbstverhältnis religiöser Bindung. Sie hat ihren Ursprung in der Aufgabenhaftigkeit des Ich, das Streben in fälligen Akten zu vollziehen. „Man muß sagen, so überraschend das vielleicht auch klingen mag, die Liebe ist *gesollt*" (HÜLSHOFF 1959, 113). Sinnstiftung aus dieser Perspektive ist somit Liebe, ist Liebe zum Streben und somit zum Leben. Erst wo kein Sinn mehr gestiftet werden kann, wo Streben und Leben enden, dort ist auch keine Liebe. In diesem Verständnis ist sie nicht etwa vom Denken und Wollen zu trennen, vielmehr zeigt sie sich erst als deren religiöse Spezifik. „Zu Unrecht hat man der Liebe die Vernunft entzogen, und ohne guten Grund hat man sie einander gegenübergestellt, denn Liebe und Vernunft sind ein und dasselbe" (PASCAL 1949, 21). Im Denken und Wollen zu streben, bedeutet zu lieben bzw. vielmehr die Liebe selbst. Wollte man das Prinzip der Liebe auf das Wollen, womöglich auf die Ethik beschränken, wie dies PESTALOZZI tat[166], dann

---

[165] Sabine SEICHTER hat in jüngster Vergangenheit eine Arbeit zum Thema der pädagogischen Liebe vorgelegt, die für die hiesige Thematik sehr aufschluss- und hilfreich ist (vgl. 2007). In der Darstellung der Genese der pädagogischen Liebe als disziplingeschichtliches Deutungsmuster sucht sie aufzuzeigen, wie die Pädagogik im Verlauf ihres paradigmatischen Wandels hin zur so genannten Erziehungswissenschaft Gefahr läuft, sich selbst als die Wissenschaft von Unterricht, Erziehung und Bildung zu desavouieren.

[166] Theodor BALLAUFF legt in sehr aufschlussreicher problemgeschichtlicher Analyse das Moment der „gläubigen Liebe" in PESTALOZZIs Werk dar. In Entgegensetzung zur pädagogischen Grundlegung KANTs durch dessen „vernünftigen Willen" zeigt BALLAUFF, welchen Einfluss das religiöse Prinzip der Liebe auf die Pädagogik PESTALOZZIs hat. Auf die ethische Verkürzung macht er auch gleich in der Einleitung anhand der dargelegten Vieldimensionali-

verkürzte man nicht bloß den pädagogischen Liebesbegriff, sondern mit ihm das gesamte Geschäft der Pädagogik, letztlich gar das Ich.

Im Prinzip der Liebe ist jenes intrapersonale Verhältnis vorherrschend, welches distinktiv für den Begriff der Religion ist. In Voraussetzung dieser Maßgabe muss zugleich das Ich als bindungsfähiges, als der Sinnstiftung fähiges Wesen vorausgesetzt werden, ohne das religiöse Verständnis der Liebe zugunsten einer biologischen Triebkraft zu verkehren. Letzteres Verständnis, d.h. eine Liebe aus bloßer (Zu-)Neigung, nennt KANT nicht zu Unrecht „pathologische Liebe". In pädagogischem Verständnis kann nur jene Maßgabe gemeint sein, die das Ich unter die Idee der Bildung stellt, die diese Richtungsgebundenheit als unabschließbaren Prozess mit jedem Ichsein voraussetzt.

Indem nun der Mensch in seinem Selbstverhältnis zur als unbedingt vorausgesetzten Idee der Bildung in gesollter Aufgabenhaftigkeit steht, ist er mit dem Du verbunden. Das intrapersonale Verhältnis bleibt Voraussetzung für das interpersonale Verhältnis. Ich und Du sind über die Idee, vielmehr in gemeinsamer Bindung und Gebundenheit an die Idee in Aufgabenhaftigkeit verbunden. Die Idee der Bildung stiftet ihre Gemeinschaft im Sinne einer Bildungsgemeinschaft. Allein in diesem Verständnis ist die volle Bedeutung der pädagogischen Liebe einsehbar. Liebe offenbart sich im interpersonalen Verhältnis als das über die gemeinsame Idee vermittelnde Band zwischen Ich und Du. Nichts Unmittelbares, schon gar

---

tät der Liebe aufmerksam: „Denn Pestalozzi führt nicht dem »pädagogischen Eros« das Wort, sondern der »christlichen Agape«" (BALLAUFF 1957, 8). Und in seiner problemgeschichtlichen Analyse schließt er denn auch daraus: „Es gehört zu Pestalozzis tiefster Weisheit, daß er als den Grund allen *sittlichen* Kennens, Wollens und Könnens das Sein in der Liebe erkannt hat, eine Weisheit, um die das Christentum immer gewusst hat, die aber aus dem abendländischen Denken verloren zu gehen drohte, da der Mensch immer ausschließlicher als das aus all seinen Seinsbezügen herausgelöste, autonome Individuum betrachtet wurde, und damit das *sittliche* Phänomen immer mehr objektiv als abstraktes »*moralisches* Gesetz«, als unpersönlicher »kategorischer Imperativ«, subjektiv aber als »*moralische* Anlage« betrachtet werden musste" (ebd., 103 – Hervorh. T.M.). Aus gegebenem Anlass muss hier angemerkt werden, dass auch KANT die (pädagogische) Liebe im Bereich der Ethik, d.h. ausschließlich des Wollens und nicht in dem des Denkens behandelt. „Denn Liebe als Neigung kann nicht geboten werden, aber Wohltun aus Pflicht, selbst, wenn dazu gleich gar keine Neigung treibt, ja gar natürliche und unbezwingliche Abneigung widersteht, ist praktische und nicht pathologische Liebe, [...] jene allein kann geboten werden" (KANT GMS, BA 14).
Neben BALLAUFF muss in diesem Kontext auch auf die problemgeschichtliche Analyse Rudolf HÜLSHOFFs zur pädagogischen Du-Beziehung bei PESTALOZZI und den dort verorteten Liebesbegriff hingewiesen werden (vgl. 1959, v.a.109ff). „Die Vollkommenheit der Du-Beziehung kann nur angestrebt werden, wenn das Band zum Du eine religiös motivierte Liebe ist" (ebd., 115). In der Durchsicht der Werke PESTALOZZIs kommt auch HÜLSHOFF zu dem Ergebnis, dass der „Gedanke der Religion" aus Sicht der Pädagogik „nicht vom Gedanken der Bildung zu trennen" ist (ebd., 117).

nichts sexuell Körperliches hat im Bereich pädagogischer Relationalität statt. Das pädagogische Verhältnis von Lehrer und Schüler, von Erzieher und Zögling ist ein mittelbares, vermittelt über die Idee der Bildung. Diese eigenartige und einzigartige Verbindung heißt pädagogische Liebe.

Bildsamkeit und Bindungsfähigkeit gehen im Prinzip der Liebe in einer maßgebenden, wenn man so will: übergeordneten Einheit auf. Bildsamkeit wird dadurch nicht bloß Möglichkeit, sondern vielmehr unbedingte Forderung nach pädagogischem Handeln, gemeinschaftliches Streben nach jener Idee, die sich durch beiderseitige Sinnstiftung konstituiert. Dieses Band ist nicht etwa das Resultat eines (natur-)rechtlichen Anspruchs seitens des Schülers bzw. Zöglings. Sobald in der Relation von Ich und Du Rechtsansprüche geltend gemacht werden, sobald pädagogische Hilfe beansprucht, eingefordert oder gar verlangt wird, befindet man sich nicht mehr im Bereich des Pädagogischen. In gemeinsamer Bindung und Gebundenheit an die eine Idee der Bildung ist pädagogische Führung vielmehr als Geschenk des Lehrers bzw. Erziehers an den Schüler bzw. Zögling zu verstehen. Liebe im gemeinten Verständnis ist stets als Gabe zu interpretieren, als Gabe an das Du, um sich selbst zur Aufgabe zu machen, sich in Aufgabenhaftigkeit zu bilden. Mit den Worten HEIDEGGERS könnte man die pädagogische Liebe daher als „vorspringend-befreiende Fürsorge" bezeichnen[167].

Wo Recht eingefordert wird, dort handelt man aus Pflicht; wo allerdings Liebe zuteil wird, dort erst kommt ein interpersonales Verhältnis zustande, das sich von aller Pflichterfüllung, von aller Zweckmäßigkeit und von jedem Rechtsanspruch frei machen kann, um als Gabe allein den Gegenüber so zu führen, dass er sich selbst bilden bzw. binden lernt, dass sich dieser selbst zur Aufgabe macht. Kein Mensch hat pädagogische Führung verdient, weil sich diese nicht in einer Wertigkeitsrelation verstehen lässt, ohne sich zu prostituieren. Wenn Bildung keinen Wert hat, sondern Wert ist, dann kann die Führung zur Bildung selbst auch nicht werthaft bestimmt sein. Liebe kennt keine Wertigkeit oder Gesetze, sondern allein Menschen. Wenn Bildung nicht (bloß) auf die gesellschaftliche, politische oder wirtschaftliche Abrichtung, sondern auf die Sinnstiftung des Menschen gerichtet ist, dann kann pädagogische Führung nur als Gabe verstanden werden. Allein das Prin-

---

[167] Unter dieser versteht er „die Möglichkeit einer Fürsorge, die für den Anderen nicht so sehr einspringt, als daß sie ihm in seinem existenziellen Seinkönnen *vorausspringt*, nicht um ihm die »Sorge« abzunehmen, sondern erst eigentlich als solche zurückzugeben. Diese Fürsorge, die wesentlich die eigentliche Sorge – das heißt die Existenz des Anderen betrifft und nicht ein *Was*, das er besorgt, verhilft dem Anderen dazu, *in* seiner Sorge sich durchsichtig und *für* sie *frei* zu werden. [...] Diese *eigentliche* Verbundenheit ermöglicht erst die rechte Sachlichkeit, die den Anderen in seiner Freiheit für ihn selbst freigibt" (HEIDEGGER 1977, 163).

zip der Liebe weist diesen Charakter der Zweckfreiheit auf, indem sie sich als Geschenk gibt, ohne dafür etwas zu verlangen, ohne selbst diesen oder jenen Wert zu besitzen, ohne ein Recht zu sein, auf das man Anspruch hätte. Damit wird pädagogisches Handeln zwar nicht zur Gnade (vgl. KLEPPER 2003), jedoch auch nicht gnadenlos (vgl. PRANGE 1996, 313ff). Letztlich verbirgt sich hinter der Maßgabe der Liebe jene Forderung an den Lehrer bzw. Erzieher, die ihm von keinem Du diktiert werden kann, weil in ihr ein unbedingtes Sollen zum Ausdruck kommt, das allein in bindender, d.h. tätlicher Anerkennung erfüllt werden kann. Hierin ist der religiöse Kern aller pädagogischen Relationsbestimmung gegründet.

Wer pädagogisch tätig werden will, der muss sich binden, sich bereits gebunden haben, an jene Idee, an welcher der Schüler bzw. Zögling gleichsam partizipieren soll. Auch wenn der Begriff der Teilhabe, der *participatio*, bereits in anderem Kontext aufgeworfen wurde, so hat er auch in der pädagogischen Relationalität seine zentrale Stelle im System des Pädagogischen. Ich und Du sind als Teilhaber (an der Idee der Bildung) zu verstehen. Im interpersonalen Verhältnis sind sie über die Teilhabe an der Idee miteinander verbunden, ohne in einer Abhängigkeit zu stehen. Eben dieses Bild der *participatio* zeigt die pädagogische Liebe in ihrer vollen Bedeutung, als Verbundenheit aus gemeinsamer Bindung und Gebundenheit. Daher ist die Liebe jenes mittelbare wie zugleich vermittelnde Band zwischen Ich und Du, welches ihr Verhältnis stiftet, ohne den je anderen als Mittel anzusehen. Es ist jenes Band, das einen wahren Dialog und echte Erziehung erst möglich macht, indem sich Ich und Du voneinander unabhängig halten können, sofern sie sich an die Idee binden bzw. sich daran gebunden zeigen. Damit bedeutet Liebe „Ausdruck des Respekts vor dem Du, seinem Subjektsein, vor seiner unverlierbaren Würde, die sich in der Wahrheitsbindung begründet und dokumentiert". Und Pädagogische Haltung ist dann „Ausdruck jener Liebe, in der ich mit dem anderen in der Wahrheitsbindung verbunden bin, in dieser Wahrheitsbindung verbunden bleibe" (HEITGER 2004, 86). Liebe konstituiert das Menschsein.

Ich und Du als Teilhaber halten sich in ihrer Bindung unabhängig. Das Ich versteht das Du nicht als Behälter, den es zu füllen gilt, nicht als Maschine, die man steuern oder gar programmieren muss. Wer steuert – ganz gleich, ob sich selbst oder andere –, der befindet sich im Bereich des Mechanischen und degradiert damit sich und andere zwangsläufig zur Maschine. Er sieht nur irgendwelche Mittel, um seine Zwecke zu erreichen. Wenn es die Pädagogik jedoch weniger mit Maschinen als vielmehr und ausschließlich mit Menschen zu tun hat, dann kann es nur um Sinnstiftung gehen. Unter der Maßgabe der Liebe hat das Ich das Du jederzeit als möglichen Sinnstifter zu sehen und zu führen. Jede Machbarkeitsvorstellung, jeder

Technologismus kann dort nur scheitern, wo es um Sinn und Sinnhaftigkeit geht. Insofern sich die Stiftung von Sinn jeder Zwecksetzung dadurch entzieht, dass mit ihr das Zeitliche überwunden wird, um für Unendlichkeit ‚zu sein', kommt jeder Steuerungs-, Instrumentalisierungs- und Technologisierungsversuch im pädagogischen Verhältnis einer Pervertierung gleich. Wo der Schüler bzw. Zögling lernen soll, sich selbst zu bestimmen, dort kann nicht für ihn bestimmt werden. Wo gelernt werden soll, sich selbst zu binden, dort sollte dies nicht durch Fremdbestimmung unterbunden werden. Liebe fordert vielmehr die Selbstbildung bzw. -bindung, ohne beherrschend, d.h. pathologisch zu sein.

Der Lehrer bzw. Erzieher, indem er seine Führung gibt, gibt auf, dass der Schüler bzw. Zögling lernt, sich an die Idee der Bildung zu binden. Liebe in diesem Verständnis will im eigentlichen Sinne die Auseinandersetzung des anderen und sich in Ansehung der jeweiligen Aufgabe. Es geht ihm im liebevollen Umgang nicht um die Durchsetzung von Macht, sondern um Teilhabe. Sein Interesse am anderen ist eines ohne Interesse, d.h. ein „interessenloses Interesse" (REKUS). Darin kommt seine Haltung als pädagogischer Führer zum Ausdruck. Im Ausdruck des „interessenlosen Interesses" dokumentiert sich die prinzipielle Absage an alle Normierungs- und Verzweckungstendenzen. Das Interesse, welches pädagogisches Handeln verfolgt, ist eines, das den anderen allein in seiner Selbstzweckhaftigkeit anerkennt. Der pädagogisch Handelnde ist interessiert an der Kultivierung des Menschentums im Menschen, ohne vorab schon bestimmen zu wollen, wie sich der Schüler bzw. Zögling darin selbst bestimmt. Der einzige Zweck, den er (vor-) bestimmt, ist der Selbstzweck seines Gegenüber. Das „interessenlose Interesse" steht in Kontrast zu den Allmachtsphantasien und Machbarkeitsvorstellungen. Es bedeutet Engagement bei gleichzeitiger Unbestimmtheit, Nähe bei gleichzeitiger Distanz, Führung bei gleichzeitiger Selbstüberantwortung.

Im pädagogischen Verhältnis kann es niemals um persönliche Eitelkeiten, um Rechthaberei oder Egoismen gehen. „Ohne diese Liebe verliert Erziehung ihr Ethos, wird Ausdruck des eigenen Egoismus, dem es nicht mehr um das ‚Selbst-Sein' des anderen geht, sondern um die Demonstration der eigenen Überlegenheit, um die Durchsetzung der eigenen Wunschvorstellungen nach einem Programm, das ich für den anderen in der Hybris des – wenn auch häufig kaum bewussten – Machtwillens entworfen habe" (HEITGER 2004, 87). Liebe ist vielmehr jener Ausdruck des Ich, das Du in seinem Anderssein ausdrücklich anzuerkennen, ihn bei seiner Bildung bzw. Sinnstiftung zu führen, zu begleiten, zu beraten; ihn als Zweck an sich selbst anzuerkennen und zu achten, ihn als Teilhaber an der gleichen Idee als diesen zu behandeln und sich mit ihm auseinanderzusetzen.

Liebe, die nicht ein Gefühl der Sympathie oder Neigung, die nicht Triebkraft oder Begierde ist, diese achtet den Gegenüber als Teilhaber, in der Gemeinsamkeit der Bindung und Gebundenheit – sie achtet v.a. *jeden* in diesem Sinne: auch den scheinbar Uneinsichtigen und Aufmüpfigen, den Erfolglosen wie den vermeintlichen Versager. Liebe ist „Ausdruck jenes mitmenschlichen Engagements, das in der Partizipation am Logos dem Menschen hilft, sein Menschsein zu verwirklichen" (HEITGER 2004, 87). Als Ausdruck pädagogischer Führung achtet sie die jeweilige Individuallage im Hinblick auf die Idee der Bildung, um somit jeden individuell als Teilhaber an dieser Idee führen zu können. Zwar geht auch mit der Liebe das Prinzip der Gleichheit einher, doch nicht die Gleichmacherei. Sie steht unter dem Wahlspruch *„suum cuique"*, indem sie dazu auffordert, die Einzigartigkeit des Ich sowie die Einmaligkeit der Handlungssituation zu achten und unter die Idee der Bildung zu stellen. Liebe setzt im Gegensatz zur Gerechtigkeit nicht Gleichheit voraus, sondern Liebe konstituiert erst Gleichheit in der gemeinsamen Verbundenheit unter der Idee. Unter ihrer Herrschaft, d.h. in der Bindung an die Idee der Bildung, stehen sich Ich und Du erst als gleiche bzw. gleichberechtigte Dialogpartner gegenüber. So sind sie frei von gegenseitiger Inanspruchnahme, frei von jeweiligen Verfügungsansprüchen.

Liebe als Haltung achtet daher den sogenannten Hochbegabten ebenso wie den sogenannten Lernschwachen, sie achtet sie in ihrer prinzipiellen Gleichheit als Teilhaber, ohne dabei blind gegenüber der konkreten Individuallage zu sein. Liebe als pädagogische Maßgabe ist nicht blind gegenüber der Individuallage, sondern explizit darauf gerichtet. PESTALOZZI spricht daher oftmals von einer „sehenden Liebe". Zwar ist sie blind gegenüber aller Konstitution und Konfession, gegenüber Alter und Geschlecht, doch ist sie sehend gegenüber dem konkreten Menschen, dem sie sich gibt, damit sich dieser selbst zur Aufgabe machen kann. Nur in diesem Sinne kann man sagen, die Liebe gilt über alle Iche für alle Ichhaftigkeit, über alle Zeiten für alles Zeitliche. Dies besagt aber nur bzw. gerade, dass kein Mensch aus dem Kreis der Teilhaber ausgeschlossen werden darf, wenn Liebe als unbedingte Forderung an den Lehrer bzw. Erzieher ergeht, als Sollen, Führung zu gewähren, zu schenken, zu geben. „Liebe läßt allein den anderen als individuelles Du sehen. Sie zeigt mir nicht meine Person im Horizont aller Menschen [...], sondern sie stellt mich dem anderen in seiner Einzigkeit und Einmaligkeit gegenüber und läßt mich mein eigenes Sein im Mühen um das Sein des anderen finden. Es geht ihr daher um den Nächsten. Es geht ihr aber nicht um ihn als Person, gemäß deren Freiheit ich mich selbst zu vollziehen habe, auch nicht um den anderen als einen Wert, den es zu wahren und zu verwirklichen gilt, sondern um ihn als Menschen, den es in der

Fülle seiner Bezüge freizumachen gilt" (BALLAUFF 1957, 111). Und dennoch kann sich in der Liebe keine altruistische Tendenz breit machen, die bloß auf den Nächsten, um seiner selbst und Menschwerdung willen, gerichtet ist. Als Maß dient ihr allein die Idee der Bildung. Unter dieser Maßgabe wird sie zum einigenden Band zwischen den Teilhabern, nur in diesem Sinne kann sie gegeben werden, damit der andere lerne, sich selbst aufzugeben. Wenn mit dem Terminus „Auseinandersetzung" in diesem Kontext zum Wohle sachlicher und sittlicher Autonomie, d.h. Machtfreiheit, ernst gemacht werden soll, dann kann sich pädagogische Liebe nicht ‚bloß' auf den Nächsten richten, weil er mein Nächster ist. Denn die „ganze Sphäre der erstrebbaren Sachverhaltswerte wird im Altruismus verschoben vom Bezugszentrum des eigenen auf das fremde Ich. Es ist die Aufhebung der den Habitus des Egoisten bestimmenden Fürsichseins-Tendenz des eigenen Ich in ein Sein für den Anderen" (HARTMANN 1949, 450). Im Prozess der Bildung geht es jedoch – wenn Bildung möglich sein soll – nicht darum, sich zugunsten des Anderen zurückzunehmen, sondern ihn auf den Weg des Strebens, d.h. der Bildung ‚mitzunehmen'. Es gilt, ihn an der Bildungsgemeinschaft partizipieren zu lehren, zur Partizipation zu führen. Der Lehrer bzw. Erzieher handelt in diesem Verständnis nicht für den Schüler bzw. Zögling, sondern für die Idee. Diese *participatio* bindet Ich und Du im Bereich des Pädagogischen. Dieser Teilhabe-Gedanke kann als das religiöse Moment aller Bildung angesehen werden: die Verbundenheit von Ich und Du unter der Herrschaft der Idee der Bildung. Allein in solcher Ver- und Gebundenheit sind Geltungsansprüche möglich, sind Rechts- und Machtansprüche, sind sonstige Interessen und Absichten unzulässig. Liebe als maßgebende Forderung verbürgt die Möglichkeit der Auseinander-Setzung, des Anders-Seins, des Sich-frei-Haltens. Durch sie wird pädagogisches Handeln zu einem sinnvollen Geschäft, zu einem Geschäft voll des Sinnes.

Wenn die Liebe den anderen in seiner Einzigartigkeit, in seinem Anders-Sein sieht, wenn sie in ihm das Ich als Sinnträger achtet, dann verbieten sich – ganz gleich ob im institutionellen oder informellen Bildungsrahmen – alle Herabwürdigungen des Zu-Unterrichtenden bzw. Zu-Erziehenden auf einen numerischen Faktor, auf eine Zahl[168]. Mit der Liebe ist das Ich als Erlebniszentrum, als Sinnstifter,

---

[168] Es sei nur nebenbei bemerkt, dass eine Verobjektivierung des Subjekts nicht bloß gegen ethische Konventionen verstößt. Wenn das, was zum Objekt gemacht wird, selbst als die Bedingung des Objektivierens verstanden werden muss, dann geht es bei dieser Frage auch um methodische Exaktheit. Die gleiche Unternehmung unter umgekehrten Vorzeichen, d.h. dann die Subjektivierung eines Objekts, kann dies veranschaulichen: Man wird wohl kaum auf die Idee kommen, das axiomatisch festgelegte Seelenleben einer Pflanze tiefenpsychologisch zu erfassen versuchen. Nennenswert zu diesem Thema erscheint die unveröffentlichte Vorle-

als bindungsfähiges Wesen konstituiert. Sie sieht im Ich die Bedingung der Möglichkeit numerischer Faktorisierung, sie sieht in ihm das Moment, das selbst der Unendlichkeit der Zahlenreihe korreliert. Sie sieht das Ich nicht werthaft bestimmt, sondern in seiner und durch seine Werthaftigkeit ausgezeichnet; man kann auch sagen, in seiner und durch seine „Persönlichkeit" bestimmt. In der tätlichen Anerkennung dieser pädagogischen Forderung hat der Begriff der „Persönlichkeit" seinen logischen Ursprung[169]. „Liebe ist der Komplementärwert zur Persönlichkeit, die Sinngebung ihres Seins. Sie gibt ihr das, was die Persönlichkeit sich selbst nicht geben kann; ist ihr Spiegel, den sie sich selbst nicht vorhalten kann. [...] Liebe ist das Wertbewusstsein der Persönlichkeit" (HARTMANN 1949, 533). Die Tatsache einer Numerisierung und der Personbegriff widerstreiten sich nicht nur, sie stehen sich vielmehr antithetisch gegenüber. Wo das Ich zur Zahl wird, dort befindet man sich nicht mehr im Bereich der Pädagogik, weder der wissenschaftlichen noch der sogenannten praktischen. Erst wo dem Menschen als Person begegnet und entsprochen wird, ist der exakte Rahmen des pädagogischen Feldes gewahrt.

Wo nicht das Prinzip der Liebe die Relation von Ich und Du beherrscht, dort wurde nicht, wird nicht und wird nicht unterrichtet und erzogen werden. Denn wo keine Liebe herrscht, dort sind Ich und Du nicht durch die Idee der Bildung, sondern durch andersgeartete Interessen und Ansprüche, Zweckbestimmungen und Neigungen miteinander verbunden. In ihr ist die *conditio per quam* aller pädagogischen Intentionen grundgelegt und begründet. Als Einheit von Bildung und Religion schafft sie die Grundlage einer Verhältnisbestimmung von Ich und Du, welche das Prädikat des Pädagogischen nicht verdient, sondern erst begründet. In ihr zeigt sich die Möglichkeit interpersonaler Führung durch Bildung und Bindung. Die Bindung als Teilhabe garantiert die Führung des Du, indem sie es freigibt, zur Auseinander-Setzung auffordert und ein Verhältnis schafft, das der Freiheit und Selbstbestimmung – im Sinne voraussetzungshafter Maßgabe – Vorschub leistet. In ihr ist die Relation von Ich und Du dergestalt grundgelegt, dass Führung zur Bildung in freiheitlicher Bindung als *participatio* möglich wird.

Liebe als das Bildung und Religion einigende Konstituens begründet ein Verhältnis von Ich und Du, das man dialogisch nennen *muss*. Im Dialog wird jener Forderung Rechnung getragen, den anderen zugleich in seinem Personsein anzuer-

---

sung zur *Methodenlehre* Alfred PETZELTs, welche er während seiner Leipziger Lehrtätigkeit mehrmals abhielt und welche von seinen Schülern als Abschrift im wissenschaftlichen Nachlass der Universität Karlsruhe (unter der Leitung von Jürgen REKUS) aufbewahrt wird.

[169] SEICHTER spricht sogar von dem „*Ternar* Liebe-Erkenntnis-Person" (2007, 54 – Hervorh. T.M.).

kennen, ihn an der Auseinandersetzung in gleicher ‚Wertigkeit', nämlich als Wert an sich selbst, teilhaben zu lassen. Allein in der dialogischen *participatio* an der Idee der Bildung hat das Du die Möglichkeit, sich zum Werk seiner selbst zu machen, sich selbst zu bestimmen, in eigener Bildung allgemeingültige Verbindlichkeit zu erlangen. Der andere bleibt sich selbst Aufgabe. Seiner Verantwortung obliegt es, die Gabe pädagogischer Führung in freiheitlicher Bindung anzunehmen oder zu verwerfen. Persönliche Eitelkeiten, despotische Indienstnahme, willkürliche Dressur zählen nichts. Beide, Ich und Du, binden sich an jene unbedingt vorausgesetzte Maßgabe, welche ihr Verhältnis aus pädaogigscher Perspektive grundlegend bestimmt, welche keine präfigurierte Hierarchie zulässt, welche die Neigung und Beliebigkeit über die Idee und damit die Bildung des Du stellt. Mit der Konstituierung des Dialogs durch das Prinzip der Liebe rücken näherhin die beiden Maßgaben in den Fokus der Betrachtung, die sich in der Idee der Bildung unterscheiden lassen: die Prinzipien der Wahrheit und Gutheit. Wenn die Liebe als logischer Ursprung der pädagogischen Du-Beziehung verstanden werden muss, so fragt sich, nach welchen Maßgaben der Bildungsprozess in Einheit mit der Religion in der Zeit vollzogen zu werden verlangt. Erläutert werden daher im Folgenden die jeweilige Maßgabe des Unterrichts und der Erziehung, die als pädagogische Maßgaben – um pädagogische Maßgaben zu sein – in Einheit mit der Religion zu verstehen sind.

3.2 Prinzip der Wahrheit

Seit geraumer Zeit wird in der wissenschaftlichen Pädagogik der „Abschied vom Absoluten" (PÖRKSEN 2001) skandiert. Der Terminus ‚Wahrheit', dessen ideengeschichtlicher Zusammenhang, der damit einhergehende unbedingte (Geltungs-) Anspruch und die damit verbundenen religiösen Implikationen, scheinen im Zeitalter des postmodernen Pluralismus – in dem endlich Schluss sein soll mit den „großen Erzählungen" solcher absoluten Begrifflichkeiten (vgl. LYOTARD 1986, 14)[170] – ausgedient zu haben. Jegliche „Einheitsform" wird zum „Streitpunkt" (WELSCH 1991, 270ff). Wahrheit wird in der Pädagogik heute – namentlich vom Radikalen Konstruktivismus[171] und dessen Nestor Ernst von GLASERSFELD – vom

---

[170] Den „traditionellen" Theorien wird das Gefahrpotenzial zugesprochen, als ein „einfaches Werkzeug der Leistungsoptimierung einverleibt zu werden", weil ihr „Verlangen nach einer einheitlichen und totalisierenden Wahrheit der einheitlichen und totalisierenden Praxis der Systemverwalter entspricht" (LYOTARD 1986, 47). Es wäre wünschenswert und sicherlich erhellend, inwiefern sich der Wahrheitsbegriff und v.a. der damit explizit zusammenhängende Begriff des Wissens bei LYOTARD überhaupt mit einer pädagogischen Theorie vereinbaren lässt, gerade weil LYOTARD explizit auf den pädagogischen Anspruch seiner Gedanken verweist. Während Wissen in der Pädagogik in einem ichbestimmten und ichbestimmenden, d.h. Possessiv-Verhältnis zum Ich gedacht werden muss, verstehen LYOTARD und seine Epigonen darunter einen ichlosen, objektiven Warenwert, der „im weltweiten Konkurrenzkampf um die Macht" (1986, 26) als eine wirkungsmächtige Waffe dient. Aus ersichtlichen Gründen muss eine nähere Beschäftigung bzw. Auseinandersetzung mit dieser Thematik hier ausbleiben – auch wenn dies sicherlich aufschlussreiche Einsichten für den hiesigen Zusammenhang brächte.

[171] Eine ausführliche und dezidierte Kritik der Konzeption des Radikalen Konstruktivismus findet sich bei NÜSE et al. (1991). Die Autoren legen in ihrer umfangreichen Kritik „aus psychologischer Sicht" etliche Fehlschlüsse, Antinomien und fundamentale Probleme dar, die den Radikalen Konstruktivismus in kein gutes Licht stellen. Sie fragen sogar, ob „Widersprüchlichkeit als Grundstruktur" radikal-konstruktivistischer Gedanken angenommen werden muss. Dabei stellen sie eine quasi-strategische Grundstruktur der Argumentationsmuster Radikaler Konstruktivisten heraus, welche zu einem „Gedankenknoten" führt: „Der Radikale Konstruktivismus postuliert, daß X aus seinen Grundannahmen folgt; dies widerspricht jedoch seiner Annahme Y. Gleichzeitig unterstellt er implizit aber auch nicht-X und wendet X nur auf bestimmte Gegenstandsbereiche an. Der Nachweis, daß X gar nicht aus den Grundannahmen des Radikalen Konstruktivismus folgt, scheint daher sowohl für als auch gegen den Radikalen Konstruktivismus zu sprechen, verdeutlicht aber letztlich nur die Verwobenheit von Widersprüchlichkeit und falscher Selbstsicht" (NÜSE et al. 1991, 271). Sie fügen dieser formalen Analyse ein Beispiel an, welches auch sehr treffend in den Kontext dieser Arbeit passt: „Der Radikale Konstruktivismus vertritt [...] die Ansicht, daß ihn seine Grundannahmen zur Ablehnung des Wahrheitskriteriums und zur Etablierung des Nützlichkeitskriteriums zwingen. Allerdings unterstellt er oft selbst die Wahrheit (und eben nicht die Nützlichkeit) seiner Thesen [...] und weist außerdem nicht in ausreichender Weise Nützlichkeit auf [...], was schlußendlich sogar dazu führt, daß er selbstwiderlegend wird" (ebd.).

Programm oder vielmehr Paradigma der sogenannten „Viabilität" abgelöst. Diese Absage an den Wahrheitsbegriff, verstanden als der Abschied vom Absoluten, steht demnach in einem unmittelbaren Zusammenhang zu dem gegenwärtigen „nachmetaphysischen Denken" (HABERMAS) und wäre zugleich der Abschied einer in einem Prinzip vereinheitlichten Zusammenhangsbestimmtheit von Bildung und Religion, wie ihn z.b. der ‚bekennende' Konstruktivist Kersten REICH vertritt (vgl. 2006a, 163ff).

Wenn man nach den Maßgaben pädagogischen Handelns fragt, verhält es sich wie bei allem Fragen: man möchte zu (allgemein-)gültigen Antworten gelangen. Auch Radikale Konstruktivisten konstatieren: „[P]rinzipiell ist eine Theorie viabel, wenn sie das vorliegende Problem löst" (GLASERSFELD in PÖRKSEN 2001, 55)[172]. Der Begriff ‚Lösung' bezeichnet im herkömmlichen Verständnis den Weg, eine Fragestellung gültig zu beantworten – doch das ist nicht gemeint. Unter der „Viabilität" versteht GLASERSFELD vielmehr jene Lösungsvariante, die nicht – v.a. im korrespondenztheoretischen Wahrheitsverständnis – allgemein gilt, sondern die sich durch ihre „Brauchbarkeit" (ebd., 52) auszeichnet. „Den Begriff der Viabilität, der zu jenem der Anpassung in einer engen Beziehung steht, habe ich aus der Evolutionstheorie übernommen; er dient dazu, im Bereich der Erfahrungswelt den klassischen philosophischen Wahrheitsbegriff zu ersetzen, der eine exakte Abbildung der Realität annimmt. Ein Organismus ist dann, so möchte ich definieren, viabel, wenn es ihm gelingt, unter den gegenwärtigen Umständen zu überleben. Und brauchbar oder viabel nenne ich Handlungs- und Denkweisen, die an allen Hindernissen vorbei zum gewünschten Ziel führen" (ebd. 53f)[173]. Mit dem Termi-

---

Aus pädagogischer Perspektive schreibt Ludwig PONGRATZ eine – stark an NÜSE et al. angelehnte – Kritik zum Radikalen Konstruktivismus. Auch er versucht, die vielen „Ungereimtheiten und logischen Inkonsistenzen" (2004, 44) aufzuzeigen, die letztlich in einer klaren Absage an den Radikalen Konstruktivismus als ernstzunehmender pädagogisch-wissenschaftlicher Position münden.

[172] Da es sich bei diesem Text um die Abschrift eines Interviews handelt und nur die Antworten von GLASERSFELD zitiert werden, wird dieser Text weiterhin wie folgt angegeben: GLASERSFELD 2001.

[173] In diesem Kontext liefert er folgendes Beispiel eines Blindfluges: „Da sitzt der Pilot in seiner Kabine, er hat keinen Zugang zur Außenwelt und reagiert lediglich auf das, was seine Instrumente anzeigen. Aber er fliegt, und es gelingt ihm, glücklich zu landen, obwohl draußen vielleicht gerade ein furchtbarer Sturm tobt. Was er von diesem Sturm mitbekommt, ist allerdings nur das gelegentliche Abweichen des Flugzeugs vom Kurs, das er sofort korrigiert. Er bemerkt Perturbationen und reagiert entsprechend. Von der eigentlichen Ursache, dem Sturm, hat er keine Ahnung. Aber es gelingt ihm, sicher zu landen und sein Ziel zu erreichen. Er ist durchgekommen, das lässt sich feststellen. Diese Situation des Blindflugs, behaupte ich, entspricht genau unserem Verhältnis zur Realität: Was außerhalb unserer Erfahrungswelt liegt, können wir nie sagen" (GLASERSFELD 2001, 51f).

nus der Viabilität versuchen Radikale Konstruktivisten demnach ein epistemologisches Kriterium zu etablieren, das den überholten Wahrheitsbegriff verdrängen soll. Die Vorstellung, man könne objektive Aussagen über die Realität machen, wird konsequent verneint und als Glaube ausgewiesen. „Glauben, daß Wissen, was immer es ist, gewisse Dinge von selbst aus der Realität übernimmt, das kann ich nur, wenn ich Mystiker bin" (GLASERSFELD 1996a, 325). Wissen ist demnach subjektive Konstruktion als Modell der Wirklichkeit, das für brauchbare und erfolgreiche Handlungsweisen dienstbar gemacht werden kann. Es zeigt sich dadurch, dass der Lernende einen „gangbaren Weg gefunden hat und eben nicht scheitert" (GLASERSFELD 2001, 51).

Es muss ergänzt werden, dass die Viabilität nicht als Maßgabe einer Ethik, sondern nur als logische Maßgabe herangezogen wird, da sie ein „subjektives Moment" enthält, ein „persönliches Urteil" verlangt und daher nicht die für alle notwendigen und verbindlichen „Setzungen" einer Ethik ersetzen kann (GLASERSFELD 2001, 53).

Im Hinblick auf den Unterricht (Radikale Konstruktivisten sprechen vornehmlich von „Erziehung", wobei Unterricht gemeint ist) ergeben sich für den Radikalen Konstruktivismus auf Grundlage dieses Nützlichkeitskriteriums die gleichen Ziele, wie sie auch von der traditionellen Bildungsphilosophie bzw. Pädagogik propagiert wurden: die Schüler sollen „befähigt werden, selbständig und widerspruchsfrei zu denken" (GLASERSFELD 1996, 284). Er „akzeptiert aber nicht die übliche Rechtfertigung des Wissens", sofern immer schon vorausgesetzt wird, es handle sich dabei um „wertfreie, objektive Erkenntnis". „Für Konstruktivisten gibt es nichts dieser Art, denn sie betrachten alles Wissen als instrumental" (ebd.), d.h. an subjektive Zwecksetzungen gebunden. Die „Gangbarkeit" bzw. „Viabilität" bleibt maßgebende Voraussetzung.

Problematisch ist das Kriterium bzw. die Maßgabe der Viabilität hinsichtlich des dahintersteckenden Nützlichkeits- oder Brauchbarkeitsanspruchs[174]. Damit gehen

---

Mit diesem Exemplum illustriert GLASERSFELD im Prinzip die Grundzüge radikal-konstruktivistischer Epistemologie bzw. vielmehr Wahrnehmungstheorie. Objektivität wird nicht nur völlig in Frage gestellt, sondern gar negiert. Das Ich wird betrachtet als geschlossenes System, das keinerlei Zugang zur Außenwelt, d.h. zur Realität bzw. Wirklichkeit – auch nicht zum Du – hat. Es muss sich daher alles selbst konstruieren. Der erste Kritikpunkt, den NÜSE et al. in diesem Zusammenhang anbringen, lautet folgerichtig: „Wenn man keinen Zugang zur Umgebung hat, dann kann man auch nicht feststellen, dass man ihn nicht hat" (1991, 135).

[174] Eine so genannte „Nützlichkeit als »Wahrheit«" und die Forderung „Nutzen vor Wahrheit" findet sich – wider Erwarten – auch bei Wolfgang BREZINKA (vgl. 1992). Auch er plädiert in ‚praktischen Fragen' bezüglich der Beförderung der Lebenstüchtigkeit heranwachsender Menschen, und das beudeutet bei ihm, in Fragen der „Glaubensüberzeugung, für eine Ablösung

stets die Fragen einher, für *wen* und *wozu* dieses oder jenes konstruierte Wissen brauchbar ist? Der Verdacht liegt nicht nur nahe, sondern wird unter Hinweis auf den instrumentellen Charakter sogar bestätigt, dass Wissen unterschwellig nicht bloß völlig geltungsfrei, sondern daraus resultierend, als willkürliches Herrschaftsinstrument missbraucht werden könnte, wie es sich bspw. bei FOUCAULT darstellt (vgl. 1976). Wenn die Eigenschaft des Wissens als Ichverhalt und Sachverhalt zugunsten je einer Seite gespalten wird, dann verkommt es entweder zum frei verfügbaren Despotengut oder zum ichfremden Warengut. Im Rekurs auf das Kriterium der Viabilität lässt sich diese Frage, *wem* Wissen denn nun brauchbar sein soll, nicht mehr einholen bzw. beantworten. Bei der Antwort könnte man allenfalls wieder die Viabilität in Anschlag bringen und somit der Beliebigkeit und Willkür Tür und Tor öffnen. Die Frage lautete dann, für wen dieser Zustand letztlich viabel ist? Gleichsam ist auch die Frage, *wozu* das Wissen brauchbar sein soll, ebendieser Problematik verhaftet. Wissen verkommt zum bloßen Mittel für unbestimmte, schlimmstenfalls fremdbestimmte Zwecke. Wenn GLASERSFELD diejenigen Handlungs- und Denkweisen viabel nennt, „die an allen Hindernissen vorbei zum gewünschten Ziel führen", welches „von den eigenen Werten abhängig" ist, somit „ein subjektives Moment" enthält (2001, 53), dann läuft er Gefahr, einem naiven Fatalismus das Wort zu reden, der durch eine unausgesprochene Teleologie geprägt, das Ziel bewusst offen lässt. So ist dem einen die Kenntnis über die chemische Zusammensetzung von Glycerintrinitrat brauchbar, um eine Bombe zu bauen, dem anderen, um bei der nächsten Klausur eine gute Note zu erlangen. Beide Handlungsalternativen können je und je viabel sein, v.a. wenn unter Viabilität stets die Effektivität der durch das Wissen geleiteten Handlung gemeint ist. Man fühlt sich an das Programm einer der berühmtesten Romanfiguren Astrid LINDGRENs erinnert, welche diese sagen lässt: „Ich mache mir die Welt, widdewidde wie sie mir gefällt!" Es geht um Gefallen bzw. Wollen. Viabilität ist nicht auf das Sein, sondern auf das Sein-Sollen gerichtet. Und genau hier setzt die Kritik an. Wie der Radikale Konstruktivismus selbst konstatiert, kann nach Maßgabe der Viabilität keine Ethik begründet werden, wohingegen nach dem Kriterium der Brauchbarkeit stets ethische Implikationen verbunden sind. Bei genauerer Betrachtung handelt es sich jedoch weniger um ein epistemologisches als vielmehr um ein kombinatorisches, d.h. hier handlungstheoretisches, sowohl das Denken als auch das Wollen

---

des Wahrheitsbegriffes zugunsten des „Nutzwertes". „Demnach kann unter dem Gesichtspunkt des Nutzens eine Glaubensüberzeugung auch dann positiv bewertet werden, wenn sie unter dem Gesichtspunkt der logisch-empirischen Erkenntniswahrheit unbeweisbar oder falsch [sic!] ist. Bedingung für eine positive Bewertung ist, daß sie von distanzierten urteilsfähigen Beobachtern aus praktischen Gründen für notwendig gehalten wird" (ebd., 62).

betreffendes Kriterium. Wenn man jedoch beachtet, dass mit dem Wissen um etwas noch nichts über seine handlungstheoretische Relevanz – auch nicht über diejenige, die das Überleben eines Organismus sichert – ausgesagt werden kann, sondern dies erst in Setzungen des Wollens, d.h. im Werten synthetisiert werden muss, dann ist die Viabilität keine Voraussetzung, sondern eine Leistung. Es ist eine gebildete Handlungsleistung, welche Ergebnis, aber keine Voraussetzung von Bildung ist. Im Kriterium der Viabilität steht das Wissen unter der Perspektive wertungsbestimmter Entscheidung, insofern es letztlich effektiv, das Überleben sichernd, d.h. auf ein Sollen bezogen werden soll. Es betrifft damit weniger eine erkenntniskritische Bedingung, unter der Denken bzw. Wissen möglich ist, sondern vielmehr jene Perspektive, welche zeitlich dem Wissen folgt. In diesem Verständnis ist die Forderung, den Wahrheitsbegriff zugunsten der Viabilität zu verwerfen, unzulässig, weil diese beiden Begriffe auf völlig unterschiedlichen Ebenen angesiedelt, somit epistemologisch inkommensurabel sind.

Da Wissen stets unter seiner Nützlichkeit, seinem instrumentellen Verwertungscharakter betrachtet wird, fällt es schwer, dies konsequent bspw. auf alle (Gegenstands-)Bereiche und (Wissens-)Dimensionen anzuwenden. Auf die Frage, welche Bedeutung der Viabilität z.B. bei der Auslegung von Gedichten zukomme, antwortet GLASERSFELD: „Das ist nun ein anderes Wissensgebiet [als empirische Beobachtungen und Experimente – T.M.]. Ich würde die an der hermeneutischen Aktivität beteiligten Personen fragen, warum sie dieses Gedicht interpretieren. Tun sie es nur zum eigenen Vergnügen, oder wollen sie doch herausfinden, was auch andere Leute in dem jeweiligen Text zu sehen vermögen? Wenn das der Fall ist, dann lässt sich weiterfragen: Ist es die eine oder die andere Interpretation, die überzeugt? Welche der beiden Theorien wird von kultivierten Lesern als die plausiblere betrachtet? – Dieses höhere Maß an Plausibilität wäre dann ein Hinweis auf eine Form von Viabilität" (2001, 54f). Anhand dieses Beispiels werden die mit dem Begriff der Viabilität auftretenden Problemaspekte offenkundig. Einerseits ist es stets die Frage nach dem „Wozu?", welche an das Wollen und nicht an das Denken gerichtet ist; andererseits zeigt sich hier die Gefahr, die geforderte Lösung an fremde Autoritäten abzugeben, statt sich denkend um eine Antwort zu bemühen. Was zeichnet einen „kultivierten Leser" aus? Woher weiß ich, wann er kultiviert ist? Wird hier nicht die Kontingenz der Erfahrung(swelt) derjenigen der Geltung vorgezogen? Wird hier nicht Mehrheit mit Wahrheit verwechselt? Ist der Wahrheitsbegriff nicht auch für den Radikalen Konstruktivismus unverzichtbar?

Auch Radikale Konstruktivisten beanspruchen für das Kriterium der Viabilität Geltung, ganz gleich, ob sie damit einverstanden sind oder nicht. Zwar behauptet

GLASERSFELD, es sei „sehr wichtig, dass man sich von Anfang an und bis zum Schluss darüber klar ist, dass auch der Konstruktivismus nur ein Modell darstellt. Ob es ein viables Modell des Denkens ist oder ob es einem als unbrauchbar erscheint – das lässt sich nicht für andere und für alle Zeiten entscheiden, das muss letzten Endes jeder für sich und jedes Individuum selbst herausfinden" (2001, 60). Viabilität wird von Radikalen Konstruktivisten oftmals als Angebot deklariert. Einerseits richten sich Angebote i.d.R. auf Nachfrage. Das Angebot verlangt sogar die Nachfrage, mit jenem taucht die Forderung nach dieser immer schon auf. Man befindet sich mit dieser Strategie jedoch nicht im Bereich des Pädagogischen, sondern des Ökonomischen. Andererseits steht auch ein Angebot, indem es nachgefragt werden soll, a priori unter einem Geltungsanspruch. Wenn keine Erkenntnis mehr Verbindlichkeit, d.h. Gültigkeit haben soll, so doch eben dieser Anspruch, dass nichts Gültigkeit haben soll. Es verhält sich analog zu dem sogenannten Lügner-Paradox, bei dem ein Kreter – man vermutet, es gehe auf Eubulides von Milet zurück – aussagt, alle Kreter seien Lügner. Die Diskursethik hat diese ‚Strategie' als „performativen Widerspruch" entlarvt. Wenn nichts (mehr) Geltung beanspruchen kann, dann auch nicht die Behauptung selbst. Der Radikale Konstruktivismus gerät an dieser entscheidenden Stelle seiner Systematik in ein argumentationslogisches Paradox, das er selbst nicht auflösen kann, ohne die Argumentation grundlegend zu kippen.

Wahrheit bzw. Geltungsansprüche liegen jeder Argumentation a priori voraus. Diese Maßgabe kann nicht geleugnet werden, weil selbst mit der Leugnung ein Geltungsanspruch gestellt wird. „Wer nämlich überhaupt an der philosophischen [und jeder ernst gemeinten – T.M.] Argumentation teilnimmt, der hat die soeben angedeuteten Voraussetzungen bereits implizit als Apriori der Argumentation anerkannt, und er kann sie nicht bestreiten, ohne sich zugleich selbst die argumentative Kompetenz streitig zu machen" (APEL 1973, 62).

Es wird näherhin deutlich, was sich in der problemgeschichtlichen Analyse der Systematik HÖNIGSWALDs zeigte. Hinter den Begriff der Wahrheit kann (logisch) nicht zurückgegangen werden, er stellt kein fragwürdiges bzw. fragbares Problem mehr dar. Sein Anspruch gilt unbedingt – ob man nun darum weiß oder nicht. Wahrheit als unbedingte Voraussetzung kann nicht bezweifelt werden, weil selbst der Zweifel – wenn er sich selbst ernst nimmt und sich nicht desavouieren will – unter Geltungsanspruch steht. Wahrheit als unbedingte Voraussetzung des Pädagogischen kann nicht gefragt werden, weil die Frage bereits immer schon (mögliche) Wahrheit voraussetzt. Wer den Wahrheitsbegriff zugunsten der Viabilität ablösen möchte, der setzt damit bereits voraus, dass Viabilität gilt, d.h. richtiger bzw. wahrer ist.

Im Prinzip der Wahrheit zeigt sich jener unbedingte, überzeitliche Anspruch, der der Pädagogik zu und für alle Zeit als Regulativ maßgebend ist und denknotwendig vorausgesetzt werden muss, wenn Wissen vermittelt werden soll. Ohne das Wahrheitsprinzip ist der Begriff des Wissens nicht möglich, diese liegt jenem zugrunde, logisch voraus, bedingt ihn. Wenn Wissen nicht mit Meinen verwechselt werden soll, dann muss Wahrheit unbedingte Voraussetzung sein. Jeder Versuch Radikaler Konstruktivisten, diese Denknotwendigkeit zu bestreiten, wäre im eigentlichen Sinne sinn*los*, bzw. den unbedingt maßgebenden Charakter der Wahrheitsidee gar bestätigend. Ganz gleich, von welchen erkenntnistheoretischen Grundlagen man ausgehen mag, ob man das Ich – wie im Falle des Radikalen Konstruktivismus – als in sich völlig abgeschottetes, von der Außenwelt isoliertes System begreift oder sonst wie konstituiert, von der ‚Herrschaft' der Wahrheit kann man sich nur lossagen, indem man schweigt und die Argumentation abbricht. Mit dieser Einsicht ist der Anspruch Radikaler Konstruktivisten auf Geltung des Brauchbarkeitskriteriums keinesfalls negiert, sondern eben nur in seine Schranken verwiesen. Auch Viabilität unterliegt dem Wahrheitsprinzip, es beansprucht Gültigkeit, die es je und je zu prüfen gilt. Viele mit dem Radikalen Konstruktivismus implizierten Forderungen für den Bereich des Pädagogischen sind durchaus berechtigt, geltungswürdig[175]. Als Maßgabe des Unterrichts, damit der Didaktik, eignet sich der

---

[175] Eine explizite bzw. detaillierte Würdigung muss an dieser Stelle ausbleiben. Verwiesen sei allerdings auf radikal-konstruktivistische Forderungen z.B. nach mehr Selbstbestimmung der Schüler im Unterricht (vgl. REICH 2006, bes. 137ff), nach mehr Veranschaulichung des Unterrichtsstoffes durch den Lehrer (GLASERSFELD 1996, 284ff), die Erinnerung an die „Notwendigkeit, sich das Denken der Schüler [bzw. die Individuallage – T.M.] zu vergegenwärtigen" (ebd., 300), oder die Forderung des Programms „Lehren statt dressieren" (ebd., 286). Eine sehr praxisnahe und schuldidaktisch ausgerichtete Übersicht findet sich bei Kersten REICH (2006).
Bei der Erläuterung der letztgenannten Forderung argumentiert GLASERSFELD mit KANT, „den selbst konstruktivistisch gesinnte Pädagogen als Vordenker gern für sich in Anspruch nehmen" und in ihre „Ahnengalerie" aufnehmen, „auch wenn er fürs konstruktivistische Selbstverständnis unverdaulich bleibt" (PONGRATZ 2005, 10). Aus Sicht einer transzendentalkritisch ausgerichteten Pädagogik wäre es sehr aufschlussreich, die Erkenntnistheorie KANTs mit radikal-konstruktivistischen Entwürfen zu vergleichen. Es ist zu vermuten, dass Radikale Konstruktivisten – explizit GLASERSFELD – eine völlig einseitige Lesart an den Erkenntnisbegriff bei KANT legen. Während die Spontaneität des Verstandes betont und gewürdigt wird, wird hingegen die Rezeptivität der Anschauung völlig ignoriert. Aus der alleinigen Bestimmung der Erkenntnis durch die Hervorbringung von Begriffen, leitet GLASERSFELD dann fälschlicherweise die Annahme ‚aktiver' Konstruktion von Gegenständen ab. So heißt es dann in einer eigenwilligen Interpretation: „Realisten mögen versucht sein zu meinen, daß Kants Theorie die Existenz »realer Gegenstände« im Sinne tatsächlich gegebener Dinge an sich er-

Viabilitätsgedanke allerdings nicht, insofern sein Wahrheitsanspruch stets zur Disposition steht, d.h. im Hinblick auf das Prinzip der Wahrheit zu beurteilen, auch immer zu bezweifeln ist. Wiederum ist die Einheit von Bildung und Religion als einigendes Prinzip maßgebend. Nur Gewissheit kann Wissen begründen.

Bildung fordert jene unbedingte Maßgabe, die ihren zeitlichen Verlauf dergestalt ,reguliert', dass aufgabenhaftes Streben möglich ist. Wenn Bildung nicht an ein zeitliches Ende gelangen, nicht abgeschlossen werden kann, ohne Aus-Bildung zu sein, dann ist Wahrheit als unbedingte Voraussetzung maßgebend für den Unterricht. Das Prinzip der Wahrheit wird verstanden als (zeitlich) uneinholbare Idee, welche als logischer Ursprung sowie überzeitliches Ziel pädagogischer Bemühungen vorausgesetzt werden muss. Eben als diese Voraussetzung gilt ihr Sollen nicht bloß im Augenblick pädagogischer Akte, sondern *für* alle Akte.

Wahrheit als Prinzip gilt unbedingt für alle inhaltliche Bestimmung. Keine Aussage im Bereich des Pädagogischen kann sich ihr entziehen. Sie gilt für alles Denken, für alle Denkleistung, sofern ,etwas' ausgesagt wird, sofern es um Gegenständliches geht. Indem sie für alles Denken, für alle gegenständlichen Aussagen gilt, gilt sie zugleich für jeden Gegenstand. Sie gilt für die Mathematik ebenso wie für die Literatur, für die Geographie ebenso wie für die Fremdsprache, für die Physik ebenso wie für die Religion. Wenn alles Gegenständliche zum Gegenstand des Unterrichts werden kann, weil jeder Gegenstand lehr- und lernbar, weil Lehr- und Lernbarkeit Prinzipien des Gegenstandes sind, kann es im Bereich des Gegenständlichen keine Ausnahme vom Geltungsanspruch der Wahrheit geben. Das Prinzip der Wahrheit verhält sich zu inhaltlichen Bestimmungen wie das Maß zu Gemessenem[176]. Es handelt sich dabei nicht um ein „nachträglich zusammengeleimtes Machwerk" (RUHLOFF 1967, 9), sondern um dasjenige, was es ,macht', dass man überhaupt Messen kann.

Wahrheit als Prinzip gilt unbedingt in Bezug auf die Zeit. Kein Zeitpunkt, keine Zeitstrecke, weder in der Vergangenheit, Gegenwart noch Zukunft, in der Menschen um sich wussten, kann aus dem Wahrheitsanspruch herausfallen. Keine Zeitstrecke,

---

fordert. Ich glaube, dies wäre eine falsche Interpretation. Kant spricht hier [in einer Passage in *Streit der Facultäten* – T.M.] vielmehr von einer Notwendigkeit, die dem »praktischen Leben« entspringt, besonders dann, wenn wir unsere Handlungen mit denen anderer Menschen koordinieren wollen. Das Ding an sich ist, wie Kant immer wieder feststellt, ein »Gedankending«, das als »heuristische Fiktion« dient. Für mich umfasst dies jegliche Konzeption einer ontischen Realität, die in Raum und Zeit strukturiert ist. Die Fiktion einer solchen Realität ist jedoch für unsere sozialen Interaktionen notwendig" (1996, 80).

[176] „Ein derart Größtes aber muß unendlich sein. Ist etwas gegeben, das selbst nicht das schlechthin Größte ist, so ist offensichtlich ein Größeres möglich. [...] Deshalb wird Maß und Gemessenes trotz aller Angleichung immer verschieden bleiben" (CUSANUS DI, 9,4f).

in der das Prinzip der Wahrheit nicht Forderung war, ist oder sein wird. Wo das Prinzip der Wahrheit keinen Anspruch mehr erhebt, dort koinzidieren Zeit und Unendlichkeit, dort ist kein Streben, folglich kein Leben mehr. Wahrheit gilt universal für alle Zeitpunkte und Zeitstrecken, wenn Bildung nicht abgeschlossen werden kann, sondern unendliche Aufgabe bleibt. Wenn Wahrheit unbedingt gilt, dann gilt sie mit der Zeit für Unendlichkeit, für alle Zeitstrecken in der Zeit. Ob man darum weiß oder nicht, der Wahrheitsanspruch bleibt für den Einzelnen in der Gesamtheit seiner Endlichkeit, von der Geburt bis zum Tod gefordert, er hört nicht auf, Bindung und Verbindlichkeit zu fordern.

Wahrheit als Prinzip gilt unbedingt in Bezug auf die Menschheit. Sie gilt für alle Menschen, unabhängig der jeweiligen Bedingt- und Gegebenheiten. Sie gilt unabhängig von Ethnie und Nationalität, von Geschlecht und Alter, von Krankheit und Gesundheit. „Sie gilt eben für alle, die Menschen sind" (HEITGER 1992, 11). Als Idee stiftet das Prinzip der Wahrheit die Einheit des Menschentums über alle Grenzen hinweg. Sie stiftet die Einheit der Geschichte und Tradition, sofern diese von Menschen vollzogen ist. In der Bindung an Wahrheit zeigt sich Menschentum über jede empirische Zusammengehörigkeit des Menschseins als Einheit. Bindung an Wahrheit ist jenes einigende Band, das die Menschheit zugleich als Bildungsgemeinschaft ermöglicht. Allein aus diesem Grund ist Bildung nicht bloß für einige wenige Gabe, sondern Aufgabe *für* alle, *von* allen gefordert, wenn kein Mensch aus dem Kreise der Menschheit ausgeschlossen, wenn ihm nicht das Menschentum abgesprochen werden soll.

Den Vollzug der Bindung an die Wahrheitsidee nennt man Unterricht. Von diesem Prinzip aus ist dessen Bestimmung erst recht zu verstehen. Man kann sagen: Das Prinzip der Wahrheit gilt nicht, weil man sich im Unterricht um dieses bemüht, sondern man soll sich im Unterricht darum bemühen, weil es gilt. Wahrheit ist nicht, sondern sie soll immer sein, sie ist Forderung, der das Ich durch Geltungsbindung nachzukommen versuchen soll! – weil sie sein soll, soll unterrichtet, soll gelehrt und gelernt werden. Unterricht macht keinen Sinn, wenn man ihm nicht das Prinzip der Wahrheit voraussetzt. Alle Sinnbestimmung des Unterrichtens geht auf die Voraussetzung des Wahrheitsprinzips zurück, ohne dieses wäre alle Bemühung vergebens. Weil das Wahrheitsprinzip unbedingt für Gegenständliches, Zeitliches und Menschentum gilt, und weil Leben in diese Trias eingeschlossen ist, ist Unterricht nicht nur möglich, sondern gefordert. Es verstatten sich an dieser Stelle alle Legitimationsversuche, die den Unterricht darauf reduzieren wollen, dem schnöden „Überleben des Organismus" zu dienen (vgl. GLASERSFELD 2001, 53). Es steht außer Frage, dass bestimmte Kenntnisse und Fertigkeiten nicht nur brauchbar und nützlich, sondern sogar überlebenswichtig sind; dass diese gelehrt und gelernt werden müssen, gehört ohne Zweifel zum Unterricht – allein darin erschöpft sich keineswegs sein Begriff. Unterricht ist weit mehr als das. Sofern das Prinzip der Wahrheit für ihn maßgebend ist, d.h. sofern Unterricht als Vollzug des unbedingten Wahrheitsanspruchs verstanden wird, kann er nicht bloß „Überlebenswichtiges" vermitteln wollen, so notwendig dies auch immer sein mag. „In der Wahrheit geht es nicht mehr um Gebrauch und Benutzung, um Herstellung und Überlieferung von Techniken, um Ermächtigung und Überwältigung [...], sondern darum, Dinge, Wesen und Mitmenschen als sie selbst in einem Ganzen hervortreten und sein zu lassen" (BALLAUFF 1966, 16). In religiöser Terminologie muss man formulieren: *Unterricht ist Dienst an der Wahrheit.*

Freilich gilt diese Bestimmung nur aus pädagogischer Perspektive. Dies besagt nicht, dass Unterricht nicht auch andere *Zwecke* erfüllt, erfüllen kann und erfüllen soll. Es besagt nicht, dass nicht auch gesellschaftliche, politische oder sonstwie geartete Interessen in den Unterricht eingehen dürfen und auch sollen. Es bewahrt allerdings den Unterricht davor, von anderen Bereichen völlig ver*zweckt* zu werden. Sein *Sinn* wird gestiftet durch den Dienst am Wahrheitsprinzip. Dient der Unterricht ausschließlich dem gesellschaftlichen Erhalt, politischer Systemstabilisierung, totalitärer Dressur, dann dürfte im eigentlichen Verständnis nicht mehr von Unterricht die Rede sein.

Folglich erhalten die pädagogischen Aktivitäten des Lehrens und Lernens erst unter Voraussetzung der Wahrheitsidee ihre eigentliche Bedeutung; gleichsam das Begriffspaar „Lehrer" und „Schüler". Da Lehren und Lernen immer an Gegenständliches gebunden sind, d.h. das Gegenständliche allem Lehren und Lernen stets logisch vorausgeht, muss nach dem leitenden Prinzip dieser Bindung gefragt werden. Lehrer und Schüler werden geradezu definiert im Hinblick auf Wahrheit. Lehrer ist derjenige, der zu Wissen führt, Schüler derjenige, der sich führen lässt, um sich selbst zu führen. Das Prinzip der Wahrheit definiert und legitimiert ihre semantische Bedeutung und faktische Aufgabe. Aus der herausgestellten Einheit von Bildung und Religion kann man es noch präziser fassen: Da der Lehrer den Schüler immer ‚nur' auffordern kann, weil dieser nur selber lernen kann, weil sich das Fürwahrhalten nicht mitteilen lässt, dann muss man im strengen Sinne sagen, keiner kann des anderen Lehrer sein (vgl. AQUIN 1988)[177]. „Es scheint also immer

---

[177] „Daraus, daß Wissen eine Erkenntnis mit Gewissheitscharakter ist, folgt, dass einer von demjenigen das Wissen annimmt, durch dessen Rede ihm Gewissheit verschafft wird. Letzteres ist aber nicht der Fall aufgrund der bloßen Tatsache, dass er einen Menschen sprechen hört; denn andernfalls müsste Beliebiges, was jemandem von einem anderen Menschen gesagt

nur so, als würden Lehrer ihren Schülern etwas vermitteln. Was tatsächlich im pädagogischen Handeln geschieht, ist immer nur die Aufforderung, die Wahrheitsansprüche des Vermittelten selbst zu prüfen" (REKUS 2006a, 109). Der Lehrer der Menschen ist die Wahrheit. Dies ist insofern konsequent, als sich Bildung grundlegend als Bindung vollzieht, das intrapersonale Lehrer-Schüler-Verhältnis das interpersonale begründet. In Abwandlung eines Bonmots AUGUSTINUS' heißt das: „una vestra magistra"! Gemeint ist die veritas, die unbedingte, eine Wahrheit, das Maß alles Gemessenen, die Maßgabe allen Lehrens und Lernens. In diesem Sinne ist es auch zu verstehen, was SOKRATES seinen Freunden kurz vor seiner anstehenden Hinrichtung sagt: „Wenn ihr mir folgen wollt, kümmert euch nicht so sehr um Sokrates, sondern viel mehr um die Wahrheit" (PLATON Phaidon, 91c). Auch für ihn ist die Wahrheit das leitende Prinzip, die leitende Idee alles Lernens. Indem Ich und Du der Wahrheit dienen, indem sie sich an die Wahrheitsidee binden, diese je und je für verbindlich erklären, machen sie diese zu ihrem Lehrer. Es lässt sich damit auch genauer einsehen, weshalb dem Prinzip der Aufforderung zur Selbsttätigkeit konstitutiver Status zukommt. Das Ich, an die Wahrheitsidee gebunden, muss primär als sein eigener Lehrer angesehen werden. Pädagogische Bemühungen sind notwendig nur als Aufforderung möglich, sich im Denken immer wieder aufs Neue darum zu bemühen. Und so fährt SOKRATES fort: „und wenn ich euch dünke etwas Richtiges zu sagen, so stimmt mir bei, wenn aber nicht, so widerstrebt mir auf alle Weise, damit ich nicht im Eifer, mich und euch zugleich betrügend, euch wie eine Biene den Stachel zurücklassend davongehe" (ebd.). Hier kommt das, was mit „Dienst an der Wahrheit" angesprochen wurde, in seiner ganzen Bedeutung zum Ausdruck. Indem Ich und Du der Wahrheit dienen, indem man den anderen nur zum Lernen auffordert, ihm nichts beibringen kann, so betrügt man bei diesem Versuch nicht bloß den anderen, sondern zugleich sich selbst. PLATON ließ seinen SOKRATES in allen Dialogen immer wieder auf diese Eigentümlichkeit des intrapersonalen Lehrer-Schüler-Verhältnisses hinweisen. Er wurde nicht müde zu betonen, dass er bloß Hebammendienste leiste, das Gebären jedoch die je eigene Angelegenheit sei. Jeder Versuch des vermeintlichen ‚Lehrers', dem anderen etwas beizubringen, ihn mit Wissensbrocken zu füttern, muss als parapädagogisch disqualifiziert werden. Die einzige pädagogisch angemessene, d.h. unterrichtsmethodische Weise, wie die Aufforderung möglich ist, ist der Dialog. Dies

---

wird, ihm als gewiss feststehen. Es wird ihm aber allein dadurch Gewissheit verschafft, dass er in seinem Innern die Sprache der Wahrheit selber vernimmt, die er, um sich so Gewissheit zu verschaffen, auch hinsichtlich dessen befragt, was er vom Menschen hört; also kann kein Mensch lehren, sondern nur die Stimme der Wahrheit in seinem Innern, nämlich Gott" (AQUIN 1988, 11$_{17}$)

245

scheint in weiten Kreisen eine Selbstverständlichkeit zu sein, weil der Dialog in der Geschichte der Philosophie und Pädagogik viele Befürworter hatte (vgl. MEYER 2006), doch verdient dies nach den vorangegangenen Ausführungen, nochmals auf Grundlage der neu gewonnenen Einsichten aufgegriffen zu werden.

Im Begriff „Dialog" ist bereits dessen ganzes Wesen enthalten, das auf das Prinzip der Wahrheit verweist (vgl. MIKHAIL 2008, 171ff). Dialog und Wahrheit gehören zusammen, vielmehr wird jener durch diese erst begründet. Im Dialog treten sich ein Ich und ein Du unter der „Herrschaft des Logos" gegenüber. Das Erkennen des Einzelnen gewinnt durch das *dia* des Dialogs, durch das *Gegenüber* von Ich und Du, seine pädagogische Valenz. Lernen fordert das Lehren, bzw. dem Begriff des Lernens ist das Lehren immanent. Insofern ist das Lernen ein Sonderfall des Erkennens, als das Denken vom Du geführt – nicht abgenommen – wird. Wenn mit dem Begriff der Pädagogik ernst gemacht werden soll, sofern es sich um die „Führung zur Bildung"[178] handelt, ist die Du-Beziehung notwendiges Moment pädagogischen Handelns. Durch das Gegenüber von Ich und Du des Dialogs ist die Grundlage geschaffen, welche grundlegend ein pädagogisches Verhältnis verbürgt. Der Dialog ist somit deswegen bereits pädagogischer Natur, weil das Gegenüber von Ich und Du Akte des subjektiven Erkennens unter das *agein*, unter die Führung eines Lehrenden stellt. Das Gegenüber von zwei Menschen ist konstitutiv für den Begriff des Pädagogischen, unter dieser Bedingung lässt sich von Pädagogik überhaupt erst sprechen.

Freilich gilt das Moment des Gegenübers nur notwendig für die pädagogische Qualität des Dialogs. Mit dem Prinzip der Wahrheit, mit dem *logos*, kommt jedoch die hinreichende Bedingung ins Spiel. Fasst man das Gegenüber nicht bloß als interpersonales Verhältnis, als Du-Beziehung, sondern bezieht man es gleichsam auf die Idee der Wahrheit, dann zeigt sich jene Konstellation, die in der problemgeschichtlichen Analyse der PETZELTschen Systematik deutlich wurde. Erst das Sich-Gegenüberstellen, d.h. die Bindung an das Wahrheitsprinzip beider Iche stiftet die Möglichkeit pädagogischer Interaktion. Pädagogische Führung fordert dieses zweifache Gegenüber, dieses ist die Bedingung von jener. Ich kann den anderen nur führen, wenn er sich selbst an die uns im Dialog verbindende Idee bindet, andernfalls ist kein Unterricht möglich. Denn „sich führen lassen kann nur bedeuten, sich im Dienste des Wahren, am Wahren immer von neuem zu orientieren" (PETZELT 1964, 179). Dialog bedeutet somit immer zugleich *dia* und *dia logos*: Ich und Du sowie das Gegenüber beider zum Wahrheitsprinzip.

---

[178] „Alle Akte der Schüler werden begleitet von der Führung des Lehrenden" (PETZELT 1964, 163).

Durch diese ausgezeichnete ‚Konstellation' des zweifachen Gegenübers ist der Schüler ‚geschützt' vor den Herrschaftsansprüchen des Lehrers, sind beide geschützt vor den je entgegengebrachten Absichten und Interessen, indem es ihnen allein um die Wahrheit geht. Im Dialog haben keine Bedürfnisse oder Interessen statt, es geht nicht um sophistische Überredung durch Eloquenz und Sprachgewalt, nicht um das Recht des physisch Stärkeren oder sozial Mächtigeren. Da es im Dialog immer um Wahres, um Dienst an der Wahrheit geht, haben persönliche ‚Einflussfaktoren', Neigungen und Interessen nicht statt. Dies hat Konsequenzen für Lehrer und Schüler.

Zunächst diese: *„Lehren ist seiner Natur nach dialogisch"* (HEITGER 1983, 49) und „[d]ialogische Führung heißt argumentative Auseinandersetzung" (HEITGER 1972, 75). Unterricht *muss* dialogisch sein, der Unterricht wird vom Prinzip der Dialogizität bestimmt. Lehren und Lernen sind ihren Begriffen nach dialogische Aktivitäten. Dialogizität bestimmt den Lehr-Lernprozess, d.h. den Unterricht ausschließlich. Dies gilt es, vom Lehrenden fortwährend zu beachten. Sein ganzes Tun und Lassen wird von dieser Forderung bestimmt. Er hat den Dialog so zu führen, dass sich der Schüler am Wahrheitsprinzip orientieren kann, um sich daran orientieren zu lernen. Er hat das Abgleiten ins bloße Gerede zu verhindern; er darf dem Schüler nichts abnehmen wollen, um sich beliebt zu machen; er hat dafür zu sorgen, dass der sogenannte Faden nicht abreißt, dass man bei der Sache bleibt; seiner Verantwortung obliegt es auch, dass er dem Schüler das zumutet, was dieser entsprechend seiner Individuallage auch einsehen kann. Am Lehrer liegt es, inwieweit er den Dialog so führen kann, dass es zur Auseinandersetzung kommt, dass das bessere Argument ‚den Sieg davonträgt', dass der Unterricht nicht zum Mechanismus verkommt, dass Geltungsansprüche artikuliert und geprüft werden können. Seine vornehmliche Aufgabe ist es, den Dialog so zu führen, dass beide, Lehrer und Schüler, sich durch ihre Geltungsbindung unabhängig halten, damit der Anspruch der Argumente nicht aufgrund von Opportunismen verfälscht wird. Dies kennzeichnet den Lehrer als solchen, dass er sich nicht bloß bindet, sondern sich in dieser Gebundenheit dem Schüler auch präsentiert, damit dieser lernen kann, sich selbst zu binden. Für den Dialog bedeutet das konkret, dass Lehrer und Schüler „an die Notwendigkeit des Argumentierens gebunden" (HEITGER 1983, 48) sind; dies gilt ersatzlos bzw. universal für allen Unterricht.

Da der Dialog seinem Begriffe nach vom Prinzip der Wahrheit beherrscht wird, ist das Argument das einzig legitime ‚Instrument' bzw. Mittel von Lehrer und Schüler. Den Anspruch eines Gegenstandes lösen Lehrender und Lernender in der Konsequenz ihres Argumentierens ein. Jede „Argumentation steht unter dem Regulativ der Wahrheit" (REKUS 2008a, 187)[179]. Nur dort, wo argumentiert, d.h. wo Geltungsansprüche erhoben und geprüft werden, wo Wahrheit regiert, dort findet Unterricht statt. Diesem Anspruch kann sich kein Akt entziehen, der pädagogisch zu sein beansprucht. Argumentation, d.h. die geltungsgebundene Aussage, gewährleistet somit die prinzipielle Gleichheit der Dialogpartner, schützt vor einer Gemengelage der Interessen und bewahrt vor dem Einfluss aller Subjektivismen, welche den ‚Wahrheitsdienst' verhindern könnten.

Bei seiner Verteidigungsrede vor den Athenern erzählt SOKRATES, wie er zu jener „menschlichen Weisheit" gekommen ist, „die ihm den Namen und den üblen Ruf gemacht hat" (Apologie, 20d). In diesem Zusammenhang steht der bekannte Ausspruch: „Denn es mag wohl eben keiner von uns beiden [SOKRATES spricht von sich und einem Mann, den er beim Besuch des delphischen Orakels traf] etwas Tüchtiges oder Sonderliches wissen; allein dieser doch meint zu wissen, da er nicht weiß, ich aber, wie ich eben nicht weiß, so meine ich es auch nicht. Ich scheine also um dieses wenige doch weiser zu sein als er, *daß ich, was ich nicht weiß, auch nicht glaube zu wissen*" (21d – Hervorh. T.M.). Die exaktere Übersetzung lautet: „Ich weiß als Nichtwissender" bzw. auch „Ich weiß, dass ich nicht weiß". Was SOKRATES hier anspricht ist eine ‚Theorie des Nichtwissens', die bei ihm seinen zeitlichen Ausgang nehmend, über AUGUSTINUS, LUTHER, CUSANUS u.a. bis hin zur transzendentalkritisch-skeptischen Methode Wolfgang FISCHERs auf eine lange pädagogisch ideengeschichtliche Tradition zurückblicken kann (vgl. dazu MUGERAUER 2007, u.a. auch FISCHER 1989). In ihrem systematischen Zentrum steht die Frage nach der Eigentümlichkeit unseres determinierten, d.h. endlichen Wissens in Ansehung bzw. Relation zu jener unbegrenzten, d.h. unendlichen Idee, die allem Wissen zugrunde liegt.

Es stehen sich gegenüber: Wissen und Wahrheit; die Relation lautet: Wahres – Wahrheit. Es liegt in der Natur dieses Verhältnisses, in der Relation von Fall und Prinzip, dass jenes dieses denknotwendig nicht einholen kann, weil das Prinzip niemals von seinen Fällen – diese mögen sich noch so sehr im zeitlichen Verlauf akkumulieren – eingeholt werden kann. Der Mensch kann lernen, kann wissen so viel er will, er wird, weil er endlich ist, zu keinem Zeitpunkt seiner Endlichkeit alles wissen, d.h. die Unendlichkeit eingeholt haben. Das *scibile* bleibt Voraussetzung für das *scire*, das Wissbare ist Maßgabe für das Wissen. Es ist gerade das Ausgezeichnete der Wahrheitsidee, dass sie Wissen möglich ‚macht', ermöglicht, Wissen bedingt. Daher sehen wir gerade das Verhältnis des Bedingten zum Unbedingten in seiner

---

[179] „Wer ein einzelnes argumentiert, hängt an der Wahrheit" (PETZELT 1957, 243).

einzigartigen Beziehung als religiöse Spezifik. Aufgrund dieser einzigartigen Beziehung zeigt sich das Bedingte in jedem Bewusstwerden in Abhängigkeit vom Unbedingten. Wenn ich weiß, muss ich daher prinzipiell immer wissen, dass ich nicht alles weiß, d.h. dass ich das Prinzip der Wahrheit niemals einholen kann. In diesem Gewahrwerden der eigenen Bedingtheit in Abhängigkeit vom Unbedingten bewegen sich alle Akte des Denkens. Das Ich weiß um diese Abhängigkeit, es ist sich sogar ihrer gewiss. Zugleich ist es sich stets der Differenz von Bedingtem zum Unbedingten gewiss. Wenn man nicht weiß, so ist man dennoch immer gewiss, dass sich die Wahrheitsidee im Wissen nicht zeitlich einholen lässt. Dies ist menschliche Gewissheit! Aus dieser Gewissheit nun, aus diesem ausnahmslosen, unbedingten Wissen um die Differenz von Bedingtem und Unbedingtem, von Wissen und Wahrheit geht in den Begriff des Wissens jenes Moment ein, das man „Nichtwissen" nennt. Jedem Wissen ist somit ein Nichtwissen inhärent. *„Nichtwissen gehört daher nicht zum Wissen wie ein additives Moment, sondern das Wissen muss in seiner ‚Definition' grundsätzlich zugleich Nichtwissen genannt werden"* (PÖPPEL 2005, 127). Der Begriff des Wissens führt somit immer den Begriff des Nichtwissens mit sich, er definiert ihn geradezu dadurch. Wissen ist immer Wissen um Nichtwissen. Hier ist nicht die Rede von Unwissenheit, sondern das Gewahrwerden, das ‚Offenbarwerden' jener Differenz, die dem Menschen in seiner Endlichkeit in Beziehung zur Unendlichkeit eignet. Dies ist auch kein Mangel, wie man beim Erklingen des Begriffs „Nichtwissen" vielleicht vermuten mag. Vielmehr zeigt sich darin gerade ein Aspekt der Bildung überhaupt. CUSANUS sah darin gar die ‚einzig wahre Bildung'. Bildung ist für ihn *„docta ignorantia"*, belehrte Unwissenheit. Auch er sieht im Bewusstsein dieser Differenz von eigenem Wissen zur unbedingten Wahrheit, die für ihn freilich Gott ist, keinen Mangel des Menschen, sondern jenes ausgezeichnete Moment der Bildung, an dem diese als Aufgabenhaftigkeit ihren logischen Ausgang nimmt. „Da nun überdies unser Verlangen nach Wissen nicht sinnlos ist, so wünschen wir uns [...] ein Wissen um unser Nichtwissen. Gelingt uns die vollständige Erfüllung dieser Absicht, so haben wir die belehrte Unwissenheit erreicht. Auch der Lernbegierigste wird in den Wissenschaften nichts Vollkommeneres erreichen, als im Nichtwissen, das ihm seinsgemäß ist, für belehrt befunden zu werden. Es wird einer umso gelehrter sein, je mehr er um sein Nichtwissen weiß" (CUSANUS DI, 4_{10}).

Indem ich niemals das Ganze der Wahrheit weiß und wissen werde, wird Streben des Denkens möglich und nötig. Dadurch, dass Wahrheit als unerreichbares Letztziel aller Denkbemühungen vorausgesetzt werden muss, macht Lernen überhaupt einen Sinn, der über den bloßen Mittel-Zweck-Charakter hinausgeht. Durch die Einsicht in das eigene Nichtwissen wird Lernen sinnstiftende Aufgabe für den Menschen. Das Gewahrwerden des eigenen Nichtwissens „ist das notwendige durchgängige Bewusstsein um die Grenzen des eigenen Wissens. Die klassische Philosophie nannte das Weisheit, und es ist wohl angebracht, darauf hinzuweisen, daß Bildung ohne diese Weisheit nicht möglich ist" (HEITGER 1983, 55). Mit der je individuellen Einsicht in das eigene Nichtwissen fängt alle Bildung erst an, beginnt überhaupt das Wissenwollen, offenbart sich das Lernensollen[180].

Wissen um Nichtwissen ist jedoch nicht bloß Anfang allen Lernens, sondern zugleich das es begleitende Prinzip. Wenn sich Nichtwissen in jedem Erwerb von Wissen zeigt, so begleitet es dieses über die Zeit, stets unter vorausgesetzter Gewissheit, niemals an ein zeitliches Ende zu gelangen. ‚Wissen um Nichtwissen', ‚Nichtwissen im Wissen' werden quasi zum Motor allen Unterrichts, sie begründen seine Notwendigkeit. Darin ist, um es mit CUSANUS zu sagen, wahre Bildung zu sehen, weil im Wissen um Nichtwissen der Aufgabencharakter der Bildung gründet, der Sinn des Unterrichts zu begreifen ist. Die Theorie des Nichtwissens kann als tragendes Fundament des Unterrichts verstanden werden, dem Lehren und Lernen „den falschen Nimbus raubend, je der Wahrheit habhaft zu sein oder habhaft werden zu können" (FISCHER 2004, 131). Bildung zeigt sich dann als Aufgabe, sich dennoch immer und immer wieder aufs Neue um Wahrheit zu bemühen, in der Gewissheit, sie niemals einholen zu können, sich nicht mit fremdbestimmten Dogmen und Ideologien zufrieden zu geben, sondern sich im Denken in den Dienst der Wahrheit selbst zu stellen, sich niemals in ihrem Besitz zu wähnen. Gebildet ist derjenige zu nennen, der sich beständig bildet, sich niemals als „ausgebildet" begreift, weil er scheinbar im Besitz der Wahrheit ist – wie dies bspw. die vielen Dialogpartner des SOKRATES meinten. Mit dem Wissen um das eigene Nichtwissen, mit dieser belehrten Unwissenheit bedeutet Bildung Aufgabenhaftigkeit als sinnhaftes Streben um Wahrheit. Das Fragen wird niemals an ein Ende kommen, solange das Ich denken kann.

Nach allem Vorangegangenen steht diese Theorie des Nichtwissens für die Zusammenhangsbestimmtheit von Bildung und Religion als ausgezeichnetes Moment. Gewissheit um die Uneinholbarkeit der eigenen Denkvoraussetzung wird zur belehrten Unwissenheit, zu wahrer Bildung. Religion als Bindung an Unendlichkeit meint dann nicht die Übergabe der Verantwortung des Denkens an die Leitung anderer – dies wird oftmals befürchtet, resultiert aber aus der Verwechslung der Begriffe ‚Religion' und ‚Konfession'. Sie meint vielmehr jenen Vollzug der End-

---

[180] „Dies ist gar sehr der Zustand eines Freundes der Weisheit, das Staunen; ja es gibt keinen Anfang der Philosophie als diesen" (PLATON Theaitetos, 155d).

lichkeit gerichtet auf Unendlichkeit, Gewissheit um Unabschließbarkeit des Lernens bzw. Lernensollens. Die Religion bestimmt den unbedingten Anspruch, sich in Aufgabenhaftigkeit in den Dienst der Wahrheit zu stellen, oder kurzum: sich zu bilden.

Wenn bzw. weil Wissen um Nichtwissen Distinktum der Bildung ist, ist es Aufgabe des Lehrers, zur Einsicht in diese Eigentümlichkeit im Dialog zu führen. Bei PETZELT hat sich gezeigt, dass sich dies nur im Fragen einlösen lässt. Allein im Fragen ist die ‚Bewusstmachung' des Nichtwissens in jeder Aneignung von Wissen möglich. Im Fragen dokumentiert sich das stete Suchen nach neuem Wissen. Jeder Frageakt entspringt geradezu aus dem Wissen um Nichtwissen. Da mit jeder Antwort auf eine Frage neue Fragen entstehen, entsteht mit jedem Wissen zugleich neues Nichtwissen. Die Frage regiert den Prozess, der Dialog kann demnach nicht anders als als Fragen und Antworten verstanden werden. Darin ist nicht der Ausdruck deprimierender Sisyphosarbeit zu sehen, sondern darin kennzeichnet sich der aufgabenhafte Prozess des Unterrichts als Dienst an der Wahrheit schlechthin.

Wenn das Prinzip der Wahrheit Maßgabe des Unterrichts ist, dann haben sich sowohl das Theoretisieren oder Planen des Unterrichts als auch alle praktischen Bemühungen daran auszurichten. Didaktische und Methodische Aspekte orientieren sich einzig daran, dem unbedingten Sollen der Wahrheitsidee insofern Rechnung zu tragen, als sie die Wahrheitsbindung des Schülers befördern *müssen*. Mit dieser Ausrichtung steht und fällt jeder unterrichtliche Akt. Hier gibt es keinen Ersatz, sondern unbedingten Anspruch. Keine Kleinigkeit, die nicht an dieser Maßgabe ausgerichtet werden soll, kein Detail in Planung und Durchführung, das nicht dem Dienst an der Wahrheit unterstehen soll, keine Führung, die nicht Führung zur Wahrheit sein soll. Dies betrifft ebenso die beispielgebende Haltung des Lehrers dem Schüler gegenüber wie der Entsprechung von dessen Individuallage, die Auswahl der Inhalte wie die unterrichtsmethodische Begleitung und Aufforderung, sich zu binden – eben nichts den Unterricht in welcher Weise auch immer Betreffendes, was von diesem Anspruch *ent*bunden werden könnte. Dem Prinzip der Wahrheit entspricht der Lehrer durch Wahrhaftigkeit in seinem unterrichtlichen Tun und Handeln. Er ist nach einer Bezeichnung BALLAUFFs im eigentlichen Sinne „Mittler zum Problem der Wahrheit und zum Wahren – nicht jedoch Vermittler von Wahrheiten" (2004, 113). Den Lehrer kennzeichnet Wahrhaftigkeit seiner Person, seines Engagements, seiner Haltung, seiner Bemühung und praktischen Tätigkeit. Der Lehrer soll wahrhaft sein, damit der Schüler lernen kann, was es bedeutet, wenn man sich an das Prinzip der Wahrheit gebunden hat, damit auch er ein anschauliches Beispiel davon erhält, was Wahrhaftigkeit auszeichnet.

Damit ist bereits die erzieherische Kehrseite des Unterrichts angesprochen. Als vervollständigendes Komplement der Idee der Bildung fehlt noch diejenige Maßgabe, welche die Erziehung bestimmen muss, damit Erziehung überhaupt sinnvoll ist. Wenn sich der Bildungsprozess analytisch in Unterricht und Erziehung unterscheiden lässt, dann bedarf es auch zweier unterscheidbarer Prinzipien, die sich ebenso wenig trennen, sondern ‚lediglich' analytisch unterscheiden lassen. Mit Wahrheit und Gutheit verhält es sich analog zu den zwei Seiten einer Medaille. Während man beide Seiten je und je betrachten, untersuchen kann, so können diese jedoch nicht getrennt werden, ohne aus der einen zwei Medaillen machen zu müssen. Sie gehören zusammen! Jede Medaille hat nun einmal zwei Seiten, wie es so schön heißt. Auch KANT hat betont, dass die theoretische und praktische Vernunft eine Eine seien. Denken und Wollen lassen sich eben als Bewusstseinsrichtungen nur unterscheiden, sie ‚gehören' aber immer dem einen unteilbaren Ich, dem Individuum. Wenn demnach die unbedingte Maßgabe der Erziehung näherhin dargestellt werden soll, dann ist dies ‚nur' eine Unterscheidung, insofern sich Wahrheit und Gutheit ebenso unterscheiden lassen wie Unterricht und Erziehung, auch wenn es sich im Faktischen um den einen Bildungsprozess handelt, in dem sich beide erschöpfen. Wir gehen damit über zum Prinzip der Gutheit.

3.3 Prinzip der Gutheit

Ohne Frage klingt der Begriff „Gutheit" befremdlich. Er ist freilich notwendig[181]. Denn im Bereich der Erziehung fällt es (v.a. heute) zunächst schwer, ein die Identität von Bildung und Religion bestätigendes Prinzip, nicht nur im Zeitalter des postmodernen Pluralismus, sondern auch angesichts der Geschichtlichkeit völlig divergenter Moralvorstellungen seit der Antike (vgl. ROHL 1999)[182], als überzeitliche Maßgabe zu konstituieren, wie sie etwa noch PETZELT vor Augen hatte. Der Versuch, die Moral „aus einem differenzlosen Einheitsprinzip herzuleiten" (PLEINES 2005, 317), droht heute leicht, den Verdacht eines vormodernen Dogmas und damit zugleich eines moralischen Totalitarismus auf sich zu ziehen[183]. So fordert bspw. WELSCH dazu auf, dem „*Subjektsein heute*" (1991a, 347ff) eine doppelte Pluralität von Lebensformen – eine gesellschaftliche und intrapersonale – als Regulativ richtigen Handelns unter den gegenwärtigen Bedingtheiten der Gesellschaft zuzu-

---

[181] In unserem Sprachgebrauch kommt die Derivation von „gut" mit der Nomensuffigierung „heit" beinahe gar nicht, oder zumindest sehr selten vor. Es könnte den Verdacht nahe legen, es handle sich hierbei um eine neologistische Taktik, einen Begriff einzuführen, den es eigentlich nicht gibt und mit dem man dann machen kann, was man will. Man wird einwenden können, das Gemeinte kann doch ohne weiteres mit dem in der Philosophie traditionellen Begriff der „Sittlichkeit" bezeichnet werden – und vordergründig muss dem auch zugestimmt werden. Es soll dennoch im Folgenden genauer dargelegt werden, weshalb sich die so traditionsreiche „Sittlichkeit" als Prinzip der Zusammenhangsbestimmtheit von Bildung und Religion weniger eignet als die „Gutheit". Im Fließtext wird darauf an anderer Stelle eingegangen.

[182] Zur heutigen *Postmodernen Ethik* heißt es von Seiten ihres herausragenden Theoretikers Zygmut BAUMANN: „Die postmoderne Thematisierung der Moralität ist allzu oft mit einem Hohen Lied auf das »Verschwinden des Ethischen«, auf die Substitution der Ethik durch Ästhetik und die folgende »ultimative Emanzipation« verbunden. Ethik selbst wird verunglimpft oder als einer der typisch modernen Zwänge verspottet, die nun gebrochen sind und auf den Müllhaufen der Geschichte gehören; Fesseln, die einst notwenig schienen, gelten nun als eindeutig überflüssig: als eine weitere Illusion, auf die postmoderne Männer und Frauen leicht verzichten können" (BAUMANN 1995, 10f). In seiner Untersuchung legt BAUMANN die „Zerschlagung der Gewißheit" (ebd., 332) ethischer Grundwahrheiten dar. Am Ende steht allerdings auch bei ihm die „moralische Verantwortung" des Ich in ihrer Bedingungslosigkeit und Unbegrenztheit. Diese „sucht nicht nach Rückversicherungen für ihr Recht zu sein oder nach Entschuldigungen für ihr Recht, nicht zu sein. Sie ist da vor jeder Rückversicherung und jedem Nachweis, schuldig ist sie da nach jeder Entschuldigung oder Absolution". Deshalb gilt auch ihm, dass der Mensch der Postmoderne auf jenes Gewissen verwiesen ist, „das, wie schwach es auch sei, allein die Verantwortung einsehen kann, dem Befehl, Böses zu tun, zu *widerstehen*" BAUMANN rät letztlich: „Im Zweifelsfall: befrage dein Gewissen" (ebd., 372f).

[183] Unter der lakonischen Titelfrage „*Gibt es moralisches Wissen?*" (2007) entwirft Walter JUNG-MANN eine pädagogische Theoriekonzeption, die den neuzeitlichen Bedingtheiten und Herausforderungen des „postmodernen Pluralismus" zu entsprechen sucht und dabei explizit die Gefahr der je und je drohenden Fundamentalisierung durch Normativität und Relativität in Rechnung stellt.

gestehen[184]. Postmoderne Wirklichkeit ist geprägt von einer „Vielheit und Hetero-genität von Lebensformen oder Orientierungsweisen und Sinnzusammenhängen" (ebd., 351). Die Vorstellung eines absolut Guten wird somit als illusorisches Wunschdenken bzw. als „anachronistisches Geplänkel" (WELSCH) verunglimpft. Pluralität hat Einheit abgelöst und auch im Erziehungsbereich die paradigmatische Vorherrschaft übernommen (vgl. bspw. HEYTING/TENORTH 1994), d.h. um „Be-griffe aus der Religionswissenschaft als Metaphern zu verwenden: Die früheren Monotheisten müssen sich nun im wissenschaftlichen Polytheismus zurechtfinden" (RANG 1994, 23). Statt „ein weiteres Mal monistisch-absolutistisch einen haltge-benden archimedischen Punkt konstruieren zu wollen", scheint es heute ange-messener, „sozialpragmatisch zu denken" (ebd., 48) und dadurch der Pluralität der Wertvorstellungen Rechnung zu tragen.

Der Pluralismus muss und will (notgedrungen) auf jede mit Letztheitsanspruch auftretende epistemologische und moralische Maßgabe verzichten. Während sich dies für den Bereich des Unterrichts jedoch in handlungsbezogenen Konsequenzen noch ausnehmend unkompliziert gestaltet, verhält es sich im Bereich der Erziehung problematischer. Denn auf die angesprochene „Sozialpragmatik" kann auch eine pluralistisch geprägte, postmoderne Pädagogik nicht verzichten, wenn sie nicht den Verdacht des Programms einer moralischen Beliebigkeit und Anarchie auf sich zie-hen will. Pluralität soll maßgebend sein. Indem diese zugleich zur Maßgabe in-dividueller Lebensführung erhoben wird, wird ihr korrespondierend die frei-heitliche „Selbstentfaltung" zur Maßgabe erzieherischer Tätigkeit (vgl. WERNER 2002, 47ff). Es gilt, das Wollen dahingehend zu führen, dass der Zögling sich in die Lage versetzen kann, sich gemäß pluraler, d.h. hier individueller Wertvorstellungen selbst zu entfalten, ohne dabei aber den anderen in dessen freihcitlicher Selbstent-faltung zu beschneiden. Der Pluralität und damit Relativität von Wertvorstellungen und Wertdeutungen wird insofern Rechnung zu tragen versucht, als Selbstentfal-tung vor aller moralischen Konvention als Maßgabe im Hinblick auf die zukünftige Lebensführung konstatiert wird.

Dass alles gleich gültig zu sein beansprucht, bedeutet jedoch für den postmo-dernen Pluralismus keineswegs, dass in moralischen Fragen alles gleichgültig ist[185].

---

184 Volker LADENTHIN unterzieht die „Normative Pluralität" der WELSCHen Forderung einer radi-kalen Kritik (vgl. 1993, 145ff).

185 Zur „Wertorientierung im Pluralismus als Problem für Erziehung und Unterricht", vgl. FEES (2000). In einem kritischen Durchgang entlang der bedeutendsten werttheoretischen Konzepte der Ver-gangenheit und Gegenwart entwickelt FEES eine „Grundlegung einer pädagogischen Wert-theorie", die er abschließend in einer pluralismustauglichen Konzeption wertorientierenden Unterrichts für die Schule entfaltet. In detaillierter Darstellung wird gezeigt, dass auch eine

Trotz aller Pluralität und Diversität bedeutet es nicht, dass moralisch Verwerfliches tolerierbar sein, d.h. auch der Relativität der Betrachtung und Bewertung anheim gestellt werden muss. „Die pluralistische Einstellung [...] muß keine freischwebend-neutrale sein. Sie ist nicht offen für grundsätzlich 'alles Mögliche'. [...] Sie sieht und konstatiert nicht nur Unterschiede, – sie macht auch Unterschiede" (RANG 1994, 45f). Die betreffenden Vertreter betonen daher, dass auch einer postmodernen Erziehungskonzeption ein „normatives Potential inhärent" (ebd., 46) ist. Um die Pluralität und freie Selbstentfaltung des Zöglings zu gewährleisten, muss ein moralisches Fundament geschaffen werden, welches die Pluralität individueller Lebens- und Sinnentwürfe auf gemeinschaftlicher Ebene sicherstellt. Obgleich Pluralität Maßgabe zu sein beansprucht, kann keinesfalls auf einen moralischen Maßstab verzichtet werden.

Eine postmoderne Erziehungstheorie wird daher (zwangsläufig) einen auf Konsens der jeweiligen ‚Wertegemeinschaft' beruhenden Katalog an Normen bzw. moralischen „Basisregeln" formulieren und installieren müssen, welcher als Grundlage die individuelle Selbstentfaltung ermöglicht. „Moralische Erziehung ist [dann] auf die Vermittlung von Gesinnungen und Regeln gerichtet, die den Kern der öffentlichen Moral bilden" (SPIEKER 1994, 205). Die Möglichkeit und v.a. Ermöglichung einer pluralistischen Erziehung fordert geradezu eine derartige Regulierung durch gesetzte Reglementierungen und Normen. Wenn sich offensichtlich kein einheitliches Geltungsprinzip des Guten mehr aufrechterhalten lässt, wenn plurale Selbstentfaltung zur Maßgabe der Erziehung wird, dann muss Positives, d.h. in Recht Gesetztes diesen Prozess in sozial-pragmatischer Hinsicht regulieren, gar fundieren[186]. Mit dem Verzicht auf eine Letztheit des Wollens sucht sich eine pluralistische Erziehungskonzeption somit vor einem Übergang in Anarchie, Willkür und damit der Möglichkeit eines *bellum omnium contra omnes* zu schützen. Die konsensuell festgelegten Normen selbst haben dabei keinen Maßgaben-, sondern vielmehr einen Sicherungscharakter, der die freiheitliche Selbstentfaltung gewährleistet. Der Maßgabe der pluralistischen Moralorientierung tritt zudem ein durch Setzun-

---

sich selbst als pluralistisch und postmodern verstehende Gesellschaft keineswegs einer sittlichen Beliebigkeit das Wort redet will bzw. reden kann. „Die Soziologen deuten den Wertewandel als »Anpassungs-« oder auch als »Normalisierungsbewegung«. [...] Diese Umbrüche werden auch in negativer Weise als Rückgang des sozialen Engagements gewertet, verbunden mit der Entsolidarisierung der Gesellschaft, so daß von besorgter Seite aus die Frage nach dem sozialen Zusammenhalt der Gesellschaft aufgeworfen wird. [...] Daraus folge in unserer Gesellschaft ein nicht unbeträchtliches Maß an Orientierungslosigkeit, Motivationskrise und Sinnverlust, das sich als »Wertunsicherheit« in Bildung und Erziehung niederschlage" (ebd., 84).
[186] Eine solche Konzeption findet sich bspw. bei BREZINKA (1999, 129ff).

gen bestimmter Ordnungsrahmen zur Seite. Erziehung besteht dann vornehmlich in der Führung des Wollens zur Anerkennung dieser Regeln und Normen.

Nun passen aber Normativität der Normen und Relativität der Pluralität nicht zusammen. Wenn es in Fragen des guten Lebens keine allgemeinverbindliche Maßgabe mehr gibt, wenn die Diversität der Moralvorstellungen nicht bloß als Faktum sichtbar ist, sondern auch geltungstheoretisch propagiert wird, dann können Normen nicht gültig legitimiert werden. Wenn den Normen die Voraussetzung, die unbedingte Maßgabe fehlt, dann sind sie nicht legitimierbar. Nichtlegitimierbare Normen können wider der besseren Einsicht, mittels Herrschaft und (ggf. struktureller) Gewalt gesetzt, besser: durchgesetzt werden. Der Verweis auf konsensuelle Setzung entkräftet diesen Missstand nicht. Mehrheit darf nicht mit Wahrheit verwechselt werden. Gut ist nicht, was von der Mehrheit fürgutgehalten wird; obgleich von der Mehrheit fürgutgehalten werden kann, was gut ist. Weil sich eine sogenannte ‚Wertegemeinschaft' auf diese oder jene Norm geeinigt hat, muss nicht bedeuten, dass diese (allgemein) gut, d.h. von jedem als gut beurteilt wird. Faktisch besteht sogar die Gefahr, dass sich die herrschende Meinung der Reglementierungen als Meinung der Herrschenden präsentiert. Ein moralisches Sollen, das Verbindlichkeit, auch in Form von gesetzten Normen, beansprucht, kann nicht allein durch Konsens ins Recht gesetzt werden, wenn Despotismus nicht gesollt ist. Wenn Geltung gegen die Mehrheit nichts auszurichten vermag, dann sind moralischer Beliebigkeit und Willkür – trotz aller entgegengerichteter Intentionen – Tür und Tor geöffnet.

Bei genauerer Betrachtung zeigt sich die Inhärenz des „normativen Potentials" in der pluralistischen Erziehung vielmehr als die eines normierenden Potentials. Einer Erziehung, die der Maßgabe der Pluralität Rechnung zu tragen versucht, ist zugleich die Maßgabe der Legalität inhärent. Pluralität der Geltungsformen bedarf eines normierenden Ordnungsrahmens, um die jeweilige individuelle Selbstentfaltung zu gewährleisten. Legalität ist nicht negativ zu bewerten, sondern notwendiges Moment der Moral, doch unterschieden müssen sie werden. KANT hat den Unterschied von Legalität und Moralität folgendermaßen beschrieben: Diejenigen „Gesetze der Freiheit", die sich der Mensch im Wollen selbst gibt, „heißen, zum Unterschiede von Naturgesetzen, moralisch. So fern sie nur auf bloße äußere Handlungen und deren Gesetzmäßigkeit gehen, heißen sie juridisch; fordern sie aber auch, daß sie (die Gesetze) selbst die Bestimmungsgründe der Handlungen sein sollen, so sind sie ethisch, und alsdann sagt man: die Übereinstimmung mit den ersteren ist die Legalität, die mit den zweiten die Moralität der Handlung" (MS, AB 6,7).

Es ist unbestreitbar, dass Erziehung auch auf die Legalität der Handlungen des Zöglings zielen muss. Insofern die Übereinstimmung des Handelns mit den Konventionen und Wertvorstellungen einer bestehenden Gemeinschaft allein beobachtbar ist, ist dies gar vordergründig ihr primäres Ziel. Der Zögling soll dies und das wollen; er soll andere nicht schlagen oder beschimpfen; er soll teilen, wenn er selbst genug, ein anderer aber gar nichts hat usf. Dieses Wollen als beobachtbares Handeln ist ein legales Handeln, sofern es „auf bloße äußere Handlungen und deren Gesetzmäßigkeit" geht. Erziehung hat dann dafür Sorge zu tragen, dass das Wollen sich an diese Maßstäbe – nicht Maßgaben – fürgutgehaltenen Handelns richtet, sich daran ausrichtet. Aus welchen Motiven heraus die jeweils ‚gute' Handlung erfolgt, spielt dabei keine Rolle; es wird zur Privatangelegenheit des Einzelnen, sofern dies zur Freiheit pluralistischer Werteauffassung gehört.

Zwar ist eine Gemeinschaft auf eine grundlegende (Rechts-)Ordnung angewiesen, doch erschöpft dies noch nicht das Geschäft der Erziehung. Die Frage ist, ob das Ziel der Erziehung durch Legalität oder Moralität maßgebend bestimmt werden muss. Ist eine bestehende ‚Wertegemeinschaft' über die Legalität hinaus nicht auf die Moralität ihrer Glieder angewiesen?

Da die Zustimmung des Einzelnen zur Bewahrung der Reglementierungen und Normen, auf denen die Gemeinschaft beruht, nicht erzwungen werden kann, hat diese zwar die Möglichkeit, zu deren Einhaltung zu erziehen, bzw. vielmehr den Zögling daran zu gewöhnen; sie ist aber mehr noch darauf angewiesen, dass dieser die Anerkennung der Regeln und Normen auch *will*. Moral ist in vielen Formen dem Zugriff der Legalität verschlossen, diese reicht nicht in alle Bereiche, in denen Moral gefordert ist. Eine ‚Wertegemeinschaft' kann Normen setzen, die das gute Handeln jedoch nicht für jeden Fall gewährleisten. So kann bspw. die Norm „Du sollst andere in ihrer Menschenwürde achten" gesetzt werden. Wenn man nun einer anderen Person wohlgesonnene Empfindungen vorgaukelt, weil man sich von der ‚freundschaftlichen' Beziehung irgendwelche Vorteile erhofft, dann liegt hier ein moralischer Verstoß gegen die gesetzte Norm vor, der sich dem Einfluss anderer, d.h. der Gemeinschaft entzieht. Die Achtung der Würde anderer entzieht sich jeglicher Beobachtung. Jede Sozialpragmatik muss dort versagen, wo es nicht um beobachtbares Handeln, d.h. um die Normen „Du sollst nicht stehlen", „Du sollst nicht Gewalt ausüben", „Du sollst nicht ehebrechen" usf., geht. Dort wo der Mensch selbst um das Gesetz bzw. die Maxime seines Wollens ringen muss, kann keine Legalität normieren.

Das Ziel der Erziehung kann sich demnach nicht nur darin erschöpfen, dass sich der Zögling an einen Grundkonsens von Basisregeln und Normen hält, wenn

Moral sich der Beobachtung entzieht. Wenn Erziehung mehr sein soll als Dressur, wenn sie das Wollen führen statt Regeln eintrichtern will, dann sind Pluralität und die ihr inhärente Legalität als Maßgaben der Erziehung untauglich. Gerade angesichts der faktischen Diversität der moralischen Wirklichkeit muss der Zögling eine Maßgabe haben, zu entscheiden, was in der konkreten Situation geboten ist. Hier versagt das Prinzip der Legalität völlig, so sehr es notwendig, d.h. die Not angesichts der pluralen Lebenswirklichkeit wendend ist. Es reicht aber nicht hin, Maßgabencharakter für die Erziehung zu beanspruchen. Legalität meint Disziplinierung des Wollens, die Einschränkung der Freiheit des Einzelnen zugunsten der Freiheit aller. Dem Wollen werden Gesetze gegeben, doch das Wollen gibt sich nicht selbst das Gesetz.

Moralische Erziehung[187], so KANT, „beruht dann nicht auf Disziplin, sondern auf Maximen" (KANT Päd, A 87). Disziplin gehört zweifelsohne und gar notwendig zur Erziehung, sie ist allerdings keine Erziehung. „Alles wird verdorben, wenn man sie [die Erziehung] auf Exempel, Drohungen, Strafen u.s.w. gründen will. Sie wäre dann bloß Disziplin" (ebd.). Dies darf an dieser Stelle nicht missverstanden werden, als wüsste KANT nicht um die praktische Notwendigkeit der Disziplin, mithin der Legalität. Allein auf das Wort „gründen" kommt es an. Disziplin kann für die Erziehung nicht maßgebend, legitimierend, hinreichend sein. Ihr fehlt das Moment, welches bloße „Gewohnheit" nicht schon als gutes Handeln auszeichnet. Disziplin und mit ihr Legalität gehören in den Bereich der Sozialisation, nicht in den des Pädagogischen. Die Maßgabe der Erziehung muss diesen Bereich umfassen, sie kann sich jedoch darin nicht erschöpfen. „Man muß dahin sehen, daß der Zögling aus eignen Maximen, nicht aus Gewohnheit, gut handle, daß er nicht bloß das Gute tue, sondern es darum tue, weil es gut ist. Denn der ganze moralische Wert der Handlungen besteht in den Maximen des Guten" (ebd.). Wenn nach der Unterscheidung von Legalität und Moralität gefragt ist, dann muss mithin gefragt werden, ob „*Erziehung oder Manipulation*" (HEITGER 1969) vorliegen. Wenn man bedenkt, dass mit der Maßgabe zugleich didaktische und methodische Forderungen, dass mit dem Sinn des Geschäfts zugleich die Mittel verbunden sind, dann ist bei der Konstituierung derselben Vorsicht geboten.

---

[187] Hierbei handelt es sich im strengen Sinne um einen Pleonasmus: es gibt keinen Begriff der Erziehung ohne den der Moral. Wenn diese Termini hier dennoch – trotz ihres pleonastischen Charakters – auftauchen, dann mit der Absicht, die Unterscheidung einer Erziehung *zur Legalität* und *zur Moralität* zu verdeutlichen.

Der postmoderne Pluralismus versucht, das Sollen in der Dimension des Seins (durch die Forderung allgemein anzuerkennender, bewusst nicht verbindlicher[188] Normen) grundzulegen. Es wird dabei – bei allem Pragmatismus – jedoch verkannt, dass das Sollen (ebenso wenig wie das Sein) kein „reales Prädikat" ist. Wenn die faktische Pluralität der Lebenswirklichkeit zum Maßstab der Moral und damit zu dem der Erziehung gemacht wird, dann liegt ein naturalistischer Fehlschluss vor. Solange dieser auch unter dem Verdikt der Pluralität zu stehen beansprucht, scheint dies angesichts der immanenten Logik des postmodernen Pluralismus noch nicht bedenklich. Hält man sich jedoch genauer vor Augen, dass damit immanent die Moral ebenfalls im Sein, d.h. durch gesetzte Normen grundgelegt und damit Erziehung zur Gewöhnung an diese – mehr oder weniger ausdifferenzierten Katalogen – degradiert wird, wird es fraglich, ob überhaupt noch von Erziehung als einem pädagogischen Prozess die Rede sein kann bzw. vielmehr darf. Stimmt man dem Programm zu, dass der Zögling „nicht [nur] dem gegenwärtigen, sondern dem zukünftig möglich bessern Zustande des menschlichen Geschlechts, das ist: der Idee der Menschheit, und deren ganzer Bestimmung angemessen, erzogen werden" soll (KANT Päd, A 17,18), dann reicht Pluralität nicht umhin, die Erziehung maßgebend zu bestimmen. Wenn es der Erziehung nicht nur darum gehen kann, den Zögling für den Moment, für das Hier und Jetzt, sondern für eine selbstbestimmte, sinnvolle Lebensgestaltung zu erziehen, dann kann sie sich nicht im Prinzip der Legalität erschöpfen.

Auch das radikale Ernstmachen mit der Pluralität, wie dies in subjekttheoretischer Hinsicht bspw. von Wolfgang WELSCH gedacht wird, kann sich einer einigen, einheitlichen Maßgabe guten Handelns nicht verweigern. Es ist nicht bloß so, dass sich unbedingte Pluralität in einen Selbstwiderspruch begibt. Der Pluralismus beanspruchte dann, *unbedingt bedingt* sowie *bedingt unbedingt* zu sein. Gibt es etwas, das *vollkommen* schwarz und *teilweise* weiß ist? Auch der Pluralismus kann Moral nur dadurch bestimmen, dass „etwas gleich bleibt", d.h. unter dem wie auch immer konzipierten „Modal der Einheit" (LADENTHIN 1993, 150) konstituiert ist. KANT sieht dies, auch bezogen auf die Erziehung, allein „in Ansehung der Sittlichkeit" (Päd, A 36) ermöglicht. In Ansehung ihrer und gleichsam durch sie „bekommt er [der Zögling – T.M.] einen Wert in Ansehung des ganzen menschlichen Geschlechts" (ebd., A 37), d.h. einen Wert an sich selbst. Gemeint ist damit jene Maßgabe, in der das Fürguthalten a priori vorausgesetzt ist, das dem Wollen selbst

---

[188] Denn „Verbindlichkeit ist die Notwendigkeit einer freien Handlung unter einem kategorischen Imperativ der Vernunft" (KANT MS, AB 20). Um ein vernünftiges Sollen handelt es sich ja bei den Normen gerade nicht.

als unbedingte Maßgabe dient und zugleich allgemeine Geltung beansprucht. Dass dies nur eines, d.h. ein Einiges sein kann, ist aus logischen Gründen unabweisbar. Das „Modal der Einheit" kann nicht entbehrt werden, wenn Pluralität nicht mit Kontingenz verwechselt werden soll. In der Sittlichkeit ist jenes Prinzip zu sehen, das *für* alle Pluralität gilt, das *für* alle pluralen Bedingtheiten unbedingte Geltung beansprucht. Pluralität der Werte erfährt sodann in der Einheit erst ihre Unterscheidbarkeit. Wenn die Pluralität der Wertvorstellungen (im Hinblick auf die praktischen Konsequenzen) nicht der Beliebigkeit und Willkür, damit der gesellschaftlichen und strukturellen Herrschaft anheim gestellt werden kann und soll, dann muss es notwendig eine einheitliche Maßgabe sein, die für alle verbindlich zu sein beansprucht.

Ohne Einheit lässt sich keine Vielfalt denken. Immer ist zu beachten: Ordnung gilt für Geordnetes. Aus den lebensweltlichen Bedingtheiten lässt sich keine Maßgabe ableiten, ohne die Ordnung der Kontingenz und Fatalität auszusetzen, ohne die sogenannte (Erziehungs-)Wirklichkeit den Moden und Trends der Zeit zu überantworten.

„Überantworten" ist ein wichtiges Stichwort. Wer sich nämlich der radikalen, unbedingten Pluralität verschreibt – natürlich in dem ständigen Bewusstsein, dass diese nur bedingt unbedingt gelten kann – der überantwortet sein Wollen anderen, der zieht die Bequemlichkeit der Last der Verantwortung vor. Die von den Vertretern des postmodernen Pluralismus gepriesene Verantwortung kann angesichts der Überantwortung an die Pluralität gar nicht mehr statthaben. Welche soll die Maßgabe sein, die festlegt, was „verantwortliches Handeln" bedeutet? Wer sagt, was verantwortlich ist und was nicht? Wer oder was verlangt hier überhaupt eine Antwort (als Handeln), die zu verantworten ist? Sind es die Philosophen, die Ethiker, die Konfessionsvorsteher oder Sektenführer? Das Ich selbst kann es nicht mehr sein, weil diesem die Pluralität selbst zum Maßstab gemacht, ihm die unbedingte Maßgabe genommen, die maßgebende Orientierung versagt wird. Pluralität zerstört die Verantwortung, degradiert sie zur bloßen Pathosformel. Verantwortung setzt eine Maßgabe voraus, an die sich der Mensch gebunden weiß. Fehlt die Letztheit sittlicher Orientierung, lässt sich schlechterdings nicht mehr von Verantwortung sprechen. Letztlich werden alle sittlichen Orientierungen zu bloßen Paragraphen, „im Extrem zum *Legalismus*" (PÖPPEL 1983, 34).

Man kann es drehen und wenden wie man will: die Pluralität lebensweltlicher Bedingtheiten legitimiert keinen Begriff der Moral. Bedingtes gilt unter der Einheit des Unbedingten; dieses gilt für jenes. Geordnetes hat nur unter und angesichts einer Ordnung statt. In der Einheit ist die Vielfalt bzw. Mannigfaltigkeit in logischem

Verständnis eingefaltet (vgl. CUSANUS DI, 35₃ff), deshalb lässt sich überhaupt Pluralität denken bzw. wollen. Wenn nicht mehr gefragt werden kann, ob diese oder jene Norm gültig ist, dann verkommt Moral zur Machtausübung.

Ebenso wie das Wertgefüge eines Menschen niemals, d.h. zu keinem Zeitpunkt seines Lebens als abgeschlossen und endgültig angesehen werden kann, so ist auch die Wertsystematik in den verschiedenen kulturellen Epochen und Gesellschaften immer wieder neu gefasst und zu fassen. Den je aktuellen Stand des moralischen Werte- und Normensystems einer Gesellschaft nennt man gemeinhin „Sitte" oder „Moral". Diese ist geschichtlich determiniert, in ihr ist das Wertbewusstsein vergangener Generationen enthalten. Sie erhebt nur relativen Geltungsanspruch. In philosophischer Terminologie haben sich daher die Begriffe „Sittlichkeit" oder „Moralität" als die zeitlosen Ordnungsbegriffe, als die Maßgaben je aktueller sittlicher Konventionen, gesetzter Normen, tradierter Werte und kodifizierter Gesetze durchgesetzt. Bereits KANT sah jedoch den Missstand, dass „das deutsche Wort Sitten, ebenso wie das lateinische mores, nur Manieren und Lebensart bedeutet", aber „die Vernunft gebietet, wie gehandelt werden soll, wenn gleich noch kein Beispiel davon angetroffen würde" (MS, AB11). Die Maßgabe für das Wollen kann sich nicht ausschließlich auf Erfahrungswerte, auf sittlich Tradiertes stützen, ohne den Anspruch der Maßgeblichkeit zu verlieren. Als Maßgabe muss sie jeder empirischen Bedingtheit entbehren, um für Bedingtes unbedingt gelten zu können.

Wenn daher Erziehung nicht nur ein Modetrend und mehr sein soll als Sozialisation sowie je aktuelle Systemstabilisierung, dann reichen die Begriffe der Sittlichkeit oder Moralität nicht hin, ihre Maßgabe zu sein. Wenn diese Maßgabe unbedingt, überzeitlich für alle Zeit, unabhängig von der Kultur, sondern für alle Kulturen, wenn sie als unbedingt Gutes vorausgesetzt werden muss, dann heißt diese Maßgabe – entgegen aller begriffshistorischen Tradition – „Gutheit".

In diesem Begriff ist gewährleistet, dass Erziehung nicht zum Erfüllungsgehilfen fremder Zwecke und Ansprüche missbraucht wird. In der Gutheit kommt jener Anspruch zum Ausdruck, nicht bloß für das Hier und Jetzt, nicht bloß für einen beschränkten Kreis von Auserwählten Geltung zu beanspruchen. Nach ihrer Maßgabe wird Streben zum Guten erst möglich und sinnvoll. Gutheit ist uneinholbare, unbedingte Voraussetzung. Sie beansprucht über alle Zeit zu gelten, verlangt Bindung als Verbindlichkeit. Legalität wird an ihr zu messen sein, damit die *leges* Geltung beanspruchen können. Als die „Generationen verbindende Kontinuität" (PÖPPEL 1983, 33) gewährleistet Gutheit als Maßgabe, dass Erziehung das Wollen nicht bloß für den Augenblick führt, sondern auf zukünftiges Handeln als gute Haltung gerichtet ist.

Gutheit als Prinzip gilt unbedingt für alle gesetzten Zwecke. Keine Wertung im Bereich des Pädagogischen kann sich ihr entziehen. Sie gilt für alles Wollen, für alle Wertungsakte, sofern ‚etwas' bewertet wird, sofern eine Wertung gefordert ist. Indem sie für alle Wertungen gilt, gilt sie gegenstandsunabhängig. Ohne Ansehung des Gegenstandes ist sie für jede Setzung des Wollens maßgebend. Ob in Fragen der Disziplin, der Bewertung von Unterrichtsgegenständen oder des sozialen Umgangs: weil der Mensch durch das Werten bestimmt ist wie er sich gleichsam im Werten bestimmt, kann es keinen Wertungsakt vom Geltungsanspruch der Gutheit geben, der nicht Bindung in Verbindlichkeit forderte. Das Prinzip der Gutheit verhält sich zu zweckhaften Wertungen wie das Maß zu Gemessenem. Es handelt sich hierbei nicht um eine hinzugedichtete Maßregel, sondern um dasjenige, was es ‚macht', dass man messen kann.

Gutheit als Prinzip gilt unbedingt in Bezug auf die Zeit. Es ist undenkbar, dass ein Zeitpunkt, eine Zeitstrecke, in der Vergangenheit, Gegenwart oder Zukunft, in der Menschen handelten, aus dem Anspruch des Guten herausfällt. Es kann keine Zeitstrecke gedacht werden, in der das Prinzip der Gutheit nicht als vorausgesetzte Forderung galt, gilt oder gelten wird – ganz gleich wie gültig es in der Geschichte vollzogen ward. Die Moral im Rückblick auf die Geschichte zeigt zwar, in welcher Wertigkeit der Anspruch der Gutheit erfüllt wurde, und dennoch bleibt dies keine Maßgabe für zukünftige Entscheidungen[189]. Gutheit gilt überzeitlich für alles Zeitliche, wenn Bildung nicht an ein Ende gelangen kann, wenn immer gültiges Handeln gefordert ist. Ob es dem Ich je und je bewusst ist, dass es mit seinem Handeln Geltung beansprucht, d.h. sich in Geltung setzt: das Prinzip fordert zu jedem Zeitpunkt die Bindung an das absolut Gute, es fordert Bindung als Verbindlichkeit, gültige Antwort in Verantwortung.

---

[189] Der sogenannte Pluralismus versucht die „Frage nach der Qualität von Kriterien und nach deren möglicher Rechtfertigung" mit Hilfe der Geschichte zu beantworten. „Was wir heute in Europa Pluralismus nennen, kann als das historische Zwischenresultat einer jahrtausendelangen Entwicklung angesehen werden. [...] Die gegenwärtige, implizit normative Substanz und Qualität der pluralistischen Einstellung speist sich mit aus diesen historischen Prozessen. Aus der Geschichte, d.h. aus den sei es gescheiterten, sei es gelungenen Bemühungen anderer Menschen guten Willens, die vor uns gelebt haben, erwächst uns ein Fundus von Anregungen, Warnungen, Ermutigungen" (RANG 1994, 47). Zweifellos lernt man in moralischen Fragen aus der Vergangenheit. Es bleibt allerdings unausgesprochen, dass zur Beurteilung der Vergangenheit ein Maß erforderlich ist, das die gelungenen von den weniger gelungenen, gar misslungenen Bemühungen unterscheiden lässt. Dieses selbst findet man aber nicht in der Geschichte, derer können auch nicht mehrere sein. Wer kann heute sagen, welcher Mensch denn „guten Willens" war, wenn er keine einheitliche Maßgabe zur Beurteilung besitzt? Erst in Voraussetzung einer überzeitlichen Maßgabe lassen sich Anregungen, Warnungen usf. als solche identifizieren.

Gutheit als Prinzip gilt unbedingt in Bezug auf die Menschheit. Sie gilt für alle Menschen, unabhängig der sie jeweils umgebenden kulturellen und regionalen Bedingtheiten. Sie gilt unabhängig von Ethnie und Nationalität, von Geschlecht und Alter, von Krankheit und Gesundheit. Mit HEITGER kann man wieder festhalten, dass sie eben für alle gilt, die Menschen sind. Als Idee stiftet das Prinzip der Gutheit die Einheit des Menschentums über alle Bedingtheiten hinweg. Es ist daher „nichts anderes als das Menschentum im Menschen unter sittlichem Aspekt" (PÖPPEL 1983, 35). Nach ihrer Maßgabe können gesetzte Normen als Sitte legitimiert, als Traditionen akzeptiert und immer wieder in ihrer Gültigkeit hinterfragt werden. In der Bindung an Gutheit zeigt sich Menschentum über jede biologische Klassifikation des Menschseins als Einheit. Gutheit muss als einigendes Band verstanden werden, das sogenannte interkulturelle und interkonfessionelle Bildung überhaupt ermöglicht. Als unbedingte Gültigkeit können Geltungsansprüche an ihr gemessen und hinterfragt, geprüft und kommuniziert werden. Als Maßgabe ist mit der Gutheit vielmehr gefordert, dass die Sitte nicht fraglos anerkannt, sondern immer wieder auf ihre Geltung hin befragt wird.

Den gültigen Vollzug der Gutheitsbindung nennt man Erziehung. Eine Erziehung, die von der Maßgabe der Gutheit regiert wird, muss notwendig als Gewissenserziehung verstanden werden. „Wenn Bildung an Moralität [resp. Gutheit – T.M.] verwiesen bleibt, dann muß die Verbindlichkeit ihren Grund im Inneren des Menschen haben und als Stimme des eigenen Selbst vernommen werden" (HEITGER 1990, 21). Allein im Gewissen sieht die Pädagogik jene ,Instanz', von der aus das Messen angesichts der Gutheit möglich ist. Erziehung ist somit primär Selbsterziehung, weil Gewissensbindung nicht entbehrt werden kann. Diese vollzieht sich in der Permanenz der Bestimmtheit, dass jede fällige Entscheidung als Frage verstanden werden muss, die gültig, d.h. gewissenhaft beantwortet werden soll[190]. Wenn Erziehung nicht zu bloßem Regelgehorsam, sondern zu guter Haltung führen soll, dann muss sie sich an das Gewissen richten. Auch KANT sah, „daß die moralische Bildung des Menschen nicht von der Besserung der Sitten, sondern von der Umwandlung der Denkungsart, und von Gründung eines Charakters anfangen müsse" (Rel, B 56). Damit fordert er geradezu dazu auf, sich an den Richterspruch

---

[190] Josef DERBOLAV z.B. hat in seiner Theorie der „Kategorialen Bildung" für das Feld der Schulpädagogik versucht, den Erwerb des Wissens und die Erschließung des Gewissens dialektisch zu vermitteln (vgl. 1960, 17ff). Mithilfe von sogenannten „Bildungskategorien" will er „die in den Sachgehalten [des Unterrichts – T.M.] vorausgesetzten bereichsspezifischen Normstrukturen oder Sollensgehalte" finden, „die sich das Selbst im Bildungsgespräch erarbeitet und in denen es sich zugleich in Gestalt eines bestimmten Verantwortungshorizontes individuell strukturiert" (ebd., 19).

des Gewissens zu wenden, sich im Gewissen zu binden. Es gilt – nicht nur angesichts der gegenwärtigen, faktischen Wertepluralität, sondern immer schon –, den Zögling dahin zu führen, dass er sich Wertungsakte als solche bewusst macht, dass er weiß, es liegt an ihm, sich verantwortlich zu entscheiden. Erziehung unter dem Aspekt der Selbsterziehung ist somit die begründete, gültig-sein-wollende Wertentscheidung, ist der ständige Wille, sich an das Gute zu binden, sich in Gültigkeit bzw. gültig zu halten. Unter dem Aspekt der interpersonalen Führung ist sie gekennzeichnet als dasjenige Bemühen, dem Zögling zu helfen, sich in seinem Gewissen zu binden, einen „Selbstand" (HEITGER) zu erreichen, Verantwortung nicht abzunehmen, sondern zu fordern.

Auch die Erziehung wird vom Prinzip der Frage regiert, auf die eine Antwort in Verantwortung zu geben gefordert ist. Auch sie hat in einem dialogischen Verhältnis statt, in welchem Auseinander-Setzung möglich ist. Gutheit fordert diese Auseinandersetzung, fordert personale Unabhängigkeit, wenn man so will, persönliche Distanz, damit das Fürguthalten nicht aus Anlass der Sympathie, der Neigung oder Nutzenkalkulation erfolgt. Gutheit fordert Gültigkeit. Erzieher und Zögling sind immer wieder gefordert, sich gewissenhaft an diese zu binden.

Wenn das Gewissen nicht als Anlage verstanden wird, sondern als Voraussetzung angesehen werden muss, weil es sich schlechterdings nicht empirisch feststellen lässt, dann kann Gewissen nicht angeeignet, auch nicht erzogen werden. Das Gewissen lässt sich nicht erziehen, wie es sich ebenso wenig per Knopfdruck abschalten oder sonst wie ‚eliminieren' lässt – es bleibt Voraussetzung. Da das Gewissen nicht darüber urteilt, ob etwas rechtens ist oder nicht (dieses Vermögen obliegt nach KANT dem Verstand bzw. der „Vernunft, sofern sie subjektiv-praktisch" vorgestellt wird), sondern mir nur sagt, ob ich mir gewiss sein kann, gut geurteilt zu haben, ist jener Unterschied gekennzeichnet, der mit Legalität und Moralität definiert wurde. Wenn diese Unterscheidung nicht verwischt werden soll, dann kann sich das Geschäft der Erziehung nicht darin erschöpfen, zu irgendwelchen Werten zu erziehen. Da Gutheit unbedingt gilt, verliert sie sich nicht in vorgegebenen Werten, sondern geht auf in der Gewissensbindung bzw. Gewissenhaftigkeit. Wenn das Ziel der Erziehung nicht bloß der Gehorsam, sondern überdies eine „Umwandlung der Denkungsart" sein soll, dann darf Gewissensbindung in der Erziehung nicht entbehrt oder ersetzt werden.

Man ist geneigt, der Voraussetzung der Gutheit, mithin der Forderung mach Gewissensbindung, die Tendenz zu dogmatischer Normierung anzulasten. „Die unbedingte Forderung des Sollens im Anspruch des Gewissens in seiner Maßgeblichkeit für Erziehung ist [jedoch] alles andere als Ausdruck einer immer wieder unterstellten »normativen« Pädagogik. Denn das Gewissen verpflichtet nicht auf diese oder jene gesellschaftliche Norm, sondern verpflichtet, die kritische Frage nach der »Normativität« möglicher Normen zu stellen" (HEITGER 2003, 105). Durch den religiösen Aspekt des Gewissens gewinnt Erziehung, vielmehr Bildung, jenes Freiheitsmoment, das vorausgesetzt werden muss, wenn von Bildung die Rede sein soll. Das Ich ist sein eigener Richter, es erhebt das Prinzip der Gutheit zur – wenn man so will – subjektiven Maßgabe, die zugleich als objektive Gültigkeit verstanden werden muss. Statt sich dem Wollen anderer zu beugen, ist das Gewissen gerade die Möglichkeit des freiheitlichen, fürguthaltenden, verantwortlichen Selbstandes. Es ist gerade nicht die moralische Geisel, die den Menschen unter die Fremdherrschaft zwingt, sondern geradezu die Möglichkeit von Selbsterziehung, ihre Voraussetzung, die Ermöglichung moralischer Freiheit schlechthin. „Denn Verneinung der Möglichkeit, über sich selbst urteilen zu können, liefert Erziehung der Fremdbestimmung aus, unterwirft sie der Willkür des anderen" (ebd.). Gutheit als Voraussetzung wie zugleich das Gewissen sind daher notwendige Momente von Erziehung im Verständnis freiheitlicher Selbstbestimmung bzw. vielmehr Selbsterziehung.

Zur methodischen Gestaltung der „Umwandlung der Denkungsart" hin zur Selbstbestimmung merkt KANT an: „Diese Anlage zum Guten wird dadurch, daß man das Beispiel selbst von guten Menschen (was die Gesetzmäßigkeiten derselben betrifft) anführt, und seine moralischen Lehrlinge die Unlauterkeit mancher Maximen aus den wirklichen Triebfedern ihrer Handlungen beurteilen lässt, unvergleichlich kultiviert" (KANT Rel, B 56). Im *Beispiel* sieht er die Möglichkeit, Gewissensbindung zu ,üben', damit Gutheit „allmählich in die Denkungsart" (ebd.) übergehen kann.

Das Wertenlernen anhand von Beispielen fordert vom Zögling, kasuistisch ein Urteil zu fällen, sein Fürguthalten zu reflektieren und begründet zu artikulieren. In jeder Be-Wertung eines Beispiels ist der Zögling dazu aufgefordert, sich an Gutheit zu binden, d.h. das beispielhafte Handeln in seiner Wertigkeit zu bewerten. Hierin zeigt sich Selbsterziehung. Im Werten macht sich der Zögling selbst Gutheit zur Maßgabe. Er ringt mit sich selbst um die Gültigkeit seiner Wertung, er lernt, sich zu verantworten, indem er antwortet. Verantwortung ist nur in Gültigkeit möglich. Sie gilt für den Wertenden allein. Verantwortung ist vom Zögling gefordert, dieses Sollen kann er nicht abschütteln. Wohl kann es negiert oder geleugnet werden. Leugnung oder Negation selbst wiederum bleiben dennoch der Geltungsbindung verhaftet. Gutheit fordert den Zögling in seiner Gewissensbindung, in seiner Gewissenhaftigkeit. Wenn der Mensch nicht bloß als tierischer Instinktapparat betrachtet, sondern als ein sich selbst als Aufgabe verstehendes Wesen verstanden werden soll, dann ist die Voraussetzung von Gutheit notwendige Maßgabe der Selbsterziehung. An Beispielen lernt der Zögling, sich selbst in Ordnung zu halten; er lernt, seine (Wertungs-)Akte angesichts der Ordnung zu ordnen. Er lernt, sein Wollen, sein Fürguthalten, am Maß zu messen. Nur in Voraussetzung der Gutheit bleibt der Zögling vor heteronomer Indienstnahme, willkürlichen Herrrschaftsansprüchen und despotischer Fremdbestimmung gefeit. Er muss sich wertend selbst bestimmen können, wenn Moral möglich sein soll. Beispiele evozieren die Selbsterziehung, indem sie den Zögling auffordern, nach sich selbst, nach den je individuellen Werten durch Bewertung zu fragen. Das Bewerten von Beispielen ist gebunden an die Maßgabe, die sich der Zögling „in seiner reflexiven Existenz" gibt (HEITGER 2003, 101). In der Selbsterziehung sind sie nicht Grund, sondern Anlass, Wertungsakte zu fällen und sich darin gewissenhaft an das Prinzip der Gutheit zu binden.

Diese Erläuterungen können den Anschein erwecken, als sei durch die Voraussetzung der Gutheit der Aspekt der Führung aus dem Bereich der Erziehung ausgeklammert. Aber gerade das Beispiel als Erziehungsmittel weist dem Erziehenden seine Aufgabe für den Prozess zu. Wenn auch er nicht aus der Bindung an Gutheit entlassen werden kann, da diese den gesamten Erziehungsprozess maßgebend regiert, wird die Führung vornehmlich in der Beispielhaftigkeit gesehen werden müssen. Der Erzieher ist nicht bloß gefordert, Beispiele „von guten Menschen" oder auch von unlauteren anzuführen, sondern sich selbst als Beispiel gültiger Haltung zu präsentieren. Es muss klar sein: Der Erzieher gibt nicht bloß Beispiele, sondern er ist immer schon ein Beispiel mehr oder weniger gelungener Lebensführung. Erzieherische Tätigkeit darf nicht mit der bloßen Diktion von Sitten und Konventionen verwechselt werden.

Wenn Gutheit als Maßgabe der Erziehung vorausgesetzt werden muss, dann fordert dies vom Erziehenden, dass er sich bereits an diese Maßgabe gebunden haben muss, wenn er erziehen will. So ist der Satz KANTs zu interpretieren, wenn dieser konstatiert, dass der Mensch nur Mensch werden könne durch Erziehung, aber nur von solchen Menschen, „die selbst erzogen sind" (Päd, A 8). Das Prinzip der Gutheit fordert vom Erzieher ebenso Bindung wie vom Zögling. Es ist kein Herrschaftsinstrument, sondern im eigentlichen Sinne Allgemeingültigkeit, für jedermann Verbindlichkeit fordernd. In der Beispielhaftigkeit lebt der Erzieher seine Gebundenheit vor, damit der Zögling an ihm das Binden lernen kann. Hier handelt es sich nicht um Akte der Imitation, sondern um die Aufforderung zum Wertenlernen. In der Beispielhaftigkeit fordert der Erzieher zur wertenden Stellungnahme auf, ohne dadurch bereits zu diktieren, was gültiges Fürguthalten heißt. Er lebt vor, was gewissenhaftes Handeln bedeutet. Sein ganzes Tun steht unter dieser maßgeblichen Forderung. Kein noch so für unerheblich zu erachtender Akt kann aus der Verbindlichkeit der Bindung herausfallen. Der Erzieher dokumentiert dies in seiner Beziehung zur Umwelt, zu Pflanzen und Tieren, im Umgang mit dem Zögling, mit anderen Menschen. Allein durch sein Handeln muss dem Zögling ein Beispiel gegeben werden, was es heißt, sich zu binden, gebunden zu haben, immer wieder sich darum zu bemühen, sich in Ordnung bzw. geordnet zu halten. Der Erziehende muss ein Beispiel für Haltung sein, wenn er diese vom Zögling fordert. Nur in Beispielhaftigkeit hat erzieherische Führung rechtmäßig statt.

Nach Maßgabe des Prinzips der Gutheit können die Begriffe „Erzieher" und „Zögling" unterschieden werden. Erzieher ist derjenige, der sich in seinem Werten bereits gewissenhaft gebunden hat; Zögling folglich jener, der die Gewissensbindung noch zu lernen hat. Alle pädagogischen Bemühungen haben unter der Idee der Gutheit zu stehen, damit dieser Vollzug gelingen kann. In jeder sachlichen Auseinandersetzung, in jedem Dialog ist der Erzieher dazu aufgefordert, vom Zögling das Werten zu fordern. Hierbei ist zunächst nicht ausschlaggebend, *was* gewertet wird, sondern *dass* der Zögling wertet. Nimmt man als Erziehender die Wertung als Antwort vorweg, dann entzieht man dem Zögling die Möglichkeit der Verantwortung. Die Folge ist stumme Unmündigkeit im eigentlichen Verständnis. Da Gutheit allein vom Stand des Gewissens in ihrem Sollen anerkannt werden kann, dürfen Wertungen nicht fremdbestimmt abgenommen werden. Im Wertenlernen hat jeder sein Päckchen zu tragen, niemand darf dies verhindern, wenn Unmündigkeit nicht Ziel von Erziehung sein kann und soll.

Erzieherische Führung unter Maßgabe des Gutheitsprinzips im Dialog ist neben der unterrichtlichen *argumentatio ad rem* die *argumentatio ad hominem*. Die Fragen treffen nicht die Gegenstände, sondern das wertende Ich in seiner Gebundenheit, in seinem Fürguthalten. Autoritäres Gehabe oder genervte Vormundschaft haben keinen Platz, wo erzogen werden soll. Mit der (noch so gut gemeinten und notwendigen) Anleitung zur Legalität ist das Geschäft der Erziehung noch nicht erschöpft. Der Erziehende liefert keine fertigen Werte, wobei es ohnehin fraglich ist, wie dies gehen soll. Er hat den Zögling in seiner Werthaltung zu prüfen, er fragt nach dessen Wertungen; sind diese wohl überlegt, kann das Fürguthalten begründet werden, sind die Konsequenzen bedacht worden, haben sich etwa Neigungen breit gemacht usw.? Alle Fragen stehen unter der Maßgabe der Gutheit, daran sind sie orientiert und darauf zugleich gerichtet.

Erziehung als Selbst- und Fremdführung steht unter der Maßgabe der Gutheit; diese gilt für jene unbedingt. Dies schließt freilich das Scheitern erzieherischer Bemühungen nicht aus. Die Notwendigkeit der Voraussetzung von Gutheit, die damit verbundene Forderung an Erziehenden und Zögling verweist geradezu auf die Fehlbarkeit pädagogischer Maßnahmen. Das Prinzip darf nicht mit (Kausal-)Ursache verwechselt werden. Angesichts der Umstände mag der Erzieher ungeduldig mit seinem Zögling sein, er mag sich im Ton vergreifen, wider aller Absicht und Einsicht mag er ungerechtfertigte Sanktionen verhängen usf. Der Zögling wird so werten, um dem Erzieher zu gefallen, um sich einzuschmeicheln, er wird wider besserer Einsicht und Absicht alle Beispielhaftigkeit ignorieren usf. Alle Beispiele, sie mögen den mit dem Prinzip der Gutheit geforderten Anspruch faktisch erfüllen oder nicht, können die Notwendigkeit dieser Voraussetzung nicht widerlegen. Damit will sich die Pädagogik nicht in vornehmer Beruhigung entschuldigen, sondern damit dokumentiert sie ihre Einsicht in die Grenzen pädagogischer Bemühungen, in die Kontingenz praktischer Tätigkeit, in die Anerkennung individueller Freiheit. Gutheit ist keine Ursache, keine Gewähr für gute Haltung, sondern Maßgabe, die freiheitliche Bindung als Verbindlichkeit fordert.

Unter Voraussetzung der Gutheit ist die Stückwerkhaftigkeit des Wertens als Grenze pädagogischer Praxis explizit anerkannt. Mit ihr verbieten sich geradezu alle Allmachtsphantasien, die davon ausgehen, man könne mit kalkulierbarem Erfolg den Zögling zu diesen oder jenen Werten erziehen. Fürguthalten bleibt in jeder Entscheidung gefordert, in jedem Akt Aufgabe. Gutheit verlangt die Bindung des Menschen; um ihretwillen soll er sich binden, ist er stets gefordert, sich für das Gesollte zu entscheiden. Als Maßgabe erhält Erziehung ein unbedingtes Regulativ, das ihr die Richtung weist, ohne bereits bestimmt zu sein, d.h. ohne ein Wissen vorzugaukeln, was gut ist oder nicht. Unter ihrer Forderung wird Erziehung als Hilfe zur Selbsthilfe, Führung zur Selbstführung möglich. Wo das Prinzip der Gutheit zugunsten normativer Präskriptionen ersetzt wird, dort entartet Erziehung zum willkürlichen Despotismus, dort wird das Wertenlernen durch das Gehorchenlernen ersetzt, die Selbstbestimmung durch das Gängelband. Als unbedingte Maßgabe hat das Prinzip der Gutheit alle Akte im Bereich des Pädagogischen zu regieren, oder diese haben ihren Namen nicht verdient. Sie verlangt Bindung vom Ich wie vom Du, damit rechtmäßig vom Erzieher und Zögling gesprochen werden kann.

4 Fazit

Mit der Entfaltung der drei Prinzipien *Liebe*, *Wahrheit* und *Gutheit* ist der Gang der Untersuchung entlang der Frage nach dem Verhältnis von Bildung und Religion abgeschlossen. In Ansehung ihrer kann das Verhältnis nicht bloß als loser bzw. geschichtlich kontingenter Verband, sondern muss vielmehr als denknotwendige Zusammenhangsbestimmtheit angesehen werden.

Nur durch die religiösen Implikationen kann die Frage danach, wieso bzw. wozu unterrichtet und erzogen werden soll, hinreichend beantwortet werden. In der Religion ist die Sinnperspektive allen pädagogischen Handelns angelegt – ob das dem Pädagogen bewusst ist oder nicht, ob es ihm passt oder nicht. Pädagogik wird damit freilich nicht zur *ancilla theologiae* oder sonst wie von der Religion vereinnahmt. Vielmehr gewinnt pädagogisches Handeln durch Religion ihre Grundlegung bzw. Sinnperspektive. Das bedeutet nicht, dass Pädagogik nicht auf eigenen Beinen steht, doch muss man sich dessen gewahr werden, dass es religiöse Beine sind. Wenn sich pädagogisches Handeln nicht als bloße Abrichtung funktionierender Gesellschaftsmitglieder begreift, wenn sie über fremdbestimmte, rein zweckgebundene Absichten hinaus, den Menschen als Zweck an sich selbst begreift, wenn Bildung also sinnvoll sein soll, dann ist pädagogisches Handeln immer schon religiös motiviert und impliziert.

Liebe als unbedingte Forderung bindet die Menschen untereinander in ihrer Geltungsbindung im Menschentum. Über jede empirische Bedingtheit hinweg stiftet sie die Einheit der Menschen als Bildungsgemeinschaft, um für pädagogisches Handeln zu gelten. Das Menschentum wird durch die pädagogische Zuwendung nicht bloß anerkannt, sondern – aus pädagogischer Perspektive – konstituiert. Bildungsgemeinschaft, so verstanden, ist Aufgabe über alles Raum-Zeitliche hinweg, ist gerichtet auf Unendlichkeit. Bildungsgemeinschaft kann verstanden werden als Bildungsgemeinde. Pädagogische Zuwendung ist recht verstanden Ausdruck jener Gabe, die nichts verlangt, sondern auffordert. Liebe ist Gabe, damit sich der andere selbst zur Aufgabe macht. Hierin steckt die Koinzidenz von Pädagogik und Religion.

Die Bildungsgemeinschaft ist gerichtet auf Wahrheit und Gutheit. In ihnen sieht sie die Richtungsbestimmtheiten auf das unbedingt Gesollte. In der Gewissheit der Uneinholbarkeit von Wahrheit und Gutheit ist sie über alle Zeit Aufgabengemeinschaft. Aufgabenhaftigkeit wird zum Prinzip der Bildung, das unendliche Streben wird unhintergehbares Moment pädagogischer Bemühungen. Stückwerkhaftigkeit wird zu ihrem Korrelat, Nicht-Wissen im Sinne der *docta ignorantia* zum Kennzeichen des Gebildet-Seins. Stückwerk bedeutet keinen Mangel, sondern Aufforderung zum Streben. Bildung ist gesolltes Streben, das keinen zeitlichen Endpunkt kennt. Unterricht und Erziehung sind geführte Vollzüge, die auf Wahrheit und Gutheit gerichtet sind. Als Bildungsprozesse lassen sie sich zugleich als Bindungsprozesse verstehen. Bindung wird zum notwendigen Moment der Bildung. Es kann keine Bildung geben ohne Bindung. Wer Lehrer genannt werden will, der muss sich an das Streben nach Wahrheit gebunden haben; wer Erzieher genannt werden mag, muss sich gewissenhaft an das Streben nach Gutheit gebunden haben. Pädagogische Führung wird in der Verbindlichkeit der Bindung möglich. Weil Bindung ein freiheitlicher Akt ist, weil sie *der* Ausdruck von Freiheit ist, ist pädagogische Führung das Gegenteil aller Formen despotischer Gewaltausübung, konditionierender Dressur oder mechanisierender Steuerung.

Während der Entfaltung der drei, die Zusammenhangsbestimmtheit zum Ausdruck bringenden Prinzipien wurden ‚Konsequenzen' für die pädagogische Praxis bereits angedeutet. Pädagogische Führung hat rechtmäßig nur unter den Prinzipien der Dialogizität und Beispielhaftigkeit statt, darin erschöpfen sich Unterricht und Erziehung. Alle pädagogischen Akte stehen unter der unbedingten Maßgabe von Wahrheit und Gutheit, daran haben sich jene zu orientieren, wenn sie zur Bildung beitragen sollen. Weil es sich um Prinzipien handelt, lassen sich daraus jedoch keine Rezepte deduzieren[191]. Als unbedingte Maßgaben fordern Wahrheit und Gutheit vom handelnden Pädagogen Anerkennung bzw. Bindung. Wer sich Rezepte oder Handlungsorientierungen verspricht, der befindet sich weniger im Bereich des Pädagogisch-Religiösen als vielmehr in dem des Ideologisch-Okkulten.

Die der Liebe, Wahrheit und Gutheit korrespondierenden, auf Praxis bezogenen ‚Handlungsprinzipien' heißen *Vertrauen, Selbstvertrauen* und *Zutrauen*. Um den Rahmen dieser Arbeit nicht zu sprengen, muss es allerdings genügen, die Begriffe hier nur zu nennen, um an anderer Stelle zu entfalten. Es muss einer weiteren Arbeit vorbehalten bleiben, die bisherigen Grundlegungen so zu erweitern, dass die religiöse Zusammenhangsbestimmtheit aufgenommen wird. Freilich finden sich bereits Ansätze, die in diese Richtung tendieren, obgleich die religiösen Implikationen nicht *expressis verbis* dargestellt oder verhandelt werden. Dann wird sich in den Begriffen „Vertrauen", „Selbstvertrauen" und „Zutrauen" jenes Moment wieder finden, das in den drei dargestellten Prinzipien aufgehoben ist.

---

[191] „Das verbindende Band von Theorie und Praxis muß im Anspruch von Verbindlichkeit gesehen werden" (HEITGER 1989, 168). Zum „pädagogischen Grundproblem" von *„Theorie und Praxis"*, vgl. auch BÖHM (1995).

- Das pädagogische Lehrer-Schüler- bzw. Erzieher-Zögling-Verhältnis kann nach Sicht der vorliegenden Arbeit als Vertrauensverhältnis gesehen werden. Der Prozess ist getragen von dem Vertrauen, das sich Ich und Du schenken. Darin ist kein Raum für Kalkülhaftes oder Zweckmäßiges.

- Unterricht setzt das Selbstvertrauen in das eigene Erkenntnisvermögen beim Schüler voraus. Dieser muss sich selbst vertrauen lernen, so dass er die Aufgaben in eigener Anstrengung lösen kann. Da er nichts vom Lehrer übernehmen bzw. dieser ihm nichts „beibringen" kann, sondern das Lernen seine eigene Aufgabe bleibt, ist Selbstvertrauen unverzichtbar.

- Im Hinblick auf die zukünftige Lebensgestaltung des Zöglings ist Erziehung unbedingt vom Zutrauen des Erziehenden bestimmt und getragen. Dieser muss voraussetzten, dass sich der Zögling stets gewissenhaft entscheidet, dass Fehlentscheidungen noch nicht das Ende der Welt bedeuten, Erziehungsbemühungen deshalb nicht obsolet werden. Da es im Handeln weder Erzieher noch Zögling gibt, ist das Zutrauen in die Werturteilsfähigkeit des Zöglings unverzichtbar.

Überblickt man abschließend den Gang der Untersuchung, dann kann festgehalten werden: Die Zusammenhangsbestimmtheit von Pädagogik und Religion gilt nicht, weil sie sich anhand der Disziplingeschichte nachweisen lässt; sondern diese lässt sich in der Disziplingeschichte nachweisen, weil sie gilt. Bei allen je und je anstehenden Herausforderungen und Zweckmäßigkeiten in pädagogischen Handlungsfeldern sollte die überzeitliche religiöse Grundlage der Bildung nicht missachtet werden, wenn pädagogisches Handeln zukünftig seinen Sinn behalten soll.

Literatur

ALBERT, Hans: Traktat über kritische Vernunft. Tübingen ⁴1980

APEL, Karl Otto: Transformation der Philosophie. Bd. 1: Sprachanalytik, Semiotik, Hermeneutik. Frankfurt a.M. 1973

APEL, Karl-Otto: Transformation der Philosophie. Bd. 2: Das Apriori der Kommunikationsgemeinschaft. Frankfurt a.M. 1976

AQUIN, Thomas von: Über den Lehrer – De magistro. Quaestiones disputatae de veritate, Quaestio XI. Summa theologiae, Pars I, quaestio 117, articulus 1. Hamburg 1988

ARISTOTELES: Metaphysik. In: ders.: Philosophische Schriften in sechs Bänden. Nach der Übersetzung von Hermann Bonitz. Bd. 5. Hamburg 1995

AVERROES [Ibn-Rushd]: Die Hauptlehren des Averroes nach seiner Schrift: Die Widerlegung des Gazali. Übersetzt und erläutert von Max Horten. Frankfurt a.M. 1999

BAADER, Meike Sophia: Erziehung als Erlösung. Transformation des Religiösen in der Reformpädagogik. Weinheim/München 2005

BALLAUFF, Theodor: Vernünftiger Wille und gläubige Liebe. Interpretationen zu Kants und Pestalozzis Werk. Meisenheim a.G. 1957

BALLAUFF, Theodor: Systematische Pädagogik. Eine Grundlegung. Heidelberg ²1966

BALLAUFF, Theodor: Menschlichkeit als Möglichkeit der Bildung. Bildung als Ermöglichung der Menschlichkeit. In: REICHERT, Waltraud / SCHUPPAN, Michael-Sören (Hg.): Möglichkeiten menschlichen Seins. Rheinfelden/Berlin 1992, S. 3 – 11

BALLAUFF, Theodor: Pädagogik als Bildungslehre. Aus dem Nachlaß hrsg. von Andreas Poenitsch und Jörg Ruhloff. Hohengehren ⁴2004

BAUCH, Bruno: Das Problem der Religionsphilosophie im System des transzendentalen Idealismus. In: Zeitschrift für Theologie und Kirche, 6 (1925), S. 1 – 28

BAUCH, Bruno: Die erzieherische Bedeutung der Kulturgüter. Leipzig 1930

BAUMANN, Zygmunt: Postmoderne Ethik. Hamburg 1995

BELLMANN, Johannes: Religionsunterricht ist ordentliches Lehrfach. Begründungen religiöser Bildung an öffentlichen Schulen. In: RUHLOFF, Jörg et al. (Hg.): Perspektiven Allgemeiner Pädagogik. Weinheim/Basel 2006, S. 173 – 185

BENNER, Dietrich: Die Pädagogik Herbarts. Eine problemgeschichtliche Einführung in die Systematik neuzeitlicher Pädagogik. München 1986

BENNER, Dietrich: Statements zur Bedeutung von Religion für die Bildung. In: SCHNEIDER, Johannes (Hg.): Bildung und Religion. Münstersche Gespräche zu Themen der wissenschaftlichen Pädagogik, Heft 10. Münster 1993, S. 99 – 108

BENNER, Dietrich: Studien zur Theorie der Erziehung und Bildung. Pädagogik als Wissenschaft, Handlungstheorie und Reformpraxis, Bd. 2. Weinheim/München 1995

BENNER, Dietrich (Hg.): Johann Friedrich Herbart. Systematische Pädagogik. Bd. 2: Interpretationen. Weinheim 1997

BENNER, Dietrich: Allgemeine Pädagogik. Eine systematisch-problemgeschichtliche Einführung in die Grundstruktur pädagogischen Denkens und Handelns. Weinheim/ München [4]2001

BENNER, Dietrich: Hauptströmungen der Erziehungswissenschaft. Eine Systematik traditioneller und moderner Theorien. Weinheim/Basel [4]2001a

BENNER, Dietrich: Erziehung – Religion, Pädagogik – Theologie, Erziehungswissenschaft – Religionswissenschaft. Systematische Analysen zu pädagogischen, theologischen und religionspädagogischen Reflexionsformen und Forschungsdesiderata. In: GROß, Engelbert (Hg.): Erziehungswissenschaft, Religion und Religionspädagogik. Münster 2004, S. 9 – 50

BENNER, Dietrich: Theologie und Erziehungswissenschaft, Religion und Erziehung. Zu Problem und Aufgabe, in bildungstheoretischer Hinsicht zwischen den Propria von Religion und Ethik zu vermitteln und zu unterscheiden. In: KULD, Lothar / BOLLE, Rainer / KNAUTH, Thorsten (Hg.): Pädagogik ohne Religion? Beiträge zu einer Bestimmung und Abgrenzung der Domänen von Pädagogik, Ethik und Religion. Münster 2005, S. 53 – 68

BENNER, Dietrich / BRÜGGEN, Friedhelm: Bildsamkeit/Bildung. In: BENNER, Dietrich / OELKERS, Jürgen (Hg.): Historisches Wörterbuch der Pädagogik. Weinheim/Basel 2004, Sp. 174 – 215

BLANKERTZ, Herwig: Der Begriff der Pädagogik im Neukantianismus. Weinheim 1959

BLANKERTZ, Herwig: Die Geschichte der Pädagogik. Von der Aufklärung bis zur Gegenwart. Wetzlar 1982

BLOCH, Ernst: Das Prinzip Hoffnung. Frankfurt a.M. 1968

BÖHM, Winfried: Was heißt: christlich erziehen? Fragen, Anstöße, Orientierungen. Würzburg/Innsbruck 1992

BÖHM, Winfried: Theorie und Praxis. Einführung in das pädagogische Grundproblem. Würzburg [2]1995

BÖHM, Winfried: Über die Dialogizität von Erziehung und Pädagogik. In: Vierteljahrsschrift für wissenschaftliche Pädagogik, 78. Jg. (2002), S. 455 – 471

BÖHM, Winfried: Wörterbuch der Pädagogik. Stuttgart [16]2005

BÖHM, Winfried: Urteilskraft und Person. In: FUCHS, Brigitta / SCHÖNHERR, Christian (Hg.): Urteilskraft und Pädagogik. Beiträge zu einer pädagogischen Handlungstheorie. Würzburg 2007, S. 61 – 73

BREINBAUER, Ines: Braucht Erziehung Werte? In: Schulmagazin 5-10, 1 (1993), S. 8 – 9

BREZINKA, Wolfgang: Grundbegriffe der Erziehungswissenschaft. Analyse, Kritik, Vorschläge. München ²1975

BREZINKA, Wolfgang: Glaube, Moral und Erziehung. Basel/München 1992

BREZINKA, Wolfgang: Moralerziehung in einer pluralistischen Gesellschaft. Kulturelle Erfolgsbedingungen und Grenzen. In: NEUMANN, Dieter / SCHÖPPE, Arno / TREML, Alfred K. (Hg.): Die Natur der Moral. Evolutionäre Ethik und Erziehung. Leipzig 1999, S. 129 – 142

BUBER, Martin: Begegnung. Autobiographische Fragmente. Heidelberg ⁴1986

BUBER, Martin: Das dialogische Prinzip. Gerlingen ⁶1992

COHN, Jonas: Wirklichkeit als Aufgabe. Aus dem Nachlaß hrsg. von Jürgen Kempinski. Stuttgart 1955

COHN, Jonas: Erziehung zu sozialer Gesinnung [1920]. In: Vom Sinn der Erziehung. Ausgewählte Texte. Besorgt von Dieter-Jürgen Löwisch. Paderborn 1970

COHN, Jonas: Selbst-Überschreitung. Grundzüge der Ethik – entworfen aus der Perspektive der Gegenwart. Aus dem Nachlaß hrsg. von Dieter-Jürgen Löwisch. Frankfurt a.M./Bern/New York 1986

COMENIUS, Johann Amos: Große Didaktik. Die vollständige Kunst, alle Menschen alles zu lehren [1659]. Übersetzt und hrsg. von Andreas Flitner mit einem Nachwort von Klaus Schaller. Donauwörth ⁹2000

CUSANUS [VON KUES, Nikolaus]: Philosophisch-theologische Werke. Lateinisch – deutsch. Hrsg. von Karl Bormann. Hamburg 2002. Die jeweiligen Originalschriften werden im Text mit folgenden Abkürzungen gekennzeichnet:

DI = De docta ignorantia / Die belehrte Unwissenheit, 1440

IM = Idiota de mente / Der Laie über den Geist, 1488

DERBOLAV, Josef: Versuch einer wissenschaftlichen Grundlegung der Didaktik. In: Didaktik in der Lehrerbildung. 2. Beiheft der Zeitschrift für Pädagogik. Weinheim/Düsseldorf 1960, 17 – 45

DILTHEY, Wilhelm: Pädagogik. Geschichte und Grundlinien des Systems. In: ders.: Gesammelte Schriften, Bd. 9. Hrsg. von Otto Friedrich Bollnow. Göttingen ⁴1974

FEES, Konrad: Werte und Bildung. Wertorientierung im Pluralismus als Problem für Erziehung und Unterricht. Opladen 2000

FICHTE, Johann Gottlieb: Grundlage des Naturrechts nach Prinzipien der Wissenschaftslehre [1796]. In: ders.: Fichtes Werke. Hrsg. von Immanuel Hermann Fichte, Bd. 3: Zur Rechts- und Sittenlehre I. Berlin 1971, S. 1 – 385

FICHTE, Johann Gottlieb: Gerichtliche Verantwortung gegen die Anklage des Atheismus [1799]. In: ders.: Fichtes Werke. Hrsg. von Immanuel Hermann Fichte, Bd. 5: Zur Religionsphilosophie. Berlin 1971a, S. 241 – 333

FINK, Eugen: Metaphysik der Erziehung im Weltverständnis von Plato und Aristoteles. Frankfurt a.M. 1970

FINK, Eugen: Grundfragen der systematischen Pädagogik. Freiburg 1978

FISCHER, Wolfgang: Einige Gedanken zum Begriff des Dialogischen im Begriff der Bildung. In: ders. (Hg.): Einführung in die pädagogische Fragestellung, Teil 2. Freiburg 1963, S. 63 – 81

FISCHER, Wolfgang: Unterwegs zu einer skeptisch-transzendentalkritischen Pädagogik. Ausgewählte Aufsätze 1979-1988. Sankt Augustin 1989

FISCHER, Wolfgang: Vom Sinn und Unsinn des Sollens in der Pädagogik. Eine Problemskizze. In: Vierteljahrsschrift für wissenschaftliche Pädagogik, 63. Jg. (1993), S. 440 – 457

FISCHER, Wolfgang: Die Religion in KANTs Begründung der Pädagogik. In: HEITGER, Marian / WENGER, Angelika (Hg.): Kanzel und Katheder. Zum Verhältnis von Religion und Pädagogik seit der Aufklärung. Innsbruck 1994, S. 43 – 67

FISCHER, Wolfgang: Über Sinn oder Unsinn fächerverbindenden Unterrichts und fächerübergreifender Themen. In: REKUS, Jürgen (Hg.): Grundfragen des Unterrichts. Bildung und Erziehung in der Schule der Zukunft. Weinheim/ München 1998, S. 169 – 192

FISCHER, Wolfgang: Sokrates pädagogisch. Hrsg. von Jörg Ruhloff und Christian Schönherr. Würzburg 2004

FLITNER, Wilhelm: Allgemeine Pädagogik. Stuttgart [15]1997

FOUCAULT, Michel: Sexualität und Wahrheit. Bd. 1: Der Wille zum Wissen. Frankfurt a.M. 1976

FREUD, Sigmund: Gesammelte Werke. Chronologisch geordnet. Bd. 11: Vorlesungen zur Einführung in die Psychoanalyse. Frankfurt a.M. [4]1966

FROST, Ursula: Das Verhältnis von Bildung und Religion bei Schleiermacher – ein Lösungsweg für die Gegenwart? In: SCHNEIDER, Johannes (Hg.): Bildung und Religion. Münstersche Gespräche zu Themen wissenschaftlicher Pädagogik, Heft 10. Münster 1993, S. 10 – 25

FROST, Ursula: Die Wahrheit des Strebens. Grundlagen und Voraussetzungen der Pädagogik Friedrich Schleiermachers. In: HEITGER, Marian / WENGER, Angelika: Kanzel und Katheder. Zum Verhältnis von Religion und Pädagogik seit der Aufklärung. Paderborn/München/Wien/Zürich 1994, S. 227 – 248

GLASERSFELD, Ernst von: Radikaler Konstruktivismus. Ideen, Ergebnisse, Probleme. Frankfurt a.M. 1996

GLASERSFELD, Ernst von: Drittes Siegener Gespräch über Radikalen Konstruktivismus. Ernst von Glasersfeld im Gespräch mit Lumis, 4.10.1994. In: ders.: Radikaler Konstruktivismus. Ideen, Ergebnisse, Probleme. Frankfurt a.M. 1996a, S. 310 – 361

GÖNNHEIMER, Stefan: Schule und Verantwortung. Zur Bedeutung einer ethischen Kategorie in Erziehung und Bildung. Frankfurt a.M. 2002

GRAEFE, Steffen: Der gespaltene Eros – Platons Trieb zur »Weisheit«. Frankfurt a.M. 1989

HABERMAS, Jürgen: Theorie des kommunikativen Handelns. Bd. 1: Handlungsrationalität und gesellschaftliche Rationalisierung. Frankfurt a.M. 1981

HARTMANN, Nicolai: Ethik. Berlin ³1949

HARTMANN, Nicolai: Die Wertdimension der Nikomachischen Ethik. In: ders.: Kleinere Schriften II. Abhandlungen zur Philosophie-Geschichte. Berlin 1957, S. 191 – 214

HARTMANN, Nikolai: Der philosophische Gedanke und seine Geschichte. Stuttgart 1977

HEIDEGGER, Martin: Sein und Zeit. In: ders.: Gesamtausgabe, Bd. 2. Frankfurt a.M. 1977

HEITGER, Marian: Problemgeschichte der Pädagogik. In: Lexikon der Pädagogik. Ergänzungsband. Freiburg/Basel/Wien 1964, Sp. 586 – 588

HEITGER, Marian (Hg.): Erziehung oder Manipulation: die Problematik der Erziehungsmittel. München 1969

HEITGER, Marian: Pädagogik. Das Wissen der Gegenwart. Darmstadt 1972

HEITGER, Marian: Prolegomena zur Beantwortung der Frage nach der Möglichkeit und Sinn der Geschichte der Pädagogik als Problemgeschichte. In: BÖHM, Winfried / SCHRIEWER, Jürgen (Hg.): Geschichte der Pädagogik und systematische Erziehungswissenschaft. Stuttgart 1975, S. 54 – 64

HEITGER, Marian: Anmerkungen zum Methodenbegriff Alfred Petzelts in seiner Bedeutung für den Begriff der pädagogischen Führung. In: Vierteljahrsschrift für wissenschaftliche Pädagogik, 53. Jg. (1977), S. 349 – 356

HEITGER, Marian: Beiträge zu einer Pädagogik des Dialogs. Eine Einführung. Wien 1983

HEITGER, Marian: Das Prinzip der Bildsamkeit und die Tugend der Hoffnung. In: HINTZ; Dieter / REKUS, Jürgen (Hg.): Zum Beispiel Schule. Beiträge zur pädagogischen Besinnung. Hildesheim 1987, S. 83 – 94

HEITGER, Marian: Vom Selbstverständnis transzendentalphilosophischer Pädagogik. In: RÖHRS, Hermann / SCHEUERL, Hans (Hg.): Richtungsstreit in der Erziehungswissenschaft und pädagogischen Verständigung. Frankfurt/Bern/New York 1989, S. 161 – 172

HEITGER, Marian: Moralität und Bildung. In: REGENBRECHT, Aloysius / PÖPPEL, Karl Gerhard (Hg.): Moralische Erziehung im Fachunterricht. Münstersche Gespräche zu Themen der wissenschaftlichen Pädagogik, Heft 7.1. Münster 1990, S. 12 – 26

HEITGER, Marian: Braucht Bildung Religion? Braucht Religion Bildung? In: ders. (Hg.): Bildung zwischen Glaube und Wissen. Innsbruck/Wien 1991, S. 89 – 112

HEITGER, Marian: Braucht Bildung Religion? In: DIKOW, Joachim (Hg.): Religion, Glaube, Bildung. Münstersche Gespräche zu Themen der wissenschaftlichen Pädagogik, Heft 9. Münster 1992, S. 1 – 26

HEITGER, Marian: Vom widersprüchlichen Verhältnis von Anthropologie und Pädagogik. In: HELLEKAMPS, Stephanie / KOS, Olaf / SLADEK, Horst (Hg.): Bildung, Wissenschaft, Kritik. Weinheim 2001, S. 79 – 91

HEITGER, Marian: Systematische Pädagogik – Wozu? Paderborn 2003

HEITGER, Marian: Bildung als Selbstbestimmung. Hrsg. von Winfried Böhm und Volker Ladenthin. Paderborn 2004

HEITGER, Marian: Über Transzendenz im transzendentalphilosophischen Denken der Pädagogik. In: RUHLOFF, Jörg / BELLMANN, Johannes et al. (Hg.): Perspektiven Allgemeiner Pädagogik. Weinheim/Basel 2006, S. 125 – 131

HEITGER, Marian: Das grundlegend Dialogische des Pädagogischen. In: MIKHAIL, Thomas (Hg.): Ich und Du. Der vergessene Dialog. Frankfurt a.M. 2008, S. 139 – 159

HEITGER, Marian / WENGER, Angelika (Hg.): Kanzel und Katheder. Zum Verhältnis von Religion und Pädagogik seit der Aufklärung. Innsbruck 1994

HEITMANN, Margret: Jonas Cohn (1869 – 1947). Das Problem der unendlichen Aufgabe in Wissenschaft und Religion. Hildesheim/Zürich/New York 1999

HEYTING, Frieda / TENORTH, Heinz-Elmar (Hg.): Pädagogik und Pluralismus. Deutsche und niederländische Erfahrungen im Umgang mit Pluralität in Erziehung und Erziehungswissenschaft. Weinheim 1994

HENSELER, Joachim: Wie das Soziale in die Pädagogik kam. Zur Theoriegeschichte universitärer Sozialpädagogik am Beispiel Paul Natorps und Herman Nohls. Weinheim/München 2000

HERBART, Johann Friedrich: Systematische Pädagogik. Eingeleitet, ausgewählt und interpretiert von Dietrich Benner. Stuttgart 1986

HERBART, Johann Friedrich: Allgemeine Pädagogik aus dem Zweck der Erziehung abgeleitet [1806]. In: Sämtliche Werke in 19 Bänden [2. Neudruck der Ausgabe Langensalza 1887], Bd. 2. Aalen 1989

HERBART, Johann Friedrich: Umriss paedagogischer Vorlesungen [1835]. In: Sämtliche Werke in 19 Bänden [2. Neudruck der Ausgabe Langensalza 1902], Bd. 10. Aalen 1989

HESSEN, Johannes: Religionsphilosophie. Bd. 1: Methoden und Gestalten der Religionsphilosophie. Essen 1948

HÖFFDING, Harald: Geschichte der neueren Philosophie. Eine Darstellung der Geschichte der Philosophie von dem Ende Renaissance bis zu unseren Tagen. Bd. 2. Leipzig/Reisland ²1921

HÖFFE, Otfried (Hg.): Lexikon der Ethik. München ⁶2002

HÖNIGSWALD, Richard: Zur Theorie des Konzentrationsunterrichts. Eine kritische Untersuchung zum Begriff der Pädagogik. In: Zeitschrift für Philosophie und philosophische Kritik, 163 (1917), S. 207 – 233

HÖNIGSWALD, Richard: Über die Grundlagen der Pädagogik. Ein Beitrag zur Frage des pädagogischen Universitätsunterrichts. München ²1927

HÖNIGSWALD, Richard: Vom Problem der Erziehung. In: Pädagogische Warte. Zeitschrift für Erziehung und Unterricht, Lehrerfortbildung und Schulpolitik, 38. Jg. (1931), S. 727 – 733

HÖNIGSWALD, Richard: Vom philosophischen Problem des religiösen Glaubens. In: Zeitschrift für Religionspsychologie, 5. Jg. (1932), S. 49 – 63

HÖNIGSWALD, Richard: Analysen und Probleme. Abhandlungen zur Philosophie und ihrer Geschichte, Bd. 2. Hrsg. von Gerd Wolandt. Stuttgart 1959

HÖNIGSWALD, Richard: Die Grundlagen der Denkpsychologie. Studien und Analysen [²1924]. Darmstadt 1965

HÖNIGSWALD, Richard: Studien zur Theorie pädagogischer Grundbegriffe. Eine kritische Untersuchung [1913]. Stuttgart 1966

HÖNIGSWALD, Richard: Philosophie und Sprache. Problemkritik und System [1937]. Darmstadt 1970

HÖNIGSWALD, Richard: Die Systematik der Philosophie: aus individueller Problemgestaltung entwickelt, Teil 2. Hrsg. von Eberhard Winterhager. Bonn 1977

HÖNIGSWALD, Richard: Grundfragen der Erkenntnistheorie [1931]. Hrsg. von Wolfdietrich Schmied-Kowarzik. Hamburg 1997

HUFNAGEL, Erwin: Richard Hönigswalds Pädagogikbegriff. Zur Verhältnisbestimmung von Philosophie und Pädagogik. Bonn 1979

HUFNAGEL, Erwin: Der Wissenschaftscharakter der Pädagogik. Studien zur pädagogischen Grundlehre von Kant, Natorp und Hönigswald. Würzburg 1990

HÜLSHOFF, Rudolf: Das Problem der Du-Beziehung im Gedanken des „Hausglücks" bei Pestalozzi. Freiburg i.Br. 1959

HÜLSHOFF, Richard: Unterricht und Erziehung. Zwei Grundbegriffe der Pädagogik Alfred Petzelts. In: Vierteljahrsschrift für wissenschaftliche Pädagogik. 53. Jg. (1977), S. 306 – 324

JEGELKA, Norbert : Paul Natorp: Philosophie, Pädagogik, Politik. Würzburg 1992

JOHANNES PAULUS ‹PAPA II.›: Enzyklika Fides et Ratio. Glaube und Vernunft. Stein am Rhein 1998

JUNGMANN, Walter: Gibt es moralisches Wissen? Zum Konstituierungsproblem der Erziehungswissenschaft unter den Bedingungen des ‚postmodernen' Pluralismus. Frankfurt a.M. 2007

KAMPMANN, Theoderich: Erziehung und Glaube. Zum Aufbau einer christlichen Pädagogik. München 1960

KANT, Immanuel: Werkausgabe in zwölf Bänden. Hrsg. von Wilhelm Weischedel. Wiesbaden 1974ff. Die jeweils zitierten Originalschriften werden im Text mit folgenden Abkürzungen gekennzeichnet:

Anfang = Mutmasslicher Anfang der Menschengeschichte, 1786

Denken = Was heißt: sich im Denken orientieren?, 1783

Fort = Welches sind die wirklichen Fortschritte, die die Metaphysik seit Leibnizens und Wolffs Zeiten in Deutschland gemacht hat?, 1804

GMS = Grundlegung zur Metaphysik der Sitten, 1785

Idee = Idee zu einer allgemeinen Geschichte in weltbürgerlicher Absicht, 1784

KpV = Kritik der praktischen Vernunft, 1788

KrV = Kritik der reinen Vernunft, 2. Auflage 1787

KU = Kritik der Urteilskraft, 1790

Logik = Logik, 1800

MS = Die Metaphysik der Sitten, 1797

NatTheol = Untersuchung über die Deutlichkeit der Grundsätze der natürlichen Theologie und der Moral, 1764

Päd = Über Pädagogik, 1803

Pro = Prolegomena zu einer jeden Künftigen Metaphysik, die als Wissenschaft wird auftreten können, 1783

Rel = Die Religion innerhalb der Grenzen der bloßen Vernunft, 2. Auflage 1794

Theo = Über das Misslingen aller philosophischen Versuche in der Theodizee, 1791

KAUDER, Peter: Wissenschaftliche Terminologie und „fromme Sprache". Zum Bestimmungsboden der pädagogischen Systematik Alfred Petzelts. In: HEITGER, Marian / WENGER, Angelika (Hg.): Kanzel und Katheder. Zum Verhältnis von Religion und Pädagogik seit der Aufklärung. Paderborn/München/Wien/Zürich 1994, 397 – 415

KAUDER, Peter: Prinzipienwissenschaftliche Systematik und „politischer Impetus". Eine Untersuchung zur Pädagogik Alfred Petzelts. Frankfurt a.M. 1997

KLEPPER, Beate: Gnade und Erziehung. Historisch-systematische Untersuchungen zu einer pädagogischen Kontingenzbewältigungsstrategie. Würzburg 2003

KOCH, Lutz: Logik des Lernens. Weinheim 1991

KOCH, Lutz: Über die Aktualität der allgemeinen Bildung. In: Vierteljahrsschrift für wissenschaftliche Pädagogik, 69. Jg. (1993), S. 84 – 99

KOCH, Lutz: Kants ethische Didaktik. Würzburg 2003

KOCH, Lutz: Natürliche Religion. Ein pluralismustaugliches Unterrichtsfach? In: ZIEBERTZ, Hans-Georg / SCHMIDT, Günter R. (Hg.): Religion in der Allgemeinen Pädagogik. Von der Religion als Grundlegung bis zu ihrer Bestreitung. Freiburg i.Br. 2006, S. 150 – 162

KÜRZDÖRFER, Klaus: Pädagogik des Gewissens. Geschichtlich-systematische Analysen zu seiner Interdisziplinaritätsproblematik. Bad Heilbrunn 1982

LADENTHIN, Volker: Erziehung durch Literatur? Zur moralischen Dimension des Literaturunterrichts. Essen 1989

LADENTHIN, Volker: Moderne Literatur und Bildung. Zur Bestimmung des spezifischen Bildungsbeitrags moderner Literatur. Hildesheim 1991

LADENTHIN, Volker: Normative Pluralität. Zur Kritik der absoluten Relativität. In: Vierteljahrsschrift für wissenschaftliche Pädagogik. 69. Jg. (1993), S. 145 – 158

LADENTHIN, Volker: Ethik und Bildung in der modernen Gesellschaft. Die Institutionalisierung der Erziehung in systematischer Perspektive. Würzburg 2002

LADENTHIN, Volker (Hg.): Religion und Bildung im Pluralismus. Münstersche Gespräche zu Themen der wissenschaftlichen Pädagogik, Heft 19. Münster 2003

LADENTHIN, Volker: Was ist "Bildung"?: systematische Überlegungen zu einem aktuellen Begriff. In: Evangelische Theologie, 63. Jg. (2003a), S. 237 – 260

LADENTHIN, Volker: Religionsunterricht und die Bildung des Menschen. In: ZIEBERTZ, Hans-Georg / SCHMIDT, Günter R. (Hg.): Religion in der Allgemeinen Pädagogik. Von der Religion als Grundlegung bis zu ihrer Bestreitung. Freiburg i.Br. 2006, S. 115 – 125

LADENTHIN, Volker (Hg.): Philosophie der Bildung. Eine Zeitreise von den Vorsokratikern bis zur Postmoderne. Bonn 2007

LADENTHIN, Volker: Das lernende Selbst zwischen Inhalt und Methode. Zum Umgang der Schule mit dem Selbst. In: ARNOLD, Rolf / BENIKOWSKI, Bernd / GRIESE, Christiane / LOST, Christine (Hg.): Lernen lebenslang – Ansichten und Einsichten. Baltmannsweiler 2008, S. 52 – 74

LADENTHIN, Volker: Werterziehung als Aufgabe des Unterrichts. In: ders. / REKUS, Jürgen (Hg.): Werterziehung als Qualitätsdimension von Schule und Unterricht. Münster 2008a, S. 17 – 35

LADENTHIN, Volker: Voraussetzungen religiöser Bildung. Bildungstheoretische Perspektive. In: MERTENS, Gerhard / FROST, Ursula / BÖHM, Winfried / ders. (Hg.): Handbuch der Erziehungswissenschaft. Bd. 1: Grundlagen Allgemeine Erziehungswissenschaft. Paderborn/München/Wien/Zürich 2008b, S. 797 – 809

LASSAHN, Rudolf: Einführung in die Pädagogik. Wiebelsheim ⁹2000

LÉVINAS, Emmanuel: Wenn Gott ins Denken einfällt. Diskurse über die Betroffenheit von Transzendenz. Freiburg i.Br./München 1985

LOTZ, Johannes Baptist: Die Drei-Einheit der Liebe. Eros, Philia, Agape. Frankfurt a.M. 1979

LÖWISCH, Dieter-Jürgen: Sinn und Grenzen einer transzendental-kritischen Pädagogik. In: Vierteljahrsschrift für wissenschaftliche Pädagogik, 47. Jg. (1971), S. 34 – 45

LÖWITH, Karl: H. Cohens Religionsphilosophie. In: OLLIG, Hans-Ludwig (Hg.): Materialien zur Neukantianismus-Diskussion. Darmstadt 1987, S. 328 – 361

LUHMANN, Niklas / SCHORR, Karl Eberhard: Reflexionsprobleme im Erziehungssystem. Frankfurt a.M. 1988

LÜTH, Christoph: Allgemeine Pädagogik und Religion. Zum Verhältnis von Bildung, Erziehung und Religion. In: ZIEBERTZ, Hans-Georg / SCHMIDT, Günter R. (Hg.): Religion in der Allgemeinen Pädagogik. Von der Religion als Grundlegung bis hin zu ihrer Bestreitung. Freiburg i.Br. 2006, S. 40 – 59

LYOTARD, Jean-François: Das postmoderne Wissen. Ein Bericht. Graz/Wien 1986

MAIGNÉ, Carole: Realistische Metaphysik und pädagogische Wissenschaft. In: Pädagogische Rundschau, 62. Jg. (2008), S. 9 – 23

MEDER, Norbert: Prinzip und Faktum. Transzendentalphilosophische Untersuchungen zu Zeit und Gegenständlichkeit im Anschluß an Richard Hönigswald. Bonn 1975

MENZE, Clemens: Bildung. In: SPECK, Josef / WEHLE, Gerhard (Hg.): Handbuch pädagogischer Grundbegriffe, Bd. 1. München 1970, S. 134 – 184

MERTENS, Gerhard: Gerechtigkeit, *das* Prinzip moralischen Handelns? Eine moralphilosophische Reflexion zu einem moralpädagogischen Schlüsselbegriff. In: Vierteljahrsschrift für wissenschaftliche Pädagogik, 64. Jg. (1988), S. 40 – 58

MEYER, Martin F. (Hg.): Zur Geschichte des Dialogs. Philosophische Positionen von Sokrates bis Habermas. Darmstadt 2006

MIKHAIL, Thomas: Wahrheit und Dialog. Erkenntnistheorie und Pädagogik. In: ders. (Hg.): Ich und Du. Der vergessene Dialog. Frankfurt a.M. 2008, S. 171 – 184

MUGERAUER, Roland: Wider das Vergessen des sokratischen Nichtwissens. Der Bildungsbeitrag Platons und seine Marginalisierung bei Plotin, Augustinus, Eckhart und Luther sowie im reformatorischen Schulwesen. Eine historischsystematische Untersuchung zur Grundlegung eines sokratisch-skeptischen Bildungskonzeptes. 2 Bde. Marburg 2007

MÜNCHMEIER, Richard: [Art.] Sozialpädagogik. In: TENORTH, Heinz-Elmar / TIPPELT, Rudolf (Hg.): Beltz Lexikon Pädagogik. Weinheim/Basel 2007, Sp. 676 – 679

NATORP, Paul: Logik in Leitsätzen zu akademischen Vorlesungen. Marburg 1904

NATORP, Paul: Gesammelte Abhandlungen zur Sozialpädagogik. Erste Abteilung: Historisches. Stuttgart 1907

NATORP, Paul: Sozialpädagogik. Ihre Grundidee und ihre Konsequenzen. In: Dokumente des Fortschritts, 1. Jg. (1908), S. 427 – 436

NATORP, Paul: Philosophie und Pädagogik. Untersuchungen auf ihrem Grenzgebiet. Marburg 1909

NATORP, Paul: Sozial-Idealismus. Neue Richtlinien sozialer Erziehung. Berlin 1920

NATORP, Paul: Sozialpädagogik. Theorie der Willensbildung auf der Grundlage der Gemeinschaft. Paderborn [7]1974

NATORP, Paul: Pädagogik und Philosophie. Drei pädagogische Abhandlungen. Besorgt von Wolfgang Fischer unter Mitarbeit von Jörg Ruhloff. Paderborn [2]1985

NATORP, Paul: Platos Ideenlehre. Eine Einführung in den Idealismus [1903]. Hamburg 2004

NATORP, Paul: Religion innerhalb der Grenzen der Humanität. Ein Kapitel zur Grundlegung der Sozialpädagogik [[2]1908]. Saarbrücken 2007

NÜSE, Ralf / GROEBEN, Norbert / FREITAG, Burkhard / SCHREIER, Margrit: Über die Erfindung/en des Radikalen Konstruktivismus. Kritische Gegenargumente aus psychologischer Sicht. Weinheim 1991

OELKERS, Jürgen / SCHULZ, Wolfgang K. / TENORTH, Heinz-Elmar: Wiederentdeckung einer Tradition – Zur Einleitung in diesen Band. In: dies. (Hg.): Neukantianismus. Kulturtheorie, Pädagogik und Philosophie. Weinheim 1989, S. 7 – 35

OELKERS, Jürgen / OSTERWALDER, Fritz / TENORTH, Heinz-Elmar (Hg.): Das verdrängte Erbe. Pädagogik im Kontext von Religion und Theologie. Weinheim 2003

OFENBACH, Birgit: Geschichte des pädagogischen Berufsethos. Realbedingungen für Lehrerhandeln von der Antike bis zum 21. Jahrhundert. Würzburg 2006

OLLIG, Hans-Ludwig: Religionsphilosophie der Südwestdeutschen Schule. In: ders. (Hg.): Materialien zur Neukantianismus-Diskussion. Darmstadt 1987, S. 428 – 457

ORTH, Ernst Wolfgang: Die Einheit des Neukantianismus, In: ders. / HOLZHEY, Helmut (Hg.): Neukantianismus. Perspektiven und Probleme. Würzburg 1994, S. 13 – 30

PASCAL, Blaise: Abhandlung über die Leidenschaften der Liebe. Köln 1949

PATZELT, Edmund: Ethik und Pädagogik. Die Invariante im System pädagogischer Bedingungen, entfaltet nach Richard Hönigswald. Frankfurt a.M. 1991

PESTALOZZI, Johann Heinrich: Die Abendstunde eines Einsiedlers. In: ders.: Sämtliche Werke. Band 1: Schriften aus der Zeit von 1766 bis 1780. Hrsg. von Artur Buchenau, Eduard Spranger und Hans Stettbacher. Berlin/Leipzig 1927, S. 263 – 281

PETZELT: Alfred: Vom Problem der Persönlichkeit. In: Vierteljahrsschrift für wissenschaftliche Pädagogik, 26. Jg. (1950), S. 315 – 324

PETZELT, Alfred: Über das Wesen der katholischen Schule. In: Katholische Frauenbildung, 54. Jg. (1953), S. 17 – 23

PETZELT, Alfred: [Art.]: Frage und Antwort. In: Lexikon der Pädagogik, II. Band. Freiburg i.Br. 1953a, Sp. 63 – 67

PETZELT, Alfred: Grundlegung der Erziehung. Freiburg 1954

PETZELT, Alfred: Vom Wesen der Erziehung. In: Lebendige Seelsorge. Zeitschrift für alle Fragen der Seelsorge, 5. Jg. (1954a), S. 280 – 286

PETZELT, Alfred: Wissen und Haltung. Eine Untersuchung zum Begriff der Bildung. Freiburg i.Br. 1955

PETZELT, Alfred: Grundsätzliches zum Problem staatsbürgerlicher Erziehung. In: Vierteljahrsschrift für wissenschaftliche Pädagogik, 31. Jg. (1955a), S. 77 – 95

PETZELT, Alfred: Religion und Bildung. In: Der katholische Erzieher, 10. Jg. (1957), S. 237 – 245

PETZELT, Alfred: Pädagogik und Philosophie. In: FISCHER, Wolfgang (Hg.): Einführung in die pädagogische Fragestellung. Aufsätze zur Theorie der Bildung, Bd. 1. Freiburg i.Br. 1961, S. 11 – 24

PETZELT, Alfred: Von der Frage. Eine Untersuchung zum Begriff der Bildung. Freiburg i.Br. 1962

PETZELT, Alfred: Kant: „Das Fürwahrhalten lässt sich nicht mitteilen". Eine Studie zum Problem des Dialogs im Lehrer-Schüler-Verhältnis. In: FISCHER, Wolfgang (Hg.): Einführung in die pädagogische Fragestellung. Aufsätze zur Theorie der Bildung, Teil 2. Freiburg i.Br. 1963, S. 9 – 61

PETZELT, Alfred: Grundzüge systematischer Pädagogik. Stuttgart ³1964

PETZELT, Alfred: Die Frage. In: SCHALLER, Klaus / GRÄBENITZ, Horst (Hg.): Auctoritas und Potestas. Ein Repetitorium der Erziehungsstile und Erziehungsmaßnahmen. Hamburg 1968, S. 210 – 212

PETZELT, Alfred: Tatsache und Prinzip. Philosophie und Psychologie. Hrsg. von Jörg Ruhloff. Frankfurt a.M./Bern 1982

PETZELT, Alfred: Über das Bildungsproblem (hrsg. von Peter Kauder). In: Vierteljahrsschrift für wissenschaftliche Pädagogik, 62. Jg. (1986), S. 145 – 182

PETZELT, Alfred: Ich und Du. In: MIKHAIL, Thomas (Hg.): Ich und Du. Der vergessene Dialog. Frankfurt a.M. 2008, S. 13 – 138

PIRNER, Manfred L.: Christliche Pädagogik. Grundsatzüberlegungen, empirische Befunde und konzeptionelle Leitlinien. Stuttgart 2008

PLATON: Werke in acht Bänden. Griechisch und Deutsch. Hrsg. von Gunther Eigler. Darmstadt ⁴2005

PLEINES, Jürgen-Eckhardt: Über die Freundschaft. In: Vierteljahrsschrift für wissenschaftliche Pädagogik, 71. Jg. (1995), S. 148 – 157

PLEINES, Jürgen-Eckhardt: Tugend zwischen Sittlichkeit und Moral. In: Vierteljahrsschrift für wissenschaftliche Pädagogik, 81. Jg. (2005), S. 314 – 332

PONGRATZ, Ludwig: Untiefen im Mainstream. Zur Kritik konstruktivistisch-systemtheoretischer Pädagogik. Wetzlar 2004

PÖPPEL, Karl Gerhard: Selbstbetrachtung und Erziehung. In: FISCHER, Wolfgang (Hg.): Einführung in die pädagogische Fragestellung. Aufsätze zur Theorie der Bildung, Teil 2. Freiburg i.Br. 1963, S. 125 – 160

PÖPPEL, Karl Gerhard: Erziehen in der Schule. Hildesheim/Zürich/New York 1983

PÖPPEL, Karl Gerhard: Unterricht und Erziehung – Bedingungen und Formen ihrer Integration in der (freien) Schule. In: SCHILMÖLLER, Reinhard / PETERS, Meinolf / DIKOW, Joachim (Hg.): Erziehung als Auftrag. Beiträge zur Konzeption katholischer Schulen in freier Trägerschaft. Münster 1989, S. 64 – 77

PÖPPEL, Karl Gerhard: Problemgeschichte der Pädagogik. Grundzüge und Beispiele – Eine Einführung. Hildesheim 2005.

PÖRKSEN, Bernhard: Abschied vom Absoluten. Gespräche zum Konstruktivismus. Bonn 2001

PRANGE, Klaus: Lernen ohne Gnade. Zum Verhältnis von Religion und Erziehung. In: Zeitschrift für Pädagogik, 42. Jg. (1996), S. 313 – 322

PRANGE, Klaus: Die Zeigestruktur der Erziehung. Grundriss der Operativen Pädagogik. Paderborn 2005

PRANGE, Klaus: Recht in der Erziehung – Erziehung im Recht. Zum Spannungsverhältnis von Rechtsdenken und pädagogischer Reflexion. In: Vierteljahrsschrift für wissenschaftliche Pädagogik, 81. Jg. (2005a), S. 52 – 62

PRZYWARA, Erich: Religionsphilosophie katholischer Theologie. In: BÄUMLER, Alfred/ SCHRÖTER, Manfred: Handbuch der Philosophie. Abteilung II: Natur, Geist, Gott. München/Berlin 1927, Ordnung E

RANG, Adalbert: Pädagogik und Pluralismus. In: HEYTING, Frieda / TENORTH, Heinz-Elmar (Hg.): Pädagogik und Pluralismus. Deutsche und niederländische Erfahrungen im Umgang mit Pluralität in Erziehung und Erziehungswissenschaft. Weinheim 1994, S. 23 – 50

REGENBRECHT: Aloysius: Johann Michael Sailers „Idee der Erziehung". Eine Untersuchung zur Einheit des Erziehungsbegriffs. Freiburg 1961

REICH, Kersten: Konstruktivistische Didaktik. Lehr- und Studienbuch mit Methodenpool. Weinheim/Basel ³2006

REICH, Kersten: Das Reale und das Religiöse in Pragmatismus und Konstruktivismus. In: ZIEBERTZ, Hans-Georg / SCHMIDT, Günter R. (Hg.): Religionen in der Allgemeinen Pädagogik. Freiburg i.Br. 2006a, S. 163 – 190

REKUS, Jürgen: Bildung und Moral. Zur Einheit von Rationalität und Moralität in Schule und Unterricht. Weinheim/München 1993

REKUS, Jürgen: Wie kommt das Religiöse in die Pädagogik. Ein Beitrag aus systematischer Perspektive. In: KULD, Lothar / BOLLE, Rainer / KNAUTH, Thorsten (Hg.): Pädagogik ohne Religion? Beiträge zu einer Bestimmung und Abgrenzung der Domänen von Pädagogik, Ethik und Religion. Münster 2005, S. 69 – 79

REKUS, Jürgen: Begabung und Bildsamkeit als Voraussetzungen pädagogischen Handelns. In: engagement, 2 (2006), S. 112 – 121

REKUS, Jürgen: Der religiöse Aspekt pädagogischen Handelns. In: ZIEBERTZ, Hans-Georg / SCHMIDT, Günter R. (Hg.): Religion in der Allgemeinen Pädagogik. Von der Religion als Grundlegung bis hin zu ihrer Bestreitung. Freiburg i.Br. 2006a, S. 102 – 114

REKUS, Jürgen: Wozu wir Werte brauchen und was die Erziehung damit zu tun hat. In: LADENTHIN, Volker / ders.: Werterziehung als Qualitätsdimension von Schule und Unterricht. Münster 2008, S. 5 – 16

REKUS, Jürgen: Lernen und Lehren als Dialog. In: MIKHAIL, Thomas (Hg.): Ich und Du. Der vergessene Dialog. Frankfurt a.M. 2008a, S. 185 – 204

REKUS, Jürgen / HINTZ, Dieter / LADENTHIN, Volker: Die Hauptschule. Alltag, Reform, Geschichte, Theorie. Weinheim/München 1998

RITZEL, Wolfgang: Philosophie und Pädagogik im 20. Jahrhundert. Darmstadt 1980

ROHL, Jan: Geschichte der Ethik. Tübingen ²1999

ROUSSEAU, Jean-Jacques: Rousseau richtet über Jean-Jacques. In: ders.: Schriften, Bd. 2. München/Wien 1978, S. 253 – 636

ROUSSEAU, Jean-Jacques: Emile oder Über die Erziehung. Paderborn/München/ Wien/ Zürich ¹³1993

RUHLOFF, Jörg: Paul Natorps Grundlegung der Pädagogik. Freiburg i.Br. 1966

RUHLOFF, Jörg: Didaktik und Wissenschaftsmethodologie. In: Welt der Schule, 20 (1967), S. 1 – 11

RUHLOFF, Jörg: Das ungelöste Normproblem der Pädagogik. Eine Einführung. Heidelberg 1980

RUHLOFF, Jörg: Bemerkungen zur Vernunftkritik in der Pädagogik. In: Vierteljahrsschrift für wissenschaftliche Pädagogik, 78. Jg. (2002), S. 444 – 454

RUHLOFF, Jörg: Paul Natorp (1854–1924). In: TENORTH, Heinz-Elmar (Hg.): Klassiker der Pädagogik. Bd. 2: Von John Dewey bis Paulo Freire. München 2003, S. 32 – 43

RUHLOFF, Jörg: Das pädagogische Postulat der Einmaligkeit und die Insuffizienz präskriptiv-empirischer Bildungsforschung. In: RABEL, Christine / KUBAC, Richard: Einmaligkeit, Selbigkeit, Individualität. Zur Problematik pädagogischer Leitbegriffe. Wien 2007, S. 37 – 47

RUHLOFF, Jörg: Skepsis und Gerechtigkeit. Ein Beitrag zur Diskussion. In: WIMMER, Michael / REICHENBACH, Roland / PONGRATZ, Ludwig (Hg.): Gerechtigkeit und Bildung. Paderborn 2007a, S. 123 – 127

RUMPF, Dorothea: Bildung und Religion. Prinzipienwissenschaftliche und schulpädagogische Untersuchungen zu ihrem korrelativen Zusammenhang. Hildesheim 1997

SCHAEFFLER, Richard: Religionsphilosophie. Freiburg i.Br./München 2002

SCHLEIERMACHER, Friedrich Daniel Ernst: Pädagogische Schriften. Hrsg. von Erich Weniger. Bd. 1. Frankfurt a.M./Berlin/Wien 1983

SCHLEIERMACHER, Friedrich Daniel Ernst: Über die Religion. Reden an die Gebildeten unter ihren Verächtern (1799). In: ders.: Kritische Gesamtausgabe. Hrsg. von Hans-Joachim Birkner et al. Bd. 2: Schrift aus der Berliner Zeit 1796 – 1799. Hrsg. von Günter Meckenstock. Berlin/New York 1984

SCHLEIERMACHER, Friedrich Daniel Ernst: Rede „Über die Bildung zur Religion" (1799). In: ders.: Pädagogische Schriften 2. Pädagogische Abhandlungen und Zeugnisse. Hrsg. Von Erich Weniger. Frankfurt a.M./Berlin/Wien 1984a, S. 45 – 63

SCHLEIERMACHER, Friedrich Daniel Ernst: Grundzüge der Erziehungskunst (Vorlesungen 1826). In: ders.: Texte zur Pädagogik. Kommentierte Studienausgabe, Bd. 2. Hrsg. von Michael Winkler und Jens Brachmann. Frankfurt a.M. 2000, S. 7 – 404

SCHMIED-KOWARZIK / BENNER, Dietrich (Hg.): Prolegomena zur Grundlegung der Pädagogik. Band 2: Die Pädagogik der jungen Fichteaner und Hönigswalds. Möglichkeiten und Grenzen einer Erziehungsphilosophie. Wuppertal 1969

SCHMIED-KOWARZIK, Wolfdietrich: Richard Hönigswalds Philosophie der Pädagogik. Würzburg 1995

SCHURR, Johannes: Die Bedeutung der Transzendentalphilosophie für die Grundlegung der Pädagogik als Wissenschaft. In: Vierteljahrsschrift für wissenschaftliche Pädagogik, 45. Jg. (1969), S. 85 – 97

SCHURR, Johannes: Zur Möglichkeit einer transzendentalen Bildungstheorie. In: Vierteljahrsschrift für wissenschaftliche Pädagogik, 50. Jg. (1974), S. 355 – 377

SCHURR, Johannes: Transzendentale Theorie der Bildung. Grundlinien einer Kritik der pädagogischen Vernunft. Einleitung und Erster Teil: Transzendentale Ästhetik der Bildung. Passau 1982

SCHURR, Johannes: Zur absoluten Normativität des Gewissens. In: Vierteljahrsschrift für wissenschaftliche Pädagogik, 58. Jg. (1982a), S. 1 – 20

SCHURR, Johannes: Religion und Bildung bei Fichte. In: HEITGER, Marian / WENGER, Angelika (Hg.): Kanzel und Katheder. Zum Verhältnis von Religion und Pädagogik seit der Aufklärung. Innsbruck 1994, S. 143 – 174

SCHWEITZER, Friedrich: Pädagogik und Religion. Eine Einführung. Stuttgart 2003

SCHWEITZER, Friedrich: Die religiöse Dimension der wissenschaftlichen Pädagogik in der Pluralität – Traditionen, Herausforderungen, Lösungsmodelle. In: ZIEBERTZ, Hans-Georg / SCHMIDT, Günter R. (Hg.): Religion in der Allgemeinen Pädagogik. Von der Religion als Grundlegung bis hin zu ihrer Bestreitung. Freiburg i.Br. 2006, S. 88 – 99

SEICHTER, Sabine: Pädagogische Liebe. Erfindung, Blütezeit, Verschwinden eines pädagogischen Deutungsmusters. Paderborn 2007

SPIEKER, Ben: Öffentliche Moral, moralischer Pluralismus und moralische Erziehung. Ein konzeptioneller Beitrag zu einer öffentlichen Debatte. In: HEYTING, Frieda / TENORTH, Heinz-Elmar (Hg.): Pädagogik und Pluralismus. Deutsche und niederländische Erfahrungen im Umgang mit Pluralität in Erziehung und Erziehungswissenschaft. Weinheim 1994, S. 189 – 206

VOGEL, Peter: Die neukantianische Pädagogik und die Erfahrungswissenschaft vom Menschen. In: OELKERS, Jürgen / SCHULZ, Wolfgang K. / TENORTH, Heinz-Elmar (Hg.): Neukantianismus. Kulturtheorie, Pädagogik und Philosophie. Weinheim 1989, S. 127 – 164

WEBER, Erich: Der Erziehungsauftrag der Schule. In: MAUERMANN, Lutz / ders. (Hg.): Der Erziehungsauftrag der Schule. Beiträge zur Theorie und Praxis moralischer Erziehung unter besonderer Berücksichtigung der Wertorientierung im Unterricht. Donauwörth ²1981

WEISS, Gabriele: Bildung des Gewissens. Wiesbaden 2004

WELSCH, Wolfgang: Unsere postmoderne Moderne. Weinheim ³1991

WELSCH, Wolfgang: Subjektsein heute. Überlegungen zur Transformation des Subjekts. In: Deutsche Zeitschrift für Philosophie, 39 Jg. (1991a), S. 347 – 365

WERNER, Hans-Joachim: Moral und Erziehung in der pluralistischen Gesellschaft. Darmstadt 2002

WILLMANN, Otto: Didaktik als Bildungslehre nach ihren Beziehungen zur Sozialforschung und zur Geschichte der Bildung. Braunschweig ⁴1909

WINDELBAND, Wilhelm: Präludien. Aufsätze und Reden zur Einleitung in die Philosophie, Bd. 1. Tübingen 1883

WINKELMANN-JAHN, Renate: Erkenntnistheoretische Grundlagen systematischer Pädagogik in der Philosophie Kants. In: Vierteljahrsschrift für wissenschaftliche Pädagogik, 53. Jg. (1977), S. 368 – 381

WITSCH, Monika: Kultur und Bildung. Ein Beitrag für eine kulturwissenschaftliche Grundlegung von Bildung im Anschluss an Georg Simmel, Ernst Cassirer und Richard Hönigswald. Würzburg 2008

WITTGENSTEIN, Ludwig: Über Gewißheit. In: ders.: Werkausgabe. Bd. 8: Bemerkungen über die Farben. Über Gewißheit. Zettel. Vermischte Bemerkungen. Frankfurt a.M. 1984

WITTGENSTEIN, Ludwig: Tractatus logico-philosophicus. Logisch-philosophische Abhandlung. Frankfurt a.M. 2003

ZIEBERTZ, Hans-Georg / SCHMIDT, Günter R. (Hg.): Religion in der Allgemeinen Pädagogik. Von der Religion als Grundlegung bis hin zu ihrer Bestreitung. Freiburg i.Br. 2006

GRUNDFRAGEN DER PÄDAGOGIK
Studien - Texte - Entwürfe

Herausgegeben von Prof. Dr. Jürgen Rekus

Band 1 Christian Langer: Medien und Pädagogik. Zur Legitimation von Medienpädagogik auf prinzipienwissenschaftlicher Grundlage. 2002.

Band 2 Stefan Gönnheimer: Schule und Verantwortung. Zur Bedeutung einer ethischen Kategorie in Erziehung und Unterricht. 2002.

Band 3 Albert Berger: Bildung und Ganzheit. Normkritisch-skeptische und prinzipienwissenschaftliche Untersuchung zur Einheit von Unterricht und Erziehung. 2002.

Band 4 Christopher Korn: Bildung und Disziplin. Problemgeschichtlich-systematische Untersuchung zum Begriff der Disziplin in Erziehung und Unterricht. 2003.

Band 5 Volker Ladenthin: Zukunft und Bildung. Entwürfe und Kritiken. 2004.

Band 6 Henriette Lägeler: Interesse und Bildung: Bildungstheoretische und -praxisbezogene Überlegungen zu einem pädagogischen Grundverhältnis. 2005.

Band 7 Henrik Westermann: Prinzip und Skepsis als Grundbegriffe der Pädagogik. 2005.

Band 8 Stephan Chmielus: Ökonomie, Moral und Bildung. Zur Möglichkeit bildender Vermittlung ökonomischen Wissens in der Schule. 2006.

Band 9 Walter Jungmann: Gibt es moralisches Wissen? Zum Konstituierungsproblem der Erziehungswissenschaft unter den Bedingungen des ‚postmodernen' Pluralismus. 2007.

Band 10 Thomas Mikhail (Hrsg.): Ich und Du. Der vergessene Dialog. 2008.

Band 11 Meike Eberstadt / Christin Kuznetsov: Bildung und Identität. Möglichkeiten und Grenzen eines schulischen Beitrags zur europäischen Identitätsentwicklung. 2008.

Band 12 Hildegard Krämer: Moralität und die Einheit von Erziehung und Unterricht. Ein transzendentalkritischer Beitrag zur Theorie der Bildung. 2009.

Band 13 Thomas Mikhail: Bilden und Binden. Zur religiösen Grundstruktur pädagogischen Handelns. 2009.

www.peterlang.de

Hans-Jochen Gamm

Lernen mit Comenius

Rückrufe aus den geschichtlichen Anfängen europäischer Pädagogik

Frankfurt am Main, Berlin, Bern, Bruxelles, New York, Oxford, Wien, 2008.
146 S.
ISBN 978-3-631-57033-3 · br. € 16.80*

Mit Comenius soll eine entscheidende Figur aus der Frühgeschichte europäischer Pädagogik mit der Befindlichkeit heutiger Generationen in Verbindung gebracht werden, um damit wenig beachtete Grundlagen der Menschenbildung neu zu verdolmetschen. Genutzt wird die historisch-hermeneutische Methode und auf den realgeschichtlichen Hintergrund unserer Epoche bezogen. Das fundamentale Verständnis des Christentums, wie es Comenius kennzeichnete und in immer neuen Varianten jahrzehntelang vortrug, bietet besondere Schwierigkeiten der gedanklichen Einfügung in eine Epoche, deren Skeptizismus unabweisbar ist. Denken auf den Bahnen von Comenius führt schließlich in Bereiche, in denen deutlich zu werden vermag, wie die Menschheit, sofern sie gemeinsam überleben will, sich zu einem Gesamtverständnis ihres universalen Auftrags voranzuarbeiten hat.

Aus dem Inhalt: Schwerpunkte des aufgeklärten Denkens, die im 21. Jahrhundert allgemein gelten, exemplarisch durchmustert und im Horizont comenianischer Argumentation erörtert · Anregungen, die Grundwertediskussion von heute in Beziehung zu einer Epoche neu zu lesen, die ungemeine Schwierigkeiten hat, mit dem Globalismus der eigenen Zeit fertig zu werden

Frankfurt am Main · Berlin · Bern · Bruxelles · New York · Oxford · Wien
Auslieferung: Verlag Peter Lang AG
Moosstr. 1, CH-2542 Pieterlen
Telefax 00 41 (0) 32 / 376 17 27

*inklusive der in Deutschland gültigen Mehrwertsteuer
Preisänderungen vorbehalten
Homepage http://www.peterlang.de